COMPUTAÇÃO GRÁFICA

EDUARDO AZEVEDO AURA CONCI FABIANA LETA

COMPUTAÇÃO GRÁFICA

TEORIA E PRÁTICA:
ANÁLISE DE IMAGENS

VOL. 2

ALTA BOOKS
E D I T O R A
Rio de Janeiro, 2022

Computação Gráfica Vol.2

Copyright © 2022 da Starlin Alta Editora e Consultoria Eireli.
ISBN: 978-65-5520-816-0

Impresso no Brasil – 1ª Edição, 2022 — Edição revisada conforme o Acordo Ortográfico da Língua Portuguesa de 2009.

Todos os direitos estão reservados e protegidos por Lei. Nenhuma parte deste livro, sem autorização prévia por escrito da editora, poderá ser reproduzida ou transmitida. A violação dos Direitos Autorais é crime estabelecido na Lei nº 9.610/98 e com punição de acordo com o artigo 184 do Código Penal.

A editora não se responsabiliza pelo conteúdo da obra, formulada exclusivamente pelo(s) autor(es).

Marcas Registradas: Todos os termos mencionados e reconhecidos como Marca Registrada e/ou Comercial são de responsabilidade de seus proprietários. A editora informa não estar associada a nenhum produto e/ou fornecedor apresentado no livro.

Erratas e arquivos de apoio: No site da editora relatamos, com a devida correção, qualquer erro encontrado em nossos livros, bem como disponibilizamos arquivos de apoio se aplicáveis à obra em questão.

Acesse o site www.altabooks.com.br e procure pelo título do livro desejado para ter acesso às erratas, aos arquivos de apoio e/ou a outros conteúdos aplicáveis à obra.

Suporte Técnico: A obra é comercializada na forma em que está, sem direito a suporte técnico ou orientação pessoal/exclusiva ao leitor.

A editora não se responsabiliza pela manutenção, atualização e idioma dos sites referidos pelos autores nesta obra.

Dados Internacionais de Catalogação na Publicação (CIP) de acordo com ISBD

A994c   Azevedo, Eduardo
       Computação Gráfica: Geração de Imagens / Eduardo Azevedo, Aura Conci e Cristina Vasconcelos. - Rio de Janeiro : Alta Books, 2021.
       432 p. ; 17cm x 24cm.

       Inclui índice.
       ISBN: 978-65-5520-816-0

       1. Computação. 2. Computação Gráfica. 3. Geração de Imagens. I. Conci, Aura. II. Vasconcelos, Cristina. III. Título.

2021-3323   CDD 004
                                                 CDU 004

Elaborado por Vagner Rodolfo da Silva - CRB-8/9410

Produção Editorial
Editora Alta Books

Diretor Editorial
Anderson Vieira
anderson.vieira@altabooks.com.br

Editor
José Ruggeri
j.ruggeri@altabooks.com.br

Gerência Comercial
Claudio Lima
comercial@altabooks.com.br

Gerência Marketing
Andrea Guatiello
marketing@altabooks.com.br

Coordenação Comercial
Thiago Biaggi

Coordenação de Eventos
Viviane Paiva
eventos@altabooks.com.br

Coordenação ADM/Finc.
Solange Souza

Direitos Autorais
Raquel Porto
rights@altabooks.com.br

Produtores Editoriais
Illysabelle Trajano
Larissa Lima
Maria de Lourdes Borges
Paulo Gomes
Thales Silva
Thiê Alves

Equipe Comercial
Adriana Baricelli
Daiana Costa
Fillipe Amorim
Kaique Luiz
Maira Conceição
Victor Hugo Morais

Equipe Editorial
Beatriz de Assis
Brenda Rodrigues
Caroline David
Gabriela Paiva
Henrique Waldez
Marcelli Ferreira
Mariana Portugal

Marketing Editorial
Jessica Nogueira
Livia Carvalho
Marcelo Santos
Thiago Brito

Atuaram na edição desta obra:

Capa
Joyce Matos

Editora afiliada à: ASSOCIADO

Rua Viúva Cláudio, 291 – Bairro Industrial do Jacaré
CEP: 20.970-031 – Rio de Janeiro (RJ)
Tels.: (21) 3278-8069 / 3278-8419
www.altabooks.com.br — altabooks@altabooks.com.br
Ouvidoria: ouvidoria@altabooks.com.br

Este livro foi escrito graças ao apoio de tantos alunos, ex-alunos, colegas de trabalho e profissão, que para não correr o risco de deixar de agradecer a alguém deixo meu sincero muito obrigada a todos.

Um agradecimento muito especial aos meus familiares: pai, irmãos e filho pelo enorme apoio em todos os momentos.

Ainda preciso registrar um: muito obrigada à minha mãe, uma pessoa que sempre doou cada minuto da sua vida aos outros, que quando partir deste mundo deixará muito mais do que recebeu e que soube fazer de sua bondade um exemplo.

Dedico este livro a minha mãe, Aura Bossle Conci, de quem herdei o nome e todo um conjunto de valores que só alguém tão evoluído mental e moralmente poderia transmitir.

Aura Conci

Este livro foi escrito para aqueles que compreendem que, enquanto permanecermos condicionados a uma dependência tecnológica, só experimentaremos a modernização reflexa, parcial e deformada. É, por fim, para os revolucionários. Para aqueles que não abrem mão de seus sonhos e de suas idéias.

Dedico este livro a todos os meus alunos, revolucionários da nova tecnologia. A Paulo Andrade, Rober Marcone Rosi, Mario Veiga de Almeida, Mônica Russomano e a toda família Paes de Barros.

Eduardo Azevedo

São tantas as pessoas que contribuíram, direta ou indiretamente, para a realização deste livro, que se torna difícil citar todas nestas poucas linhas. Por isso, agradeço àqueles, alunos, professores, colegas e amigos, que me deram a oportunidade de aprender e com isso poder realizar este livro. Agradeço à minha família, aos meus pais, meu irmão e meu marido por todo carinho e apoio.

Dedico este livro aos meus pais (*in memorium*), Nicola Leta e Ana Lucia Rodrigues Leta, que se dedicaram a mim e ao meu irmão, dando amor, educando e transmitindo valores para a vida, tais como: moral, ética, compaixão e humildade. Ao meu companheiro, Anchizes, por todo apoio nesta jornada, me ajudando a superar obstáculos e a perseverar em meus objetivos.

Fabiana R. Leta

Sumário

CAPÍTULO 1
FUNDAMENTOS _____**1**
   1. Introdução_____3
      1.1. Abrangência das Diversas Áreas _____4

CAPÍTULO 2
COR E VISÃO HUMANA _____**9**
   2. Cor e Visão Humana_____11
      2.1. Sistema de Visão Humana_____11
      2.2. Características Ópticas da Luz _____20
         2.2.1. Radiação_____21
      2.3. Percepção de Cor_____26
         2.3.1. Teoria Tricromática_____26
         2.3.2. Dicromatopsias _____27
      2.4. Iluminação _____28
         2.4.1. Lâmpadas Incandescentes_____29
         2.4.2. Lâmpadas de Descarga _____30
         2.4.3. A Iluminação e as Cores _____32
      2.5. Modelos de Cores _____36
      2.6. Características das Cores _____40
      2.7. Percepção e Cognição _____43
         2.7.1. Processo Informativo _____46
         2.7.2. Detecção_____46
         2.7.3. Reconhecimento _____47
         2.7.4. Discriminação _____47

CAPÍTULO 3
PROCESSAMENTO DE IMAGENS _____**49**
   3. Visão Computacional_____51
      3.1. Principais Etapas de um Sistema de Visão Computacional___52
         3.1.1. Aquisição de Imagens _____52

3.1.2. Restauração e Realce _____ 55
3.1.3. Segmentação _____ 55
3.1.4. Extração de Atributos ou Características _____ 56
3.1.5. Classificação e Reconhecimento _____ 56
3.1.6. Decisão _____ 57
3.2. Visão Humana × Computacional _____ 60
3.3. A Imagem Digital _____ 63
3.3.1. Discretização e Reconstrução _____ 65
3.3.2. Amostragem e Quantificação _____ 67
3.3.3. Resolução Espacial _____ 69
3.3.2. *Aliasing* _____ 71
3.3.4. Imagens Monocromáticas _____ 73
3.3.5. Imagens Coloridas _____ 76
3.4. Histograma de Imagem Digital _____ 77
3.5. Sistemas de Visão Binária _____ 80
3.5.1. Agrupamento por Limiar (Limiarização) _____ 81
3.6. Operações Pontuais Globais em Imagens _____ 87
3.6.1. Operações Pontuais Globais Baseadas na Curva de Tons ___ 88
3.6.2. Operações Globais Baseadas em Histograma _____ 93
3.6.3. Técnicas Baseadas no Histograma de Imagens Coloridas ___ 98

CAPÍTULO 4
A IMAGEM DIGITAL _____ **105**

4. Operações em Imagens _____ 107
4.1. Operações Pontuais _____ 107
4.1.1. Operações Aritméticas _____ 109
4.1.2. Operações Lógicas _____ 112
4.2. Operações Locais _____ 114
4.2.1. Forma de Atenuar o Efeito de *Aliasing* _____ 115
4.3. Operações Globais _____ 117
4.4. Transformações Geométricas _____ 118
4.4.1. Translação, Rotação e Escala _____ 118
4.4.2. Espelhamento ou Reflexão _____ 121
4.4.3. Deformações e *Morphing* _____ 122
4.4.3.1. Deformações _____ 123
4.4.3.2. Deformações Dependentes do Tempo _____ 126
4.4.3.3. *Morphing* _____ 127

CAPÍTULO 5
FILTROS DE IMAGENS _____ **133**

5. Filtragem de Imagens _____ 135
5.1. Filtragem no Domínio da Freqüência _____ 136
5.1.1. Filtragem Passa-Baixa _____ 145

        5.1.2. Filtragem Passa-Alta _____147
        5.1.3. Outros Filtros no Domínio de Freqüência _____148
        5.1.4. Imagens de Impressão Digital no Domínio de Fourier_____150
        5.1.5. Filtro de Gabor _____154
    5.2. Filtragem no Domínio Espacial _____163
        5.2.1. Filtros Lineares e Não-Lineares _____165
        5.2.2. Patamares e Descontinuidades nas Intensidades da Imagem __166
        5.2.3. Filtros Passa-Baixa – Filtros de Suavização _____168
        5.2.4. Filtros Passa-Alta ou de Acentuação _____175
        5.2.5. Filtros Passa-Banda ou Elimina-Faixa _____191
        5.2.6. Filtro Alto Reforço _____191

CAPÍTULO 6
EXTRAÇÃO DE CARACTERÍSTICAS _____195
    6. Extração de Características e Reconhecimento de Padrões e Objetos_____197
        6.1. Segmentação _____198
            6.1.1. Segmentação Baseada em Regiões _____201
            6.1.2. Outras Técnicas de Segmentação _____209
            6.1.3. Propriedades do Pixel _____210
            6.1.4. Rotulação _____215
        6.2. Tipos de Características _____216
            6.2.1. Análise de Componentes Principais (PCA) _____217
        6.3. Descritores de Forma _____226
            6.3.1. Características Dimensionais _____226
            6.3.2. Características Inerciais _____230
            6.3.3. Características de Contorno _____236
            6.3.4. Características Topológicas _____256
            6.3.5. Características de Aspecto _____257
            6.3.6. Outras Características _____258
        6.4. Reconhecimento de Padrões em Imagens _____259
            6.4.1. Reconhecimento de Padrões_____260
            6.4.2. Classificação Supervisionada _____261
            6.4.3. Classificação Não-Supervisionada _____266
            6.4.4. Redes Neurais Artificiais_____266
            6.4.5. Lógica *Fuzzy* _____267
        6.5. Conclusão _____267

CAPÍTULO 7
TEXTURAS _____269
    7. Texturas _____271
    7.1. Coeficiente de Hurst _____274
    7.2. Coeficientes de Variação Espacial _____277
    7.3. Momentos de Intensidades de Regiões ou Medidas de Primeira Ordem___280

7.4. Medidas de Segunda Ordem _____282
    7.4.1. Matrizes de Co-Ocorrência_____283
    7.4.2. Descritores de Textura de Haralick _____287
    7.4.3. Funções de Autocorrelação _____290
    7.4.4. Descritores de Textura Baseados nos Histogramas
    de Soma e Diferenças_____291
7.5. Reconhecimento de Texturas por Codificação RL ou LZW _____292
7.6. Dimensão Fractal_____293
    7.6.1. Estimando a Dimensão Fractal de Imagens Binárias_____295
    7.6.2. Estimando a Dimensão Fractal de Imagens em Escala
    de Cinza _____296
7.7. Conclusão _____304

CAPÍTULO 8
COMPRESSÃO DE IMAGEM _____309
8. Compressão de Imagem _____311
    8.1. Redundâncias na Imagem _____311
        8.1.1. Compressão de Imagens e Modelos de Cores _____313
        8.1.2. Medição do Desempenho _____313
        8.1.2.1 Critérios de Fidelidade Objetivos_____314
        8.1.2.2 Critérios de Fidelidade Subjetivos _____316
        8.1.3. Modelos de Compressão de Imagens _____317
    8.2. Métodos de Compressão de Imagem _____319
        8.2.1. Compressão sem Perda_____320
        8.2.2. Compressão com Perda _____320
        8.2.3. Por Que Pode Haver Perda de Dados? _____320
        8.2.4. Compressão Simétrica *versus* Assimétrica _____321
        8.2.5. Compressão por Transformada _____321
    8.3. Elementos da Teoria de Informação_____322
        8.3.1. Unidade de Informação_____322
        8.3.2. Canal de Informação _____323
        8.3.3. Elementos do Canal de Informação _____323
        8.3.4. Elementos da Transmissão _____323
    8.4. Entropia da Imagem _____325
        8.4.1. Teoremas Fundamentais da Codificação _____327
        8.4.2. Teorema da Codificação sem Ruído_____327
        8.4.3. Teorema da Codificação Ruidosa _____329
        8.4.4. Teorema da Codificação da Fonte _____329
    8.5. Métodos de Codificação sem Perda _____330
        8.5.1. Codificação de Huffman _____330
        8.5.2. Codificação por LZW _____332
        8.5.3. Codificação por LZ77 _____335
        8.5.4. Codificação por Código de Tons Corridos – RLE _____336
    8.6. Transformada Discreta do Co-Seno (DCT) _____336

8.7. Compressão Fractal _____337
    8.7.1. Comprimindo Imagens com a Geometria Fractal _____339
    8.7.2. Teorema do Mapeamento de Contração e Teorema da
        Colagem _____341
    8.7.3. Determinando o SFI de Imagens Automaticamente _____342
    8.7.4. Considerações sobre a Simetria do Bloco-Domínio _____344
    8.7.5. Etapas da Compressão Fractal Automática _____347
8.8. Compressão por Wavelets_____352
    8.8.1. Perspectiva Histórica_____353
    8.8.2. Análise de Wavelet _____355
    8.8.3. Transformada de Wavelet Contínua _____355
    8.8.4. Transformada de Wavelet Discreta _____359
    8.8.5. Semelhanças entre Transformada de Fourier e Wavelet_____359
    8.8.6. Diferenças entre Transformada de Fourier e Transformada
        de Wavelet _____360
    8.8.7. Wavelets Unidimensionais _____362
    8.8.8. Wavelet Bidimensional _____368
8.9. Padrões de Arquivos de Imagem _____370
    8.9.1. GIF_____372
    8.9.2. PNG _____378
    8.9.3. JPEG_____378
    8.9.4. JPEG2000 _____384
    8.9.5. MJPEG _____385
    8.9.6. BMP _____386
    8.9.7. Formato PCX_____394

Bibliografia _____397
Índice _____405

COMPUTAÇÃO GRÁFICA

CAPÍTULO 1

Fundamentos

1. INTRODUÇÃO

A *computação gráfica* (CG), conforme apresentado na Seção 1.3 do Volume 1, engloba ao menos três grandes áreas: a *síntese de imagens* (SI), o *processamento de imagens* (PI) e a *análise de imagens* (AI). Uma imagem pode ser considerada uma representação visual de objetos, podendo ser adquirida (fotos, filmes, cenas etc.) ou gerada (pinturas, desenhos, esculturas etc.). Essas áreas são esquematizadas na Figura 1.1.

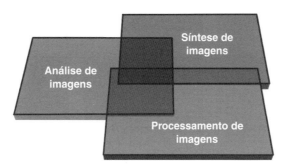

FIGURA 1.1. *Grandes áreas da computação gráfica.*

A imagem digital é uma representação de uma imagem em uma região discreta, limitada através de um conjunto finito de valores inteiros que representam cada um dos seus pontos. As imagens digitais podem ser unidimensionais, bidimensionais ou tridimensionais. Podem ser binárias, monocromáticas, multibandas ou coloridas, quanto ao conteúdo de cada um de seus pontos. Também podem ser vetoriais ou matriciais quanto à forma de descrição.

Até a década de 1980, o maior emprego das imagens digitais consistia em imagens provenientes da pesquisa espacial. Na verdade, as imagens capturadas fora da Terra eram transmitidas e recebidas como arranjos de números representando as intensidades captadas por sensores, cada sensor cobrindo uma faixa do espectro eletromagnético, visível ou não. Usualmente as bandas correspondentes a diversos sensores são combinadas três a três e atribuídas às diferentes bandas RGB de um dispositivo de visualização, gerando uma imagem digital colorida mais adequada para representar o fenômeno em estudo.

Atualmente, as imagens digitais encontram-se difundidas em muitas aplicações. O aumento do seu emprego se deve muito ao fato de que grande parte das informações que o ser humano obtém do mundo que o cerca ocorre através de imagens, seja no cotidiano, andando na rua, vendo televisão, folheando uma revista, lendo livros ou em aplicações profissionais e científicas, em que muitos dados são analisados a partir de fotografias, espectrogramas, e imagens térmicas, entre outras. Dessa diversidade foram se caracterizando as diversas áreas, subáreas e especificidades da CG.

1.1. Abrangência das Diversas Áreas

As áreas relacionadas a sistemas de imagens digitais, como processamento de imagens, análise de imagens, síntese de imagens, visão computacional e reconhecimento de padrões, têm atualmente um campo de abrangência ou escopo bem caracterizado, relacionando dados e imagens.

Para compreender as diferentes áreas, é interessante observar o esquema da Figura 1.2. A diferença entre cada uma delas se concentra na relação entre o uso de técnicas de inteligência artificial, dados e imagens. Se os dados são usados para a geração de imagens, a área em consideração será a síntese de imagens. Se esses dados forem resultados de informações adquiridas das imagens, a área considerada será a análise de imagens. O processamento de imagens é o ramo da computação gráfica que transforma as imagens, assim como o processamento de dados é o ramo da computação que transforma os dados.

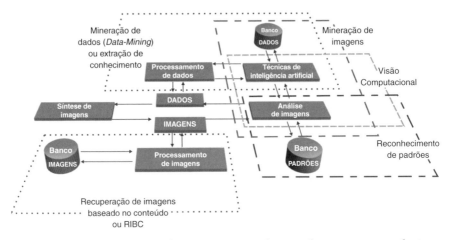

FIGURA 1.2. *Interação entre as diversas áreas relacionadas a sistemas de imagens digitais.*

O *processamento de imagens* considera a manipulação de imagens depois de capturadas por dispositivos imageadores, que podem ser câmeras digitais, *scanners*, tomógrafos, sensores infravermelho, sensores de ultra-som, radares, satélites etc. Pode-se dizer que, em um sistema de processamento de imagens, as imagens referem-se tanto aos dados de entrada como aos de saída (Figura 1.2). Esse processamento pode envolver o rearranjo dos pontos ou pixels (de *picture element*) da imagem alterando os valores dos tons dos pixels, por exemplo, de acordo com os tons dos pixels vizinhos, ou deslocando sua intensidade para novas posições.

A área de processamento de imagens inclui tópicos como diminuição de ruídos, realce de imagem, restauração de imagens e recuperação de imagens armazenadas em banco de dados, baseada no conteúdo visual. Se houver alguma interpretação da informação, esta é deixada para o usuário. Mas a tarefa de interpretar as informações da imagem também pode ser realizada através de algoritmos computacionais. Algoritmos de processamento de imagens são úteis em estágios iniciais de sistemas de análise de imagens, sendo freqüentemente usados para melhor extrair as informações necessárias para a realização das etapas posteriores de reconhecimento de padrões, visão computacional ou extração de conhecimento das imagens (mineração de imagens).

Por outro lado, os algoritmos de análise de imagens tomam imagens como entradas, mas produzem outros tipos de saída. A análise de imagens (AI) consiste em encontrar parâmetros descritivos (em geral numéricos) que representem de modo sucinto informações importantes da imagem. A AI se dedica a desenvolver teorias e métodos voltados à extração de informações úteis contidas em imagens.

Relacionada à análise de imagens, a *visão computacional (VC)* vem se desenvolvendo muito nos últimos anos. Esta área trata da extração de informações das imagens e da identificação e classificação de objetos presentes nessa imagem. Os sistemas de VC vêm sendo usados em reconhecimento de pessoas, de assinaturas e de objetos; inspeção de peças em linhas de montagem; orientação de movimentos de robôs em indústrias automatizadas etc. Os sistemas de visão computacional envolvem AI e técnicas de inteligência artificial (IA) ou de tomada de decisão, que permitem a identificação e classificação de objetos ou imagens. Grandes bancos de dados ou de imagens podem ser usados com técnicas de inteligência artificial para extração de conhecimento, essa área é conhecida como *mineração de dados* ou *imagens*. A Figura 1.2 também mostra o inter-relacionamento entre a extração do conhecimento, a visão computacional e a inteligência artificial.

Com o desenvolvimento da *inteligência artificial*, área da ciência da computação em que os programas de computador são desenvolvidos para simular a cognição, passou a ser possível elaborar programas de computador que possam perceber visualmente o ambiente. Nesse contexto, pode-se definir a visão computacional como o domínio da ciência da computação que estuda e aplica métodos que permitem aos computadores "compreenderem" o conteúdo de uma imagem. Alguns autores consideram a visão computacional como um subcampo da inteligência artificial, por vezes denominando esta área de *visão artificial*.

Se a informação visual puder ser padronizada, o objetivo da análise da imagem pode ser seu reconhecimento ou classificação, considerando um catálogo de padrões possíveis ou um banco de padrões. Essa forma particular é chamada de *reconhecimento de padrões*. Ela classifica dados visuais numéricos ou simbólicos baseada em informações contidas em bancos de dados de padrões. Muitas técnicas estatísticas e sintáticas têm sido desenvolvidas para classificação de padrões. Técnicas de reconhecimento de padrões representam um papel importante em visão computacional, pois muitas aplicações industriais necessitam de sistemas que realizem a tarefa de reconhecimento de padrões para a tomada de decisões.

O reconhecimento da importância da *visão computacional* se deu com a idéia de que os computadores poderiam ser usados para simular processamentos complexos de percepção visual. Até então, a visão e outras formas de percepção e cognição eram entendidas como exclusivas de seres vivos, não desenvolvíveis através de máquinas. Em algumas referências, o termo visão de máquina é usado como uma alusão a esse processo, assim como o termo visão robótica é usado quando o processo é realizado por um robô.

Para entender melhor as possibilidades e limitações da visão computacional, torna-se importante entender as diferenças entre cenas do mundo real e sua representação por meio de imagens digitais. As cenas reais são imagens contínuas e com variações de cores ilimitadas, enquanto imagens processadas são discretas e representadas por um número fixo de cores ou tons. Isso se deve à limitação dos dispositivos físicos de captura existentes, como *scanners* e câmeras. Além disso, para ser possível "entender" uma imagem, é necessário extrair dela características que permitam sua interpretação. Muitas vezes essas características devem ser obtidas de objetos tridimensionais representados de forma bidimensional. É claro que o ser humano pode inferir, a partir do contexto, informações tridimensionais dos objetos e perceber se são maiores ou menores, se estão mais próximos ou não, identificar sua forma, suas dimensões etc. Por outro lado, um sistema computacional pode ser desenvolvido para obter de forma precisa tais informações, inclusive em lugares inacessíveis ou perigosos. Diante dessas questões, pode-se observar que criar um sistema de visão por computador implica estabelecer algoritmos matemáticos que permitam extrair informações de imagens que possam ser interpretadas para uma dada aplicação, o que nem sempre é uma tarefa simples.

Uma área complementar à Análise de Imagens consiste na *síntese de imagens*. A síntese de imagens, ou computação gráfica gerativa, envolve a criação sintética de imagens por computador a partir de dados dos objetos e cenas. Ela transforma dados em imagens que podem ser consideradas na forma vetorial (objetivo principal do Volume 1) ou matricial como as imagens médicas de ressonância magnética, ultra-som e tomografias. Suas técnicas representam um papel importante em visualização científica e realidade virtual.

Em algumas aplicações, a síntese de imagens tem por objetivo gerar imagens usando primitivas geométricas como linhas, círculos e superfícies, buscando uma representação de objetos do mundo real. Neste contexto a análise de imagens pode ser entendida como o processo inverso: estimar as geometrias primitivas e outras características da imagem. Nos últimos anos, esses dois extremos têm se aproximado. A análise de imagens vem usando curvas, representações de superfície e algumas outras técnicas de síntese de imagens. Visando à criação de imagens realistas, utilizam-se também técnicas de AI inserindo objetos reais e modelos de textura nos objetos e cenas geradas sinteticamente.

Finalmente, em muitos casos, o computador pode avaliar e representar como imagem informações que de outra forma não seriam interpretáveis. Esse é o caso das imagens termográficas, de ultra-som, de ressonância magnética, originárias de raios X (radiografias e tomografias) e das imagens capturadas por satélites, por sonares, radares, entre outras, que são *sintetizadas* a partir dos dados de sua aquisição, geralmente na forma de imagens matriciais.

CAPÍTULO 2

Cor e Visão Humana

2. COR E VISÃO HUMANA

A imagem é formada a partir da quantidade de luz refletida ou emitida pelo objeto observado. A cor pode ser descrita de três formas: a cor física, a cor do objeto e a cor percebida. A análise da cor física considera a descrição da cor em termos de energia radiante da fonte emissora de luz. A cor do objeto é aquela refletida por um objeto quando este é iluminado por uma fonte de luz (e é essa cor que atinge o sistema visual do observador). A cor percebida pode ser entendida como sendo a percepção imediata que se tem do objeto. Assim, a cor pode ser considerada a propriedade de um objeto ou fonte de luz relacionada não apenas às propriedades físicas do objeto ou fonte de luz, mas também às características do sistema visual do observador.

Em computação gráfica e processamento de imagens, o resultado de ambas as áreas é destinado a um observador, e a visão humana é essencial para a interpretação desse resultado. Entender e conhecer o funcionamento desse sentido torna-se importante, pois possibilita a geração de resultados de melhor qualidade.

Neste capítulo será apresentado o funcionamento do sistema de visão humana e como se dá o processo de percepção da cor.

2.1. Sistema de Visão Humana

Para entender como uma imagem é formada, deve-se compreender inicialmente como é o processo de visão nos seres humanos. O olho humano é um órgão sensorial complexo, que captura relações espaciais e temporais de objetos que se encontram no espaço visual, convertendo energia luminosa em sinais elétricos processados no cérebro. No seu trajeto, a energia luminosa passa inicialmente pelo olho, onde a retina encaminha impulsos via nervo óptico ao órgão formador da imagem (cérebro).

O processo de visão inicia-se na córnea, onde ocorre a entrada do estímulo luminoso. A retina converte esse estímulo em sinais elétricos que são transmitidos para o cérebro através do nervo óptico, que contém aproximadamente um milhão de fibras nervosas. A chave para a percepção visual se encontra na retina, que ocupa uma área de aproximadamente 1.000 mm^2 e é composta de cerca de 100 milhões de sensores. Cada sensor converte somente uma parte do estímulo luminoso da imagem para o sinal elétrico que será processado pelo cérebro. Para se ter uma idéia comparativa, as câmeras digitais atuais possuem cerca de 16 milhões de sensores.

A visão, então, não se processa diretamente. Pode-se pensar que assim que a imagem do mundo "penetra" no olho, ela é vista. Porém na realidade os objetos que o ser humano enxerga são interpretados e reconhecíveis porque o homem aprendeu a reconhecê-los assim. O sistema visual não é simplesmente uma câmera, um receptor e um registrador de informações. O olho e o cérebro, juntos, constituem um sistema de informações que analisa e processa a grande quantidade de dados que vêm do mundo exterior. O olho é o receptor seletivo de energia radiante, e o cérebro desempenha um papel importante de integração. O cérebro dedica bilhões de seus neurônios e trilhões de suas sinapses à visão.

Ao contrário do que se pensa, os olhos não vêem. Existem pessoas cujas funções ópticas estão em perfeito estado, porém, não são capazes de enxergar, pois possuem lesões em áreas do cérebro que recebem e interpretam mensagens enviadas pelos olhos. Os olhos são sensibilizados pela luz refletida ou emitida dos objetos, essas sensações são transmitidas ao cérebro, que as intepreta, ocorrendo então o ato de "ver".

De todos os sentidos humanos, a visão é que fornece a maior quantidade de informação a ser processada pelo cérebro, estima-se que metade do processamento cerebral humano se destina à visão. Essa é uma das razões pelas quais os deficientes visuais acabam por aprimorar mais os demais sentidos, pois a parte do cérebro inicialmente destinada à visão passa a ser utilizada por esses sentidos.

O cérebro humano não processa todo o campo de visão, mas apenas a parte que capta a sua atenção, o que faz com que pequenas alterações nesta imagem sejam facilmente percebidas.

O cérebro humano possui duas partes ligadas de tal forma que o hemisfério esquerdo constrói o campo visual direito e o hemisfério direito constrói o campo visual esquerdo. Um engano comum é pensar que o olho direito está conectado ao hemisfério esquerdo e o olho esquerdo ao hemisfério direito. Na verdade, os dois olhos estão conectados a ambos os hemisférios. Pode-se observar, pela Figura 2.1, que a metade direita de cada olho está ligada ao hemisfério direito do cérebro e que a metade esquerda de cada olho está ligada ao hemisfério esquerdo. Mas, devido ao fato de a óptica do olho reverter em esquerdo e direito, assim como em ponto superior e inferior, a metade direita de cada olho vê a metade esquerda do campo visual, e a metade esquerda de cada olho vê a metade direita do campo visual (Hoffman, 2001).

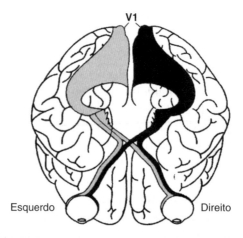

FIGURA 2.1. *Hemisférios e visão.*

Se uma pessoa sofrer um dano apenas no hemisfério esquerdo do cérebro, mais precisamente no local onde se encontra o centro do senso cromático (circunvoluções lingual e fusiforme, apresentadas na Figura 2.2), ela não poderá mais perceber cor no campo visual direito, enxergando apenas tons de cinza. Há relatos de neurofisiologistas que, tendo descoberto que a atividade de neurônios nessa área do cérebro tem relação com a cor percebida, realizaram pesquisas que concluiram que, se houver o estímulo em tal área através de um campo magnético, obtêm-se como resposta a percepção de anéis e halos coloridos. Nesse caso, nem é necessária a presença da luz, ou até mesmo de olhos, para que se perceba cor (Hoffman, 2001).

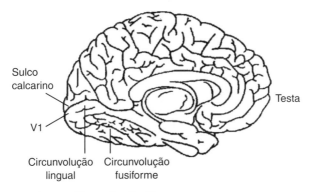

FIGURA 2.2. *Circunvoluções lingual e fusiforme.*

A visão é a resposta ao estímulo luminoso que atravessa as camadas transparentes da retina e, no nível dos cones e bastonetes, desencadeia reações fotoquímicas que são transformadas em impulsos nervosos, transmitidos pelas fibras ópticas aos centros cerebrais superiores. O sistema óptico é formado por um esquema fisiológico complexo que permite interpretar não somente a sensação de cor, mas também a profundidade, a textura, o movimento etc.

Do ponto de vista fisiológico, as principais características do olho humano, durante o processo de visão, estão ligadas à *acomodação, adaptação, acuidade, persistência visual, visão de cores e ao campo de visão*. Cada uma delas influi em maior ou menor grau no momento da análise da tarefa visual.

Na Figura 2.3 (que é uma versão mais detalhada da Figura 5.2 do Volume 1), observa-se que o olho humano é uma estrutura esférica de 20 a 25 mm de diâmetro. A cobertura externa, conhecida como "branco do olho", é uma membrana elástica resistente chamada de esclerótica.

Na parte da frente do olho, a esclerótica arqueia para a frente, formando a *córnea*. A córnea é o primeiro elemento opticamente ativo do olho. Ela age como uma lente simples que começa captando e concentrando a luz. A córnea permite a recepção de luz do ambiente.

Atrás da córnea encontra-se uma pequena câmara preenchida com um fluido, chamado de *humor vítreo ou humor aquoso*, similar ao fluido cerebral que banha as cavidades do cérebro. Evidências embriológicas mostram que os componentes nervosos do olho na verdade se desenvolveram a partir da mesma estrutura que forma o cérebro.

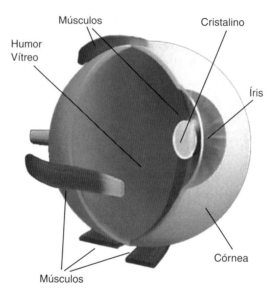

FIGURA 2.3. *Elementos do olho em corte.*

O anel colorido que se observa nos olhos, com um orifício negro no centro, é uma membrana chamada de *íris*, e a luz passa através desse orifício negro, *pupila* (Figura 2.4). A pupila controla a quantidade de luz que entra no olho e seu diâmetro varia de 2 a 8 mm, de acordo com o estímulo luminoso. É através desse mecanismo que o corpo humano evita o ofuscamento, impedindo que a luz em excesso lese as células fotossensíveis da retina. O tamanho da pupila, além de variar com a intensidade da luz, também depende de variáveis emocionais, como, por exemplo, quando o ser humano encontra-se em uma situação de perigo. Nesse caso, uma das reações possíveis consiste na dilatação da pupila, como um mecanismo de defesa, procurando deixá-lo mais atento ao que está vivenciando. A dilatação da pupila é possível graças aos músculos ciliares.

No processo de percepção da imagem, é importante mencionar que o olho humano possui uma região conhecida como ponto cego, uma região do globo ocular que não tem células nervosas; portanto, quando uma imagem é projetada sobre essa região não é vista pela pessoa. Importante ainda é que os músculos responsáveis pelo controle do globo ocular rotacionam o mesmo em todas as direções, a fim de que a imagem seja projetada sobre essas células sensíveis a luz da retina.

COR E VISÃO HUMANA • **15**

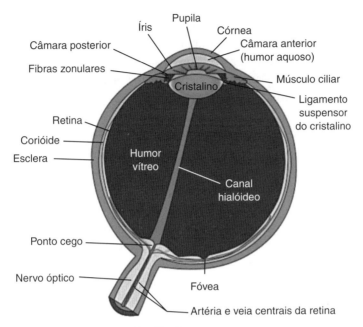

FIGURA 2.4. *Principais elementos do olho humano.*

Como curiosidade, conhecendo-se as dimensões do globo ocular e a distância do objeto focado em relação ao observador, é possível determinar o tamanho que a imagem desse objeto vai assumir na retina (Figura 2.5).

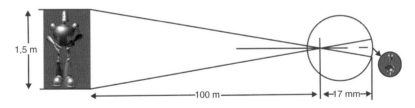

FIGURA 2.5. *Relações de tamanho.*

Assim pela Figura 2.5, tem-se:

$$\frac{1,5}{100} = \frac{x}{17}$$

$$x = 0,255 \ mm$$

Portanto, a imagem do robô de 1,5 m projetada dentro do olho humano terá o tamanho de 0,255 mm.

O processo de focar o objeto que se deseja fotografar, que é feito por exemplo em uma máquina fotográfica comum, também ocorre na visão humana. Quando o ser humano olha para objetos bem próximos e estes são focados, os objetos mais distantes ficam desfocados, e isso ocorre ao contrário também: quando objetos distantes são observados, os objetos colocados bem próximos ficam desfocados. A parte da visão humana responsável pelo foco é o cristalino (também chamado de lente). A variação no tamanho do cristalino muda também a sua capacidade refrativa. São essas mudanças que permitem ao ser humano focar objetos. O cristalino, ao diminuir a sua capacidade refrativa, permite focar objetos distantes e, quando há um aumento na capacidade refrativa, objetos próximos são focados.

O cristalino está localizado imediatamente atrás da pupila (Figura 2.4). O processo pelo qual o cristalino varia seu foco é chamado de acomodação. Controlado por músculos, o raio de curvatura do cristalino aumenta automaticamente quando se muda o foco de objetos afastados para objetos mais próximos. A forma natural do cristalino humano tende a ser esférica, mas, quando os músculos que o controlam relaxam, a pressão do fluido interior do olho (humor vítreo) faz com que ele fique quase plano, e dessa forma objetos distantes podem ser focalizados. A contração desses músculos faz com que o cristalino volte ao seu formato esférico, e, assim, objetos próximos podem ser focalizados.

A acomodação, portanto, consiste na capacidade de aumentar o poder de foco do olho (veja Seção 1.5.2.1 do Volume 1) e ocorre com a variação do formato do cristalino (como o olho não é feito de material rígido, ele mantém sua forma pela pressão do humor vítreo).

O olho com acomodação normal é chamado de *emétrope*, e este, quando fixa um objeto no infinito, tem sua imagem focalizada sobre a retina. Quando o objeto se desloca do infinito em direção ao olho, a imagem na retina sofre um deslocamento para trás, havendo necessidade de um mecanismo de ajuste (acomodação). Algumas vezes, a relação entre a curvatura da córnea e a profundidade do olho é muito maior ou muito menor que a normal, o que afeta a capacidade da lente para colocar os objetos em foco. Quando o olho é muito curto, são bem visíveis objetos distantes, mas é difícil focalizar objetos próximos, problema denominado *hipermetropia*. Quando o oposto ocorre, ou seja, objetos distantes são difíceis de focalizar, o problema é denominado *miopia*. Enfim, a função óptica do cristalino é formar uma imagem nítida na retina. A acomodação pode ser auxiliada através do uso de lentes artificiais (óculos ou lentes de contato).

A idade de cada pessoa determina sua habilidade para alterar o foco usando o cristalino. O bebê recém-nascido, até completar um mês de idade, só é capaz de focalizar objetos a uma distância de aproximadamente 19 cm. A partir do segundo mês, o sistema de acomodação começa a se desenvolver. Depois dos 16 anos, essa habilidade começa a diminuir, pois a camada interna da lente morre e ela perde um pouco de sua elasticidade.

O cristalino ainda possui um pigmento amarelo, cuja densidade varia com a idade; ele filtra a luz azul e ultravioleta. Como esse pigmento absorve alguns comprimentos de onda (e outros não), ele altera a percepção das cores. Dessa maneira, duas pessoas de idades diferentes irão perceber cores distintas para um mesmo objeto. Em idades avançadas, o olho envelhece e ocorre uma redução fisiológica da amplitude de acomodação, distúrbio chamado de presbiopia e que tem efeitos semelhantes à hipermetropia (Rozendo, 2003).

A segunda e maior câmara do olho está localizada atrás do cristalino, e é preenchida com uma substância gelatinosa chamada de humor vítreo. Essa substância é geralmente clara, apesar de alguns fragmentos serem encontrados flutuando nela. A diferença da densidade destes fluidos que formam os elementos do olho é o principal responsável pelo foco dos objetos na retina. O cristalino, na verdade, faz apenas um ajuste mais refinado.

A imagem real formada pelo sistema óptico é focalizada numa rede de elementos neurais que envolvem a superfície da parte de trás da maior câmara do olho, chamada de retina, apresentada nas Figuras 2.6A e 2.6B. A retina consiste em três camadas neurais (veja também a Figura 5.1 do Volume 1), e a última a receber a luz é a de fotorreceptores. As células finas, longas e cilíndricas são chamadas de bastonetes, e as mais curtas são chamadas de cones. O segmento extremo dessas células libera pigmentos com a absorção da luz e inicia o processo visual. Na segunda camada encontram-se as células bipolares, que são neurônios com dois longos segmentos, um que recebe informações dos fotorreceptores (cones e bastonetes) e outro que as transmite para a terceira camada, que é a de células ganglionares. Além dessas três camadas básicas, ainda existem dois tipos de células com conexões laterais (Coren et al., 1979).

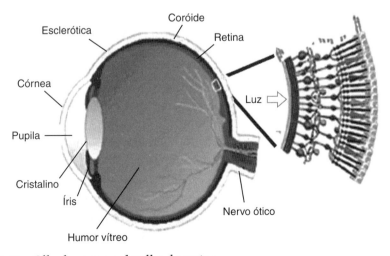

FIGURA 2.6A. *Olho humano e detalhe da retina.*

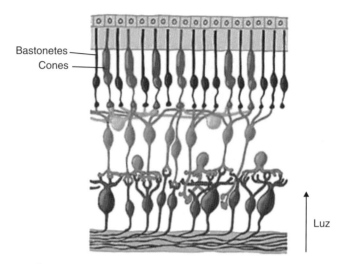

FIGURA 2.6B. *Detalhes das camadas da retina.*

O ser humano tem a capacidade de adaptar-se a níveis de brilho bem grandes, entretanto, a capacidade de discriminação entre os níveis de brilho é pequena. A Figura 2.7 mostra a função logarítmica sobre a qual o olho humano tem capacidade de adaptação. A faixa compreendida entre os pontos B e A representa a faixa de brilho que o olho humano é capaz de diferenciar simultaneamente; portanto, a visão humana possui a capacidade de diferenciar brilhos em um intervalo bem limitado quando comparado ao intervalo de níveis de brilho ao qual a visão é capaz de adaptar-se.

A visão a baixa iluminação é função das células bastonetes e é chamada de *visão escotópica*. A visão sob níveis mais elevados de iluminação é responsabilidade das células cones. Os bastonetes, cuja razão em relação aos cones é de 120 para seis milhões, são adaptados para baixas luminosidades (condição para o olho normal adaptado a uma luminância inferior a 0,5 cd/m^2). Dessa maneira, serão considerados os elementos ativos na visão periférica da retina. A periferia da retina, porém, é altamente sensível a movimentos e intermitência e não gera visão nítida. Em situações de pouca luminosidade, a visão passa a depender exclusivamente dos bastonetes (visão noturna). Pessoas com deficiência de vitamina A (retinol) desenvolvem uma doença denominada cegueira noturna. O retinol se combina com a proteína opsina para gerar a rodopsina, ou púrpura visual nos bastonetes, sendo responsável pela capacidade de visão em luz fraca.

A retina não é homogênea, nem todas as regiões e todas as suas partes têm igual importância no processo de percepção. A parte mais importante está localizada na região em torno do eixo óptico, que é um eixo imaginário que passa pelo centro da pupila. É no eixo óptico que se encontra uma pequena depressão circular de aproximadamente 0,5 mm de diâmetro, chamada de *fóvea* (Figura 2.4), local onde a imagem de um objeto observado frontalmente irá se formar. Nessa região encontram-se apenas células cones, que são os principais elementos ativos na visão colorida. Os cones são bem menos sensíveis à luz do que os bastonetes e só permitem a visão para grandes luminosidades (condição para o olho normal adaptado a uma luminância superior a 3 cd/m^2). Como sua densidade é maior no centro da retina, essa é a região principal para melhor se ter visão das cores, ou *fotópica*, ali se produz uma imagem colorida muito nítida.

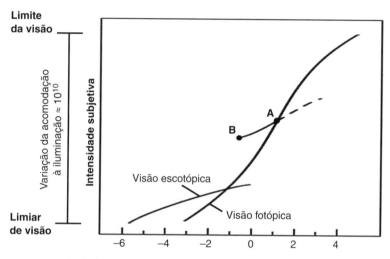

FIGURA 2.7. *Intensidade luminosa da visão escotópica e fotópica.*

Esse aspecto, ligado aos cones e bastonetes (visão fotópica e escotópica), permite explicar porque no escuro distingue-se principalmente o preto e o branco: as cores tornam-se indistintas. A visão com luminância intermediária aos níveis fotópico e escotópico é chamada de *visão mesópica*. É a visão do crepúsculo, quando tanto os cones como os bastonetes estão ativos, porém não em plena atividade. Em resumo, a redução de iluminação prejudica a atividade dos cones e torna a visão uma atividade dos bastonetes. Pode-se considerar que a iluminação de uma noite de lua cheia corresponde ao limiar da atividade dos cones.

Como também comentado na Seção 5.1 do Volume 1, em relação ao processo de adaptação, os cones alcançam rapidamente seu nível máximo de sensibilidade, enquanto os bastonetes levam mais tempo para se adaptar às modificações de luminosidade. A adaptação da visão humana, ao passar de um lugar muito iluminado para uma área de escuridão, é um processo demorado que tem uma fase inicial na adaptação dos cones, e atinge a sua plenitude na adaptação dos bastonetes. Já a passagem de uma zona escura para uma zona iluminada é mais rápida. Digitadores de vídeo, por exemplo, que constantemente lêem documentos em ambientes com luminosidade diferente (o vídeo tem uma luminosidade, o documento outra e o ambiente outra), sentem necessidade de descansar. Um outro exemplo é a iluminação na entrada de túneis com longo comprimento ou em curva, que cria uma espécie de véu nos olhos devido à diferença de luminosidades entre a área externa e a interna do túnel.

Os bastonetes não são estimulados pelo comprimento de onda do vermelho quando o olho está adaptado à visão escotópica. Se forem utilizados filtros vermelhos, o indivíduo poderá sair para um ambiente claro e voltar à câmara escura, como acontece com os radiologistas, permanecendo perfeitamente adaptados, sem necessitar de nova espera de adaptação. Esse fato também é utilizado por pilotos de guerra em missão noturna quando utilizam filtros vermelhos para ler os mapas, sem necessidade de espera de adaptação para iniciar sua missão (Alves, 1999).

Em resumo, uma imagem é vista pelo ser humano através do estímulo de dois tipos de células nervosas: os cones e os bastonetes. Os cones se encontram em menor número e estão localizados na parte central do fundo do olho e são responsáveis pela definição das cores; essas células são estimuladas de acordo com o comprimento de onda das cores, isto é, cada comprimento de onda (vermelho, verde e azul) estimula um tipo de cone. Os bastonetes, que se apresentam em maior número, são responsáveis pelo campo de visão periférico, não possuem qualquer tipo de relação com a percepção de cor e são altamente sensíveis a baixos níveis de iluminação. Portanto, quando apenas os bastonetes são estimulados, objetos que antes eram vistos coloridos durante a luz do dia, quando expostos a baixo nível de luz (como a luz da Lua), são vistos apenas como objetos em tons de cinza (visão escotópica).

Existem, ainda, nas camadas celulares da retina, células pigmentares que, sem reagirem eletricamente às radiações, diminuem os efeitos relativos das grandes luminosidades, sobretudo nas radiações vermelhas e infravermelhas (Coren *et al.*, 1979). Mais detalhes sobre as substâncias químicas fotossensíveis produzidas pelos cones e bastonetes podem ser encontradas na Seção 5.1 do Volume 1.

2.2. Características Ópticas da Luz

O universo é composto de matéria (agregado de partículas) e quatro forças fundamentais: a gravitacional, a eletromagnética e as nucleares forte e fraca.

Como comentado na Seção 5.3 do Volume 1, a luz é uma radiação eletromagnética que pode ser representada pelo modelo onda-corpúsculo. Em um meio homogêneo, como o ar ou a água, considera-se que a luz se propaga em linha reta, mas, ao incidir numa interface entre dois meios, podem ocorrer três fenômenos: reflexão, transmissão e absorção.

A *reflexão* é a devolução da radiação por uma superfície sem a modificação da freqüência dos componentes acromáticos que a constituem. Os componentes cromáticos são geralmente alterados na reflexão. Assim, uma luz branca, ao ser refletida por um objeto com pigmento vermelho, tem todos os comprimentos de onda não-vermelhos absorvidos pela superfície, refletindo apenas os vermelhos. A reflexão depende da qualidade do meio óptico de cada lado da interface. As superfícies refletivas podem ser classificadas como especular e difusa.

Uma parte da luz incidente é absorvida pela superfície, e o fenômeno de *absorção* ocorre quando o feixe de luz, ao incidir numa superfície, nem se propaga no outro meio nem retorna ao meio de origem. A superfície, ao absorver energia luminosa, se aquece.

A *transmissão* é a passagem de raios de luz através de um meio. Esse fenômeno é uma característica de certos tipos de materiais (vidro, cristal etc.) e fluidos (água, atmosfera etc.), ou seja, ocorre mais freqüentemente quando a interface separa dois meios transparentes. Enquanto passa através do material, um pouco de luz se perde pela absorção. A razão entre o fluxo transmitido e o fluxo incidente é chamada de transmitância ou fator de transmissão do material.

Saindo de um meio e entrando em outro, um raio de luz poderá ter a sua direção modificada. Essa modificação é conhecida como refração. O maior uso da refração é através de prismas, lentes e outros materiais, tem a finalidade de dirigir a luz em uma direção particular calculada. A separação da luz branca nas suas cores componentes passando através de um prisma de refração é chamada de dispersão. A luz azul sofre desvio maior, e a luz vermelha, desvio menor. Assim, conclui-se que o índice de refração de um meio é função do comprimento de onda da luz. É chamado de comprimento de onda a distância λ entre dois picos da onda, como mostrado na Figura 7.15 do Volume 1. Os feixes luminosos são, em geral, policromáticos, ou seja, constituídos de ondas de comprimentos diversos, que vão de um limite a outro do espectro visível e mesmo além desses limites.

2.2.1. Radiação

A radiação eletromagnética é definida como a emissão ou transferência de energia em forma de ondas eletromagnéticas ou partículas. A radiação visível, ou simplesmente luz, é definida como a radiação capaz de causar uma sensação visual direta. Como visto, as ondas de luz ocupam somente uma parte muito pequena do espectro de ondas eletromagnéticas. Os limites da radiação visível não são precisamente definidos e variam de acordo com o indivíduo (Figura 5.4 do Volume 1), sendo obtidos a partir da avaliação estatística de amostras da população.

Pela teoria eletromagnética, a luz pode ser imaginada como sendo uma onda eletromagnética que atravessa o vácuo em linha reta a uma velocidade de aproximadamente 300.000 km/s. Sua velocidade é reduzida quando atravessa um meio material, e seu valor depende do índice de refração do meio. Galileu talvez tenha sido a primeira pessoa a tentar medir a velocidade da luz. Sua idéia de medição era bem simples: dois homens separados por uma distância conhecida e munidos com lanternas e cronômetros deveriam medir o tempo levado pela luz proveniente das lanternas para percorrer o trajeto entre eles. Como a distância era conhecida, podia-se obter a velocidade da luz. Entretanto, devido à rapidez com que a luz se propaga e à não-existência, na época, de uma forma de medir variação tão pequena de tempo, sua experiência falhou. Mas esse foi o ponto de partida para muitas outras experiências mais sofisticadas.

O olho atua como um seletor sensível a uma faixa de comprimento de onda do espectro eletromagnético. Acima e abaixo dos limites dessa faixa o ser humano não capta energia. A sensibilidade dos animais ao comprimento de onda varia bastante. Muitos animais vertebrados noturnos não são sensíveis à luz de comprimento de onda longo, que os seres humanos vêem como o vermelho. Já alguns insetos são sensíveis a comprimentos de onda muito curtos, como a luz ultravioleta, invisível para o homem. Entretanto, a percepção da cor depende de muitos outros fatores, além do comprimento de onda da luz refletida ou emitida.

O ser humano pode perceber a presença da luz antes mesmo de haver energia suficiente para se discernirem formas. A visão depende da presença de luz, e muitas percepções primitivas da visão são simples reações à intensidade da energia captada. Conforme já comentado, basicamente existem duas maneiras de a luz alcançar os olhos: diretamente, a partir da radiação de uma fonte luminosa, ou pela reflexão da energia radiante incidente em uma superfície.

A quantidade de energia proveniente de uma fonte luminosa é chamada de fluxo luminoso (medido em *lumens*), que corresponde à variação da energia luminosa (quantidade de luz) em relação ao tempo. A quantidade de luz incidente em uma superfície é chamada de iluminância (unidade: *lux*), ou seja, refere-se à variação do fluxo luminoso pela área da superfície. A relação entre a luz incidente em uma superfície e a quantidade refletida é chamada de índice de reflexão da superfície (é adimensional). A intensidade luminosa, que corresponde à variação do fluxo luminoso com relação ao ângulo sólido no qual o fluxo da fonte de luz é radiado, é medida em unidade *candela*.

Sendo a luz uma forma de energia radiante, similarmente a outras formas de energia, como calor, eletricidade, raios X ou ondas de rádio, provocará, além de uma ação térmica ou fotoquímica sobre os tecidos oculares, também uma ação que produz fadiga muscular quando a intensidade ultrapassar o limite da visão confortável.

A energia eletromagnética possui uma ampla faixa de comprimentos de onda, variando desde frações mínimas de centímetros até quilômetros de extensão.

Os comprimentos de onda muito curtos não são vistos ou tratados como luz, assim como os muito longos. Os raios gama, X e ultravioleta possuem comprimentos de onda menores que o visível, já os infravermelhos e as ondas de transmissão associadas à TV e ao rádio possuem comprimentos de onda que podem ultrapassar 100 m.

Esses limites também podem ser fornecidos em unidades de freqüência, como apresentado na Figura 5.7 do Volume 1. O total do espectro de radiação, relacionado ao estudo oftalmológico, é geralmente dividido em: actíneo (UV – ultravioleta), visível (V) e térmico (IV – infravermelho). A radiação ultravioleta é aquela que antecede o comprimento de onda da cor violeta no espectro eletromagnético. Divide-se em três faixas: UV-A, UV-B e UV-C. A primeira atravessa a maioria dos vidros e provoca fluorescência (empregada em processos industriais), a segunda tem ação sobre a pele, criando o efeito eritêmico (bronzeamento) e formando vitamina D (ação anti-raquítica), e a última apresenta efeito germicida e atua eliminando bactérias, fungos e microorganismos. Empregam-se as lâmpadas actínicas ou ultravioleta, de luz negra, solares, germicidas e de ozônio como fontes de radiação artificial.

Considerando o efeito dos diversos comprimentos de onda em relação ao olho, tem-se a divisão apresentada na Tabela 2.1.

TABELA 2.1. Radiações do espectro eletromagnético

	RADIAÇÃO	COMPRIMENTO DE ONDA (nm)
Actíneo	Ondas curtas UV-C	100 a 280
	Ondas médias UV-B	280 a 315
	Ondas longas UV-A	315 a 400
Visível	**Espectro visível**	**400 a 700**
Térmico	Ondas curtas IV-A	700 a 1400
	Ondas médias IV-B	1400 a 3000
	Ondas longas IV-C	mais de 3000

A luz visível corresponde a uma faixa estreita do espectro eletromagnético, mas suficiente para servir de suporte a 80% da informação recebida pelo homem. A parte do espectro eletromagnético que abrange a luz visível vai aproximadamente de 400 nm a 700 nm. As variações de comprimento de onda dentro dessa faixa correspondem às cores da luz visível, conforme pode ser observado na Figura 2.8. O ser humano não consegue perceber comprimentos de onda fora do espectro de luz visível sem auxílio de dispositivos adequados, como câmeras de visão noturna infravermelha, rádio, televisão, ou seja, dispositivos que convertem essas ondas em luz visível ou som audível.

A Comissão Internacional de Iluminação (CIE – Commision Internationale de l'Eclairage) define as seguintes faixas para a radiação ultravioleta: UV-C de 100 a 280 nm, UV-B de 280nm a 315 nm e UV-A de 315nm a 400 nm.

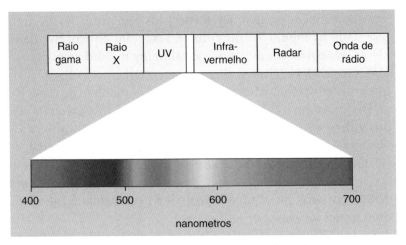

FIGURA 2.8. *Espectro eletromagnético e comprimentos de onda.*

TABELA 2.2. Comprimento de onda das cores do espectro visível

COR	COMPRIMENTO DE ONDA (nm)
Violeta	400 a 436
Azul	436 a 495
Verde	495 a 566
Amarelo	566 a 589
Laranja	589 a 627
Vermelho	627 a 700

A porção actínia ou ultravioleta do espectro possui certo grau de efeito térmico, assim como a porção térmica possui certo efeito actínio. O prejuízo ao tecido depende da intensidade da fonte luminosa, do tempo de exposição do observador ou de ambos. O efeito da radiação ultravioleta sobre o olho é predominantemente fotoquímico – a molécula que absorve a energia radiante se decompõe e reage produzindo um outro produto químico. No espectro visível, essa reação causa a sensação da visão, e no ultravioleta tem efeito lesivo. Os raios ultravioleta estão presentes na luz solar, sobretudo em grandes altitudes, na luz refletida do mar ou da neve e em várias aplicações industriais (por exemplo, na soldagem). A neve reflete 85% de UV, enquanto a grama reflete apenas de 1 a 2%. Os raios de comprimento de onda curtos provocam inflamações na conjuntiva e na córnea (fotoconjuntivite e fotoceratite), enquanto os raios de comprimento de onda longos são menos prejudiciais. Os raios ultravioleta são absorvidos pela córnea, no entanto, entre 295 e 350 nm, passam através dela e são absorvidos pelo cristalino (a criança absorve até 310 nm, e o adulto, até 375 nm). Com a formação da catarata, o limite de absorção sobe para 450 nm e, em casos avançados, todo o violeta do espectro visível é absorvido. O efeito fotoquímico cumulativo (isto é, as alterações fotoquímicas dependem da intensidade e do tempo de exposição) resulta em uma maior absorção do UV e luz visível pelos fotorreceptores (cromóforos) cristalinianos, que aumentam de concentração com a idade. Isto faz com que o cristalino passe a se tornar opaco, funcionando como um filtro mais eficaz ao ultravioleta, diminuindo assim a capacidade de visão (Rozendo, 2003).

Os raios UV de comprimentos de onda longos são capazes de produzir o fenômeno de fluorescência cristaliniana, que é a absorção de uma energia com um determinado comprimento de onda e a transmissão de outra de comprimento de onda menos lesivo. Parte da radiação ultravioleta pode atingir a retina. Na retina, tanto a luz visível como a luz ultravioleta são absorvidas pelos cromóforos. O efeito cumulativo da radiação incidindo na retina, junto com os baixos níveis de fotorreceptores e epitélio pigmentar, comuns na idade avançada, leva a uma lesão retiniana com rarefação do epitélio pigmentar, com pouca capacidade de regeneração (Alves, 1999).

A radiação infravermelha é aquela que sucede o comprimento de onda da cor vermelha no espectro eletromagnético. Divide-se igualmente em três faixas: IV-A, IV-B e IV-C. É percebida sob a forma de calor, sendo utilizada na indústria, agricultura e medicina. A Comissão Internacional de Iluminação a divide da seguinte maneira: IV-A de 700 a 1.400 nm, IV-B de 1.400 a 3.000 nm e IV-C de 3.000 nm a 1 mm.

Os principais efeitos dos raios infravermelhos longos e curtos sobre o olho se concentram sobre a córnea e o cristalino, e as alterações permanentes se devem à queimadura local do tecido, onde se processa coagulação protéica pelo calor. Uma pequena parte dos raios infravermelhos é absorvida pela lágrima. A córnea absorve quase toda radiação acima de 1.500 nm e parte em torno de 1.000 nm, porém nada abaixo desse comprimento de onda. Quanto ao cristalino, a maior absorção é pelo núcleo, que absorve cerca de 30%, enquanto a cápsula nada absorve, e o córtex, pouco. O humor vítreo, com as mesmas características da córnea, absorve cerca de 20-30% do que passou pela córnea. Cerca de 60% dos raios infravermelhos residuais são retidos pelo humor vítreo e apenas 3% atingem a retina (Alves, 1999).

O efeito da radiação luminosa na retina depende da intensidade e do tempo do estímulo luminoso, do comprimento de onda da luz, do diâmetro da pupila, do peso corporal, da idade e das características retinais (pigmento visual laranja, que é o componente ativo da rodopsina e iodopsina, liberado no ciclo de visão à medida que a luz é absorvida). A exposição a altos níveis de radiação do espectro visível pode causar lesão térmica (e maior comprimento de onda) e lesão fotoquímica (ondas curtas no final do espectro visível). A luz visível também pode causar lesão na retina e no cristalino se a exposição for demasiadamente intensa e demorada, afetando diretamente a acuidade visual (Alves, 1999).

2.3. Percepção de Cor

A visão humana tende a realçar contornos, fato que se relaciona a ser uma função logarítmica da intensidade (Figura 2.7). Outro fenômeno ocorre quando regiões são realçadas em razão da intensidade da vizinhança. A Figura 2.9 ilustra claramente esse fenômeno: a região central de cada uma das imagens tem o mesmo tom de cinza, entretanto elas parecem ter tons distintos, devido aos tons vizinhos em cada uma das imagens.

FIGURA 2.9. *A percepção de mais claro ou mais escuro é relativa.*

2.3.1. Teoria Tricromática

Como já comentado anteriormente na Seção 2.1 e no Capítulo 5 do Volume 1, sob níveis escotópicos de iluminação, apenas os bastonetes são ativos, e a visão da cor não é possível. Os cones são os receptores da retina responsáveis pelo primeiro estágio de resposta às cores. Mas de que forma eles obtêm a informação sobre o comprimento de onda da luz captada é o primeiro aspecto que deve ser esclarecido. Um observador comum pode discernir cerca de 200 nuances diferentes de uma cor. Poder-se-ia pensar que existe um tipo de cone para cada nuance, mas, dessa forma, para cada estímulo de cor teria-se apenas 1/200 do número total de cones trabalhando. A acuidade visual humana seria mais pobre do que a realidade mostra. E, sob luz branca (quando todas as cores estão presentes) seria 200 vezes melhor do que sob estímulo monocromático, o que de fato não ocorre (Coren *et al.*, 1979).

No século XVIII, Thomas Young (1773-1829) formulou a teoria tricromática. Segundo ela, apenas três tipos de receptores da retina seriam necessários, operando com sensibilidades a diferentes comprimentos de onda. Young propôs uma teoria simples baseada na existência de três tipos de cores primárias. James Clerk Maxwell e Herman von Helmholtz estudaram profundamente essa questão da visão em cores. Maxwell realizou experimentos importantes relativamente à sensibilidade das células cromáticas. Essa teoria é, até hoje, uma base para a compreensão da visão colorida, embora não leve em conta determinados aspectos sutis da visão, tanto no que se refere ao funcionamento das células cromáticas quanto ao processamento da informação sobre as cores no cérebro humano.

De qualquer forma, grande parte dos fenômenos cromáticos pode ser compreendida de forma bastante adequada com a teoria de Maxwell. Pode-se considerar, de acordo com essa teoria, que os três cones existentes na retina são sensíveis, respectivamente, ao vermelho (*red*), ao verde (*green*) e ao azul (*blue*), que serão designados pelas iniciais em inglês: R, G e B. Estas são as chamadas *luzes primárias*.

Todas as cores que podem ser vistas pelo olho humano são, portanto, uma combinação de R, G e B em diferentes proporções. Essas proporções podem ser quantificadas no intervalo de zero a 100%, de acordo com a intensidade de cada uma delas. O valor 100% correponde à intensidade luminosa máxima daquela cor em dada circunstância.

Assim, pode-se descrever a cor como um "vetor" cromático de três componentes, na forma: *cor* = (R, G, B). Nessa expressão, R é a proporção de vermelho, G a de verde e B a de azul. Veja na Tabela 2.3 alguns exemplos de cores escritas dessa forma.

TABELA 2.3. Cores criadas com o vetor cromático R, G, B

COR	R (%)	G (%)	B (%)	
vermelho puro	100	0	0	
azul puro	0	0	100	
amarelo	100	100	0	
laranja	100	50	0	
verde musgo	0	25	0	
salmão	100	50	50	
cinza	50	50	50	

2.3.2. Dicromatopsias

A percepção das cores ocorre através dos cones, que são de três tipos e reagem à luz de forma diferenciada. Cada um deles produz diferentes tipos de fotopigmentos, que são compostos de uma proteína, chamada opsina, e um derivado da vitamina A, chamado retínico. A seqüência de aminoácidos específica da opsina determina a resposta do pigmento à luz. Se um indivíduo apresentar ausência de algum desses pigmentos, terá restrições à gama de tonalidades possíveis na construção das cores. Os genes para os pigmentos que respondem às luzes vermelha e verde encontram-se no cromossomo X; portanto, as mulheres têm maior probabilidade que os homens de receber uma cópia saudável desses genes. É por essa razão que se encontra um número maior de deficiência visual para as cores verde e vermelho entre os homens do que entre as mulheres (Coren *et al.*, 1979; Hoffman, 2001; Alves, 1999).

No caso do diabetes, a percepção do azul-amarelo perde bastante eficiência, enquanto o vermelho-verde parece inalterado (Coren *et al.*, 1979). (Veja sistemas de cores na Seção 5.14 do Volume 1.)

Mesmo o ser humano não sendo capaz de ver luzes abaixo do vermelho (infravermelho) e acima do azul (ultravioleta), ambas são absorvidas pelo cristalino. A exposição excessiva a essas luzes pode causar danos permanentes à visão, resultando em doenças como a catarata.

Poucas pessoas são totalmente incapazes de discriminar cores. Discromatopsia refere-se à toda anormalidade da visão de cores. Existem diversas classificações possíveis referentes a esse tipo de anormalidade. Segundo a teoria de Young-Helmholz, os indivíduos podem ser acromatas, dicromatas ou tricomatas.

A primeira, mais drástica e rara, é a que acomete indivíduos que possuem cones que não funcionam, portanto não têm habilidade para discernir as cores e ainda se sentem muito desconfortáveis sob iluminação forte, já que a visão trabalha apenas com os bastonetes. O indivíduo com esse tipo de problema é chamado de acromata. Para ele, o espectro visível é percebido em tonalidades de cinza; por essa razão, também são chamados de monocromatas.

Já os indivíduos dicromatas possuem dois sistemas de cones ativos e alguma percepção de cores. Eles percebem as cores de forma diferente dos indivíduos normais. Dependendo do sistema inoperante, esses indivíduos podem apresentar três tipos de disfunção: (1) a protanopia, que não permite que a pessoa reconheça luz com comprimentos de onda longos (cor vermelha); (2) a deuteranopia, que apresenta disfunção no sistema de cones verdes, e o indivíduo confunde a cor verde com a cor vermelha; (3) a tritanopia, que produz deficiência no reconhecimento da cor azul, havendo confusão entre as cores amarela, verde e violeta (Alves, 1999).

2.4. Iluminação

As fontes de luz podem ser naturais (sol, fogo, estrelas) ou artificiais (lâmpadas ou iluminantes). As lâmpadas elétricas podem ser classificadas em dois grupos principais: as lâmpadas incandescentes e as lâmpadas de descarga. Cada fabricante desenvolve modelos de lâmpadas segundo as necessidades de uso percebidas na sociedade. Aqui são descritos alguns desses modelos, e não a totalidade, quanto às suas características de uso e fabricação. O objetivo é ilustrar alguns tipos diponíveis atualmente no comércio. A Tabela 2.4 apresenta uma classificação de lâmpadas, considerando tipos e modelos.

TABELA 2.4. Classificação das lâmpadas

Classificação Geral	Tipos Especiais	Modelos
Incandescentes	Refletoras	Vidro prensado
		Vidro soprado
		Com refletor na parte esférica
	Halógenas	-
Descarga	Baixa pressão (fluorescentes)	Com starter
		Sem starter
	De alta pressão	Vapor de mercúrio
		Vapor metálico
		Luz mista
		Vapor de sódio

2.4.1. Lâmpadas Incandescentes

As lâmpadas incandescentes, também conhecidas como lâmpadas de Edison, produzem luz pelo aquecimento elétrico de um filamento a uma temperatura tão alta que a radiação emitida encontra-se na região visível do espectro eletromagnético. Quanto mais elevada for a temperatura do filamento, maior será a proporção da energia radiada correspondente à região visível e maior será a eficácia da lâmpada. Quanto maior a temperatura para uma dada lâmpada, maior a sua eficiência luminosa (lumens emitidos por Watt) e menor a sua vida. Qualquer variação na voltagem aplicada em uma lâmpada incandescente causa uma modificação nas suas características de funcionamento.

As principais partes das lâmpadas incandescentes são: filamento, bulbo (ou ampola), gás e base.

Nas lâmpadas modernas, o filamento utilizado é de tungstênio, que tem ponto de fundição elevado e velocidade de evaporação baixa, permitindo maiores temperaturas de operação e, conseqüentemente, maior eficácia luminosa.

O bulbo de vidro é fechado, impedindo que o filamento entre em contato com o ar externo, cujo oxigênio provocaria a queima imediata da lâmpada. Ele pode ter várias cores, mas se obtém maior difusão de luz quando se reveste o seu interior com uma fina camada de silicato branco.

Uma das funções do gás inerte que preenche o bulbo é reduzir a evaporação do filamento, permitindo o aumento da sua temperatura de trabalho. Os gases mais usados são nitrogênio e argônio. Quanto maior a pressão do gás, menor será a evaporação do filamento e maiores serão a eficácia luminosa e a vida da lâmpada.

A base é a parte condutora da lâmpada, feita em metal, que a ligará à corrente elétrica. Os metais mais usados são latão, alumínio e níquel. As principais bases são identificadas pela letra E, quando forem de rosca, ou pela letra B, de baioneta, seguidas de um número que indica o seu diâmetro em milímetros.

As lâmpadas incandescentes mais comuns são as de uso geral e as refletoras; estas podem ser halógenas ou não. As lâmpadas refletoras possuem uma fina camada metálica depositada na superfície interna do bulbo, que funciona como espelho. Existem dois tipos de lâmpadas refletoras: de vidro prensado e de vidro soprado. As lâmpadas de vidro prensado (vidro duro ou vidro de borossilicatos) geralmente são compostas de duas partes, o bulbo e a lente, que possibilitam a variação de aberturas de fachos de luz: aberturas estreita (*spot*), ampla (*flood*) e muito ampla (*wide flood*). Essas lâmpadas resistem bem aos choques térmicos e podem ser usadas ao ar livre sem proteção. Nas lâmpadas de vidro soprado, a parte frontal é de cristal esmerilhado. Também fabricadas como as de vidro prensado, em cores e para diferentes fachos de luz, a abertura do facho será determinada pela posição do filamento em relação ao espelho. A intensidade luminosa dessas lâmpadas é menor que as de vidro prensado de mesma potência. Têm a vantagem de serem menores e mais leves, sendo ideais para iluminação de interiores. Existe ainda um terceiro grupo de lâmpadas refletoras que possui o refletor interno situado na parte esférica do bulbo. Essas lâmpadas são usadas em combinação com um refletor separado para se obter a distribuição de luz desejada (Philips, 1981).

As lâmpadas incandescentes halógenas são usadas em iluminação por projeção, como por exemplo, projetores de cinema e faróis de automóveis. As lâmpadas incandescentes normais provocam evaporação de partículas de tungstênio e posterior condensação na parede interna do bulbo, com conseqüente enegrecimento do mesmo. Para que isso não ocorra, agrega-se ao gás normal um elemento químico da família dos halógenos (iodo, flúor, bromo), estabelecendo-se um ciclo de regeneração do tungstênio, impedindo assim o escurecimento do bulbo. Essas lâmpadas, conhecidas como halógenas, são fabricadas em cristal de quartzo, que resistem às altas temperaturas em que ocorre a regeneração do tungstênio.

Atualmente, existem no mercado lâmpadas modernas, como as lâmpadas halógenas dicróicas, que são menores que as incandescentes comuns, melhoram o rendimento das cores, pois emitem menos raios infravermelhos, e ainda têm o dobro de durabilidade. As lâmpadas tradicionais têm vida útil de 1.000 horas, enquanto as dicróicas têm cerca de 2.000 horas. Atualmente, as mais utilizadas são as de 20 e 50 Watts em 12V, ambas devendo ser utilizadas com um transformador, caso elas sejam de tensão diferente como, por exemplo, em 127 V, que poderá ser operada diretamente na rede, se a tensão for compatível.

2.4.2. Lâmpadas de Descarga

Nas lâmpadas de descarga, a luz é produzida não por aquecimento de um filamento (como ocorre nas lâmpadas incandescentes), mas por uma descarga elétrica contínua em um gás ou vapor ionizado. Algumas vezes há a combinação de luminescência dos compostos de fósforo excitados pela radiação da descarga elétrica.

As principais partes de uma lâmpada de descarga são: tubo de descarga, eletrodos, bulbo externo e base. Existem vários tipos de tubos de descarga e diferentes gases. O tubo onde se dá a descarga elétrica em geral é cilíndrico e pode ser feito de vidro alcalino-silicato transparente (lâmpadas fluorescentes tubulares), quartzo ou sílica (lâmpadas de mercúrio de alta pressão), vidro alcalino forrado com vidro resistente ao sódio (lâmpadas de sódio de baixa pressão) ou óxido de alumínio (lâmpadas de sódio de alta pressão). Os eletrodos, em geral, são de tungstênio. O tubo de descarga é inserido em um bulbo que o protege de influências externas, exceto no caso das lâmpadas fluorescentes tubulares. O bulbo pode ter vácuo ou ser preenchido com um gás inerte (nitrogênio). A superfície interna do bulbo é recoberta com uma camada difusora ou de fósforo que melhora a reprodução de cor. A base pode ser do tipo rosca ou baioneta.

As lâmpadas de descarga necessitam de reatores que têm a função de limitar a corrente na lâmpada de acordo com o valor recomendado. Para o seu funcionamento, em alguns casos, torna-se necessário também um inicializador de descarga.

As lâmpadas de descarga são classificadas em dois tipos principais: lâmpadas de baixa pressão, também chamadas de fluorescentes, e de alta pressão.

Nas lâmpadas fluorescentes, a luz é produzida predominantemente por pós fluorescentes ativados pela energia ultravioleta da descarga. Pós fluorescentes especiais permitem uma boa reprodução de cor. São fabricadas com potência de 4 a 110 W, em modelos que podem ou não utilizar *starter*. Para efeito de comparação entre a eficiência luminosa de uma lâmpada incandescente de tungstênio e uma lâmpada fluorescente comum, considere uma lâmpada incandescente de 100 W de potência e emissão de aproximadamente 1.700 lm. Ou seja, a sua eficiência luminosa está entre 15 e 20 lm/W (1.700 lm/100 W=17 lm/W). Já uma lâmpada fluorescente de 40 W emite aproximadamente 2.100 lm, sendo a sua eficiência luminosa de 50 lm/W.

Um modelo de lâmpada fluorescente é a compacta, que pode durar até 10.000 horas. Uma lâmpada fluorescente compacta de 20 W tem aproximadamente a mesma eficiência luminosa que uma lâmpada incandescente de 75 W e ainda tem uma durabilidade aproximadamente dez vezes maior, com menor consumo de energia.

Existem diversos tipos de lâmpadas de descarga de alta pressão, podendo-se destacar as de vapor de mercúrio, vapor metálico, luz mista e vapor de sódio. As de mercúrio encontram-se disponíveis nas potências de 80 W, 125 W, 250 W e 400 W, sendo usadas na iluminação de grandes áreas externas e em indústrias. As lâmpadas de vapor metálico contêm aditivos de iodeto (índio, tálio e sódio) que melhoram sua reprodução de cor. São aplicadas em iluminação de quadras desportivas, ruas e estacionamentos. As de luz mista possuem o bulbo revestido internamente com fósforo e preenchido com gás. A radiação ultravioleta da descarga de mercúrio é convertida em radiação visível pela camada de fósforo e junto a esta se mistura a radiação visível do próprio tubo de descarga e do filamento incandescente. Nas lâmpadas de sódio de alta pressão, o tubo de descarga contém excesso de sódio, que dá condições de saturação do vapor durante o funcionamento da lâmpada. Nessas lâmpadas utiliza-se também um excesso de mercúrio, que tem a função de proteção, e o xenônio que facilita a ignição.

2.4.3. A Iluminação e as Cores

A iluminação tem um papel fundamental na análise e na percepção da cor. Isso pode ser percebido em situações cotidianas, como ao comprar uma roupa em uma loja (com iluminação específica): o consumidor percebe uma cor e, ao sair com a roupa "à luz do dia", percebe uma nova tonalidade.

Tradicionalmente o consumidor escolhe entre lâmpada incandescente ou fluorescente. Entretanto, em 2001, no Brasil, em função de um racionamento de energia baseado em cotas de consumo, houve uma mudança radical nos critérios de escolha. Isso fez com que os consumidores trocassem as lâmpadas incandescentes por lâmpadas fluorescentes compactas de menor consumo. Além disso, a preocupação com o consumo é importante pois o desperdício de energia está diretamente relacionado com o aquecimento global. Os consumidores conscientes passam a ter interesse em conhecer os conceitos de "temperatura de cor" e "intensidade" (consumo de energia). A temperatura de cor observada é coloquialmente classificada como "luz azulada" ou "luz amarelada". Alguns chegam a discriminar as lâmpadas como "mais ou menos azuladas" ou "muito ou pouco azuladas". No caso das lâmpadas fluorescentes tubulares, o consumidor não especifica a temperatura de cor nem a potência, e sim suas dimensões. Atualmente, por uma razão estética, muitos consumidores procuram pela lâmpada T8, usando a nomenclatura "a mais fina". O conceito de "reprodução de cor" é geralmente desconhecido pelo usuário final (Leta e Velloso, 2004).

A observação da cor de um objeto é uma conseqüência da parcela de luz refletida. Ao se incidir luz sobre um objeto, os pigmentos de sua superfície absorvem algumas freqüências da luz incidente e refletem outras. De acordo com o iluminante, o objeto refletirá uma quantidade maior ou menor de freqüências, alterando com isso a percepção de sua cor.

O iluminante natural é a luz solar. A primeira imagem da Figura 2.10 mostra a energia emitida por comprimento de onda da luz solar. A luz do Sol contém uma quantidade aproximadamente igual de cada comprimento de onda do espectro visível, e seu gráfico de distribuição espectral aproxima-se do retângulo. Por isso, a luz do Sol é considerada uma referência para a definição da luz branca, porém a luz solar varia a cada hora do dia, a cada dia do ano e de acordo com a latitude.

Para uniformizar a observação de cor, em 1931, a CIE (Comissão Internacional de Iluminação) adotou iluminantes-padrão para colorimetria. No entanto, a tecnologia atual só permite a fabricação de lâmpadas de tungstênio, com as condições de reprodutibilidade e exatidão necessárias para padronização. Tendo como meta tornar a luz solar o iluminante-padrão por excelência, foi definido como iluminante A a luz emitida por uma lâmpada de filamento de tungstênio à temperatura de cor de 2.857 K (Lozano, 1978).

Posteriormente a CIE recomendou os iluminantes D e C, que são obtidos mediante a filtragem, por filtros líquidos, do iluminante A. O iluminante B corresponde à luz solar média com componente de céu ao meio-dia, cuja temperatura de cor é de 4.870 K. O iluminante C está associado à luz média diurna para um céu completamente coberto à temperatura de cor de 6.770 K. Em 1967, a CIE recomendou o iluminante D_{65}, correspondente à irradiação solar com uma temperatura de cor de 6.500 K, como luz branca ideal.

As características da cor de uma lâmpada são definidas por sua aparência de cor (atributo da temperatura de cor) e por sua capacidade de reprodução de cor (atributo que afeta a aparência da cor dos objetos iluminados). Assim, fontes de luz com mesma aparência de cor poderão ter espectros diferentes, e com isso os objetos iluminados terão cores percebidas bem diferentes (Leta e Velloso, 2004).

Um conceito importante no estudo de iluminantes é o índice de reprodução de cor (IRC). O IRC é a variação que se observa a partir da visão da cor dos objetos sob o iluminante em estudo, em relação a um iluminante-padrão. A grande variedade de lâmpadas de descarga dá lugar à modificação das cores quando comparada com a observada normalmente com os iluminantes convencionais (luz natural ou luz de filamento incandescente). A reprodução de cores era igual em qualquer ambiente quando a iluminação era exclusivamente incandescente, mas, com a introdução de novas fontes luminosas, foi necessário adotar um índice baseado na iluminação incandescente padrão. O índice de reprodução de cor é obtido através da comparação de um número de cores de referência (8 a 14, dependendo da precisão requerida) sob a luz da amostra e do iluminamento de referência, sendo calculados seus desvios relativos. Quanto menor o desvio-padrão, mais próximo de 100 estará a amostra em relação ao iluminante de referência, ou seja, um índice 100 corresponde a uma reprodução de cor similar à que seria produzida por uma lâmpada incandescente; um índice 65 corresponde a 65% de reprodução de cores de uma lâmpada incandescente (Leta e Velloso, 2004).

O IRC é definido como 100% para lâmpadas incandescentes. Atualmente têm-se lâmpadas de descarga (fluorescentes, sódio, multivapor etc.) com IRC variando de 10% a 98%. A CIE recomenda índices de reprodução de cor mínimos de acordo com o uso do iluminante.

Temperatura de cor é uma característica do iluminante independente do conceito de índice de reprodução de cor. O uso do conceito temperatura de cor surgiu com a indústria siderúrgica, devido à importância da temperatura no processo de obtenção do aço. Dessa observação foi obtida uma escala de cor associada à temperatura do aço. Nessa escala, quanto mais amarela, mais baixa é a temperatura e, quanto mais azulada, maior a temperatura. A temperatura de cor é usada para descrever a cor de uma fonte de luz, comparada à cor de radiação de um corpo negro. Para entender o efeito de diferentes temperaturas de cor, observe uma lâmpada incandescente, com temperatura de cor associada de 2.700 K, e uma lâmpada fluorescente compacta, com temperatura de cor variando de 2.700 K (cor amarela) a 4.500 K e 6.500 K, sendo a de 6.500 K a mais azulada entre elas (Leta e Velloso, 2004).

A aparência de cor de uma lâmpada pode ser classificada de acordo com a temperatura, conforme apresentado na Tabela 2.5.

TABELA 2.5. Associação entre temperatura e aparência de cor de uma lâmpada (Philips, 1981)

Temperatura de cor (K)	Aparência de cor
T > 5000	Fria (branca - azulada)
3300< T< 5000	Intermediária (branca)
T < 3300	Quente (branca – avermelhada)

Em relação às lâmpadas fluorescentes, pensou-se durante muito tempo que uma boa reprodução de cor somente poderia ser obtida diminuindo a eficácia e fazendo a fonte irradiar a gama de cores completa do espectro visual. Atualmente, os fabricantes utilizam o revestimento de trifosforo, que proporciona maior IRC nas lâmpadas fluorescentes.

Alguns tipos de lâmpadas de descarga têm uma distribuição de energia espectral muito próxima à da fonte-padrão. A reprodução de cor dessas lâmpadas é, portanto, muito boa, não obstante a sua eficácia ser muito baixa. Outras têm uma distribuição espectral de energia tão diferente da fonte-padrão que a sua reprodução de cor ou é muito pobre ou nem poderá ser especificada, porém a sua eficácia é alta.

As lâmpadas de descarga de mercúrio possuem uma aparência branco-azulada, com emissão nos comprimentos de onda de amarelo, verde e azul. Não há emissão na faixa da cor vermelha. As lâmpadas de descarga de luz mista geram uma luz branca difusa com aparência de cor agradável. As lâmpadas de sódio de alta pressão emitem energia em grande parte do espectro visível, proporcionando uma boa reprodução de cor.

Lâmpadas incandescentes têm uma distribuição espectral de energia próxima à da fonte-padrão e, portanto, têm uma reprodução de cor excelente. A eficácia dessas lâmpadas, no entanto, é muito baixa.

A Figura 2.10 mostra a distribuição relativa de energia espectral da luz do dia e de algumas lâmpadas comerciais fabricadas pela Osram que ajudam a compreender as diferentes reproduções de cor de cada uma delas (as imagens coloridas encontram-se disponíveis no CD que acompanha este livro).

Para ilustrar o efeito da distribuição relativa de energia espectral das fontes de iluminação de vapor de sódio (VS) e de multivapor metálico (MVM), Santos (2003) realizou experimentos com objetos de formas e cores variadas (Figura 2.11).

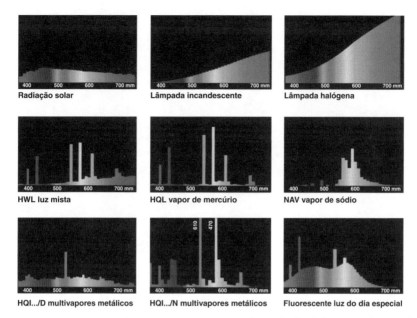

FIGURA 2.10. *Energia emitida por comprimentos de onda de diferentes fontes de luz.*

FIGURA 2.11. *Fotos do experimento com objetos iluminados com lâmpada VS e MVM (Santos, 2003).*

Após a observação das fotos da Figura 2.11, os indivíduos testados responderam sobre a dificuldade na identificação das cores dos objetos: 63% das pessoas responderam ter dúvidas na figura com iluminação de vapor de sódio (VS), 33% na figura com iluminação de multivapor metálico (MVM) e 4% não apresentaram nenhuma dificuldade. Esse resultado já era esperado, tendo em vista que a lâmpada de vapor de sódio possui um índice de reprodução de cores (IRC = 22) menor que a lâmpada de multivapor metálico (IRC = 75). Quanto à cor do objeto que tiveram maior dificuldade de reconhecer, em 70% das respostas foram os de números 3, 7, 8 e 10, na situação com iluminação VS. Esses objetos eram azuis e verdes (enquanto os outros eram vermelhos, laranjas e amarelos) e, ao receberem luz amarelada, pareciam pretos. As imagens com cores usadas no experimento encontram-se no CD.

Um outro experimento foi feito por Silva (2004), no qual os objetos iluminados por MVM e VS foram avaliados quanto a matiz, intensidade e contraste de cor. Percebe-se na imagem iluminada por VS (Figura 2.12) que há uma aproximação entre os matizes de algumas cores, fazendo com que elas tenham pouca distinção entre si. Exemplo disso acontece com o verde e o vermelho, que ficam assemelhados ao ocre, marrom, e com o branco, que se torna amarelado. Esse fato repercute na restrição do espectro visível de cores com conseqüente redução de possibilidades de contraste entre matizes. Já a diferença entre matizes de borda e respectiva sombra é significativa na imagem MVM, mas muito próxima na imagem VS. As imagens coloridas encontram-se disponíveis no CD que acompanha este livro.

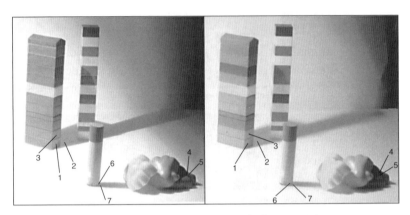

FIGURA 2.12. *Objetos iluminados com MVM e VS (Silva, 2004).*

2.5. Modelos de Cores

Modelos de cores usam as bases físicas da cor para poder representá-las adequadamente. Seu nível de abstração é apresentado na Figura 2.13.

FIGURA 2.13. *Níveis de abstração de cores.*

Um modelo de cor é um sistema utilizado para organizar e definir cores conforme um conjunto de propriedades básicas que são reprodutíveis. Uma das formas mais eficientes de descrever a cor usa os elementos matiz, saturação e intensidade.

- **Matiz** determina a cor propriamente dita, definindo sua personalidade, sua identidade; está associado aos seus diferentes comprimentos de onda. É um atributo da cor que permite, por exemplo, distinguir o verde do azul ou o amarelo do vermelho (Figura 2.14a, disponível em cores no CD).
- **Saturação** determina a pureza da cor, o quanto uma cor não está diluída pela luz branca. A pureza de uma luz colorida é a proporção entre a quantidade de luz pura da cor dominante e a quantidade de luz branca necessária para produzir sua sensação. É através da saturação que, por exemplo, o rosa é distin-

guido do vermelho, e o azul-marinho, do azul-claro. A saturação é a intensidade de um dado matiz, conforme mostra a Figura 2.14.b. A saturação está associada à quantidade de luz branca adicionada à luz monocromática.
- **Intensidade**, também chamada de valor (*value*), brilho (*brightness*) ou luminosidade (*lightness*), determina a intensidade de luz que uma superfície tem a capacidade de refletir ou uma fonte luminosa de emitir. Cada cor pode ter diferentes valores, de acordo com o grau de energia que emite. Por exemplo, uma mesma lâmpada de uma mesma cor pode ser percebida de maneira diferente se for alterada a intensidade de corrente que a faz acender, por um potenciômetro. Assim como o volume de uma música, a cor pode ser mais ou menos intensa. É uma propriedade importante para criar sensações espaciais (como distância e profundidade) por meio da cor. Porções da mesma cor com diferentes energias luminosas (contraste de intensidade) definem regiões diferentes no espaço. Mudanças graduais no valor de uma cor (gradação) poderão dar a sensação de forma e curvaturas superficiais em um objeto do espaço.

A Figura 5.6 do Volume 1 mostra como esses elementos podem ser caracterizados a partir da distribuição espectral de uma luz.

FIGURA 2.14. *Variações no matiz, saturação e intensidade.*

Na Figura 2.15 apresenta-se uma forma gráfica reta idealizada (que não existe na realidade) para facilitar a compreensão dos conceitos de variações no matiz, saturação e intensidade.

Modelos matemáticos para os diversos processos de formação de cor por combinação do mundo físico podem ser considerados. É importante salientar que existem duas formas de combinação de cores por adição ou subtração da intensidade luminosa. O primeiro usa as chamadas cores primárias, e o segundo, as cores complementares. Cabe lembrar que um é usado para objetos que emitem luz (monitores de vídeo, projetores e televisão) e o outro para objetos iluminados (impressões e pinturas).

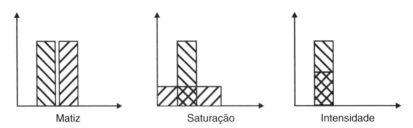

FIGURA 2.15. *Conceitos – variação de matiz, saturação e intensidade.*

Quanto à representação, os sistemas podem ser refletivos ou emissivos. No primeiro encontram-se sistemas que não emitem energia luminosa; utilizam luz proveniente de uma outra fonte. Os emissivos são fontes de energia radiante que produzem diretamente a informação de cor.

As cores primárias são aquelas que não podem ser produzidas a partir da mistura de outras cores e, se elas forem misturadas entre si em proporções variáveis, produzem todas as demais cores. As cores primárias de fontes emissoras da luz são o vermelho, o verde e o azul. E as cores primárias dos pigmentos são o amarelo, o magenta e o ciano.

As cores complementares das fontes emissoras ou luzes são as que, misturadas às primárias, produzem a luz branca. As luzes complementares são representadas pelos pares: vermelho–ciano, amarelo-azul e verde – magenta. Cores complementares estão posicionadas frente a frente no círculo cromático (Figura 5.13, Volume 1).

A mistura de luzes de diferentes comprimentos de onda é chamada de mistura aditiva de cores. O resultado obtido é composto pela adição dos comprimentos de ondas que atingem o sistema óptico. Quando são combinados dois ou mais comprimentos de onda de luz, obtém-se uma nova cor, com nuance e saturação diferentes. Uma vez combinadas, o sistema de visão não é capaz de determinar os comprimentos individuais que compõem a mistura. Assim, pode-se ter um amarelo puro composto de luz de 570 nm e um outro similar, composto de uma mistura de verde de 500 nm e vermelho de 650 nm. Essas cores parecem ser as mesmas, mas são formadas de luzes (radiações) de diferentes comprimentos de onda. São chamadas de cores metaméricas. Esse princípio de adição de cores é empregado na projeção de luzes (Figura 2.16) e na televisão colorida, sendo o branco o resultado da soma das três cores primárias, e o preto a ausência de luz. Esses aspectos também são utilizados pelos fabricantes de lâmpadas para produzir a cor da luz das lâmpadas fluorescentes mediante o uso de pós, misturados com terras raras, cuja base é o fósforo.

A combinação de cores usada na mistura de pigmentos é chamada de mistura subtrativa de cores (Figura 2.17a). Os pigmentos trabalham subtraindo ou absorvendo certos comprimentos de onda da luz que incide sobre uma superfície pintada com eles e refletindo outros, originando a cor. O preto é produzido pela mistura das

COR E VISÃO HUMANA • **39**

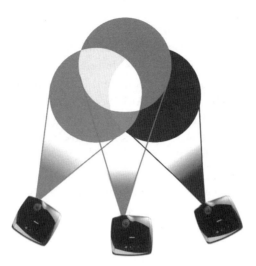

FIGURA 2.16. *Cores aditivas obtidas pela combinação de luzes.*

três cores básicas subtrativas. Ele absorve todas as cores da luz branca incidente. Nesse processo, a obtenção do preto pode ser conseguida mediante a mistura de uma cor primária com a sua cor complementar, ou seja, o escurecimento em pintura não se obtém acrescentando o preto, visto que, nesse caso, ter-se-ia a cor básica com tons acinzentados. Já as luzes adicionam intensidade luminosa (Figura 2.17b).

FIGURA 2.17. *Pigmentos (a) e luzes (b) se combinam de formas diferentes.*

As Seções 5.7 a 5.15 do Volume 1 descrevem diversos modelos de cores e as transformações entre eles em imagens. Os modelos de cor YIQ e YCbCr foram criados para compatibilizar os sistemas de televisão a cores com os receptores em preto e branco. O sistema NTSC (National Television Standards Committee) usa o modelo YIQ. Os sistemas SECAM (Séquence Electronique Couleur avec Mémoire) e PAL (Phase Alternating Line) utilizam o modelo YCbCr (YUV em Computação Gráfica Gerativa). Os dois modelos baseiam-se na separação dos sinais de cor RGB em um sinal de luminosidade (Y) e dois sinais de cromaticidade ou diferença de cor.

Como nos monitores de vídeo o modelo básico é o RGB, torna-se importante definir a transformação entre os diversos modelos. A transformação do espaço de cores RGB para o espaço YIQ se dá por intermédio da expressão matricial:

$$\begin{bmatrix} Y \\ I \\ Q \end{bmatrix} = \begin{bmatrix} 0,30 & 0,59 & 0,11 \\ 0,60 & -0,28 & -0,32 \\ 0,21 & -0,53 & 0,31 \end{bmatrix} \begin{bmatrix} R \\ G \\ B \end{bmatrix} \qquad (2.1)$$

que, invertida, permite transformar o espaço YIQ em RGB:

$$\begin{bmatrix} R \\ G \\ B \end{bmatrix} = \begin{bmatrix} 1,00 & 0,95 & 0,62 \\ 1,00 & -0,27 & -0,64 \\ 1,00 & -1,11 & 1,70 \end{bmatrix} \begin{bmatrix} Y \\ I \\ Q \end{bmatrix} \qquad (2.2)$$

A transformação do espaço YCrCb para o RGB (usado pelo jpeg) é dada por:

$$\begin{bmatrix} R \\ G \\ B \end{bmatrix} = \begin{bmatrix} 1,00 & 1,00 & 0,00 \\ 1,00 & -0,51 & -0,19 \\ 1,00 & 0,00 & 1,00 \end{bmatrix} \begin{bmatrix} Y \\ Cr \\ Cb \end{bmatrix} \qquad (2.3)$$

que invertida permite a transformação da YCrCb para RGB

$$\begin{bmatrix} Y \\ Cr \\ Cb \end{bmatrix} = \begin{bmatrix} 0,30 & 0,59 & 0,11 \\ 0,70 & -0,59 & -0,11 \\ -0,30 & -0,59 & 0,89 \end{bmatrix} \begin{bmatrix} R \\ G \\ B \end{bmatrix} \qquad (2.4)$$

2.6. Características das Cores

As imagens intermitentes, como as do cinema e da TV, são percebidas como se fossem contínuas graças à memorização e à capacidade de integração dos estímulos pelo sistema visual humano. O mesmo acontece com a percepção de cores porque, ao se olhar simultaneamente para objetos de diversas cores, há interferência entre as cores, o que também ocorre quando se olha uma sucessão rápida de diversas cores. Esses fenômenos são chamados de contraste simultâneo e contraste sucessivo, respectivamente (Iida, 1995).

No contraste simultâneo, as cores apresentam sensações de modificação de claridade e de saturação na presença de outras cores. Johann Wolfgang Goethe comentou: "Uma imagem cinza apresenta-se muito mais clara sobre fundo negro do que sobre fundo branco". Ou seja, objetos de mesma cor, sobre fundos diferentes, aparecerão com diferenças de saturação e claridade. Da mesma forma, uma cor ao lado de outra mais escura parecerá mais clara do que realmente é, enquanto se torna ainda mais escura pela aproximação daquela mais clara. A lei de contraste simultâneo de cores, proposta por Michel-Eugène Chevreul, foi baseada nas observações de Goethe sobre as cores. Na Figura 2.18 pode-se observar que um quadrado claro na sombra tem a mesma tonalidade de cinza que um quadrado escuro fora da sombra. A tarja na figura da direita é para facilitar essa comparação.

O contraste sucessivo ocorre em função da memória visual que o ser humano mantém por alguns segundos após observar uma dada imagem. Esse fenômeno faz com que, ao fixar o olhar sobre uma determinada cor, o ser humano retenha na memória sua cor complementar. Assim, se um observador fixar o olhar em um objeto

FIGURA 2.18. *Exemplo do efeito de contraste simultâneo.*

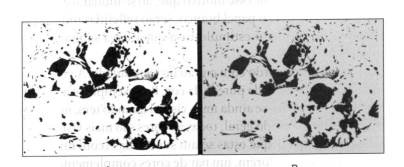

FIGURA 2.19. *Contraste excessivo em A e redução de contraste em B.*

vermelho durante algum tempo e depois deslocar rapidamente os olhos para uma superfície branca, será conservada a imagem do objeto na sua cor complementar, que no caso consiste na cor ciano (verde + azul). Uma outra experiência similar seria a de olhar durante 30 segundos, fixamente, para um círculo vermelho sobre um papel branco, recebendo uma luz muito forte (como a luz solar), depois, tapando-se um dos olhos, o desenho aparecerá na retina com a cor complementar. Isso se deve ao fato de que, devido à persistência visual, a intensidade muito forte da luz representou uma agressão e a retina compensou isso produzindo a cor complementar que, junto com a cor básica, produziu a cor preta (Iida, 1995).

Para demonstrar o efeito do contraste sucessivo, observe atentamente o ponto preto na Figura 2.20 durante 30 segundos, depois desvie rapidamente o olhar para o quadro branco à direita (Use a figura colorida do CD que acompanha este livro). Com as cores complementares, será vista a bandeira com suas cores verdadeiras.

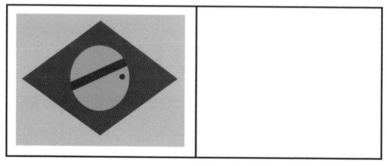

FIGURA 2.20. *Saturação na percepção de cores.*

Ao se atingir a saturação máxima de uma nuance, automaticamente atinge-se a saturação máxima do cone correspondente. A saturação implica um limiar superior de resposta, ou seja, aumentando o estímulo, a resposta fisiológica não mais acompanhará esse crescimento. É por esse motivo que, ao se mudar o estímulo, desviando-se o olho da bandeira para o papel branco, serão refletidas todas as cores da luz branca, inclusive a cor verde; o estímulo rosa que estava saturado será superado pelo estímulo verde.

A cor atrai a atenção de acordo com o grau de visibilidade. A visibilidade depende grandemente do contraste e da pureza da cor. Por exemplo, o amarelo é uma cor de grande visibilidade e torna-se ainda mais visível quando tem, no fundo, a sua cor complementar, o azul. De modo geral, todas as cores são mais visíveis junto com as suas complementares, desde que estas sejam suavizadas (com mistura de branco) ou escurecidas (com preto). Porém, um par de cores complementares, uma ao lado da outra, é desagradável, devendo ser separado por uma faixa de cor neutra (cinza ou preto). Cores de grande visibilidade são vibrantes e de forte efeito em propaganda, embalagens e demarcações de áreas perigosas. Devem ser usadas quando se quer atrair a atenção. Contudo, não devem ser usadas para atrair atenção permanentemente porque são fatigantes (Iida, 1995).

Diversos estudos experimentais realizados sobre a visibilidade das cores vêm sendo desenvolvidos especialmente para se determinar as cores mais adequadas para uso em sinalizações. A Figura 2.21 apresenta os resultados (disponível em cores no CD) quanto ao contraste ideal, em ordem decrescente.

FIGURA 2.21. *Contrastes ideais de cores.*

Um aspecto importante a considerar é o da invariância perceptiva de cor. De forma análoga à invariância dimensional, que leva a atribuir as mesmas dimensões a objetos familiares, existe uma tendência para se atribuir a cor de referência aos objetos e palavras (Santos, 2003). Um exemplo da invariância perceptiva da cor pode ser observado na Figura 2.22 forma colorida encontram-se no CD.

ZUL ROXO AZUL VERDE AMARELO
SA PRETO LARANJA ROSA VERM
MARELO VERMELHO MARROM A
ZUL VERDE PRETO LARANJA RO

FIGURA 2.22. *Invariância perceptiva da cor associada a palavras.*

Com a cor, a visibilidade aumenta, a acessibilidade na procura visual tem uma melhoria, o tempo de procura diminui para 1/3 (enquanto usando só a forma, a redução é de 1/2), a memorização aumenta e o ganho de precisão é da ordem de 176% (Santos, 2003).

2.7. Percepção e Cognição

Cada sistema sensorial é responsável pela resposta a uma forma de estímulo físico diferente. O paladar e o olfato respondem ao estímulo químico, o tato à pressão mecânica, a audição à vibração das moléculas do ar. O estímulo físico para a visão é a radiação eletromagnética, que produz uma resposta visual à luz. Na verdade, sem os sentidos da visão, audição, tato, olfato e paladar, o cérebro, órgão responsável pelas experiências conscientes, estaria totalmente preso e isolado porque, apesar de a percepção ocorrer no cérebro, o único contato do ser humano com o meio externo é através dos órgãos responsáveis pelos sentidos, que podem ser considerados uma janela para o mundo. Sem esses sentidos, o mundo simplesmente não existiria. Dessa forma, uma vez que o conhecimento do mundo depende dos sentidos, é importante saber como eles funcionam. Mas o quanto o mundo criado por esses sentidos corresponde de fato à realidade?

Existem questões aparentemente triviais cujas respostas são supostamente incontestáveis. Por exemplo: qual a cor do céu? Quem é mais quente, o fogo ou o gelo? Agora observe essas mesmas perguntas formuladas de maneira diferente. Como se sabe qual é a cor do céu? Como se sabe o quanto o fogo é mais quente que o gelo? Novamente as respostas são consideradas óbvias, pois as pessoas *vêem* a cor do céu, *sentem* a temperatura da chama e do cubo de gelo. Enfim, as respostas partem imediatamente dos sentidos (Coren *et al.*, 1979).

Acredita-se que se vê um objeto porque ele existe, e se ouve um som porque algo foi capaz de produzi-lo. É essa credibilidade nos sentidos que permite muitas vezes que os seres humanos mantenham sua integridade física. Por exemplo, ao se desviar de um carro, o ser humano aceita as informações que os sistemas visual e auditivo percebem. Porém, a correspondência entre a percepção imediata e a realidade externa não é tão simples assim; muitas vezes o ser humano é levado a percepções errôneas da realidade (Santos, 2003).

A facilidade com que o ser humano usa seus sentidos, enxergando aparentemente através do simples ato de abrir os olhos ou tocando algo apenas pressionando a pele contra o objeto em questão, se sobrepõe ao fato de a percepção ser uma atividade extremamente sofisticada do cérebro. A percepção busca constantemente dados armazenados na memória, efetua uma série de classificações, comparações e decisões antes que qualquer dado seja transformado no que a consciência julgue ser real.

A sensação e a percepção são os primeiros processos complexos que ocorrem quando alguém inicia uma interação com o mundo. Assim, a percepção não fornece um conhecimento direto do mundo – esse conhecimento é o produto final de vários processos. E muitos dos comportamentos dos seres humanos visam a superar falhas da natureza dessas percepções. Um exemplo que pode ser observado é a construção do Parthenon, apresentado na Figura 4.34 do Volume 1. Ele foi projetado de modo a evitar alguns efeitos de ilusão de óptica (o termo ilusão vem do latim *illudere*, que significa zombar). Alterações conscientes dos arquitetos gregos foram necessárias para proporcionar um espetáculo harmonioso à população, determinando a construção de paredes e pilares ligeiramente curvos para dar a impressão de que fossem realmente retos (Coren *et al.*, 1979).

A visão é o sentido mais rápido, fidedigno e informativo, e supostamente ocorre tão naturalmente que se presume que ela é, de fato, algo que não necessita de esforço. Mas a facilidade da visão é ilusória. Por trás há uma inteligência tão complexa que ocupa quase metade do córtex cerebral. A visão não é meramente um produto da percepção passiva, ela é um processo inteligente de aprendizado e construção ativa (Hoffman, 2001). Tudo o que se experimenta através da visão é construído no cérebro. Esse processo de construção tem vários estágios. Não se constrói uma cena visual em uma etapa, mas, ao contrário, em uma multiplicidade de estágios. De forma típica, a construção em um estágio depende dos resultados das construções de outros estágios e toma-os como ponto de partida.

A análise da visão apresenta duas características distintas e simultâneas, que são denominadas sentido e enquadramento, e que constituem o caráter psicofisiológico da visão. O sentido da visão reconhece os objetos por sua mobilidade, forma, tamanho, cor e brilho; percebe distâncias entre observador e objeto; e posiciona-se no espaço dando ao homem o equilíbrio postural. A visão também tende a perceber as coisas de maneira que se enquadrem no conjunto de experiências, expectativas e conhecimentos do homem. A construção, por exemplo, do formato de um livro em três dimensões, pode tomar como ponto de partida os resultados de suas construções de movimento, linhas e vértices em duas dimensões (a imagem no olho tem duas dimensões; logo, ela tem incontáveis interpretações em três dimensões). O fato é que não é possível dispensar a construção (Hoffman, 2001).

Assim, deve-se observar a estrutura física do órgão sensitivo e estabelecer a relação entre as experiências sensoriais, o estímulo físico e a função fisiológica. Observe que a idade da pessoa altera sua capacidade de percepção das cores, não somente pelo fato de a lente cristalina do olho tornar-se amarelada ao longo dos anos, como também pelo fato de o tempo deteriorar gradualmente a visão do azul-amarelo. Fatores físicos, chamados de cromatopsias, também geram perdas nos resultados de discriminação de cores.

Alguns outros fatores curiosos também alteram a percepção de cores. Por exemplo, a memória de cores tende a aumentar o brilho de nuances brilhantes e tornar ainda mais escuras nuances escuras (Coren et al., 1979).

A cultura é um outro fator marcante (Seção 5.16 do Volume 1). Em línguas que possuem poucos termos para diferenciar as cores, os indivíduos não possuem a mesma habilidade para percebê-las que os povos que possuem nomes diferenciados para cada nuance (Coren et al, 1979).

A cor também é um ingrediente comum em uma variedade de sinais, assim como em inúmeras situações que ocorrem no cotidiano. As cores são a fonte de informação básica em sinais de trânsito, e em muitas sociedades tende-se a associar certas cores a eventos específicos (Santos, 2003). Enfim, é razoável considerar que a cor de um sinal é um dos fatores na sua interpretação. Não existe uma única, mas diversas versões sobre as cores, já que os símbolos são, por definição, sinais de reconhecimento que variam conforme raças, países, civilizações e religiões (Griffith e Leonard, 1997).

Quando se deseja estudar a percepção, o foco está nas experiências conscientes dos objetos. Existem diversos estudos e abordagens para esse mesmo tema, mas, com o intuito de facilitar a compreensão do estudo da sensação ou dos processos sensoriais, que é considerado o primeiro contato entre o organismo e o meio ambiente, alguns conceitos básicos são apresentados a seguir.

2.7.1. Processo Informativo

O processo informativo descreve o comportamento, assumindo que a maneira como o observador processa a informação inclui uma fase de registro ou sensorial, uma fase de interpretação e uma fase cognitiva ou de memorização. A cognição é um termo usado em psicologia ligado ao aprendizado e utilizado para fazer referências a memória, associações, linguagens e soluções de problemas, como também, para alguns investigadores, aos processos de atenção e representação consciente. Em outras palavras, cognição tende a estar em algum lugar entre áreas tradicionalmente chamadas de percepção e aprendizado, e incorpora elementos de ambos. Porém, nenhum desses termos ou abordagens pode ser considerado como áreas distintas de estudo, deve-se analisar sistematicamente desde o primeiro registro de estímulo no receptor até a representação consciente final na memória (Coren *et al.*, 1979).

2.7.2. Detecção

O problema básico para qualquer sistema sensorial é detectar a mudança de energia presente no meio, que pode ocorrer através de um estímulo na forma de luz, de som, químico ou mecânico. A detecção gira em torno do quanto de estímulo, em relação ao nível zero de energia, é necessário para o indivíduo dizer que o escuta, enxerga ou sente. A maneira utilizada para medir esse limite variará com o foco da pesquisa. E esses limites variam freqüentemente, tanto por influência de outros estímulos, muitas vezes impossíveis de serem anulados, quanto por erros humanos. Assim, é comum utilizar-se a média dos resultados encontrados.

Tomando o som como exemplo, pode-se apresentar um som que não seja audível para os seres humanos e ir aumentando-o gradativamente, até que o indivíduo em teste diga que consegue escutá-lo. Ou, ao contrário, fazê-lo escutar um som qualquer e ir diminuindo-o, até que não seja mais possível escutá-lo. Utilizam-se ainda níveis de sons controlados ao fundo, para que o processo tenha mais constantes definidas e o indivíduo tenha uma idéia do nível do ruído com o qual o estímulo irá competir. Classes de estímulos perceptíveis e outras de estímulos não-perceptíveis também podem ser apresentadas, alternadamente ou em uma ordem preestabelecida, e o observador deverá dizer se as percebe ou não.

Entretanto, como muitas vezes o indivíduo testado, a fim de parecer mais sensível, responde que percebe o estímulo mesmo não o tendo feito, criou-se a teoria do sinal detectado. Dessa maneira, não se estuda apenas a capacidade do observador em detectar um estímulo, mas sua habilidade para analisar o quão seguro está de que sua resposta não esteja sofrendo influência de erros comuns, como de perseverança e antecipação.

Quando o sinal está ausente, o sistema sensorial do observador ainda está em atividade, gerando outros sinais que variam a cada momento. Essa flutuação no nível do sinal é provavelmente causada por processos fisiológicos, de atenção e outras variáveis ligadas ao sistema de percepção do observador. Algumas vezes, a sensação de estar realmente sentindo o sinal é tão intensa quanto o próprio sinal. Observa-se que tanto a motivação quanto a expectativa do observador afetam as respostas durante o experimento de detecção (Coren *et al.*, 1979), conforme pode ser observado na Figura 2.23.

FIGURA 2.23. *Ilusão: São retirados perfis de pessoas ou colunas torneadas.*

2.7.3. Reconhecimento

Muitas vezes, detectar um sinal não é um problema, pois este está bem acima do limite de detecção. Entretanto, reconhecê-lo ou identificá-lo não é uma tarefa simples. A dificuldade depende, em parte, do número de estímulos alternativos possíveis de ocorrer em relação ao que o observador deverá distinguir. O nível de complexidade do sinal emitido e a habilidade do sistema sensorial do observador para transmitir e decodificar esse sinal no sistema nervoso central indicará o grau de identificação do estímulo. O reconhecimento do sinal requer mais informações a respeito do estímulo do que as necessárias para sua detecção.

2.7.4. Discriminação

O problema da discriminação é saber se um estímulo é diferente de outro e o quanto um estímulo é diferente de outro a ponto de não serem o mesmo. Para isso, devem-se fornecer especificações adicionais ao problema. Utiliza-se um estímulo-padrão e variações em uma única dimensão para se estabelecer o limite de diferença entre o padrão e o estímulo.

No caso da exposição prolongada de um estímulo de cor, também há modificações na percepção da nuance. O brilho de um estímulo pode ser afetado pela intensidade do estímulo adjacente. A natureza inibitória dessa interação faz com que uma redondeza muito brilhante escureça o alvo. Esse tipo de interação também pode ocorrer entre sistemas de cores adjacentes, alterando os resultados das nuances. O fenômeno chamado de contraste simultâneo de cor, comentado anteriormente, é similar à adaptação cromática, exceto pelo fato de que aqui tem-se uma resposta neural instantânea, enquanto, no segundo, caso o efeito é de fadiga devido ao efeito Purkinje. A visão fotópica tem sua máxima sensibilidade para o amarelo, a visão escotópica tem a máxima sensibilidade para o azul, esse deslocamento denomina-se "efeito Purkinje". Ele faz com que cores que aparentemente são mais claras na visão fotópica, por exemplo, laranja e verde, tenham uma aparência contrária quando o nível luminoso chega ao âmbito do escotópico; isto é, o que antes parecia claro torna-se escuro. Mas, nas duas situações, percebe-se a nuance de cores complementares do estímulo produzido (Coren et al., 1979).

A sensibilidade relativa do sistema visual humano a diferentes comprimentos de onda se dá de forma diferente, dependendo da adaptação do olho à luz. As curvas apresentadas na Figura 2.24 indicam a habilidade relativa do sistema visual para avaliar a energia radiante nos diversos comprimentos de onda do espectro visível. Observa-se que a sensibilidade máxima para a visão fotópica ocorre para comprimento de onda em torno de 555 nm, enquanto para a visão escotópica a sensibilidade máxima ocorre em 510 nm. Nota-se que o espectro visível na visão diurna é maior do que o percebido na visão noturna.

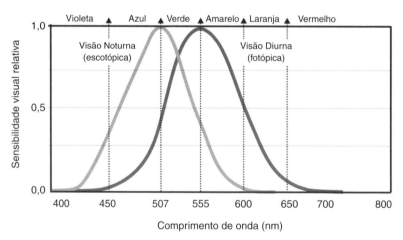

FIGURA 2.24. *Sensibilidade relativa do sistema visual humano.*

O reconhecimento que se efetua através da visão conduz à identificação da forma, do movimento e da cor.

CAPÍTULO 3

Processamento de imagens

3. VISÃO COMPUTACIONAL

O conceito de visão computacional (VC) e sua abrangência foram apresentados na Seção 1.1 e esquematizados na Figura 1.2. Este capítulo tratará de algumas técnicas de processamento de imagens de uso geral nos sistemas de visão computacional.

As técnicas de processamento de imagens digitais podem ser classificadas quanto ao seu escopo ou ao seu resultado. O escopo refere-se à abrangência das técnicas de processamento. O resultado está relacionado com o que se deseja obter de cada técnica.

A Figura 3.1 mostra esquematicamente um diagrama de blocos de um sistema de visão computacional. Cada amostra de uma imagem em qualquer área da computação gráfica é chamada de pixel (*picture element*).

No diagrama é mostrada uma seqüência tradicional para sistemas de VC da captura à tomadas de decisão, considerando as classes de processamento por resultado. Suas principais etapas são explicadas nas próximas seções.

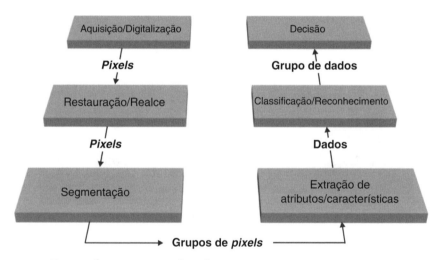

FIGURA 3.1. *Etapas de um sistema de VC genérico.*

Há um fator comum nas duas classes de processamento: a qualidade da imagem em análise. Existem duas subdivisões possíveis relacionadas à qualidade da imagem: fidelidade e inteligibilidade. No primeiro caso preocupa-se em aproximar a imagem processada da imagem original ou de um padrão estipulado que a represente melhor. No segundo caso, preocupa-se com a informação que se pode extrair da imagem, seja pelo olho humano, seja por algum processamento automático. Nos sistemas de visão computacional, esta última etapa é sempre realizada pelo computador.

Obviamente, o que se entende por fidelidade e inteligibilidade depende do contexto (escopo). Programas para editoração eletrônica precisam ter um cuidado muito grande com a fidelidade na representação da cor da imagem; já programas de processamento de imagens médicas em geral estão preocupados com a informação contida na imagem. Assim, a classificação das aplicações de processamento de imagens quanto ao escopo ou resultado é didática e acadêmica.

3.1. Principais Etapas de um Sistema de Visão Computacional

3.1.1. Aquisição de Imagens

A primeira etapa de um sistema de visão computacional consiste na aquisição de imagens. A Figura 3.2 apresenta uma ilustração desse processo.

O primeiro passo na conversão de uma cena real tridimensional em uma imagem eletrônica é a redução de dimensionalidade. A câmera fotográfica ou a câmera de vídeo converte cenas 3-D em representações 2-D da imagem.

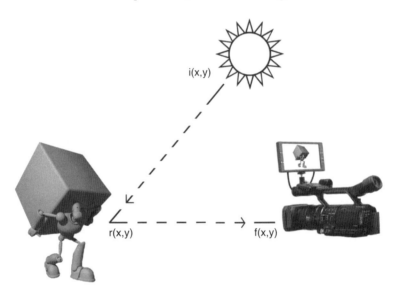

FIGURA 3.2. *Aquisição da imagem.*

Uma imagem pode ser considerada uma distribuição de energia luminosa em uma posição espacial. Na Figura 3.2, pode-se observar que a iluminação (no caso, solar) distribui energia sobre o objeto. Parte dessa energia luminosa é absorvida pelo objeto (A), parte é transmitida (T) e parte é refletida (R), sendo capturada pela câmera. A lei de conservação de energia permite escrever:

$$R + T + A = 1 \tag{3.1}$$

Observando-se a Figura 3.2, tem-se que a imagem formada na câmera pode ser expressa por uma função de cada ponto (x,y):

$$f(x,y) = i(x,y) \cdot r(x,y) \tag{3.2}$$

onde $i(x,y)$ é função da iluminação e $r(x,y)$ é função da reflexão do objeto. A função $f(x,y)$ descreve a energia luminosa da imagem na coordenada espacial (x,y). Essa função é convertida em sinal elétrico pelo dispositivo de captura e transmitida para um computador. Com base nessa informação, torna-se possível desenvolver algoritmos de processamento de imagens, análise de imagens, visão computacional e todas as outras áreas da CG que usam imagens digitais como dado de entrada.

A Expressão 3.2 na realidade representa um modelo em que a imagem é definida como uma função de intensidade luminosa, $f(x,y)$, onde a função f informa a intensidade da luz no ponto (x,y). Nesse modelo a imagem é formada basicamente por dois fatores. O primeiro é a quantidade de luz existente no ambiente ou cenário onde o objeto é capturado, e o segundo refere-se à reflexão dessa luz pelos objetos colocados na cena. O termo $i(x,y)$ indica a iluminação no ponto (x,y), e o termo $r(x,y)$ indica a refletância no ponto (x,y). Nesse modelo, portanto, é definida a função f como o produto entre essas duas funções: i refere-se a uma característica do ambiente, ao passo que a função r refere-se a uma característica do objeto.

O dispositivo de aquisição de imagens mais utilizado atualmente é a câmera CCD (*Charge Couple Device*), que consiste em uma matriz de células semicondutoras fotossensíveis que atuam como capacitores, armazenando carga elétrica proporcional à energia luminosa incidente.

Uma câmera CCD monocromática simples possui um conjunto de lentes que focalizam a imagem sobre a área fotossensível do CCD, um sensor CCD e seus circuitos complementares.

Para a aquisição de imagens coloridas utilizando-se CCD, é necessário um conjunto de prismas e filtros de cor encarregados de decompor a imagem colorida em suas componentes R (*red*), G (*green*) e B (*blue*), cada qual capturada por um CCD independente.

Os sinais elétricos correspondentes a cada componente são combinados posteriormente conforme o padrão de cor utilizado (*NTSC, National Television Standards Committee*, ou *PAL, Phase Alterning Line*).

Existem dois conceitos importantes relacionados à imagem digital: amostragem da imagem (*sampling*) e quantização de cada um dos seus pixels (*quantization*). São propriedades relativas ao processamento computacional de uma imagem, sendo o primeiro referente ao número de pontos amostrados de uma imagem digitalizada e o segundo referente à quantidade de níveis de tons que pode ser atribuído a cada ponto digitalizado.

As imagens reais possuem um número ilimitado de cores ou tons. No processamento de imagens computacional, é necessário limitar os níveis de cores ou tons possíveis de serem atribuídos a cada pixel da imagem (gradação tonal). Isso se deve à necessidade de as imagens serem representadas por um número finito de tons, em função de *hardware* e *software*. Dependendo de quantos tons serão utilizados, pode-se produzir uma imagem com mais ou menos gradação tonal.

Outro fator de grande relevância é a resolução ou a quantidade de pontos x,y (amostragem). Quanto maior, mais detalhes podem ser armazenados e, conseqüentemente, maior será o espaço gasto em armazenamento. Esses conceitos serão mais detalhados na Seção 3.3.

A amostra é cada elemento (x,y) discreto da imagem digitalizada. O pixel é uma amostra da imagem "quantizada" em valores inteiros. Assim, o tom do pixel é definido pela função:

$$z = f(x,y) \quad (3.3)$$

Em outras palavras, cada elemento discreto da imagem tem um valor z resultante da função f no respectivo ponto (x,y), que corresponde ao seu tom ou cor. A imagem digital pode ser representada por uma matriz bidimensional de pixels.

A resolução e a gradação tonal (quantização) servem para tornar uma imagem mais nítida e definida. A Figura 3.3 mostra uma imagem colorida do Museu de Arte Contemporânea de Niterói (MAC), com diferentes resoluções. Observe as imagens apresentadas na Figura 3.4, que mostra o MAC em tons de cinza. Imagens com poucos níveis de tons mas com grandes resoluções tendem a produzir áreas de contorno muito intenso, ao passo que imagens com baixas resoluções, mesmo com muitos tons, tendem a produzir imagens granuladas (pelo fato de os pixels ficarem apa-

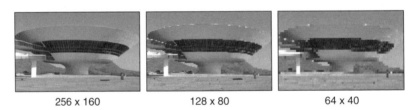

FIGURA 3.3. *Efeito da redução da resolução espacial na qualidade da imagem.*

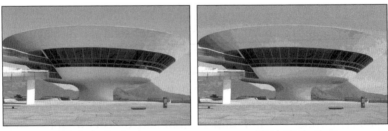

FIGURA 3.4. *Efeito da variação da gradação tonal ou quantização na qualidade da imagem.*

rentes na imagem). Portanto, imagens com poucos detalhes podem ser digitalizadas em poucos tons e com baixa resolução, ao passo que imagens com grande riqueza de detalhes devem ser digitalizadas com alta resolução e uma quantidade de níveis tonais bem elevada.

No processo de digitalização de uma imagem do mundo real sempre há distorções (pois o mundo contínuo passa a ser representado em uma forma discreta e por números inteiros); tais distorções são conhecidas como *aliasing*. Para evitar esse tipo de problema, é necessário utilizar um número de amostras adequado, o que será discutido mais à frente, quando se falar da freqüência de Nyquist e do teorema de amostragem de Nyquist–Shannon. Esse teorema é fundamental em processamento de sinais ou imagens e teoria da informação. Mas, por enquanto, essa distorsão pode ser minimizada aumentando-se o máximo possível a resolução, isto é, de acordo com o nível de detalhe que se deseja ter da imagem real, aumenta-se ao máximo o número de amostras para representá-la.

3.1.2. Restauração e Realce

Ao se trabalhar em processamento de imagens, as operações de realce e restauração são básicas.

O realce tem por objetivo destacar detalhes da imagem que são de interesse para análise ou que tenham sofrido alguma deterioração. Quando a imagem encontra-se deteriorada, utilizam-se técnicas de restauração. A restauração busca compensar deficiências específicas, geradas no momento de aquisição, na transmissão ou em alguma etapa do processamento. Quando se pode identificar experimentalmente a função que representa a deficiência ou construir um modelo matemático adequado, é possível buscar a função inversa e aplicá-la sobre a imagem deformada. Por exemplo: falta de contraste, correção de foco, imagens borradas por movimento. Em alguns casos, a formulação matemática envolvida pode ser extremamente complexa e o custo computacional muito alto. Os resultados podem ter conseqüências somente qualitativas.

3.1.3. Segmentação

No contexto de análise de imagens científicas e industriais, é comum serem necessários dados relacionados aos objetos presentes na imagem. As operações de segmentação procuram isolar regiões de pontos da imagem pertencentes a objetos para posterior extração de atributos e cálculo de parâmetros descritivos.

A operação de segmentação mais simples é a limiarização ou separação por "tom de corte". A partir da separação e caracterização dos objetos, as operações de extração de características podem ser consideradas. Essa aborgagem é interessante quando a imagem apresenta duas classes – o fundo e o objeto. Se a intensidade dos valores dos pixels do objeto encontra-se num intervalo e a intensidade do fundo encontra-se fora desse intervalo, uma imagem binária pode ser obtida usando-se uma operação de limiarização (*thresholding*) que agrupa os pontos do primeiro intervalo com o valor 1 e o do segundo com o valor 0. Ou seja, tudo o que está acima desse tom é considerado objeto; tudo o que está abaixo é considerado fundo da imagem.

Para a limiarização ser efetiva na separação objeto-fundo, é necessário que o objeto e o fundo tenham contraste suficiente e que se saibam os níveis de intensidade tanto dos objetos quanto do fundo. Em um esquema de limiarização fixa, essas características de intensidade determinam o valor do limiar. Na Seção 3.5, as técnicas de segmentação serão mais detalhadas.

3.1.4. Extração de Atributos ou Características

Utilizando-se imagens já segmentadas (em objeto e fundo) ou binárias, torna-se possível obter dados relevantes ou atributos das regiões ou objetos destacados. Os tipos de atributos ou características mais comuns são: número total de objetos, dimensões, geometria, propriedades de luminosidade e textura.

As características dimensionais são, por exemplo: área, perímetro, centro de gravidade, larguras máxima e mínima, comprimentos etc. As propriedades geométricas descrevem as formas dos objetos, tais como circularidade, retilineidade, concavidade, eixos principais etc.

As propriedades de luminosidade e textura devem ser obtidas da imagem original antes da binarização, a partir da informação de posição dos diversos objetos, fornecida pela imagem segmentada. Conhecendo-se a região da imagem original correspondente ao objeto segmentado, extrai-se dessa região as características de luminosidade e textura.

As propriedades de luminosidade medem elementos como cores, nível de intensidade médio de cada banda da região (primeiro momento da distribuição tonal ou do histograma dos canais da imagem), desvio-padrão de cada banda da região (segundo momento da distribuição tonal), outros momentos estatísticos da distribuição dos níveis tonais de cada região etc.

3.1.5. Classificação e Reconhecimento

Uma vez que os descritores da imagem e dos objetos segmentados encontram-se disponíveis, passa-se à etapa seguinte, que consiste em distinguir objetos na imagem agrupando esses parâmetros de acordo com sua semelhança para cada região de pixels encontrada. Essa é a função dos processos de classificação e reconhecimento.

O processo de reconhecimento pode se dar em dois momentos em um sistema de visão computacional. No primeiro, as características são extraídas com o objetivo de que os objetos sejam reconhecidos como pertencentes a um mesmo grupo e então sejam classificados em uma base de imagens. Em um segundo momento, novos objetos são apresentados ao sistema, que os reconhece, comparando suas características com aquelas dos objetos das classes previamente estabelecidas.

A partir da classificação dos objetos, considerando seus descritores, novos objetos podem ser reconhecidos, e é possível tomar decisões e relatar fatos relacionados aos objetos do mundo real (Seção 3.1.6). Existem diversas técnicas de classificação. As mais simples implicam processos de agrupamento estatístico, para os quais se necessita de alguma intervenção humana. As mais sofisticadas permitem ao computador reconhecer diferentes objetos através de técnicas com pouca ou nenhuma intervenção humana. Os processos que possuem intervenção são chamados de supervisionados.

A palavra classificação não denota nenhum juízo de valor, mas apenas o agrupamento em classes dos diversos objetos obtidos na segmentação. Em geral, vários atributos são necessários para uma correta classificação. Mas, quanto mais atributos, mais complexo se torna o problema. Dessa forma, é muito importante realizar uma seleção adequada dos atributos disponíveis.

3.1.6. Decisão

O objetivo de um sistema de visão computacional é tomar decisões a partir da extração de informações do mundo real através de imagens. A tomada de decisão pode ser feita a partir de indagações simples a respeito de parâmetros extraídos dos objetos ou de algoritmos mais complexos de inteligência artificial.

A informação não está disponível diretamente e precisa ser obtida. Em algumas situações, é necessário confrontar os dados obtidos com os disponíveis em bancos de dados de imagens (Figura 1.2).

A descoberta de conhecimento em bancos de dados (DCBD) é o processo de identificar nos dados, as informações previamente desconhecidas, potencialmente úteis e compreensíveis, visando melhorar o entendimento de um problema e os procedimentos de tomada de decisão. A mineração de dados é a etapa em DCBD responsável pela seleção dos métodos a serem utilizados para localizar padrões nos dados, seguida da efetiva busca por padrões de interesse em uma forma particular de representação, juntamente com a busca pelo melhor ajuste dos parâmetros do algoritmo para a tarefa em questão.

Mineração de imagens utiliza técnicas de DCBD respeitando a complexidade desse domínio. A mineração de dados deve reconhecer e extrair informações semanticamente significativas, e fazer isso de maneira eficiente em grandes bancos de imagens. A extração de informações para mineração de dados é freqüentemente considerada em níveis. No nível primário, o processamento de imagens consiste em um conjunto de técnicas de processamento de sinais bidimensionais, como transformada de Hough, de Fourier e wavelets, entre outras. No nível intermediário, utilizam-se técnicas de análise de imagens para distinguir objetos e suas propriedades nas imagens. No nível mais alto de processamento de informações, os objetos são identificados como unidades semânticas e usam-se extensivamente técnicas de Inteligência Artificial (IA).

Etapas do processo de extração do conhecimento de imagens genéricas são apresentadas na Figura 3.5. As imagens de um acervo são recuperadas segundo critérios inerentes à aplicação. Em seguida, uma fase de pré-processamento aumenta a qualidade dos dados, os quais são, então, submetidos a uma série de transformações e processamentos de extração de características que geram informações a respeito das imagens. A partir dessas informações, a identificação pode ser realizada através de técnicas específicas, com o intuito de descobrir padrões significativos. Os padrões resultantes são, então, interpretados e avaliados para a obtenção do conhecimento final, que pode ser aplicado no entendimento de problemas ou em outras atividades estratégicas.

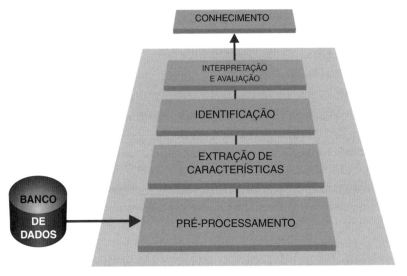

FIGURA 3.5. *Etapas do processo de extração do conhecimento de imagens.*

A extração do conhecimento ou mineração de imagens é mais que simples aplicação de técnicas de mineração de dados em bancos "convencionais"; consiste no amplo uso de um domínio muito complexo e rico: imagens. Há diferenças importantes entre esses bancos convencionais e os de imagens, que incluem:

- valores relativos e valores absolutos: em bancos de dados relacionais, por exemplo, os valores de dados são semanticamente significativos. Valores de imagens em si podem não possuir significância sem o suporte de um contexto (segmentação e interpretação das regiões);
- informação espacial (onde está o problema, seu tamanho, suas características): a informação espacial implícita é crítica para a interpretação da imagem, o que não ocorre com bancos de dados relacionais;
- interpretação única e interpretação múltipla: uma característica das imagens é a interpretação múltipla dos elementos visuais. Em especial em dados

biológicos, em que todo um histórico deve ser considerado, tais como idade, reincidência ou doença anterior;
- representação visual dos padrões descobertos: as formas vistas como padrões de imagens são representadas, visando reter no esquema de representação a informação contextual e espacial.

Um desafio fundamental na mineração de imagens é determinar como a representação de pixel (baixo nível) que está contida em uma imagem, ou em uma seqüência de imagens pode ser processada para identificar objetos e relacionamentos espaciais em alto nível. A proposta de uma arquitetura direcionada à informação (*Information-Driven Framework*) destaca o papel da informação em vários níveis de representação. Quatro níveis de informação podem ser distinguidos nessa arquitetura (confira na Figura 3.6):

- nível de pixel ou sua vizinhança: consiste nas informações da imagem original, tais como cor e textura;
- nível de objeto: lida com informações de regiões homogêneas baseadas nas características primitivas do nível anterior (de pixel ou sua vizinhança), com algoritmos que podem particionar as imagens em objetos ou regiões significativas;
- nível de conceito semântico: coloca os objetos e regiões (identificados no nível de objeto) no contexto das imagens, tentando capturar conceitos abstratos no cenário formado. Raciocínio em alto nível e técnicas de descoberta de conhecimento são utilizados para gerar conceitos semânticos de alto nível e para descobrir padrões interessantes;

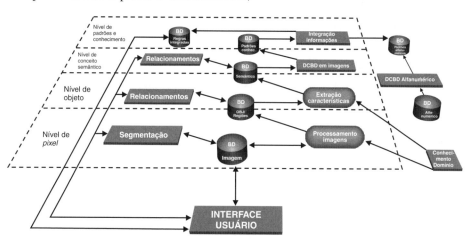

BD = Banco de Dados
DCBD = Descoberta do Conhecimento a partir de Banco de Dados
BD Padrões conhec. = Banco de Dados de Padrões de Conhecimento
BD OBJ/Regiões = Banco de Dados de Objetos Individuais ou Regiões Segmentadas

FIGURA 3.6. *Etapas conceituais do processo de mineração de imagens dirigido à informação.*

- nível de padrões e conhecimento: integra dados alfanuméricos relacionados ao domínio com relacionamentos semânticos descobertos nos dados da imagem. Técnicas de mineração são usadas para descobrir correlações úteis entre dados alfanuméricos e padrões de imagem.

3.2. Visão Humana × Computacional

O sistema de visão humana é bastante complexo, integrado, veloz, adaptativo, dependente diretamente do cérebro e de outros órgãos do corpo humano, realizando interações complexas de *feedback*. Por outro lado, é suscetível a fadiga, a doenças e depende de treinamento (intrínseco). Portanto, modelar um sistema semelhante é uma tarefa muitíssimo difícil. A Figura 3.7 mostra as principais características de um sistema de visão humana.

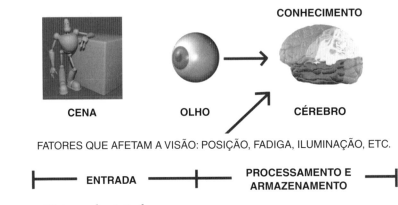

FIGURA 3.7. *Sistema de visão humana.*

Comparando-se a visão computacional com a visão humana, quanto aos aspectos funcionais, destacam-se as características de adaptabilidade, tomada de decisão, qualidade, velocidade, espectro e percepção tridimensional.

Adaptabilidade: é a capacidade de um sistema automaticamente ajustar ou modificar suas operações de acordo com os parâmetros do ambiente para atingir determinado resultado. Um exemplo de adaptabilidade é o indivíduo "dar uma segunda olhada" para ter certeza de algum detalhe não observado. Um sistema de visão computacional é muito rígido nesse sentido; sua capacidade é estabelecida pelo seu *hardware* e *software*. O sistema pode repetir o processamento com um elevado grau de precisão estabelecido previamente que pode ser reconfigurado (adaptado a novas situações). Diferentemente do sistema humano, que é altamente dinâmico e cuja capacidade é determinada pelas características físicas do sistema de visão e pela inteligência do homem, o sistema de visão computacional não se adapta automaticamente a obstruções que impeçam a análise ou o reconhecimento de um objeto ou a posições diferentes daquelas programadas inicialmente. Isso pode ser observado, por exemplo, no reconhecimento de pessoas em diversos níveis de detalhes, ou seja, da forma de andar às características faciais. Ou, ainda, quando o ser humano reconhece objetos parcialmente oclusos, com parte de sua superfície encoberta por outros objetos.

Tomada de decisão: baseia-se em um julgamento ou avaliação prévios fundamentados em parâmetros medidos. O sistema de visão humana é eficaz em realizar certos julgamentos que envolvem padrões, como cor, textura, forma, sobreposições etc. É dependente de interpretações pessoais difíceis de serem quantificadas. Na realidade, o ser humano não separa a visão de sua interpretação. Portanto, uma imagem é interpretada de acordo com o aprendizado e o conhecimento prévio de cada indivíduo, e a tomada de decisão depende dessa interpretação, muito distante da visão computacional, que classifica a imagem apresentada de acordo com a programação, e esta depende da extração de suas características fornecidas, como entrada de dados, por exemplo, para uma árvore binária de decisão ou uma rede neural artificial.

Qualidade das medições: depende da consistência dos resultados e do nível de exatidão. Neste campo, a visão computacional é bem superior à visão humana, quando se trata de dados quantificados. A visão humana pode discernir de 10 a 20 níveis de cinza, enquanto dispõe-se para a visão computacional facilmente de 256 tons de cinza distintos ou de 1.024 para aplicações mais específicas de imagens médicas e espaciais, o que também faz com que a qualidade das medições seja superior. Um sistema de visão computacional não é sujeito a erros randômicos decorrentes de fadiga e distrações. Um sistema de VC requer a obtenção de parâmetros mensuráveis (quantidades numéricas) que são utilizados em processos de tomada de decisão. A visão humana baseia-se em termos relativos, como claro/escuro, perto/longe; já a visão computacional depende principalmente de valores concretos, como tom de cinza, por exemplo, em uma imagem em níveis de cinza. Atualmente, sistemas especialistas vêm sendo utilizados para aproximar a visão computacional à humana (por exemplo, lógica nebulosa e sistemas de aprendizado mais complexos).

Velocidade de resposta: a velocidade de resposta de um sistema humano é da ordem de 0,06 s (não se detectam mais de 30 quadros por segundo em animações). O tempo de resposta do homem depende também da fadiga e das condições do ambiente. Na visão computacional, a velocidade de aquisição depende diretamente do tamanho da imagem, do tempo de captura do equipamento e do tipo de câmera. Dependendo desses fatores, pode-se considerar que a aquisição de imagens em VC é cerca de 10 vezes maior do que na visão humana.

Percepção de espectros: o ser humano percebe apenas o espectro de luz visível. A visão computacional é capaz de perceber outras faixas do espectro eletromagnético (raios gama, X, infravermelho). A capacidade de perceber cores é bem mais consistente e precisa do que na visão humana, em que a definição das cores de objetos se dá de maneira subjetiva/individual e por comparação. Uma mesma cor é interpretada de forma diferente, dependendo do observador e da cor dos objetos próximos.

Dimensão dos objetos: a capacidade de percepção tridimensional do ser humano provém de sua capacidade de perceber distâncias. Um sistema de visão computacional adquire essa capacidade quando, por exemplo, se utilizam duas ou mais câmeras e alguns processos complexos (estereoscopia). A capacidade de visão bidimensional está presente em ambos os sistemas. A visão humana permite estimar distâncias, porém a exatidão dessa informação só é possível a partir de referências físicas.

Mesmo que um sistema de visão computacional não tenha todas as etapas da Figura 3.1, o mínimo que deve conter, para obter alguma interpretação de uma representação digital de imagem, é aquisição da imagem, processamento e reconhecimento e/ou decisão.

A Figura 3.8 apresenta um desenho esquemático de um sistema sensorial humano (tato e visão), que permite o acionamento e controle do braço. A Figura 3.9 faz uma analogia entre a visão humana e a computacional.

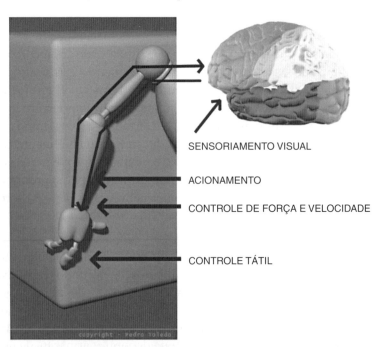

FIGURA 3.8. *Integração da visão com o sistema motor. (Ilustração do robô: Pedro Toledo.)*

FIGURA 3.9. *Analogia do sistema de visão humana e computacional. (Ilustração do robô: Pedro Toledo.)*

3.3. A Imagem Digital

A palavra *imagem* tem origem no termo do latim *imago*, que significa representação visual de um objeto. Em grego, corresponde ao termo *eidos*, raiz etimológica do termo *idea* ou *eide*. Esse conceito foi desenvolvido por Platão, que considerava a *idea* (ou teoria do idealismo) da coisa a sua imagem (uma projeção na mente). Aristóteles, pelo contrário, considerava a imagem como sendo uma aquisição dos sentidos, a representação mental de um objeto real, fundando a teoria do realismo. A controvérsia iniciada na Grécia antiga chegaria aos dias atuais, mantendo-se viva em praticamente todos os domínios do uso de imagens.

O senso comum envolve tanto o conceito de imagem adquirida como a gerada pelo ser humano, quer na criação artística, quer no simples registro fotomecânico – uma imagem consiste em qualquer forma visual de expressão de uma idéia.

As imagens podem ter origens diversas. Podem ser captadas por comprimento de onda de radiação eletromagnética (máquinas fotográficas) ou por ondas sonoras de alta freqüência, como, por exemplo, o ultra-som. No caso das imagens captadas por radiação, elas podem ser obtidas por radiações refletidas por objetos iluminados por fontes, por radiações absorvidas, por objetos translúcidos ou diretamente do emissor da radiação (objetos emitentes). A Figura 3.10 esquematiza essas possibilidades.

Depois que a energia luminosa, refletida ou irradiada pelo objeto, sensibilizar um dispositivo de captação ou visão, seja este o olho humano, um sensor ou uma câmera, a imagem passa a ser processada e pode ser analisada pelo cérebro ou pelo computador.

Uma imagem digital consiste na formatação de sua representação de modo que os computadores possam utilizá-la. Para o processamento, a imagem é digitalizada, ou seja, é convertida de contínua (real) para uma representação discreta (digital). Assim, a imagem pode ter uso computacional, podendo depois ser armazenada na forma de arquivos, como mostra a Figura 3.11.

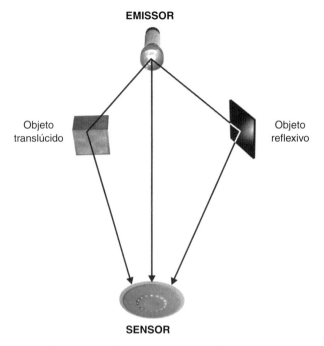

FIGURA 3.10. *Formas de captação da imagem por radiação.*

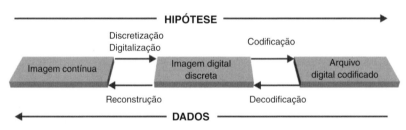

FIGURA 3.11. *Etapas do processamento da imagem.*

A seguir são definidas as etapas do processamento de imagem:

- discretização – processo de conversão da imagem na forma contínua em uma representação discreta. Se esta for em números inteiros positivos e em uma base numérica, esse processo chama-se digitalização;
- reconstrução – processo inverso da discretização, no qual se obtém, geralmente, apenas uma aproximação da imagem contínua, não sendo, na maioria das vezes, possível recuperar a imagem original;
- codificação – significa a modificação de características de um sinal para torná-lo mais apropriado para uma aplicação específica, como, por exemplo, para transmissão ou armazenamento de dados. É o processo que, na maioria

das vezes, a partir da representação discreta da imagem, gera um conjunto de dados representativos da imagem, dados estes que podem ser transformados no formato de arquivos, facilitando sua transmissão e armazenagem;
* decodificação – processo oposto à codificação, no qual se acessam informações codificadas na forma de uma representação discreta. Quando a imagem discretizada é igual à codificada, diz-se que o processo de codificação/decodificação é sem perda.

A imagem contínua pode ser modelada matematicamente pela Equação 3.2, onde x e y são números reais, limitados ao intervalo de 0 a X e de 0 a Y, respectivamente. Essa forma resulta em um modelo 3D contínuo da imagem real, ou seja, cada ponto da imagem é representado por suas coordenadas (x,y,z) em números reais. Essa descrição é mostrada na Figura 3.12.

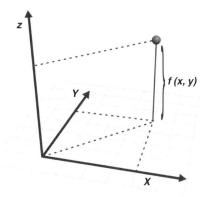

FIGURA 3.12. *Gráfico de uma imagem contínua.*

3.3.1. Discretização e Reconstrução

Conforme apresentado na Seção 3.1.1, a forma de representar o mundo contínuo ou uma função contínua no computador é discretizando-a. O valor de $f(x)$ correspondente possivelmente será contínuo e, se esse for o caso, também precisará ser discretizado. O processo de discretização do domínio (ou da variável x) é chamado de amostragem. A discretização de $y = f(x)$ (o contradomínio) é chamada de quantização.

A discretização de qualquer função, sinal ou imagem contínua primeiro passa por uma amostragem e depois passa por uma quantização. Não é possível armazenar uma imagem, um sinal ou uma função que se estenda indefinidamente; portanto, o processo de digitalização também é limitado a um intervalo do domínio e contradomínio.

A Figura 3.13 mostra uma função contínua, sua representação na forma digital e algumas formas de reconstrução dela a partir da forma digital. A forma discreta mostrada nessa figura é chamada de uniformemente espaçada, pois cada amostra é tomada em intervalos iguais. Existem outras técnicas de amostragem que utilizam menos amostras, onde a função é monótona, e mais amostras, onde a função apresenta mais irregularidades (máximos e mínimos locais). Estas geralmente mantêm constante a distância entre os pares $(x, f(x))$.

A operação que a partir dos valores $(x, f(x))$ discretos retorna uma aproximação da função contínua inicial é chamada de reconstrução, ou seja, é a operação que tenta responder à pergunta: dados os valores discretos, qual a função contínua? Algumas vezes também é importante resolver um outro problema, que é o da mudança nos padrões de amostragem ou quantização (reamostragem). Isto é, amostrar ou quantizar com outra resolução, ou quantização, ou com outro arranjo regular ou não.

Na reconstrução para a reamostragem (*resample*), torna-se necessário realizar uma aproximação ou interpolação entre os pontos amostrados. A interpolação permite que, dada uma seqüência de amostras, se obtenha o valor em uma posição qualquer entre dois pontos $x, f(x)$. A técnica mais trivial é simplesmente escolher a amostra mais próxima da posição desejada e tomar o seu valor como valor dessa posição. Essa técnica é muito usada para a visualização da imagem em maior ou menor resolução, fazendo *zoom in* ou *zoom out*, simulando, assim, uma aproximação ou afastamento da imagem em relação ao observador. Essa forma também é chamada de interpolação de ordem zero.

Uma outra técnica muito utilizada é a de interpolação linear (bilinear, no caso de duas dimensões). Essa técnica calcula uma média ponderada das amostras mais próximas da posição desejada de acordo com a sua distância. A Figura 3.13 mostra

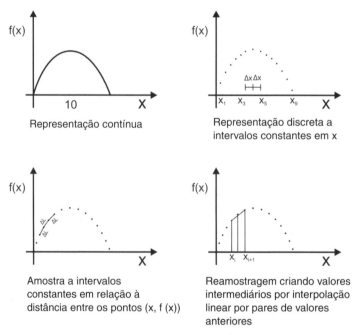

FIGURA 3.13. *Formas de representação de uma função* $y = f(x)$.

ambas as técnicas de reamostragem. Percebe-se claramente que a interpolação linear obterá resultados bem melhores que a do vizinho mais próximo. Mas fica claro que é possível obter resultados ainda melhores usando curvas ou mais pontos para gerar a interpolação ou reamostragem. Uma técnica com esse enfoque que se tornou popular é a interpolação bi-cúbica, que é semelhante à interpolação linear, mas, em vez de usar retas, usa funções cúbicas (do tipo ax^3+bx^2+cx+d) para realizar a ponderação.

A Figura 3.14 mostra o efeito de uma mudança no tamanho de uma parte da imagem Lena, usando a técnica de interpolação linear em duas direções ou interpolação bilinear e a técnica do vizinho mais próximo ou interpolação de ordem zero.

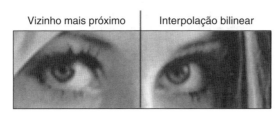

FIGURA 3.14. *Detalhes da imagem Lena reamostrada por interpolação de ordem zero e linear.*

3.3.2. Amostragem e Quantificação

Como já mencionado no início do capítulo, uma imagem, para ser processada pelo computador, precisa ser descrita por um número finito de pontos e ser representada por um número finito de tons ou cores, isto é, ser amostrada e *"quantizada"*.

A representação adequada de uma imagem em tons de cinza é como uma matriz cujas linhas e colunas identificam um ponto na imagem. Cada pixel é representado no computador como um número inteiro que corresponde à intensidade de luz no ponto. Freqüentemente, a cor do pixel é representada como um inteiro de 8 bits variando entre 0 e 255, sendo o valor 0 correspondente à cor preta, 255 à cor branca, e as outras tonalidades de cinza distribuídas entre esses valores-limites.

Embora atualmente a maioria das câmeras fotográficas seja digital, algumas usadas para vídeo ainda adquirem uma imagem de forma analógica, sendo esta depois amostrada e quantificada em uma imagem digital. A taxa de amostragem determina quantos pixels terá a imagem digital (resolução da imagem), e a quantificação determina quantos níveis entre a intensidade máxima e a mínima serão usados para representar o valor da intensidade em cada ponto de amostra. Em muitas aplicações, as taxas de amostragem e quantificação são predeterminadas em função da escolha de câmeras e dispositivos de aquisição de imagens disponíveis.

Nessa representação de uma imagem como uma matriz de pixels bidimensional, os índices da matriz são valores inteiros que especificam a linha e a coluna na matriz. O pixel (0, 0) está localizado no canto superior esquerdo da imagem. As posições dos pontos no plano da imagem têm coordenadas x e y. A coordenada y corresponde à direção vertical, e a coordenada x corresponde à direção horizontal. O eixo y é positivo para baixo e o eixo x positivo para a direita. A Figura 3.15 mostra essas direções. Nela a posição do pixel preto indicado pela seta é (7,7).

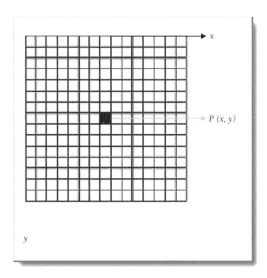

FIGURA 3.15. *Reticulado uniforme da representação matricial da imagem.*

Um pixel é referido tanto pelo valor do tom ou cor (quantificação da intensidade contínua da imagem) quanto pela sua localização na imagem, especificada como os índices de linha e coluna em uma matriz de imagem. Por exemplo, a Figura 3.16 mostra os valores dos pixels da região 5×5 indicada.

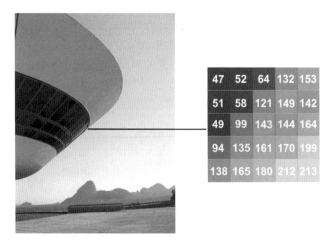

FIGURA 3.16. *Representação matricial de uma região da imagem.*

O pixel pode ser definido como um elemento da imagem ou a menor unidade individual da imagem. São tanto os pontos individuais da tela do computador, os pontos criados por uma impressora ou os elementos individuais de uma imagem gráfica de mapa de bits.

Uma imagem digital é descrita por uma matriz N x M de valores de pixel ($p(x,y)$) inteiros positivos, que indica a intensidade de cor em cada posição (x,y) da imagem. Cada pixel na posição (x,y) possui um valor numérico que representa o valor da iluminação ou a intensidade de tom de cor na área correspondente na imagem.

Para que um elemento de imagem apareça na tela do monitor de vídeo, o ponto em que ele se localiza deve ser aceso. Associado a cada pixel deve existir pelo menos um bit de informação que pode assumir dois valores distintos: 0 ou 1. Sendo que 0 – significa que o elemento está apagado; e 1 – significa que o elemento está aceso.

Com apenas um bit representando o valor do pixel da imagem, podem-se representar imagens descritas apenas por duas cores distintas: preto ou branco. Essas imagens em preto e branco (BW, *black and white*) são chamadas de imagens binárias.

Considerando imagens coloridas na tela dos computadores deve-se ter pelo menos três planos que registram a quantidade de vermelho (R), verde (G) e azul (B), que, combinadas, geram uma visão de cor.

Para gerar uma imagem digital, $f(x,y)$ deve ser digitalizada ao longo de x e y, e na intensidade tonal $z = f(x,y)$. Para tanto, é feita uma amostragem (normalmente uniforme) de $f(x,y)$ nas direções x e y, gerando uma matriz A de ordem N×M amostras, seguida de uma quantização do valor de $f(x,y)$ em L níveis inteiros de cinza. Quanto maior o valor de N, M e L, mais nítida e próxima a uma imagem contínua a imagem digital se torna, podendo armazenar mais detalhes e, conseqüentemente, requerer maior espaço para sua armazenagem. Como o processo de digitalização sempre induz distorções, um ponto importante é fazer um balanço entre a perda de informação e a quantidade de espaço necessário, ao se escolher o número de tons (L) e a resolução (N,M).

Como a imagem possui uma quantidade M de pixels na horizontal (eixo x) e N de pixels na vertical (eixo y), o tamanho de um pixel ao longo do eixo x, ou do eixo y, está relacionado ao espaçamento físico entre as amostras.

3.3.3. Resolução Espacial

Ao ser digitalizada, a imagem assume um tamanho adimensional, em pixels. Mas pode-se conhecer o tamanho da amostragem conhecendo-se a razão entre o número de pixels obtido e o tamanho da imagem real no filme fotográfico ou equivalente. A isso chama-se de resolução espacial, que em geral é medida em pontos por polegada ou dpi (*dots per inch*), mas poderá ser também em pontos por centímetro ou dpc ou, ainda, em qualquer outra unidade equivalente. Essa relação é dada pelo número de *pi-*

xels = *resolução* × *tamanho real dos pixels*. Algumas resoluções típicas são: monitor comum – 72 dpi; *scanner* – 1200 dpi; impressora de jato de tinta usual – 600 dpi.

Quando se realiza alguma medida sobre os objetos contidos na imagem surge um outro parâmetro, a escala. Pode-se defini-la matematicamente idêntica à resolução, só que as unidades serão as mais variadas possíveis. Caso não seja conhecida, pode ser estimada pela medida de algumas distâncias reais na imagem digital, calculando-se a média das razões entre distância e número de pixels correspondente. A partir dessa escala, medições podem ser feitas na imagem com qualidade aceitável. É claro que, se os objetos não estiverem em um mesmo plano ou na mesma distância do ponto de captura, as medidas passam a ser mais complexas e envolvem transformações projetivas.

Como há duas dimensões, na imagem seria possível definir uma resolução horizontal e uma vertical. Quando duas imagens com tamanhos reais iguais são capturadas com resoluções diferentes naturalmente terão números de pixels diferentes e na tela de um mesmo dispositivo aparecerão com tamanhos diferentes.

Uma vez que a razão entre a largura e a altura de um pixel (razão de aspectos ou *aspect ratio*) não é sempre 1:1 (ou seja, o pixel não é sempre um quadrado), pode gerar alguma distorção na imagem ao se passar de uma representação quadrada para outra retangular ou de uma representação retangular com relação largura/altura diferente. Por exemplo: imagine um quadrado capturado em uma câmera digital de razão 1:1; representado em um monitor de computador com relação 3:4, aparecerá um retângulo, e não mais um quadrado.

A Figura 3.17 mostra uma taça amostrada em duas resoluções, mas exibida no seu tamanho original, em ambos os casos.

Quando duas imagens de tamanhos reais diferentes são capturadas com resoluções diferentes de tal forma que gerem imagens digitais com o mesmo número de

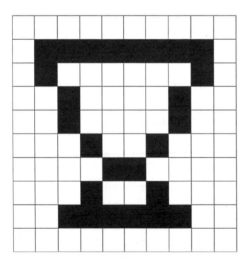 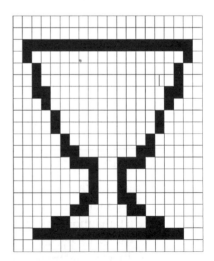

FIGURA 3.17. *Taça em duas resoluções, mas exibida no seu tamanho original.*

pixels, quando visualizadas no monitor aparecerão com o mesmo tamanho na tela. Na Figura 3.18, observam-se duas imagens, ambas estão representadas com 24×24 pixels, mas a primeira foi capturada com 20 pontos por polegada (dpi) e a segunda com 10 pontos por polegadas.

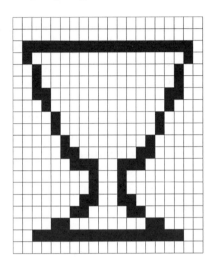

FIGURA 3.18. *Imagens de 24×24 pixels proporcionais ao seu tamanho original.*

3.3.2. *Aliasing*

Um fenômeno muito comum em amostragem é o de *aliasing*. Ele acontece quando a amostragem da função contínua original é muito pobre e, ao ser visualizada ou reconstruída, têm-se resultados inconsistentes com o esperado, devido à freqüência de amostragem ser inferior à maior freqüência de variação da função contínua. A Figura 3.19 mostra uma função em forma de onda que se repete indefinidamente.

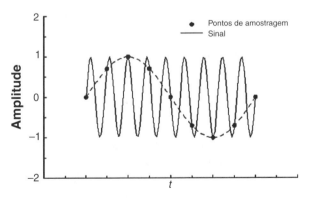

FIGURA 3.19. *O sinal digitalizado fica completamente diferente do sinal original devido à sua baixa freqüência de amostragem.*

Se a função for amostrada nos intervalos do comprimento de onda mostrados pelos pontos pode-se observar que o resultado de sua reconstrução e uma estimativa que se terá dessa função são completamente diferentes da real (curva tracejada). O fenômeno de *aliasing* ocorre também em outras situações, como na captura de movimento.

Uma maneira de reverter os efeitos de *aliasing* é fazer uma superamostragem que corresponda ao processo de redução dos efeitos de *aliasing* aumentando a freqüência de amostragem e calculando a média de várias amostras.

O problema de *aliasing* foi detectado desde os primórdios da computação gráfica na tentativa de visualizar primitivas simples em monitores de poucas linhas e colunas. Por exemplo, ao se tentar desenhar a linha reta da Figura 3.20a, com direções diferentes da vertical ou horizontal, ou seja, na forma $y = mx + b$, com $m \in (0, 90)$, um monitor antigo fatalmente realizava poucas amostras desse modelo, acendendo somente os pixels em preto mostrados na Figura 3.20a.

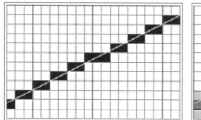 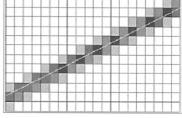

(a) "Dentes" na representação de retas.   (b) Uma forma de amenizar o problema.

FIGURA 3.20. *Problema de aliasing em monitores de computadores antigos.*

Desde então, vem se tentando melhorar (ou pelo menos amenizar) esse problema através dos mais variados recursos. Um dos mais simples é a idéia apresentada na Figura 3.20b. Nesse caso, acenderam-se os pixels da vizinhança em intensidades menores, suavizando assim o efeito de "dentes" ou "degraus".

Mas as tentativas não pararam por aí. Outros trabalhos nessa área propuseram filtros eficientes para as mais diversas aplicações, como os filtros de média e Gabor. Esta última solução induziu a um erro conceitual que vem se propagando durante anos na literatura. Muitas técnicas de suavização de contornos (para que esses pareçam mais suaves na visualização) são chamadas de técnicas de anti-*aliasing*.

Note que ainda hoje há estudos nessa área, já que dispositivos menores, como PDAs e celulares, costumam apresentar telas reduzidas e poucos pixels (por restrições tecnológicas, energéticas e dimensionais). Esse efeito também se torna muito visível quando são realizadas transformações em imagens, como rotações, cisalhamento e *warping*. A Figura 3.21 mostra o efeito de *aliasing* em uma imagem que foi amostrada em alta e baixa resolução.

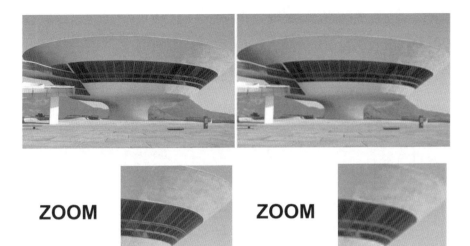

FIGURA 3.21. *Mesma imagem em alta e baixa resolução.*

3.3.4. Imagens Monocromáticas

Imagens monocromáticas são imagens digitais nas quais cada pixel possui apenas uma banda espectral. As imagens monocromáticas podem ser binárias ou em escala de cinza. Uma imagem binária, como a exemplificada na Figura 3.22a, é uma imagem monocromática na qual os pixels assumem apenas dois valores, geralmente 0 ou 1. Uma imagem em escala de cinza, como a exemplificada na Figura 3.22b, é uma imagem monocromática na qual os pixels podem assumir uma faixa de valores intermediários dependendo do número de bits usado para descrever o tom de cada pixel. Se for usado 1 byte, pode haver 256 tons diferentes, variando do preto ao branco (0 a 255).

(a) Imagem binária   (b) Imagem com escala de cinza

FIGURA 3.22. *Exemplo de imagens monocromáticas.*

Algumas vezes, para ser independente do número de bits usado para armazenar cada pixel, usam-se os valores tonais em reais entre 0 e 1.

A Figura 3.23 representa uma imagem bidimensional, com N × M valores de pixel em tons de cinza, onde os valores dos tons de pixels são valores em reais que

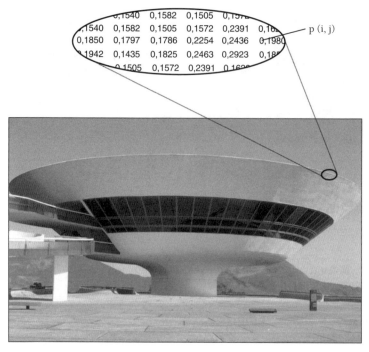

FIGURA 3.23. *Considerando os valores da gradação tonal em reais variando entre 0 e 1.*

variam de 0 a 1 ($p(i,j)$), que indicam a intensidade de cor em cada posição (i,j) da imagem. Um dado pixel na posição (m,n) possui um valor numérico que representa o valor da iluminação na área correspondente na imagem.

Uma imagem monocromática pode ser representada geometricamente também por valores reais tridimensionalmente como no gráfico $G(f)$ (da Figura 3.24b):

$$G(f) = \{(x,y,z); (x,y) \in U; z = f(x,y)\} \quad (3.4)$$

Considerando o conjunto $U \subset \Re^2$ e os valores de intensidade como a altura $z = f(x,y)$, em cada ponto (x,y) do domínio, essa interpretação geométrica facilita a percepção de certos aspectos da imagem e suas transformações. Observando o gráfico da Figura 3.24 é possível identificar as regiões de descontinuidade da função que correspondem às variações bruscas de intensidade dos pontos da imagem e aos contornos do objeto representado.

Uma imagem binária contém apenas dois tons de cores. Embora os computadores tenham cada vez mais capacidade quanto à representação de cores, sistemas binários ainda são bastante úteis. Isso porque muitos algoritmos para obtenção de propriedades de imagens binárias são mais facilmente entendidos e dependem menos tempo e memória, sendo mais rápidos do que aqueles que envolvem imagens em tons de cinza ou coloridas.

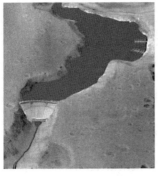 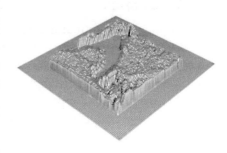

a) Imagem monocromática   b) Gráfico da imagem

FIGURA 3.24. *Imagem monocromática e gráfico 3D de sua função $G(f)$ no R^3.*

Geralmente, sistemas binários são úteis em casos em que a silhueta contém informação suficiente para permitir o reconhecimento do objeto e quando o ambiente para aquisição da imagem é bem controlado. Existem muitas aplicações em que esses tipos de sistemas obtêm bons resultados; por exemplo, em reconhecimento de caracteres, análise de cromossomos, reconhecimento de partes de peças industriais, entre outras. Nesses casos, se a forma de aquisição for em tons de cinza, pode-se utilizar uma técnica de limiarização (*thresholding*) para separar o objeto do fundo.

O número de tons entre os valores-limites, branco e preto, que se pode representar em tons depende de quantos bits são alocados na matriz de imagem para armazenar o tom de cada pixel. A Tabela 3.1 mostra essa relação

TABELA 3.1. Tons e números de bits usados na matriz da imagem em cada pixel

NÚMERO DE ELEMENTOS NA ESCALA DE CINZA	TONS-LIMITES DE CINZA	NÚMEROS DE BITS NECESSÁRIOS PARA REPRESENTAÇÃO DOS PIXELS
2^1 2 valores	0,1	1
2^3 8 valores	0 a 7	3
2^4 16 valores	0 a 15	4
2^8 256 valores	0 a 255	8

O número total de bits necessário para armazenar uma imagem é determinado por: $b = N \times M \times b$, onde *m* representa a quantidade de bits usado por pixel, de modo que o número de tons possível ou níveis de tonalidades é 2^b.

Ao se aumentar o número de bits, o número de tons (entre a cor preta e a cor branca) também aumenta. Portanto, a caracterização de uma imagem digital é dada pelos números de pixel $N \times M$, e a quantização *b* bit/pixel. Uma imagem com 600 × 400 pixels – 8 bit/pixel possui 240 mil pixels e 256 níveis de cinza (*gray scale*). São necessários 240 Kbytes ou 0,29 Mbytes para representá-la.

3.3.5. Imagens Coloridas

Para ser possível imagens com maior variedade de tons, é necessário aumentar o número de bits para representar o valor do pixel. Imagens médicas e de satélites usam geralmente 10 bits por pixels para descreverem mais níveis tonais.

Imagens multibandas são imagens digitais em que cada pixel possui n bandas espectrais. Quando uma imagem é representada pela composição das três bandas visíveis (RGB) tem-se uma imagem colorida aos olhos humanos.

Imagens coloridas são imagens multibandas nas quais os pixels possuem três canais, cada um assumindo uma faixa de valores de acordo com o número de bits usado para descrevê-la. Para 1 *byte* por pixel tem-se valores entre 0 e 255 para cada canal, que são combinados para produzir o conjunto de cores da imagem (espaço de cor tridimensional).

Imagens coloridas podem ser representadas em tabelas de cores em que o valor dos pixels corresponde à posição na tabela que descreve os tons de cada uma das bandas de cores usadas ou diretamente os tons das cores, associando cada parte do valor do pixel a um dos canais de cores usados. Uma imagem de 24 bits utiliza três planos de cores separados, com 8 bits em cada um, sendo chamada de *true color*. Uma banda pode especificar a quantidade de vermelho no pixel, enquanto as outras bandas registram as cores verde e azul, e assim pode-se criar 2^{24} cores no sistema RGB (aproximadamente 16 milhões).

É comum, no processamento de imagens digitais coloridas, cada canal de cor ser manipulado separadamente. Nesse caso, a imagem se reduz a três imagens em escala de vermelho, verde e azul. A Figura 3.25 mostra uma imagem colorida do Museu de Arte Contemporânea de Niterói (MAC). As Figuras 3.25a, 3.25b e 3.25c mostram as bandas R, G e B, respectivamente.

(a) Imagem colorida

(b) Banda vermelha (*red*)

(c) Banda verde (*green*)

(d) Banda azul (*blue*)

FIGURA 3.25. *Imagem colorida e bandas RGB.*

Considerando uma imagem colorida, têm-se, em vez de um, três matrizes de valores de pixels que registram a quantidade de vermelho (R), verde (G) e azul (B), que, combinadas, geram uma cor.

3.4. Histograma de Imagem Digital

Uma imagem possui uma série de informações armazenadas, e uma das mais relevantes refere-se à cor ou ao tom de seus pixels. Para iniciar o processo de análise de uma imagem, pode-se observá-la a partir de uma ferramenta usual em Estatística: o histograma.

O histograma de uma imagem é simplesmente um conjunto de números indicando o percentual de pixels naquela imagem, que apresenta determinado nível de cinza ou cor. Esses valores são normalmente representados por um gráfico de barras que fornece, para cada nível de cinza, o número (ou o percentual) de pixels correspondentes na imagem. Na Figura 3.26, tem-se a imagem do MAC em tons de cinza e o histograma correspondente.

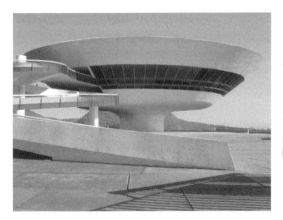 

FIGURA 3.26. *Imagem em tons de cinza e o seu histograma.*

O histograma de uma imagem fornece uma indicação de sua qualidade quanto ao nível de contraste e quanto a sua luminosidade média (ou seja, se a imagem é predominantemente clara ou escura). Na Figura 3.27, pode-se observar essa relação entre imagem e histograma.

O conceito de histograma também é aplicado a imagens coloridas. Nesse caso, o histograma pode ser representado pelo número de tons presentes na imagem, se for usada representação em tabelas de cores, ou a imagem pode ser decomposta, e para cada componente é calculado o histograma correspondente. Um exemplo desse caso de histogramas separados para cada banda R, G e B é mostrado na Figura 3.28.

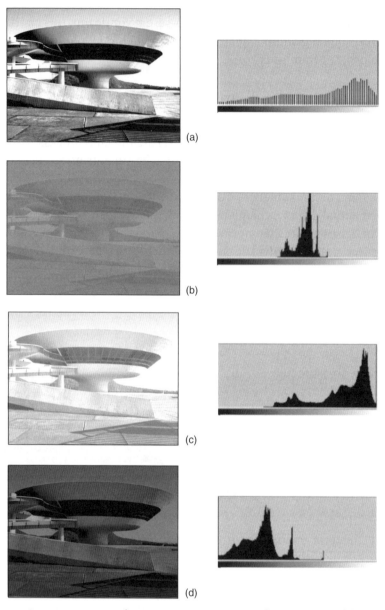

FIGURA 3.27. *Imagens em tons de cinza e seus respectivos histogramas: (a) com alto contraste, (b) com baixo contraste, (c) com alta luminosidade e (d) com baixa luminosidade.*

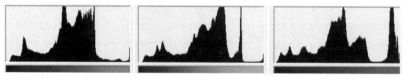

FIGURA 3.28. *Histogramas da Figura 3.25 quanto à intensidade dos canais R, G e B.*

Um histograma é, portanto, uma representação gráfica da freqüência de ocorrência de cada intensidade (nível de cinza ou cor) de uma imagem. Ele é construído da seguinte forma:

- analisa-se o tom de cada pixel;
- faz-se a contagem do número de pixels de cada valor de intensidade;
- representam-se esses valores na forma de uma tabela ou faz-se o gráfico da freqüência correspondente a cada tom de cinza;
- finalmente normalizam-se esses valores dividindo-os pelo número total de pixels da imagem, obtendo-se uma idéia da freqüência de cada tom.

Como exemplo, considere a pequena imagem de 10 × 10 pixels representada na Tabela 3.2 por seus tons de cinza (quantizados em 16 tons de cinza).

TABELA 3.2. Exemplo de tons da imagem

0	0	4	5	5	5	5	4	0	0
0	4	6	6	6	6	6	6	4	0
4	8	8	15	5	5	15	8	8	4
5	8	8	10	10	10	10	8	8	5
5	8	8	10	15	15	10	8	8	5
5	8	8	10	15	15	10	8	8	5
5	8	8	10	10	10	10	8	8	5
4	8	8	15	5	5	15	8	6	4
0	4	6	6	6	6	6	6	4	0
0	0	4	5	5	5	5	4	0	0

Executando-se os quatro passos descritos, tem-se o histograma representado pela Tabela 3.3, que é mostrado no gráfico da Figura 3.29. Se essa imagem estiver sendo representada em 4 bits por pixel, sua variação estará abrangendo a gama de

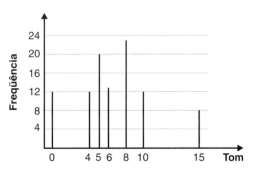

FIGURA 3.29. *Histograma da imagem da Tabela 3.3.*

tons possíveis entre 0 e 15. No entanto, se for de 8 bits por pixel, estará concentrada nos tons escuros e será uma imagem com pouco contraste.

TABELA 3.3. Histograma da imagem

TOM	Nº DE PIXELS
0	12
4	12
5	20
6	13
8	23
10	12
15	8

3.5. Sistemas de Visão Binária

Quando as imagens digitais passaram a ser utilizadas em diversas aplicações, a memória e o poder dos computadores disponíveis eram muito limitados e caros. Essas limitações encorajaram projetistas de aplicações a focar seus esforços em sistemas de visão binária.

Devido à capacidade humana de entender desenhos de linha, silhuetas e outras imagens formadas usando somente dois níveis de cinza, as imagens binárias ainda são úteis em várias aplicações, principalmente porque os algoritmos para computar propriedades de imagens binárias são mais simples. Eles também tendem a ser menos caros e mais rápidos que sistemas que operam em níveis de cinza ou com imagens coloridas. Isso é devido ao fato de os requerimentos de memória e processamento dessas imagens serem significantemente menores. A complexidade computacional de um sistema trabalhando com 256 tons de níveis de cinza será bem maior que um sistema trabalhando com uma imagem binária. O tempo de processamento é mais baixo porque muitas operações em imagens binárias podem ser executadas como operações lógicas, em vez de operações aritméticas.

Imagens binárias são úteis para identificar os objetos representados na imagem; analisar a forma, nos casos em que as intensidades dos pixels não sejam significativas para uma informação; apresentar a imagem em um dispositivo de saída que tenha baixo nível de quantização; converter uma imagem com formas suaves para outra com arestas acentuadas.

Em geral, sistemas que usam imagens binárias são úteis nos casos em que a silhueta contém informação suficiente para permitir reconhecimento de um objeto e a iluminação do ambiente pode ser controlada adequadamente. Para gerar uma boa silhueta, os objetos devem ser separados facilmente do fundo. Isto é possível se

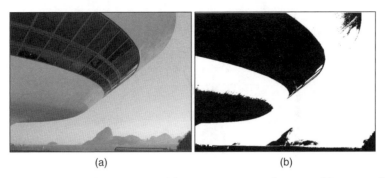

FIGURA 3.30. *Exemplo de binarização: (a) imagem em tons de cinza; (b) imagem binária.*

houver apenas alguns objetos no cenário. O sistema de imagem binária geralmente usa um limiar ou vários limiares para separar objetos do fundo. O valor apropriado desse limiar depende da iluminação e das características refletoras dos objetos.

A iluminação desempenha um papel significativo no processo de limiarização, já que provoca alterações nos tons da imagem. Uma técnica comum, utilizada para compensar a não-uniformidade da iluminação, baseia-se em projetar o padrão de iluminação em uma superfície refletora branca. O valor ótimo de limiar pode ser determinado através do uso de técnicas com base nas propriedades estatísticas da imagem.

Outra técnica é a subdivisão da imagem em regiões com ou sem sobreposição e a obtenção de diversos valores de limiar a partir das análises dos vários histogramas.

É importante observar que a binarização não funciona bem em diversas situações, como em imagens com baixo contraste entre as regiões a serem separadas e, principalmente, com iluminação não uniforme.

3.5.1. Agrupamento por Limiar (Limiarização)

A limiarização muitas vezes baseia-se na utilização do histograma. Como já comentado, o histograma de uma imagem consiste em um gráfico cartesiano no qual o eixo horizontal reflete os valores das tonalidades de cinza que a imagem pode assumir, e o eixo vertical, a freqüência com que essas tonalidades ocorrem. A função representada forma um histograma que pode assumir diversas formas: unimodal, bimodal, trimodal, multimodal etc.

O caso mais simples consiste em imagens em que o objeto a ser segmentado apresenta uma tonalidade bem diferente do fundo da imagem. Se a aparência desse histograma for bimodal, será possível estabelecer um limiar entre as duas tonalidades, que segmentará as regiões do objeto e do fundo. É fundamental, no uso desse método, a escolha do ponto de corte. Uma ferramenta auxiliar usual é o histograma da imagem. A observação desse gráfico permite a localização do melhor valor de limiar para a imagem. Essa localização é tão mais fácil quanto mais bimodal for o histograma

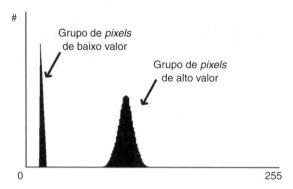

FIGURA 3.31. *Histograma bem dividido.*

O agrupamento por limiar é utilizado em imagens monocromáticas que apresentam regiões de picos e vales bem definidos no histograma. Em muitos casos, não é possível identificar um histograma multimodal (mais de um pico) separado claramente por vales (Figura 3.31). Para contornar tais casos existem vários métodos diferentes sugeridos por diferentes autores para a determinação do limiar. O método de Otsu é um deles.

Um exemplo de aplicação incorreta da técnica de limiarização pode ser observado na imagem de ressonância magnética (com 512 tons de cinza) mostrada na Figura 3.32, na qual se objetiva separar o corpo estranho da parte inferior do pé. Os pontos brancos destacados na parte inferior indicam o corpo estranho; no entanto, devido ao valor de limiarização escolhido foram salientando-se diversos ossos e outras estruturas do pé.

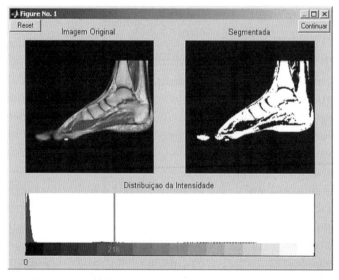

FIGURA 3.32. *Ressonância magnética limiarizada no tom 218 (Monteiro, 2002).*

Na Figura 3.31, o limiar entre os objetos e o fundo é facilmente determinado. No entanto, na Figura 3.33a, essa divisão não é facilmente obtida. Se o limiar for estabelecido conforme apresentado na Figura 3.33b, ocorre perda de informação, como mostram as Figuras 3.33c e 3.33d).

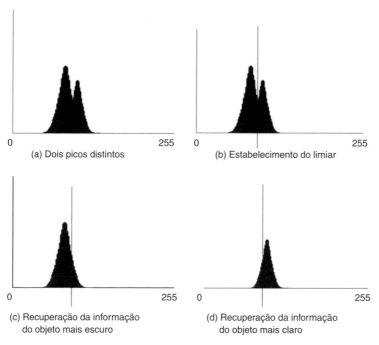

FIGURA 3.33. *Limiarização e recuperação por interpolação.*

A determinação dos segmentos da imagem é possível identificando-se os picos e vales do histograma. O número de agrupamentos pode ser definido como o número de picos existentes entre os vales. Essas faixas de tonalidades observadas no histograma podem representar regiões de interesse. Identificando-se os pixels contidos no intervalo tem-se o mapeamento das regiões. Quando a imagem tem mais de dois objetos com tons de cinza diferentes em um fundo mais escuro, pode ser usada a técnica de limiarização multinível (*multilevel thresholding*). Nesse caso, podem ser estabelecidos vários valores de corte que permitem destacar objetos e/ou regiões distintos da imagem. Quando a imagem não tem objetos em tons característicos, é mais difícil estabelecer os pontos de corte que isolam as regiões de interesse. Na Figura 3.34, observa-se que os picos e vales são claramente distinguíveis, sendo possível usar dois limiares para separar as regiões de interesse.

Em sua forma mais simples, a limiarização realiza a bipartição do histograma, convertendo os pixels cujo tom de cinza é maior ou igual a um certo valor de limiar (T) em brancos (ou pretos) e os demais em pretos (ou brancos), gerando assim uma

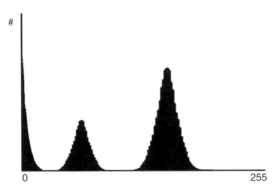

Imagem de 8 bits/*pixel* monocromática (tons de cinza).

FIGURA 3.34. *Exemplo de um histograma trimodal.*

imagem binária com duas classes. Formalmente, a limiarização converte uma imagem de entrada $f(x, y)$ de N níveis de cinza em uma imagem $g(x,y)$, chamada de imagem limiarizada (ou posterizada), com número de níveis de cinza menor do que N. No limite, $g(x, y)$ terá só dois níveis de cinza, como na equação:

$$g(x, y) = \begin{cases} R_1 \text{ se } f(x, y) \leq T \\ R_2 \text{ se } f(x, y) > T \end{cases} \qquad (3.5)$$

onde R_1 e R_2 são os valores estipulados para os dois níveis de cinza da imagem binarizada; no caso, pode-se usar 0 e 255 (preto e branco) e T corresponde ao tom de cinza predefinido como limiar.

Qualquer pixel com intensidade menor ou igual ao ponto de corte passa a ser branco (ou preto). Se o pixel tem intensidade maior que o ponto de corte, passa a ter a cor preta (ou branca, de acordo com o que foi convencionado).

Alguns autores se referem à binarização como um método para separar os objetos do fundo (*background*) da imagem, o que realmente pode ocorrer em algumas condições ideais, bem pouco comuns, como, por exemplo, na Figura 3.35, em que qualquer valor de T entre 80 e 199 separa a imagem em fundo e objeto.

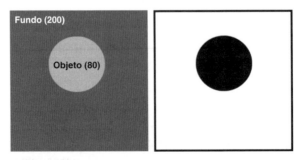

FIGURA 3.35. *Exemplo de binarização de uma imagem ideal ou com tons já pré-agrupados.*

De maneira mais genérica, a definição de T é a função de várias variáveis na forma:

$$T = T\,[x, y, p(x,y), f(x,y)] \tag{3.6}$$

onde $p(x,y)$ é uma propriedade local de x,y.

O limiar é chamado global se só depender de $f(x,y)$. O limiar é chamado local se T depender de $f(x,y)$ e das coordenadas (x,y). É chamado dinâmico ou adaptativo se T depender de $f(x, y)$, de $p(x,y)$ e das coordenadas espaciais (x,y).

A Figura 3.36 ilustra a influência do valor do limiar sobre a qualidade da limiarização em um procedimento global.

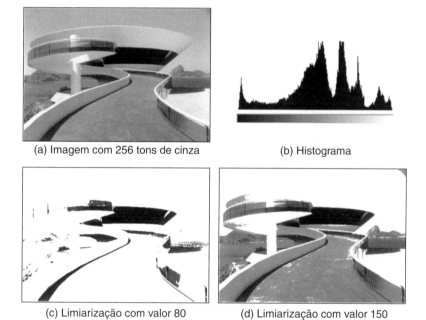

FIGURA 3.36. *Influência do valor do limiar sobre a qualidade da limiarização.*

O principal problema da limiarização é selecionar um valor de T que proporcione a melhor segmentação. Normalmente, a escolha do valor de T envolve várias tentativas. Devido à iluminação irregular ao longo da cena (sombra), à não-uniformidade nos tons do fundo e dos objetos e à presença de vários objetos diferentes, raramente o histograma de imagens reais apresenta dois picos distintos e disjuntos associados ao fundo e aos objetos.

A limiarização pode ser generalizada para considerar um número arbitrário de níveis. A limiarização multinível global geralmente é menos confiável do que a binarização adaptativa de subdivisões da imagem em razão da dificuldade de encontrar os vários T_i que efetivamente isolam regiões de interesse.

Em um algoritmo de segmentação de valor fixo, os valores de corte são escolhidos pelo programador ou usuário. Para fazer uma segmentação automática, robusta a variações das intensidades das imagens, o algoritmo deve selecionar o valor de corte baseado nas intensidades de cinza presentes na imagem, geralmente analisando o histograma. O conhecimento sobre os valores e/ou as características dos tons de cinza dos objetos de interesse é muito usado em diversos algoritmos de visão computacional.

Portanto, de forma mais abrangente, e considerando também a aplicação e o ambiente, podem-se citar as seguintes características importantes na escolha do valor de corte automático: intensidade dos objetos; tamanho dos objetos; a fração da imagem ocupada pelos objetos; e o número de diferentes tipos de objetos que aparecem na imagem.

Considerando uma imagem que contenha n objetos ($O_1, O_2, ..., O_n$), incluindo o fundo, cujos valores de cinza das diferentes regiões ($\pi_1,...,\pi_n$) possuam distribuições de probabilidades ($P_1, P_2, ..., P_n$), as probabilidades dos objetos que aparecem na imagem podem ser conhecidas e, com isso, possibilitar a formulação de um método automático para selecionar o valor de corte.

Uma segmentação global (*global thresholding*) utiliza o conhecimento sobre a área ou tamanho ocupado pelo objeto de interesse para segmentar a imagem, isto é, supõe que o objeto ocupa algo em torno de p percentual da área total da imagem. Conhecendo-se esse valor, escolhe-se a taxa percentual de 0 ou 1, que conseqüentemente define a intensidade que delimita os intervalos a serem segmentados, isto é, dada uma imagem de histograma h, obtém-se a intensidade delimitadora da segmentação i quando $h(i) > p$, sendo p o percentual e $h(i)$ a soma parcial das probabilidades.

Se a iluminação em uma imagem não é constante, a segmentação adaptativa é mais indicada. O método adaptativo analisa o histograma de toda a imagem por partes, considerando apenas a análise das subimagens para obter o valor de segmentação de pequenas regiões. A imagem é particionada em $m \times m$ subimagens com valores de corte T_{ij} para cada pequena região baseada no histograma da ij enésima subimagem ($1 \leq i, j \leq m$). A segmentação final da imagem é a união das regiões segmentadas de suas subimagens.

Na Figura 3.37 apresentam-se duas imagens micrográficas de um aço bifásico. Nesse caso, o processo de segmentação visa separar essas duas fases (a clara e a escura). Aplicam-se três métodos: no primeiro, o usuário escolhe o valor de corte (limiarização de valor fixo), no segundo, utiliza-se uma segmentação adaptativa e, no último, uma segmentação automática.

Observa-se, a partir dos resultados obtidos, que a escolha do processo de segmentação pode afetar consideravelmente a extração de informações da imagem. No exemplo apresentado na figura, deseja-se obter a quantidade percentual de fase branca e preta. Para se determinar essas fases, basta contar o número de pixels de cada cor. Entretanto, para a mesma imagem em tons de cinza, após a segmentação, serão obtidos resultados completamente diferentes que podem afetar a análise em questão.

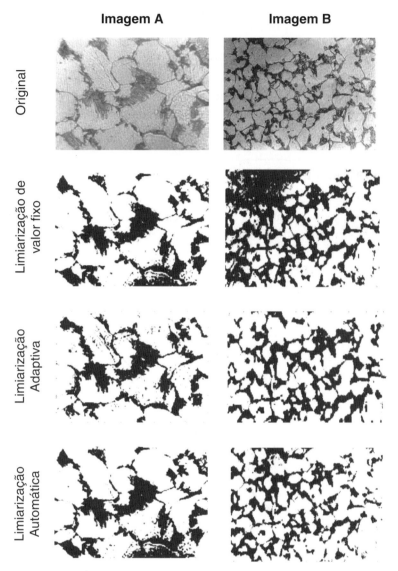

FIGURA 3.37. *Imagens originais e resultados dos pré-processamentos (Barbosa et al., 2003).*

3.6. Operações Pontuais Globais em Imagens

Uma operação pontual em uma imagem digital r é a função $f(r)$ aplicada a todo pixel da imagem. De maneira geral, pode-se alterar os tons de toda a imagem considerando o valor do tom da imagem destino s como uma função do tom na imagem original:

$$r: s = f(r) \qquad (3.7)$$

Nesse tipo de operação, nenhuma informação espacial é considerada, ou seja, não há alterações feitas a partir das relações ou vizinhanças entre pixels na imagem transformada. Cada tom da imagem destino é alterado de acordo com a função definida, que pode ser linear (alteração de contraste, imagem negativa etc.) ou não-linear (equalização de histograma, operações logarítmicas etc.).

Essas operações podem ser classificadas, didaticamente, em dois grupos, baseadas na observação da cuva de tons ou do histograma.

3.6.1. Operações Pontuais Globais Baseadas na Curva de Tons

O contraste é dado pela distribuição dos níveis de cinza da imagem e pode ser observado pela análise do histograma. Se a distribuição não é concentrada em torno de alguns níveis, mas abrange toda a faixa dos tons possíveis, pode-se dizer que a imagem possui bom contraste.

Se a imagem tiver 256 níveis tonais e não houver alteração nos tons, tem-se na Figura 3.38 uma boa representação da função f que relaciona a imagem original r à destino, s.

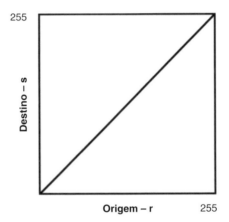

FIGURA 3.38. *Relação entre imagem origem e destino.*

Essa função pode assumir diversas formas, não precisando ser suave ou derivável em toda a sua extensão. Uma forma linear genérica dessa função é dada por

$$s = cr + l \qquad (3.8)$$

onde c representa o quanto será variado globalmente o contraste da imagem e l o quanto globalmente se variará a luminosidade (Figura 3.39).

Uma forma mais genérica é usar três trechos lineares para ampliar o contraste (Figura 3.40), supondo que o menor tom no histograma da imagem seja r_1 e o maior tom presente no histograma seja r_2, se eles forem menores que o tom máximo

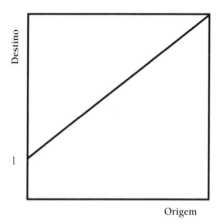

FIGURA 3.39. *Representação na forma linear.*

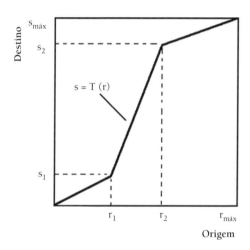

FIGURA 3.40. *Alteração da imagem destino a partir de uma função (alargamento de contraste) genérica.*

possível, devido ao número de bits alocados ($r_{máx}$ e $s_{máx}$) para armazenagem de cada pixel da imagem. Nesse caso, para $r \leq r_1$, a curva $T(r)$ é dada por

$$T(r) = s = \frac{s_1}{r_1} r \qquad (3.9)$$

onde s_1 é o tom de destino desejável para o tom origem r_1.

Para $r_1 \leq r \leq r_2$, tem-se a transformação:

$$T(r) = s = \frac{(r - r_1)(s_2 - s_1)}{(r_2 - r_1)} + s_1 \qquad (3.10)$$

e para o último trecho, isto é, $r > r_2$, tem-se

$$T(r) = s = (r - r_2)\frac{(s_{máx} - s_2)}{(r_{máx} - r_2)} + s_2 \qquad (3.11)$$

Exemplo típico de alteração da imagem ocorre quando $r_2 = r_{máx}$, $s_1 = r_1 = 0$ e $s_2 = r_2 = 255$; nesse caso, tem-se:

$$T(r) = s = \begin{cases} 0, & se\ r \leq r_1 \\ 255\left(\dfrac{r - r_1}{r_2 - r_1}\right), & r_1 \leq r \leq r_2 \\ 255, & se\ r \leq r_2 \end{cases} \qquad (3.12)$$

A curva passa a ter a forma apresentada na Figura 3.41.

Para ilustrar o efeito dessas operações sobre imagens digitais, observe a Figura 3.42, que mostra uma imagem original e sua alteração pelos gráficos $T(r)$, respectivamente mostrados abaixo de cada figura.

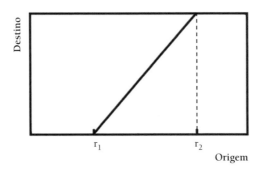

FIGURA 3.41. *Caso-limite da curva quando $s_1 = r_1 = 0$ e $r_2 = s_2 = r_{máx} = s_{máx}$.*

FIGURA 3.42. *Imagem original e alterada modificando a curva de tons.*

Nota-se que a segunda curva da Figura 3.42 não é linear e que a terceira curva tem cinco trechos retos diferentes. A Figura 3.43 mostra os histogramas das imagens da Figura 3.42. Toda alteração dos tons da imagem leva a uma alteração do seu histograma. A forma como essa alteração é feita depende da curva $s = T(r)$ usada. A curva da Figura 3.42b leva para $s_{máx}$ todos os valores de r maiores que 0,56 $r_{máx}$, fazendo com que o histograma original seja expandido e chegue até o tom $s_{máx}$. A imagem fica conseqüentemente mais clara, como pode ser observado pela imagem central da Figura 3.42b. A curva apresentada na Figura 3.42c leva tons acima de 0,44 $r_{máx}$ para tons mais escuros, acumulando pixels nesses tons. Apenas poucas faixas de tons se tornam mais claras na imagem de saída.

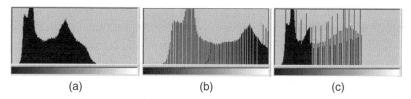

(a)   (b)   (c)

FIGURA 3.43. *Efeito da alteração sobre os histogramas.*

Observando os exemplos apresentados na Figura 3.44, nota-se que uma operação inversa da apresentada na Figura 3.43b gera uma imagem mais escura, pois transforma os pixels de tons entre 0 e 0,375 $r_{máx}$ em preto. O exemplo (c) da figura demonstra que funções de qualquer tipo (por exemplo, senoidal) podem gerar realces interessantes na imagem, alterando significativamente a forma do histograma.

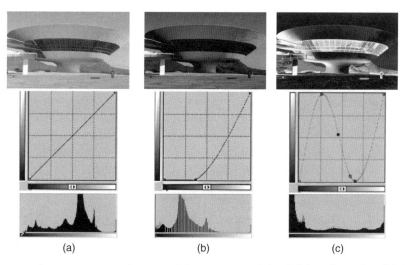

(a)   (b)   (c)

FIGURA 3.44. *Imagem, curva de tons e histograma original (a) e alteradas (b) (c).*

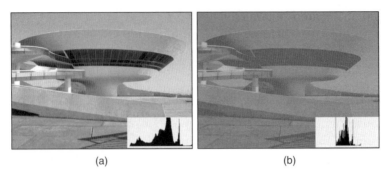

FIGURA 3.45. *Efeito da compressão de histogramas.*

A Figura 3.45a mostra uma imagem e seu histograma. Pode-se observar que essa imagem está bem nítida. Seu histograma tem tanto tons claros quanto escuros, estando bem distribuídos ao longo de toda a amplitude (faixa) de tons, isto é, do tom 0 ao tom 255. Se esse histograma for transformado por uma função que diminua sua faixa de variação tonal, deixando-o como mostrado na imagem da Figura 3.45b, a imagem resultante perderá contraste e nitidez, como mostrado. A contração da faixa de variação do histograma sempre tem o efeito de diminuir o contraste da imagem.

O oposto pode ocorrer, como quando se realiza uma expansão do histograma da imagem, desde que esta esteja associada a uma expansão da faixa de tons de cinza da imagem. As imagens da Figura 3.46 mostram esse efeito. Em (a) é mostrada uma imagem praticamente toda em cinza. Observa-se que seu histograma está apenas cobrindo esses tons, sem valores pretos (<10) ou brancos (>250). Embora haja informação presente na imagem, sua variação tonal é muito pequena e insuficiente para ser detectada pelo sistema visual humano. Ao expandir esse histograma de forma que ele abrangesse todos os tons possíveis, o conteúdo passou a ver visível e interpretável, como se pode ver na Figura 3.46b.

Esses exemplos mostram como uma simples alteração no histograma pode afetar a qualidade da imagem em análise. Outro detalhe que aqui se mostra claramente é a

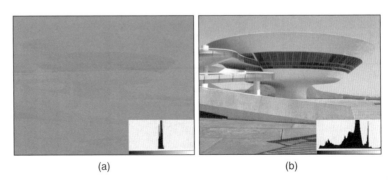

FIGURA 3.46. *Efeito da expansão de histogramas.*

dificuldade que o ser humano tem de perceber pequenas mudanças tonais. Essa característica leva ao desenvolvimento de diversas técnicas, como a *posterização*, para diminuir os tons presentes. Outras técnicas consistem no uso de tabela de *quantização* para agrupamentos de tons próximos e de tabelas de tons e cores. Outra decorrência direta desta observação é o uso dos bits menos significativos para ocultar informações na imagem. Essa área da criptografia chamada de *esteganografia*.

Uma transformação que gera um efeito interessante consiste em obter a imagem "negativa" da original. Essa operação pode ser observada na curva apresentada na Figura 3.47a; o seu resultado encontra-se na Figura 3.47b.

É interessante comparar a mudança do histograma desta imagem em relação ao da imagem original apresentada na Figura 3.45a.

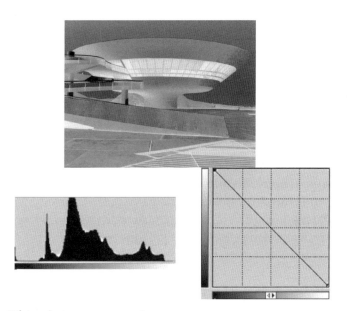

FIGURA 3.47. *Efeito da imagem negativa.*

3.6.2. Operações Globais Baseadas em Histograma

3.6.2.1. Equalização

Uma das mais importantes operações pontuais globais não-lineares consiste na equalização de histograma. Para realizar essa operação, usa-se o histograma normalizado. Um histograma normalizado de uma imagem contendo NM pixels é uma função de distribuição de probabilidade em que, para cada nível de cinza, a probabilidade é:

$$P_r(r_k) = \frac{n_k}{NM} \qquad (3.13)$$

onde r_k é o k-ésimo nível de cinza, n_k é o número de pixels na imagem com o nível de cinza r_k, NM é o número total de pixels na imagem, sendo k cada um dos tons entre 0 e $r_{máx}$ ($k = 0, 1, 2, \ldots r_{máx}$). Essa função tem a propriedade de:

$$\sum_{k=0}^{k=r_{máx}} P_r(r_k) = 1 \qquad (3.14)$$

O objetivo da equalização de imagens é a melhoria do seu contraste. Para tanto, o ideal é que os níveis de cinza sejam representados de maneira uniforme e distribuída. Para facilitar a compreensão, assume-se que o histograma esteja normalizado entre os valores 0 e 1, onde 0 corresponde ao tom preto, e 1, ao branco.

A equalização de histograma consiste na redistribuição dos valores de nível de cinza em uma imagem, de forma que todos os pixels tenham a mesma probabilidade de aparecer. O primeiro passo é obter a função de distribuição acumulada $T(r)$.

Supondo uma transformação $s = T(r)$ que resulte em um nível s para cada pixel na imagem original de tom r, com T satisfazendo as seguintes propriedades:

1) $T(r)$ é uma função monotonicamente crescente no intervalo $0 \leq r \leq 1$ (isso garante a ordenação crescente entre preto e branco na escala de cinza);
2) $0 \leq T(r) \leq 1$ para $0 \leq r \leq 1$ (isso garante que o resultado também esteja no intervalo crescente e dos níveis de cinza).

Assumindo que o nível de cinza r se comporte como uma variável randômica, tem-se $s = T(r)$, uma função randômica de uma variável. Os histogramas da imagem antes e depois da modificação por $T(r)$, chamados de $p_r(r)$ e $p_s(s)$, respectivamente (densidade de probabilidade), estão relacionados por:

$$p_s(s) = \left[p_r(r) \frac{dr}{ds} \right] = 1 \qquad (3.15)$$

Procurando por uma transformação T que forneça a distribuição da variável s o mais uniforme possível ou o mais *equalizada* possível para todos os tons s, tem-se por definição o método denominado equalização de histograma. Este é definido pela relação:

$$\int_0^s ds = \int_0^r p_r(r) dr = F(r) \qquad (3.17)$$

$$s = T(r) = \int_0^r p_r(r) dr = F(r) \qquad (3.18)$$

Define-se $F(r)$ como a distribuição acumulada da variável r.

Para o caso discreto (imagens digitais), tem-se:

$$p_r(r_k) = \frac{n_k}{n} \tag{3.19}$$

sendo n o número total de pixels na imagem (NM), $0 \le r_k \le 1$ e $k = 0, 1, 2, ..., r_{máx}$.

Define-se o histograma normalizado acumulado da imagem como:

$$s_k = T(r_k) = \sum_{k=0}^{k=r_{máx}} p_r(r_k) = \sum_{k=0}^{k=r_{máx}} \frac{n_k}{n} \tag{3.20}$$

A transformação inversa T^{-1}, que satisfaz às mesmas condições é denotada por:

$$r_k = T^{-1}(s_k) \tag{3.21}$$

onde $0 \le s_k \le 1$ e $0 \le r_k \le 1$.

Para exemplificar, considere uma imagem digital de 128 × 128 pixels com oito níveis de cinza. O número de pixels da imagem em cada tom (n_k) é apresentado na segunda coluna da Tabela 3.4. A terceira coluna apresenta a probabilidade de cada tom (normalizados no intervalo de 0 a 1). O histograma acumulado normalizado dessa distribuição é mostrado na quarta coluna da Tabela 3.4.

O histograma final é obtido considerando que se apenas oito níveis de cinza são utilizados na *quantização* da imagem, cada valor s_j deve assumir o nível válido mais próximo (submúltiplo de 7; 0,143; 0,286; 0,429; 0,572; 0,715; 0,858; 1,0). Assim, no final a última coluna da tabela apresenta apenas seis níveis de cinza. Os 3.590 pixels que antes tinham tom igual a 3/7 passaram a ter um novo tom de valor 4/7. Os 4.740 pixels que tinham tonalidade r_2 = 2/7 foram mapeados para um novo tom de valor 1/7. E, por fim, os 803 pixels de valor 5/7 passam a assumir o tom correspondente a 6/7, unindo-se nestes tons os pixels que antes tinham os tons 6/7.

TABELA 3.4. Exemplo de equalização de número de pixels de um histograma acumulado normalizado da imagem

NÍVEL DE CINZA (r_k) NORMALIZADO	n_k	$\Sigma\, p_r(r_k)$	$\Sigma\, p_s(s_k)$	NÍVEL DE CINZA (s_k) NORMALIZADO
0	2049	0,125	0,125	0
1/7	2410	0,147	0,272	1/7
2/7	4740	0,289	0,561	3/7
3/7	3590	0,219	0,781	4/7
4/7	1785	0,109	0,890	5/7
5/7	803	0,049	0,939	6/7
6/7	407	0,025	0,963	6/7
7/7	600	0,037	1,000	6/7
TOTAL	16384			

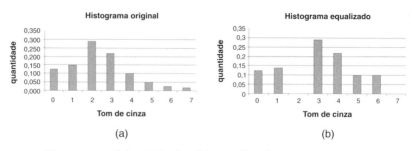

FIGURA 3.48. *Histograma (a) original e (b) equalizado.*

Para ilustrar o efeito da equalização de histograma, observe a Figura 3.49, na qual, em (a), apresenta-se uma imagem com baixo contraste e seu respectivo histograma e, em (b), o resultado da operação de equalização. Nota-se que a sua distribuição ao longo da faixa de tons de cinza é alterada, mas como tons próximos se mantém próximos, os objetos preservam sua definição de forma.

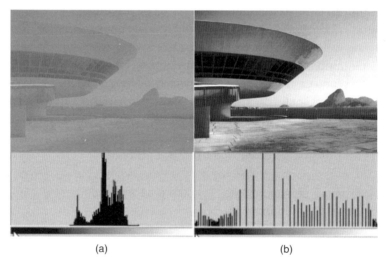

FIGURA 3.49. *(a) Imagem com baixo contraste e seu histograma. (b) Imagem após equalização e seu histograma.*

3.6.2.1. Especificação Direta

A equalização de histogramas procura distribuir igualmente os tons para todos os níveis de pixels da imagem, o que não permite estabelecer parâmetros de mudança capazes de ressaltar faixas de níveis de cinza na imagem. Isso pode ser realizado por outra técnica, chamada de especificação direta de histograma.

Para realizar a especificação direta de histograma, é necessário executar os seguintes passos:

1) Equalizar os níveis de cinza da imagem original (conforme apresentado na Seção 3.6.2.1).
2) Obter a função densidade de probabilidade discreta do histograma desejado:

$$v_k = T(z_k) = \sum_{k=0}^{k=máx} p_z(z_k)$$

onde z corresponde ao número total de níveis de cinza que se deseja obter.

3) Aplicar a função de transformação inversa $z_k = T^{-1}(v_k)$ aos níveis obtidos no passo 1.

Por exemplo, suponha que se deseja modificar o histograma dado no exemplo anterior de modo que a distribuição de pixels resultante seja a da Tabela 3.5 e da Figura 3.50a:

TABELA 3.5. Distribuição dos pixels resultantes da Tabela 3.4

NÍVEL DE CINZA (r_k) NORMALIZADO	$p_z(z_k)$	v_k	z_k
0	0,255	0,255	0
1/7	0,125	0,380	0,380
2/7	0,075	0,455	0,075
3/7	0,045	0,500	0,045
4/7	0,045	0,545	0
5/7	0,075	0,620	0,620
6/7	0,125	0,745	0,125
7/7	0,255	1,000	0,255
Total	1		

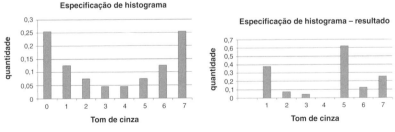

FIGURA 3.50. Histogramas (a) especificado e (b) após aplicação da especificação.

Considerando a imagem e seu histograma apresentados na Figura 3.51a, pode-se realizar as etapas de equalização e especificação de histograma. Na Figura 3.51b, apresenta-se a imagem após a modificação de seu histograma por uma função especificada e seu respectivo histograma.

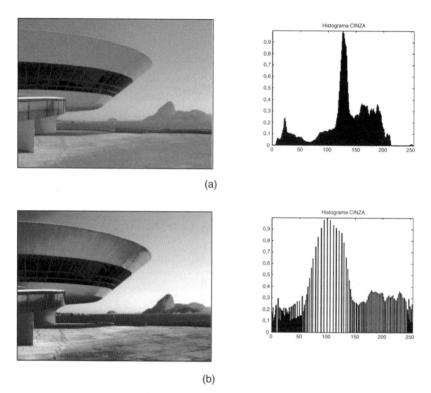

(a)

(b)

FIGURA 3.51. (a) *Imagem original e seu histograma normalizado;* (b) *imagem modificada e seu histograma final (Gonçalves, 2006).*

Deseja-se realizar uma especificação direta de histograma considerando o histograma apresentado na Figura 3.52. Para tanto, utiliza-se o histograma normalizado da imagem previamente equalizada, obtendo-se um novo histograma e uma nova imagem, apresentados na Figura 3.52.

3.6.3. Técnicas Baseadas no Histograma de Imagens Coloridas

Em imagem colorida, tem-se ao menos três histogramas, um para cada canal de cor usado pelo dispositivo de visualização da imagem. Como a maioria desses dispositivos se baseia no padrão RGB, haverá um histograma para cada um desses canais. A cor em que um pixel é visto depende da combinação da intensidade desses três canais.

A Figura 3.53 mostra que a cor de um pixel, na realidade, depende da intensidade tonal de cada um desses três canais. Essa observação, embora já comentada no Capítulo 2, merece ser lembrada aqui porque, se as técnicas vistas de mudança de histograma para imagem em tons de cinza forem simplesmente triplicadas para cada um dos canais independentemente, o resultado será o surgimento de cores não-presentes na imagem original.

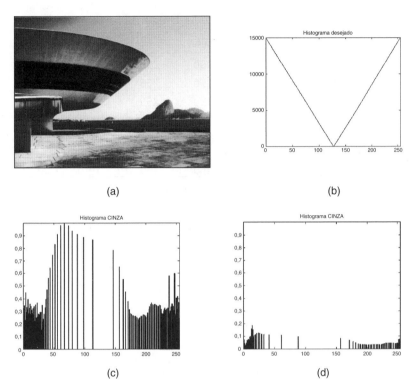

FIGURA 3.52. *Imagem obtida (a) após a especificação do histograma (b). Histograma normalizado da imagem original em tons de cinza (c). Histograma normalizado após seu processamento (d) (Gonçalves, 2006).*

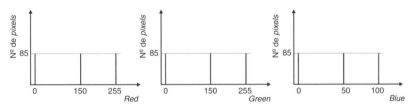

FIGURA 3.53. *Histograma dos canais R, G e B da imagem da Tabela 3.6.*

Por exemplo, imagine uma pequena parte de 85 × 3 pixels da imagem da Figura 3.25, onde haja uma variação de tons de preto para amarelo-claro. Esse trecho pode ter os tons representados pela Tabela 3.6, mostrando respectivamente os tons de red, *green* e *blue* dessa parte da imagem (Figura 3.53).

Se esses canais forem equalizados simplesmente aplicando-se, a cada um, o esquema já visto de equalização, o resultado será a redistribuição para os valores mostrados na Tabela 3.7.

TABELA 3.6. Valores dos tons de uma parte da Figura 3.25

Red			Green			Blue		
0	150	255	0	150	255	0	50	100
0	150	255	0	150	255	0	50	100
0	150	255	0	150	255	0	50	100
0	150	255	0	150	255	0	50	100
...	...	...	...	...	...	...	...	...
0	150	255	0	150	255	0	50	100

85 linhas x 3 colunas

TABELA 3.7. Valores equalizados de *red* e *green* e valores equalizados de *blue*

Red e Green			Blue		
85	170	255	85	170	255
85	170	255	85	170	255
85	170	255	85	170	255
85	170	255	85	170	255
...	...	...	...	...	...
85	170	255	0	170	255

85 linhas x 3 colunas

Nesse caso, na imagem equalizada não há mais tons amarelos presentes na imagem. Os pixels coloridos ficaram com uma tonalidade degradê de cinza, e não de amarelos.

Para ilustrar o efeito de realizar modificação no histograma de cada canal RGB da imagem, observe os processos de equalização e especificação de histograma ilustrados a seguir. Na Figura 3.55, apresenta-se a imagem do MAC e os histogramas dos canais R, G e B. Ao se realizar o processo de equalização, apresentado na Seção 3.6.1, para cada histograma, obtêm-se novos histogramas.

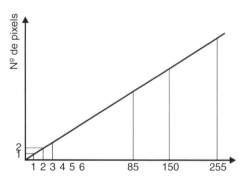

FIGURA 3.54. *Histograma desejável para a equalização da imagem de 255 pixels (85 × 3) e 255 tons. Cada tom de cor contribui com 1 pixel para o histograma.*

PROCESSAMENTO DE IMAGENS • 101

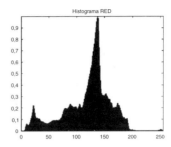
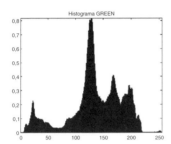
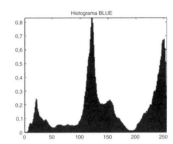

FIGURA 3.55. *Imagem colorida original e seus histogramas RGB normalizados (Gonçalves, 2006).*

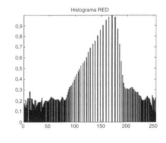
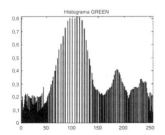
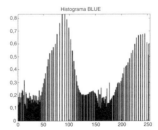

FIGURA 3.56. *Imagem colorida modificada por equalização e seus histogramas equalizados normalizados (Gonçalves, 2006).*

Outro exemplo de modificação de histogramas considerando os canais RGB é apresentado na Figura 3.57. Nesse caso tem-se a aplicação do método de equalização de histograma, apresentado na Seção 3.6.2, na imagem do MAC. Aí fica mais clara a geração de cores não-existentes na imagem original.

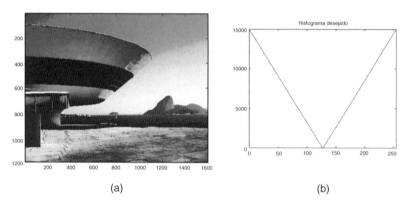

(a) (b)

FIGURA 3.57. *Resultado da modificação da imagem da Figura 3.25 (a), considerando o histograma desejado (b) (Gonçalves, 2006).*

As modificações independentes dos canais de cores alteram completamente as cores presentes na imagem. Se o desejável for uma modificação dos contrastes como uma forma de pré-processamento da imagem, mas sem alterar as cores presentes, o que se deve fazer é transformar a representação da imagem para um espaço de cores que separe a luminosidade das cores, como o YIQ (ou Lab e Luv). A modificação no histograma é feita apenas nesse canal, sendo depois a imagem recombinada e transformada novamente para o RGB.

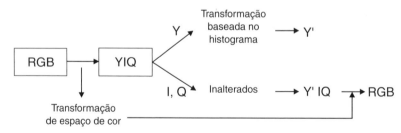

FIGURA 3.58. *Esquema de modificações baseadas no histograma para imagens coloridas.*

O esquema da Figura 3.58 mostra essa forma de processamento para imagens coloridas. Quando a deficiência na imagem a ser processada se concentra na falta de saturação das cores presentes, e não apenas na luminosidade, os melhores espaços são os que têm um canal de saturação específico, como os HSB e HSL. Assim, desde que não se altere o canal H, não haverá problemas de mudanças das cores presentes na imagem (Figura 3.59). Resumindo, modificações nos histogramas em imagens coloridas sempre podem alterar as cores presentes se feitas diretamente nos canais que as representam por combinação de três cores, como RGB, CMY e CMYK. Os espaços de cores oponentes têm geralmente um canal acromático (branco e preto) e dois com cromaticidade. Nesse caso, as modificações devem se restringir ao canal acromático, podendo-se usar um esquema como o da Figura 3.58.

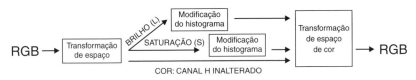

FIGURA 3.59. *Esquema de modificação para espaços HSV e HLS.*

CAPÍTULO 4
A Imagem Digital

4. OPERAÇÕES EM IMAGENS

Existem três grandes classes distintas de operações em imagens: aquelas que são realizadas pontualmente nos pixels, as que são feitas em partes da imagem e aquelas realizadas em toda a imagem.

Além dessa classificação relacionada à área do processamento na imagem, as operações em imagens podem ser também classificadas quanto ao número de imagens de entradas usadas para gerar a imagem de saída. Nesse caso, podem ser unárias, binárias ou realizadas em múltiplas imagens. Exemplo de operações unárias – algumas tratadas no Capítulo 3 – são os ajustes de histogramas, as mudanças de resolução ou quantização, entre outras. As fusões de imagens por operações aritméticas ou booleanas são exemplos de operações binárias. Já a detecção de contornos 3D em imagens médicas de tomografia baseadas nas diversas fatias (tomos) e a identificação de texturas em imagens de satélites multibandas, como o Landsat5 e o Landsat7, usando todas as bandas disponíveis, são exemplos de operações realizadas em múltiplas imagens.

As operações em imagens podem ainda ser classificadas quanto ao tipo de operação em aritmética, geométrica, booleana, de convolução, linear, não-linear, morfológica etc. Nas seções que seguem, algumas operações serão comentadas independentemente da forma de classificação.

A filtragem é uma das mais importantes operações em imagens. Essas operações são tratadas neste capítulo de maneira introdutória. Como seu entendimento básico está muito relacionado à representação de imagens no domínio da freqüência, uma visão do assunto de forma mais aprofundada será apresentada em outro capítulo.

4.1. Operações Pontuais

Operações pontuais são operações em que um pixel na posição (x_i, y_i), da imagem resultante, depende apenas do pixel, na imagem original, que se encontra nas mesmas coordenadas. A Figura 4.1 mostra um esquema dessas operações pontuais em imagens. Nesse caso, as únicas informações que se têm são a cor do pixel, $f(x_i, y_i)$, e sua posição, (x_i, y_i). Por isso, muitas das operações pontuais são operações que alteram apenas características de cor. Algumas dessas alterações podem ser realizadas de modo a gerar a percepção de mudanças da forma dos objetos na imagem. Qualquer operação pontual pode ser visualizada como um mapeamento de pixels da imagem original para a imagem processada. Na Figura 4.1, *Op* significa uma operação qualquer e *P* refere-se a essa operação como pontual e função apenas da posição do pixel (x_i, y_i) e seu tom $f(x_i, y_i)$.

No caso de operações que alteram apenas características de cor ou luminância, tais como brilho (ou intensidade luminosa), contraste, saturação (ou grau de pureza da cor), limiarização (*threshold*), posterização etc., pode-se usar a representação em um gráfico, como na Figura 4.2, que relaciona as tonalidades disponíveis na

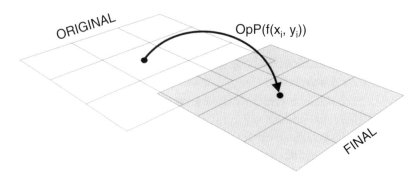

FIGURA 4.1. *Esquema de operações pontuais em imagens.*

imagem original (eixo horizontal) com as tonalidades posteriores, alteradas, da imagem processada (eixo vertical). Nesse gráfico supõe-se que as imagens de entrada e saída foram quantizadas em até 1 byte ou em valores de 0 a 255.

Algumas operações conhecidas são visualizadas no gráfico da Figura 4.2 de forma bem simples, já apresentadas no Capítulo 3. A operação de identidade é simplesmente uma reta com inclinação de 45° (se o número de tons ou níveis de cinza de ambas forem idênticos) que mapeia todos os tons da imagem original nos mesmos tons na imagem processada, transladando essa reta simplesmente altera-se a intensidade luminosa na imagem. Alterando sua inclinação, muda-se o contraste. Por exemplo, a linha reta tracejada acima da reta a 45° leva os valores de tons, antes zero, para tons mais claros, bem como para 255 tons, que antes eram menores, como, por exemplo, 250. A linha reta pontilhada abaixo da reta a 45° faz o oposto, levando os valores de tons menores do que 120, por exemplo, para tons de cinza-escuro, mas deixando o tom 255 inalterado. Mas existem outras formas não-lineares de alterar o contraste, como as duas curvas mostradas. A curva tracejada acima da reta a 45° eleva os valores de tons, fazendo com que a

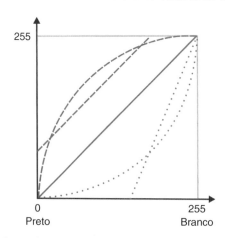

FIGURA 4.2. *Esquema de mudanças de tons para imagem em 256 tons de cinza.*

imagem fique mais clara. A curva pontilhada abaixo da reta a 45° faz o oposto, escurecendo a imagem. Essas curvas são também chamadas de correção ou modificação gama da imagem, pois se os tons de entrada e saída forem normalizados entre 0 e 1, podem ser descritos pela relação: ton_saída = c × ton_entrada$^\gamma$, onde c é uma constante qualquer, e γ um valor real positivo qualquer.

Até agora foram apresentadas operações pontuais que envolvem apenas uma imagem original. Elas são chamadas de unárias. Mas podem-se definir operações que usam duas imagens originais, chamadas de binárias, ou três imagens originais, ternárias etc. Por exemplo, uma operação de média de várias imagens capturadas na mesma posição (que é uma técnica comum de eliminação de ruído) é realizada em múltiplas imagens. As operações binárias mais comuns são as operações aritméticas de soma, subtração, divisão etc. de duas imagens (ou mais imagens associadas duas a duas).

Embora as funções pontuais estejam restritas somente ao pixel a ser transformado, o processamento em si pode levar em consideração dados globais da imagem, como, por exemplo, o histograma.

O histograma é uma função estatística da imagem que, para cada nível de tonalidade, calcula quantos pixels existem naquela tonalidade (como apresentado no Capítulo 3). Muitas operações pontuais usam o histograma como parâmetro para fornecer resultados diferentes para o pixel da imagem processada. O histograma, de certa maneira, é um indexador da imagem, pois imagens iguais têm histogramas idênticos, e a probabilidade de duas imagens diferentes não sintéticas terem o mesmo histograma é muito baixa. Alguns sistemas de busca de imagens em banco de imagens (*retrieval* ou *query* de imagens) usam os resultados dos histogramas como chave de busca.

Conforme mencionado anteriormente, uma imagem digital pode ser representada por uma matriz de números inteiros cujas linhas e colunas identificam um ponto na imagem, (x_i, y_i), e cujo valor, $f(x_i, y_i)$, corresponde ao nível de cinza ou à intensidade de uma banda da imagem naquele ponto.

Pode-se manipular numericamente uma imagem empregando operações aritméticas e lógicas diretamente nos valores dessas matrizes. As operações locais pixel a pixel de duas imagens podem ser descritas pela expressão:

$$Z(X \; OpP \; Y) \qquad (4.3)$$

onde X e Y são imagens (na forma de matrizes), Z é uma matriz ou imagem resultante e *OpP* é um operador aritmético (como soma, subtração, multiplicação, resto ou divisão) ou lógico, como AND (E), OR (OU), XOR (OU EXCLUSIVO) e NOT (NÃO).

4.1.1. Operações Aritméticas

Considere, como exemplo, que X e Y sejam as matrizes que identificam o valor de cada pixel de duas pequenas imagens de mesmas dimensões, mostradas na Figura 4.3.

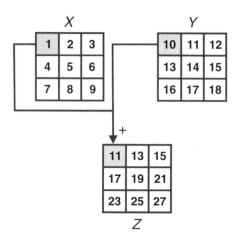

FIGURA 4.3. *Exemplo de operação aritmética de soma.*

O processamento pixel a pixel dessas imagens com um operador aritmético ou lógico produzirá uma terceira imagem Z cujos pixels serão o resultado de $X\,OpP\,Y$ para cada elemento de X e Y resultante da operação *OpP*. A Figura 4.5 mostra o resultado quando a operação for a soma das intensidades de cada pixel das imagens da Figura 4.4 processadas.

A Figura 4.4 apresenta duas imagens em tons de cinza. A Figura 4.4a, denominada X, possui a forma do MAC (cálice) no tom 160 sobre um fundo no tom 128. A Figura 4.4b, denominada Y, possui um círculo no tom 64, também sobre um fundo mais escuro, no tom 32. Elas são utilizadas para exemplificar as operações aritméticas de soma e subtração em imagens digitais mostradas na Figura 4.5. Os números nas diversas regiões da Figura 4.5. representam os valores dos níveis de cinza correspondentes da região após a operação. Os números nas imagens são apenas indicativos dos tons de cinza e não fazem parte das imagens ou participaram da operação aritmética.

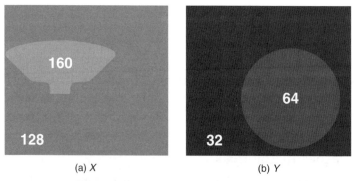

FIGURA 4.4. *Imagens X e Y utilizadas como exemplos.*

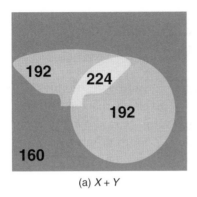 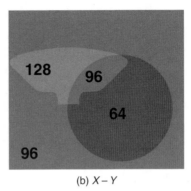

(a) X + Y (b) X − Y

FIGURA 4.5. *Exemplos de operações aritméticas com as imagens da Figura 4.4.*

Quando imagens possuem ruído aleatório, a contribuição do ruído não se soma; logo, ao se somarem as imagens, esse ruído tende a diminuir. O principal uso da *adição* de imagens é realizar uma média de imagens com o objetivo de diminuir o efeito do ruído.

Quando uma imagem possui um objeto em um ambiente com iluminação irregular, a *subtração* de uma imagem apenas do ambiente iluminado irregularmente sem o objeto ajuda a corrigir o efeito irregular da iluminação. Outra aplicação consiste na detecção de movimento. A subtração mostrará apenas os objetos que mudaram de posição. Nesse caso, a subtração de imagens é uma ferramenta básica usada para remover a informação de fundo, que é estática.

O principal uso da *multiplicação* ou *divisão* de imagens é corrigir o sombreamento de níveis de cinza resultante de não-uniformidades na iluminação ou no sensor usado no momento da aquisição da imagem, na calibração ou na normalização da intensidade.

4.1.1.1. Limites Inferior e Superiores nas Operações

Ao executar operações aritméticas nas imagens, em alguns casos os resultados obtidos encontram-se fora dos limites de tom da imagem. Quando isso ocorre, têm-se os chamados *underflow* e *overflow* do resultado. Por exemplo, em uma imagem com 256 níveis de cinza, a escala de cinza varia de 0 (preto) a 255 (branco). A adição de duas imagens de 256 tons de cinza pode resultar em um número maior que 255 para alguns pixels (*overflow*). Da mesma forma, em uma subtração, podem aparecer pixels com valores de tom menores que 0 (*underflow*).

Nesse caso, há duas alternativas:

1) Truncar os valores que excedem os limites, transformando em 255 todos os valores que excedem o limite máximo e transformando em 0 todos os valores negativos, isto é, que ficaram abaixo do limite mínimo.

2) Prever a possibilidade da representação de números negativos e maiores que 255 na memória e, após a realização da operação, proceder a uma mudança de escala (reescalonamento) dos valores.

Um reescalonamento consiste em adequar os valores resultantes para a escala permitida, o que equivale a converter todos os pixels da imagem de forma que o valor mais baixo da matriz corresponda a 0 e o valor mais alto a 255. Chamando de $t_{máx}$ o tom máximo presente na imagem e de t_{min} o tom mínino, qualquer tom t da imagem pode ser reescalonado para uma novo valor r, entre 0 e 255, através da seguinte relação (Figura 4.6):

$$r = \frac{255}{t_{máx} - t_{máx}}(t - t_{min}) \qquad (4.4)$$

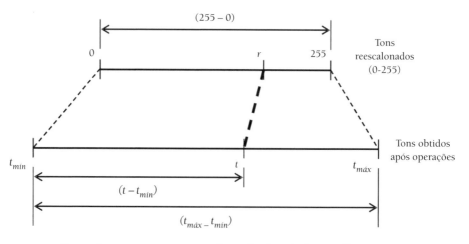

FIGURA 4.6. *Reescalonamento em casos de underflow e de overflow.*

O método escolhido, truncar ou reescalonar, depende do objetivo da operação. O *hardware* geralmente utiliza a opção de truncar.

4.1.2. Operações Lógicas

De forma análoga às operações aritméticas, as operações lógicas (ou booleanas) realizadas sobre a imagem também são feitas pixel a pixel. Mas, enquanto as operações aritméticas são aplicadas a pixels com tons variados, as operações lógicas normalmente são utilizadas em imagens binárias, ou seja, só com tons iguais a 0 ou 1.

As operações lógicas são ferramentas básicas no processamento de imagens para extração de características e análise de formas. Todas as operações lógicas conhecidas podem ser aplicadas entre imagens, inclusive a operação de complemento (NOT), que é uma operação unária, isto é, que requer apenas um operando.

As imagens da Figura 4.7 correspondem às mesmas imagens da Figura 4.4, mas agora vistas na forma binária, sendo que os dois objetos representados com o tom preto têm valor 1, e o fundo, valor zero. Elas são utilizadas para exemplificar as operações lógicas. As imagens da Figura 4.7 apresentam os resultados obtidos com diferentes operações.

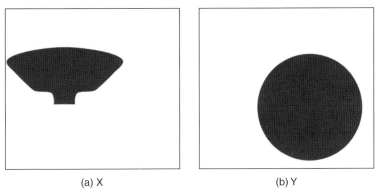

FIGURA 4.7. *Objetos X e Y utilizados como modelo.*

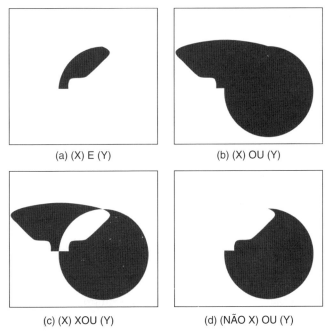

FIGURA 4.8. *Exemplos de operações lógicas com objetos da Figura 4.7.*

4.2. Operações Locais

Operações locais são operações em que um pixel da imagem resultante depende de uma vizinhança do mesmo pixel na imagem original. As operações locais mais comuns são as operações de filtragem que usam a convolução com um *kernel* ou máscara de convolução, de dimensão $n \times n$, onde n é geralmente um valor ímpar 3, 5, 7 e 9 e o pixel a ser alterado é o central da região (mas pode assumir qualquer posição, bem como ser alterado por qualquer valor convencionado).

Por exemplo, no caso de convolução com $n = 3$, cada pixel da vizinhança N_8 ou dentro de uma região 3 × 3 vizinha do pixel na imagem original é multiplicado pelo valor correspondente do *kernel* e todos esses valores são somados, resultando no pixel novo. Os valores que ponderam a vizinhança são armazenados em uma matriz (máscara convolução). Operações de suavização (*blur*), realce (*sharpen*), detecção de bordas e muitas outras podem ser realizadas assim. A Figura 4.9 mostra esse esquema de operações locais, sendo que *Op* significa uma operação qualquer, *L* indica se a operação é local e função dos diversos valores de tons da vizinhança $f(x_i, y_i)$, $f(x_{i-1}, y_{i-1})$... do pixel a ser alterado (x_i, y_i).

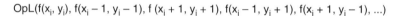
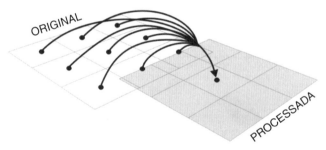

FIGURA 4.9. *Exemplo de uma operação local em uma área em torno do pixel (xi, yi).*

Na Figura 4.10, apresenta-se um exemplo de filtragem para redução de ruídos. É mostrada na Figura 4.10a uma imagem danificada em alguma etapa de seu processamento por um ruído randômico, isto é, aleatório, quanto à posição onde ocorre (ou seja, não se nota posição definida ou tendência local de ocorrência), mas com valores de intensidade em cinza-escuro, quase preto.

Um método de reduzir esses ruídos é o uso de uma máscara ou *kernel* cujos valores aproximam a função gaussiana bidimensional. O filtro de Gauss é um filtro possível de redução de ruído. O efeito dessas funções gaussianas é de eliminar o ruído de uma imagem, deixando-a, porém, um pouco menos nítida ou mais embaçada (*blur*). O resultado prático obtido para a imagem de teste da Figura 4.10a pode ser observado na Figura 4.10b. Comparando a imagem resultante do processo de filtragem com a imagem original, Figura 4.10c, observa-se que houve perda de informa-

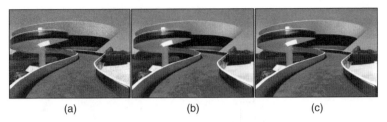

FIGURA 4.10. *Redução de ruídos na imagem. (a) Imagem com ruído. (b) Redução do ruído usando filtro de blur. (c) Imagem original seu ruído.*

ção principalmente nos contornos dos objetos presentes na imagem. Uma forma mais adequada de evitar essa perda seria projetar filtros que apenas eliminassem as freqüências acima de um ponto estabelecido (ditos *cut-off*); outra forma seria definir a freqüência de corte depois de levar a imagem para o domínio da freqüência e observar seu espectro de potência, deixando as freqüências abaixo desse ponto intactas (essa técnica será comentada adiante).

Há operações locais que mudam o tom do pixel para novas posições (x_i, y_i) ou usam o seu tom, $f(x_i, y_i)$, para criar, por exemplo, pixels adicionais a partir de interpolações. A técnica de interpolação não deixa de ser uma operação local que depende apenas de uma vizinhança, embora algumas técnicas de interpolação muito sofisticadas e em geral muito custosas utilizem uma vizinhança bem extensa. Outras técnicas que alteram os tons dos pixels para novas posições consistem em mudanças de escala (*resize, stretch*), rotação, espelhamentos, deformações das imagens etc.

4.2.1. Forma de Atenuar o Efeito de *Aliasing*

Uma transformação geométrica ou uma deformação de imagens digitais é um processo de amostragem e, por essa razão, é um processo suscetível a *aliasing*. Esse efeito decorre de se trabalhar com imagens no domínio discreto. Considerando uma imagem um reticulado de pontos e sabendo que o mapeamento leva pontos da imagem de origem para pontos arbitrários na imagem destino, dois efeitos podem ocorrer ao se processar uma deformação ou rotação nessa imagem: 1) pontos na imagem destino não receberem nenhuma informação da imagem origem; e 2) mais de um ponto da imagem destino receber a mesma informação de um ponto da imagem origem (vários pixels são mapeados em um mesmo pixel).

Para ilustrar esses efeitos, considere o seguinte exemplo unidimensional, no qual se observa a transformação de uma linha de uma imagem em outra (Figura 4.11). Nesse caso, ocorre uma expansão entre os pixels 4 e 5 e uma contração entre os pixels 5 e 6. Isso ocorre devido aos seguintes fatos: 1) as coordenadas inteiras dos pixels não são transformadas em coordenadas inteiras; e 2) a transformação é feita no domínio discreto. Desse modo, podem ocorrer vazios na imagem (nas regiões onde ocorre expansão) ou superposições (nas regiões onde ocorre contração).

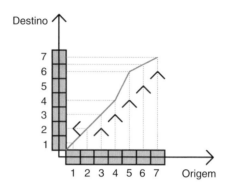

FIGURA 4.11. *Efeito da expansão e contração no domínio discreto.*

Uma maneira de reverter os efeitos de *aliasing* é fazer a superamostragem, que corresponde ao processo de redução dos efeitos de *aliasing*, aumentando a freqüência de amostragem e calculando a média de várias amostras.

Para atenuar esse efeito, pode-se usar um filtro de média 3 × 3, que tem um *kernel* ou máscara como apresentado a seguir. Esse filtro serve para suavizar a imagem com ruídos, melhorar sua aparência na execução de deformações ou também reduzir efeitos decorrentes de superamostragens.

$$média = \frac{1}{9}\begin{bmatrix} 1 & 1 & 1 \\ 1 & 1 & 1 \\ 1 & 1 & 1 \end{bmatrix} \qquad (4.1)$$

A seguinte operação é executada sobre cada pixel da imagem, onde $f(x_i, y_i)$, representa o tom de cinza do pixel na posição espacial (x_i, y_i) da imagem original e $g(x_i, y_i)$ o novo tom do pixel na posição (x_i, y_i) da imagem resultante.

$$g(x_i, y_i) = \frac{1}{9}\begin{pmatrix} f(x_{i-1}, y_{i-1}) + f(x_i, y_{i-1}) + f(x_{i+1}, y_{i-1}) + \\ f(x_{i-1}, y_i) + f(x_i, y_i) + f(x_{i+1}, y_i) + \\ f(x_{i-1}, y_{i+1}) \quad f(x_i, y_{i-1}) + f(x_{i+1}, y_{i+1}) \end{pmatrix} \qquad (4.2)$$

Aplicar esse filtro à imagem significa operar sobre cada pixel da seguinte forma: o nível de cinza de cada pixel é substituído pelo valor médio dos níveis de cinza da vizinhança do pixel. O uso do filtro de média atenua os efeitos de *aliasing* e de ruído, porém a imagem perde a definição de certos contornos, conforme pode ser observado na Figura 4.12.

Mais detalhes sobre operações de filtragem serão apresentados no Capítulo 5.

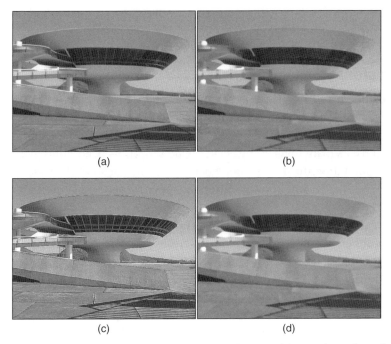

FIGURA 4.12. *Imagem original (a), imagem com aliasing (c) e o efeito da aplicação de filtro de média em (a) e (c).*

4.3. Operações Globais

Operações globais são operações em que um pixel da imagem resultante depende de um processamento realizado em todos os pixels da imagem original. Nesse grupo de operações estão as que mudam o domínio de descrição, tais como as transformadas de Fourier, Wavelet, Hough, co-senos (usada para codificação) e por funções interativa ou fractal.

Todas essas transformadas geram informações sobre a imagem original. Muitas delas transformam imagens em dados, sendo, portanto, técnicas também de análise de imagens, e não apenas de processamento. A transformada de Fourier, por exemplo, é base fundamental para toda teoria de processamento de sinais e com ela pode-se realizar uma série de operações muito importantes com imagens, definir filtros, identificar texturas etc. A transformada de Wavelet decompõe a imagem em uma estrutura multi-resolução e a descreve como coeficientes das diversas bases usadas, o que é muito utilizado para compressão de imagens, reconhecimento e busca em bancos de imagens. A transformada de Hough procura identificar formas geométricas na imagem, tais como retas e círculos, descrevendo a imagem no domínio dos parâmetros dessas formas.

Algumas técnicas de operações globais usam partições da imagem, janelas ou segmentos, e não a imagem toda. Outras, como as transformadas de co-senos e Wavelet, dependendo da aplicação (como no caso da codificação JPEG e JPEG 2000), podem ser aplicadas localmente.

4.4. Transformações Geométricas

As transformações geométricas são operações que levam o tom dos pixels na posição (x_o, y_o) da imagem origem para outra posição (x_d, y_d) do espaço em uma imagem destino, ou seja, "modificam a posição" dos pixels no espaço da imagem. As operações geométricas principais ou de *corpo rígido* são: translação, mudança de escala, rotação e espelhamento. Essas operações em computação gráfica são as mesmas quer sejam realizadas em objetos sintéticos (Seção 2.5 do Volume 1), quer sejam realizadas em imagens.

O sistema de coordenadas homogêneo (também comentado na Seção 2.6 do Volume 1) é aquele no qual um espaço de dimensão n é representado usando um sistema de coordenadas de dimensão $n + 1$. No caso de imagens 2D, acrescenta-se uma terceira coordenada $w = 1$ aos pontos (x, y).

Com as coordenadas homogêneas, todas as transformações geométricas principais são tratadas através de multiplicações de matrizes. O Capítulo 2 do Volume 1 trata dessas transformações em detalhes tanto para objetos 3D (espaciais) quanto para objetos planos (2D). A diferença entre realizar transformações geométricas em objetos gerados graficamente e em imagens se relaciona com as informações disponíveis. No caso de imagens digitais, estas são pontos inteiros e discretos, ou seja, não são dados contínuos do R^2, como no caso de imagens sintéticas.

4.4.1. Translação, Rotação e Escala

Transladar um objeto significa deslocar ou somar a cada um dos seus pontos (x_o, y_o) uma quantidade (T_x, T_y). A Figura 4.13b ilustra a translação da imagem da Figura 4.13a. A translação 2D na forma matricial em coordenadas homogêneas é definida pela equação:

$$\begin{bmatrix} x_d \\ y_d \\ 1 \end{bmatrix} = \begin{bmatrix} 1 & 0 & T_x \\ 0 & 1 & T_y \\ 0 & 0 & 1 \end{bmatrix} \begin{bmatrix} x_o \\ y_o \\ 1 \end{bmatrix} \qquad (4.3)$$

Essa forma matricial é idêntica à usada no Volume 1, Capítulo 2, a não ser pelo fato de que aqui se usa a representação de vetores em coluna e lá em linhas. Cabe lembrar que, em imagens, a operação é geralmente realizada com valores inteiros. Um cuidado que se deve ter nessa operação é não deixar a nova imagem fora da área de representação da tela.

Variar o tamanho de um objeto (mudança de escala, *zoom in* ou *zoom out*) consiste em multiplicar cada um dos seus pontos (x_o, y_o) por um escalar (S_x, S_y). A Figura 4.14 ilustra diferentes mudanças de escala da imagem MAC quando multiplicada

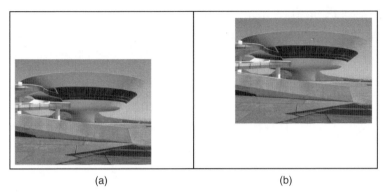

(a) (b)

FIGURA 4.13. *Exemplo de translação da imagem. (a) Imagem original. (b) Imagem transladada.*

na horizontal e na vertical pelo escalar de 2 e 1/2 (*zoom in* e *zoom out*). A variação do tamanho 2D na forma matricial é obtida pela equação:

$$\begin{bmatrix} x_d \\ y_d \\ 1 \end{bmatrix} = \begin{bmatrix} S_x & 0 & 0 \\ 0 & S_y & 0 \\ 0 & 0 & 1 \end{bmatrix} \begin{bmatrix} x_o \\ y_o \\ 1 \end{bmatrix} \quad (4.4)$$

Nessa operação, o fato de os valores de x e y serem inteiros pode gerar problemas. Considere, por exemplo, o caso da multiplicação por 2 de dois pixels vizinhos da Figura 4.14. É preciso fazer pelo menos uma interpolação linear ou bilinear, no caso de vizinhos, para não haver vazios na imagem gerada na redução de escala. Além disso, algumas posições de pixels que forem transformados para valores de x, y não inteiros, se a escala for ½, por exemplo, serão perdidas.

Fazer a rotação de um objeto de um ângulo θ relativamente à origem (O) significa encontrar, para cada pixel $p = (x_o, y_o)$ do objeto, um outro pixel $q = (x_d, y_d)$ sobre uma circunferência centrada na origem que passa pelos dois pontos com ângulo θ =

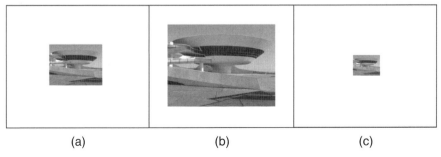

(a) (b) (c)

FIGURA 4.14. *Exemplo de ampliação e redução da imagem. (a) Imagem original. (b) Imagem ampliada duas vezes. (c) Imagem reduzida pela metade.*

$p ô q$. A Figura 4.15 ilustra o efeito de uma rotação de 90° no sentido horário da imagem depois do reposicionamento da imagem para ficar centralizada na janela de visualização. A rotação 2D na forma matricial é obtida pela equação:

$$\begin{bmatrix} x_d \\ y_d \\ 1 \end{bmatrix} = \begin{bmatrix} cos\theta & -sen\theta & 0 \\ sen\theta & cos\theta & 0 \\ 0 & 0 & 1 \end{bmatrix} \begin{bmatrix} x_o \\ y_o \\ 1 \end{bmatrix} \quad (4.5)$$

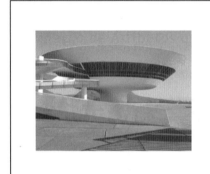

FIGURA 4.15. *Exemplo de rotação de 90° no sentido horário.*

Diferentemente do caso em que $(x,y) \in R^2$, agora em imagens, o fato de (x_o, y_o) serem inteiros positivos faz com que a rotação por ângulos quaisquer seja acompanhada de muitos problemas para a obtenção do resultado esperado. Além disso, existe a possibilidade de a imagem rotacionada encontrar-se fora da área de visualização. Mesmos os ângulos múltiplos de 90° podem trazer resultados inesperados se a imagem estiver sendo mostrada em um dispositivo que não tenha pixels quadrados, além das mudanças de tamanho da imagem. Outro aspecto para ângulos não múltiplos de 90° é o *aliasing*.

Outra técnica de transformação usada para acelerar o procedimento, principalmente no caso de muitas rotações sucessivas pequenas de uma imagem (como em animações), consiste em separar a rotação em transformações sucessivas na vertical e na horizontal. Isso é também chamado de *rotação em duas passadas*. Essa técnica pode ser uma idéia interessante também em outros casos de modificações em imagens. Consiste em alterar, primeiro, apenas uma das coordenadas e, depois, a outra, usando os novos dados calculados.

Pode-se alterar primeiro as coordenadas x_o para x_d e depois usá-las para obter y_d conforme as expressões:

$$\begin{aligned} x_d &= x_o \, cos\theta - y_o \, sen\theta \\ y_d &= x_d \, tg\theta + y_o \, cos\theta \end{aligned} \quad (4.6)$$

Se for definido que primeiro altera-se y_o e depois x_o, as expressões a serem usadas são (Figura 4.16):

$$y_d = x_o \, sen\theta + y_o \, cos\theta \qquad (4.7)$$
$$x_d = x_o \, cos\theta - y_d \, tg\theta$$

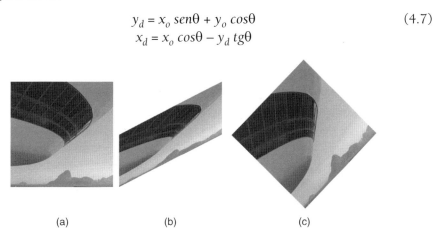

FIGURA 4.16. *Rotação de 45° da imagem. (a) Imagem original. (b) Primeira passada. (c) Resultado final (Segunda passada).*

4.4.2. Espelhamento ou Reflexão

A transformação de reflexão em torno de um eixo (espelhamento ou *flip*) é uma operação que combina rotação por ângulos múltiplos de 90° com a inversão das coordenadas (ou rotação por múltiplos de 180° com alteração do sentido dos eixos da imagem).

Um *flip* horizontal é uma rotação de 180° no sentido anti-horário da versão com coordenadas y_o *invertidas da imagem*, enquanto um *flip* vertical é uma rotação de 180° no sentido horário da versão da imagem com os valores das coordenadas x_o invertidos. O resultado é um novo objeto que tem a aparência do original reproduzido por um espelho.

A Figura 4.17 mostra um exemplo de *flip horizontal* e *vertical* da imagem do MAC. Devido aos problemas relacionados a pixels não quadrados na representação

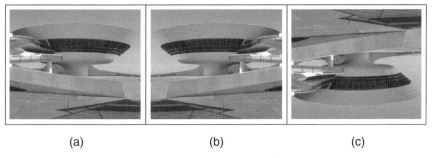

FIGURA 4.17. *Exemplo de espelhamento. (a) Imagem original. (b) Flip horizontal. (c) Flip vertical.*

de imagens, que podem aparecer em rotações de 90°, muitas vezes a melhor forma de obter esses resultados é através da combinação de rotações de 180° com a troca do sinal das coordenadas x ou y.

Em coordenadas homogêneas, o *flip* horizontal é obtido por:

$$\begin{bmatrix} x_d \\ y_d \\ 1 \end{bmatrix} = \begin{bmatrix} -1 & 0 & 0 \\ 0 & 1 & 0 \\ 0 & 0 & 1 \end{bmatrix} \begin{bmatrix} x_o \\ y_o \\ 1 \end{bmatrix} \qquad (4.8)$$

seguido de um reposicionamento da imagem.

O *flip* vertical pode ser dado por:

$$\begin{bmatrix} x_d \\ y_d \\ 1 \end{bmatrix} = \begin{bmatrix} 1 & 0 & 0 \\ 0 & -1 & 0 \\ 0 & 0 & 1 \end{bmatrix} \begin{bmatrix} x_o \\ y_o \\ 1 \end{bmatrix} \qquad (4.9)$$

Após a multiplicação, também é necessária uma alteração no posicionamento da imagem para visualização adequada.

4.4.3. Deformações e *Morphing*

Manipular imagens digitalizadas é bem mais simples do que manipular modelos tridimensionais reais, podendo ser feito através de técnicas de processamento de imagens, como deformações e *morphing*.

A deformação de uma imagem pela mudança de posição dos vértices de um retângulo que a contém é outra técnica básica de manipulação de imagens. Uma outra abordagem consiste em distorcer várias partes da mesma imagem de maneiras diferentes, ou seja, considerar que a imagem não está apenas contida em um retângulo envolvente, mas seus objetos e regiões encontram-se envolvidos por outros segmentos de reta com seus respectivos vértices. Desse modo, é possível alterar a forma dos objetos contidos na imagem a partir de mudanças de posição dos segmentos envolventes.

A alteração de imagens, considerando o processo de deformação aliado à decomposição de suas cores, é chamada de *morphing* (mudança de forma, metamorfose). O *morphing* bidimensional provoca a sensação de uma mudança de forma através dos efeitos de distorção envolvidos; além disso, há uma variação de textura que aprimora esse efeito. No *morphing* 3D, um modelo tridimensional gerado com o formato do objeto tem suas formas transformadas em um novo objeto. Em cada estágio da metamorfose, o modelo criado é "renderizado" e mapeado para produzir uma representação de tela bidimensional. O processo é complexo, pois devem ser definidas correspondências entre as imagens inicial e final através de suas formas. Essa é uma das razões de os objetos precisarem ser semelhantes, ao menos topologicamente, para serem metamorfoseados. Quando a topologia dos objetos é similar, o mapeamento é feito ponto a ponto; quando ela difere, torna-se mais complicado estabelecer as correspondências entre os pontos.

A aplicação mais popular dessas técnicas tem sido na produção de efeitos especiais no cinema e na televisão. No entanto, existem também muitas aplicações científicas e tecnológicas para essas técnicas, por exemplo, o estudo da evolução das formas de organismos vivos, para análise do seu crescimento e desenvolvimento, a assistência à cirurgia plástica e de reconstrução, a análise da progressão no tempo de fotografias de pessoas desaparecidas ou de suspeitos da polícia.

4.4.3.1. Deformações

Considere primeiro a descrição de uma deformação simples de uma região triangular do plano, cujos vértices são três pontos não-colineares, v_1, v_2 e v_3 (Figura 4.18a), chamado de *triângulo inicial*. Um ponto qualquer no *triângulo inicial* pode ser escrito como:

$$v = c_1 v_1 + c_2 v_2 + c_3 v_3 \qquad (4.10)$$

onde v_1, v_2 e v_3 são os vértices, e c_1, c_2 e c_3 são pesos escalares tais que

$$c_1 + c_2 + c_3 = 1 \qquad (4.11)$$

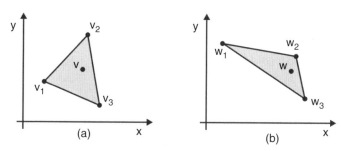

FIGURA 4.18. *Deformação simples de uma região triangular com pontos de vértice não-colineares. (a)* $v = c_1 v_1 + c_2 v_2 + c_3 v_3$. *(b)* $w = c_1 w_1 + c_2 w_2 + c_3 w_3$.

Em seguida, suponha conhecidos ou dados, os três pontos não-colineares w_1, w_2 e w_3 dos vértices de um *triângulo final* (Figura 4.18b). Existe uma única deformação afim que leva v_1 em w_1, v_2 em w_2 e v_3 em w_3, ou seja, existe uma única matriz 2 × 2 inversível M e um único vetor b tais que:

$$w_i = M v_i + b \qquad (4.12)$$

para cada $i = 1,2,3$.

Além disso, pode ser mostrado que, por essa transformação afim, a imagem w do vetor v é descrita como:

$$w = c_1 w_1 + c_2 w_2 + c_3 w_3 \qquad (4.13)$$

Esta é uma propriedade básica das transformações afins, que são as resultantes de multiplicação por uma matriz seguidas de translação.

A deformação altera os contornos principais das duas imagens, ampliando-os, comprimindo-os ou movimentando-os.

Agora suponha que o triângulo inicial contenha uma imagem dentro dele (como na Figura 4.19a). Ou seja, para cada ponto do triângulo inicial está associado um nível de cinza. Desse modo, à medida que c_1, c_2 e c_3 variam em todos os valores não negativos cuja soma é 1, geram-se todos os pontos interiores w do triângulo final.

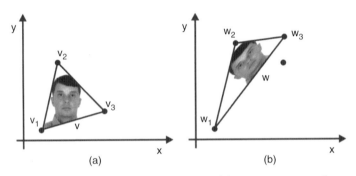

FIGURA 4.19. *Triângulo inicial com uma imagem. (a) Imagem original:* $v = c_1 v_1 + c_2 v_2 + c_3 v_3$. *(b) Imagem transformada:* $w = c_1 w_1 + c_2 w_2 + c_3 w_3$.

Assim determina-se uma deformação simples de uma imagem dentro de um único triângulo. Geralmente, pode-se repartir uma imagem em várias regiões triangulares e deformar cada região de uma maneira diferente. Isso dá uma grande liberdade de projetar deformações, pela escolha das regiões triangulares e da maneira de alterá-las.

Para ver isso, suponha uma imagem contida em alguma região retangular do plano. Escolhem-se n pontos $v_1, v_2, ... v_n$ dentro do retângulo, os quais representam elementos-chave da imagem que se quer deformar; esses pontos são chamados de pontos de vértice da triangularização ou da malha triangular da imagem (Figura 4.20a). Uma vez escolhidos os pontos de vértice, completa-se uma triangulação da região retangular, ou seja, traçam-se retas entre os pontos de vértice de tal modo que as seguintes condições sejam satisfeitas (Figura 4.21b):

1) As retas formam os lados de uma coleção de triângulos (Figura 4.20b).
2) As retas da triangularização não se cruzam.
3) Cada ponto de vértice $v_1, v_2, ... v_n$ representa o vértice de pelo menos um triângulo.
4) A partir da união dos triângulos tem-se o retângulo da imagem inicial, envolvente da imagem.
5) A coleção de triângulos é tal que não restam vértices para conectar.

Observe que a quarta condição requer que cada quina do retângulo que contém a imagem seja um ponto de vértice.

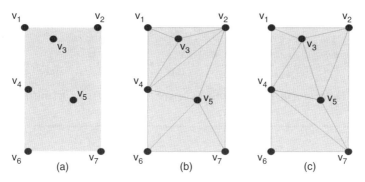

FIGURA 4.20. *Fazendo triangulações.*

Triangulações sempre podem ser formadas a partir de quaisquer n pontos de vértice, mas a triangulação não é necessariamente única. Por exemplo, as Figuras 4.20b e 4.20c são duas triangulações diferentes do mesmo conjunto de vértices apresentados na Figura 4.20a. Se forem escolhidos n pontos de vértice, pode ser mostrado que o número m de triângulos de qualquer triangulação usando esses pontos é dado por:

$$m = 2n - 2 - k \qquad (4.14)$$

onde k é o número de pontos de vértice que estão na fronteira do retângulo, incluindo os quatro situados nas quinas do retângulo que contém a imagem.

A deformação é especificada pelo movimento dos n pontos $v_1, v_2, ... v_n$ de vértice para novas posições $w_1, w_2, ... w_n$, de acordo com as mudanças que se deseja efetuar na imagem (como nas Figura 4.21a e 4.21b). No entanto, impõem-se quatro restrições aos movimentos dos pontos de vértice:

1. Os quatro pontos de vértice do retângulo devem permanecer fixos.
2. Todos os pontos de vértice situados nos lados do retângulo da imagem devem permanecer fixos ou, então, mover-se para outro ponto do mesmo lado do retângulo.

3. Todos os demais pontos de vértice no interior devem permanecer no interior do retângulo.
4. Os triângulos determinados pela triangulação não podem ficar sobrepostos depois de efetuado o movimento de seus vértices (Figura 4.21c).

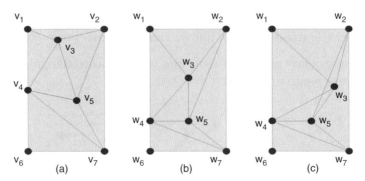

FIGURA 4.21. *Deformação por movimento de pontos dos vértices permitida(b) e não permitida (c).*

As três primeiras restrições garantem a preservação da forma retangular da imagem inicial. A última restrição garante que os pontos dos vértices movimentados ainda formam uma triangulação do retângulo e que a triangulação nova é similar à original. Por exemplo, a Figura 4.21c não é um movimento permitido aos pontos de vértice mostrados na Figura 4.21a. Embora uma violação dessa condição possa ser tratada matematicamente sem muito esforço adicional, as deformações resultantes em geral produzem resultados artificiais.

4.4.3.2. Deformações Dependentes do Tempo

Uma deformação dependente do tempo é um conjunto de deformações geradas quando os pontos de vértice da imagem inicial são movidos continuamente ao longo do tempo desde suas posições originais até posições finais especificadas. Isso resulta em uma animação na qual a imagem inicial é deformada continuamente até uma deformação final.

Escolhendo unidades de tempo, de tal modo que $t = 0$ corresponda à imagem inicial e $t = 1$ corresponda à deformação final, a maneira mais simples de mover os pontos de vértice do instante de tempo 0 ao instante de tempo 1 é com velocidade constante ao longo de caminhos retos ligando as posições iniciais às posições finais.

Para descrever tal movimento, seja $u_i(t)$ a posição do i-ésimo ponto de vértice em um instante de tempo t entre 0 e 1. Assim $u_i(0) = v_i$ (sua posição na imagem inicial) e $u_i(1) = w_i$ (sua posição na imagem final). Entre um e outro ponto determina-se sua posição por:

$$u_i(t) = (1-t)v_i + t\,w_i \qquad (4.15)$$

Observe que a Equação 4.15 exprime $u_i(t)$ como uma combinação convexa de v_i e w_i para cada t em [0,1]. A Figura 4.22 ilustra uma triangulação dependente do tempo de uma região retangular plana com seis pontos de vértice. As linhas conectando os pontos de vértice em instantes diferentes são os caminhos no espaço-tempo desses pontos de vértice nesse diagrama espaço-tempo.

Uma vez calculadas as posições dos pontos de vértice em instantes de tempo t, efetua-se uma deformação entre a imagem inicial e a triangulação no instante t determinada pelos pontos de vértice movidos até aquele instante t.

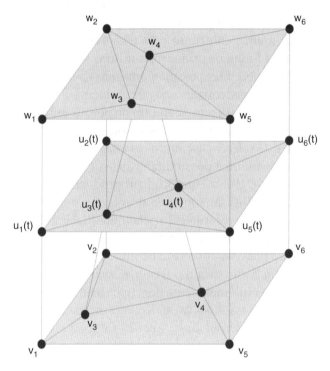

FIGURA 4.22. *Triangulação dependente do tempo de uma região.*

4.4.3.3. Morphing

O termo *morph* tem como origem a palavra grega *morphos*, que significa forma, sendo a ciência que estuda as formas chamada de *Morfologia*. *Morphing* é uma redução da palavra *metamorfose* que, em Biologia, é uma mudança na forma e na estrutura do corpo de muitos animais. Em um sentido mais amplo e em computação gráfica, implica uma mudança de forma, ou seja, um processo de transição de um objeto (ou imagem) em outro.

Conta-se que o primeiro efeito especial em cinema foi uma metamorfose casual feita por Georges Méliès por volta de 1869. Ao realizar um filme, sua câmera enguiçou, e ele, após consertá-la, retomou a filmagem. Quando viu o resultado da filmagem, por coincidência, uma charrete se transformara em um carro fúnebre. Depois disso, ele passou a fazer composições e exposições duplas em seus filmes, criando os primeiros efeitos especiais cinematográficos.

Mesmo antes, processos de metamorfose foram explorados em filmes de animação como em 1906 em *Humorous Phases of Funny Faces*, de J. Stuart Backeton, e *Fantasmagorie*, de Emile Cohl, em 1908. Para realizar animações, os animadores partiam de uma gravura inicial e faziam alterações para chegar à próxima gravura. No século XX, a metamorfose sobre imagens reais era feita de modo artesanal: as alterações nos personagens eram capturadas após se interromper a filmagem e acrescentar diferenças aos personagens através de maquiagens. Somente bem mais tarde os computadores passaram a contribuir para tais processos.

Os cientistas da Nasa foram os primeiros a utilizar processos de metamorfose e distorção na década de 1960. Eles possuíam imagens da terra, via satélite, que não se sobrepunham de maneira adequada, seja por problema de distorção das lentes ou porque os ângulos das tomadas eram diferentes ou porque as fotos haviam sido tiradas em tempos diferentes. Para resolver esses problemas, foram localizados alguns pontos de interseção e de referência comuns às imagens e realizaram-se distorções em algumas imagens de modo a possibilitar a sua composição.

No início da década de 1980, Tom Brigham produziu um curta-metragem no qual transformou uma mulher em um lince através de algoritmos de metamorfose. Mais tarde, o seu trabalho foi reconhecido pela Industrial Light and Magic (George Lucas), que, através de Doug Smythe, aprimorou o seu *software* de distorção e metamorfose. O resultado pode ser apreciado no filme *Willow* (1988). Foi a partir desse marco cinematográfico que surgiu o termo *morphing*.

O *morphing* envolve simultaneamente dois tipos de transformação: de deformação (*warping*) e de tons (*cross-dissolve* ou decomposição cruzada). Na decomposição cruzada, as cores são interpoladas entre seu valor na primeira imagem para o correspondente na segunda. As cores dos pixels de duas imagens (*o* – imagem origem ou original; *d* – imagem destino) são combinadas, gerando cores a serem representadas em imagens intermediárias.

Na decomposição cruzada, as cores são interpoladas entre seu valor na primeira imagem para o correspondente na segunda. Nesse método, as cores dos pixels de duas imagens (*o* – imagem origem ou de entrada; *d* – imagem destino ou de saída) são combinadas, gerando cores a serem representadas em imagens intermediárias. Nesse processo, aplica-se a transformação T do espaço de cor na imagem *o*, obtendo-se uma nova imagem *o*. Considerando um sistema RGB, pode-se computar a média das cores primárias que compõe as duas imagens, para gerar uma imagem intermediária do seguinte modo:

$$\begin{aligned} novo\_red &= (r\_origem + r\_destino)/2 \\ novo\_green &= (g\_origem + g\_destino)/2 \\ novo\_blue &= (b\_origem + b\_destino)/2 \end{aligned} \quad (4.16)$$

O uso do sistema de cores RGB pode gerar cores inexistentes na imagem original, e um melhor resultado pode ser conseguido usando essa interpolação em um espaço de cores que considere o matiz independentemente da saturação e da intensidade luminosa, como os espaços HSI ou HSL.

O processo de deformação, como comentado na seção anterior, aplicado em uma imagem consiste na distorção de uma imagem origem em uma imagem destino, de acordo com o mapeamento entre vértices da imagem origem em vértices da imagem destino (Figura 4.23).

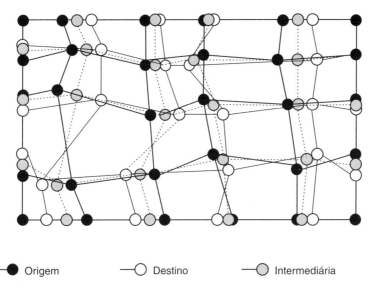

FIGURA 4.23. *Transformação de pixels origem em destino.*

Existem duas formas de realizar uma deformação: *mapeamento à frente*, no qual cada tom de pixel da imagem de origem é copiado para o lugar apropriado na imagem destino, e *mapeamento reverso*, que iguala os tons dos pixels da imagem destino aos correspondentes da origem. Em ambos os casos, a questão é definir qual pixel da imagem origem deve ser associado a cada pixel da imagem destino.

Podem ser usados segmentos de controle, em vez de triangulações, para controlar a distorção; ao serem mapeados (processo que associa um pixel da primeira imagem a outro correspondente da segunda), eles geram figuras intermediárias. Esses vetores são interpolados para as novas posições de acordo com funções predeterminadas, que podem ser distintas.

Um caso simples que ilustra o uso de apenas um segmento de controle pode ser observado na figura a seguir. Nesse caso, interpola-se o segmento da imagem origem para a sua nova posição na imagem destino. Com isso, as posições intermediárias irão originar imagens intermediárias transformadas. Se esse segmento é rotacionado ou esticado, tem-se, por exemplo, o efeito da Figura 4.24. Esses re-

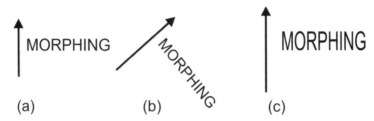

FIGURA 4.24. *Efeitos decorrentes de alterações em uma única linha de controle.*

sultados podem ser facilmente obtidos com as transformações apresentadas anteriormente neste capítulo.

Podem ser usados mais segmentos de controle para transformar a imagem. Um exemplo de resultado gerado com dois segmentos pode ser visto na Figura 4.25.

Os pixels da imagem origem são mapeados para novas posições de acordo com regras relacionadas, por exemplo, à distância destes aos segmentos de controle, ao tamanho do segmento (que estabelece a influência deste), a critérios específicos relacionados à região da imagem etc. Essa influência é, em geral, associada à proximidade do pixel aos segmentos. Desse modo, uma forma interessante é trabalhar com áreas de influência, ou seja, separar a imagem em regiões com características comuns e aplicar pesos diferenciados nessas regiões.

Essa abordagem foi adotada por Leta (1998) para representar a mudança da forma do rosto com o processo de envelhecimento. O método de progressão facial envolve a deformação de imagens a partir de segmentos de controle que caracterizam contornos nas imagens. Esses segmentos são definidos na imagem original e suas posições são alteradas para uma imagem destino, de acordo com curvas de envelhecimento obtidas a partir de um levantamento de dados de grupos de pessoas ao longo do tempo.

Considerando a morfologia facial, a anatomia do envelhecimento e a modelagem do envelhecimento facial desenvolvida, a face foi dividida em cinco regiões básicas (Leta,1998):

- frontal: limitada pela linha dos cabelos (de implantação pilosa da testa) e sobrancelhas;

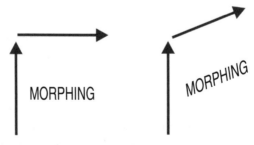

FIGURA 4.25. *Efeito de duas linhas de controle.*

- orbitária: definida pelas sobrancelhas e bolsa palpebral;
- nasal: região que envolve o nariz;
- orolabial: definida pela boca e sulco nasogeniano;
- mentoneana: corresponde à parte inferior da face, incluindo queixo e bolsa lateral.

Essas regiões são caracterizadas pelos segmentos de controle que definem os contornos principais da face. Uma vez que a imagem origem é caracterizada pelos segmentos de controle, pode-se realizar a etapa seguinte do processo de *warping*, que corresponde às transformações destes para novas posições na imagem destino. As transformações aplicadas aos segmentos são ditadas pelas curvas de envelhecimento desenvolvidas por Leta (1998).

Os segmentos de controle definem o processo de mapeamento entre os pixels da imagem origem e da imagem destino. A imagem destino é obtida a partir do mapeamento inverso da imagem origem, ou seja, com as novas posições dos segmentos de controle, cada pixel da nova imagem tem sua cor (ou tom de cinza) definida pelo pixel correspondente na imagem origem. Essa imagem corresponde ao rosto em uma nova idade obtida através da aplicação da modelagem numérica do envelhecimento facial frontal.

Em Leta (1998), a definição dos segmentos de reta que irão controlar o processo de *warping* envolveu uma série de testes e estudos em banco de dados até a obtenção de um resultado visualmente adequado aos resultados obtidos a partir das curvas de envelhecimento. As extremidades dos segmentos de controle são interpoladas de acordo com as curvas de envelhecimento. Inicialmente foram utilizados segmentos cujas extremidades coincidiam com as coordenadas medidas e que, portanto, possuíam curvas de envelhecimento associadas a eles. Alguns pontos que delimitam os segmentos de controle são marcados a partir da interseção das linhas auxiliares com o contorno do rosto, da sobrancelha, da parte superior da cabeça e dos olhos. Outros são definidos diretamente, sem o uso das linhas auxiliares, como bolsa palpebral, extremidades da sobrancelha, parte inferior do nariz (*subnasion*), boca, ruga nasogeniana e abas do nariz. São marcados, ao todo, 50 pontos sobre a face, e definidos 50 segmentos de controle da forma que se observa na Figura 4.26.

Pode-se observar, na Figura 4.26, que as linhas auxiliares não são definidas pressupondo-se o rosto simétrico. A simetria do rosto é definida pela linha eqüidistante entre as pupilas, e as demais linhas auxiliares são definidas a partir de pontos de controle específicos. Como a maior assimetria normalmente é perceptível no nariz, é interessante não usar o ponto de simetria entre as pupilas para a definição dos segmentos de controle do nariz. Uma vez que os segmentos de controle são definidos, é possível guardá-los em um arquivo de dados. Desse modo, a definição das coordenadas dos segmentos é realizada uma única vez, podendo ser modificada, se necessário, diretamente no arquivo.

FIGURA 4.26. *Segmentos de controle e linhas auxiliares (Leta, 1998).*

A interpolação dos segmentos para as novas posições na imagem destino são definidas por curvas. Desse modo, as extremidades de cada segmento obedecem a regras específicas determinadas pelas curvas. Na Figura 4.27, observa-se um exemplo de interpolação de segmentos de controle, as transformações F e G, do segmento 4_o (da imagem origem) no segmento 4_d (da imagem destino). A transformação $F_{(4,0)}$ é aplicada nas coordenadas iniciais do segmento e $G_{(4,1)}$ nas coordenadas finais $(4,1)$. A função F representa a variação da altura da testa central e G da sua largura.

Em geral, para cada segmento tem-se uma transformação associada. Os únicos segmentos que não sofrem transformação são os do contorno dos olhos e o da parte superior da cabeça.

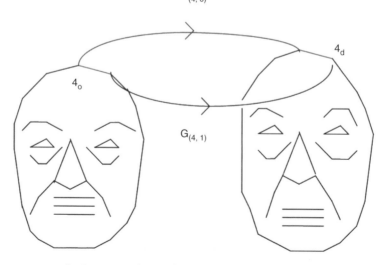

FIGURA 4.27. *Exemplo de interpolação de segmentos.*

CAPÍTULO 5

Filtros de Imagens

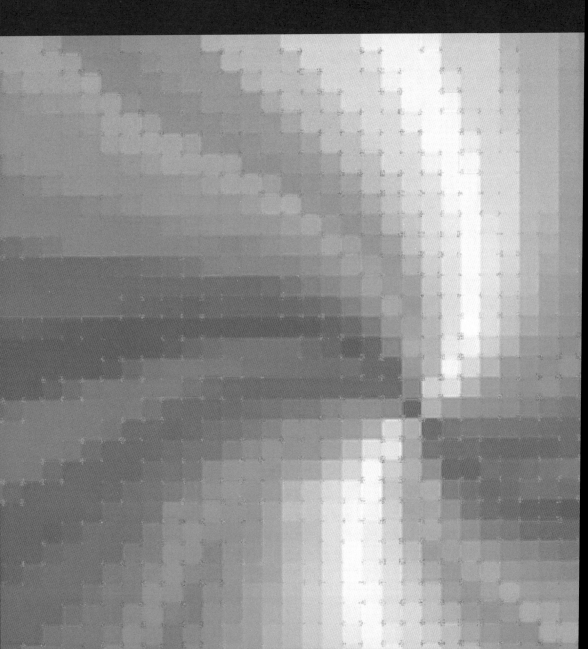

5. FILTRAGEM DE IMAGENS

O uso de filtros em imagens objetiva, principalmente, melhorar a qualidade das imagens através da ampliação do seu contraste, eliminação de padrões periódicos ou aleatórios (ruídos ou imperfeições das imagens provenientes do processo de aquisição, transmissão ou compressão), melhoria no seu foco e acentuação de características.

Existem diversas formas possíveis de classificação de filtros em imagens. Eles podem ser classificados quanto:

a) ao domínio ou espaço em que atuam:
   – no domínio da freqüência;
   – no domínio espacial;
b) ao tipo de freqüência, que é eliminada ou fica inalterada:
   – passa ou elimina baixas freqüências;
   – passa ou elimina altas freqüências;
   – passa ou elimina faixas de freqüências;
c) à linearidade:
   – lineares ou inversíveis;
   – não-lineares;
d) ao tipo de aplicação ou efeito que causam nas imagens:
   – de suavização;
   – de contraste;
   – adaptativos;
   – globais;
   – janelados;
   – locais.

No processo de filtragem, é importante prestar atenção aos valores dos pixels obtidos como resultado, pois estes podem ser negativos ou estar acima do valor de tom máximo da imagem, podendo simplesmente deixar de ser representados ou ser representados por valores de forma inadequada, provocando *overflow* ou saturação nos limites (veja seção 4.1.1.1).

Em linhas gerais, pode-se entender filtragem de uma imagem como técnicas de transformações aplicadas a essa imagem, pixel a pixel, levando em conta os níveis de cinza de cada pixel e os níveis de cinza dos pixels vizinhos. As técnicas de filtragem podem ser divididas em dois tipos: filtragem no domínio espacial e filtragem no domínio da freqüência.

A filtragem no domínio espacial refere-se ao conjunto de pixels que compõem uma imagem. Os métodos nesse domínio são procedimentos que operam diretamente sobre esses pixels. Ela pode ser expressa como:

$$g(x,y) = T[f(x,y)]$$

onde $f(x,y)$ é a imagem de entrada, $g(x,y)$ é a imagem processada e T é um operador sobre f, definido sobre alguns pixels vizinhos ao pixel (x,y).

A filtragem no domínio espacial baseia-se na utilização de máscaras. Essas máscaras são pequenas matrizes bidimensionais, e os valores de seus coeficientes determinam o objetivo a ser alcançado durante o processamento (Gonzalez e Woods, 2000).

A filtragem no domínio da freqüência tem suas técnicas fundamentadas no teorema da convolução, que é uma das propriedades da transformada de Fourier.

5.1. Filtragem no Domínio da Freqüência

A filtragem no domínio da freqüência é realizada depois de se transformar a representação da imagem no espaço para o domínio da freqüência. A imagem a ser filtrada é multiplicada por uma função de transferência. Em seguida, a filtragem é realizada e, para se visualizar a imagem resultante filtrada, calcula-se a transformada inversa.

A utilização da transformada de Fourier em imagens facilita alguns processos de definição de filtros, reconhecimento de texturas e compressão de imagens. Para entender esse processo, apresenta-se no CD que acompanha este livro um texto com os fundamentos de análise de Fourier em imagens.

Portanto, o *processamento* ou a *análise de imagens no domínio da freqüência* é realizado usualmente através de *três passos*, conforme o esquema da Figura 5.1:

1. a imagem é *transformada do domínio espacial para o da freqüência*, usando a transformada de Fourier;
2. operações de filtragem são realizadas nessa imagem;
3. para que a imagem possa ser exibida e compreendida, realiza-se o processo inverso, no qual a imagem no domínio da freqüência é *transformada para o domínio espacial*.

Este último passo será realizado através da *transformada inversa de Fourier*.

Assim, devido à sua importância e grande aplicação no processamento de imagens, a seguir será descrita a transformada de Fourier.

A transformada de Fourier, desenvolvida pelo matemático francês Jean Baptiste Joseph Fourier (1768-1830), é uma ferramenta matemática fundamental na solução de problemas de processamento de imagens digitais (Oppenheim e Willsky, 1996).

FIGURA 5.1. *Esquema de processamento no domínio da freqüência usando a transformada de imagens.*

A utilização de suas formas discreta (DFT – *Discrete Fourier Transform*) e rápida (FFT – *Fast Fourier Transform*) e o entendimento de suas propriedades são muito importantes, pois a mudança de domínio do espaço (x,y) para o domínio da freqüência (u,v) e vice-versa ocorre através dessas transformadas.

Na transformada de Fourier *não há perda de informação durante a mudança de domínios*, apenas a informação visual da imagem passa a ser representada de uma outra forma, no domínio da freqüência.

A princípio parece difícil entender a visualização da imagem, pois um ponto de uma imagem representado no domínio de Fourier (ou da freqüência) pode conter informações sobre toda a imagem no domínio espacial (Figura 5.2), indicando quanto desta freqüência há na imagem.

A transformada de Fourier de uma função contínua $f(x)$ de uma variável real x pode ser definida como sendo

$$F(u) = \int_{-\infty}^{\infty} f(x) \exp[-j2\pi u x] dx, \text{ onde } j = \sqrt{-1} \qquad (5.1)$$

e a partir de $F(u)$ pode-se obter $f(x)$ através da transformada inversa de Fourier

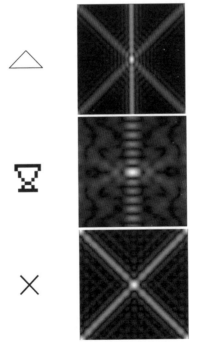

FIGURA 5.2. *Algumas imagens e seus espectros de Fourier.*

$$f(x) = \int_{-\infty}^{\infty} F(u)\exp[-j2\pi ux]dx \qquad (5.2)$$

Essas duas equações são chamadas de par de Fourier e podem existir se forem integráveis e se $f(x)$ for contínua.

A transformada de Fourier de uma função $f(x)$ é uma função complexa e pode ser expressa pela soma de componentes real e imaginária, representados por R e I, respectivamente, ou seja,

$$F(u) = R(u) + jI(u) \qquad (5.3)$$

Freqüentemente, para se obter o espectro de Fourier e o ângulo de fase da função $f(x)$, faz-se necessário expressar a Equação (5.3) na forma exponencial:

$$F(u) = |F(u)|e^{j\theta(u)} \qquad (5.4)$$

Com isso obtém-se o espectro de Fourier:

$$|F(u)| = [R^2(u) + I^2(u)]^{1/2} \qquad (5.5)$$

e o ângulo de fase

$$\phi(u) = \tan^{-1}[I(u)/R(u)] \qquad (5.6)$$

Além disso, pode-se obter o espectro de potência, elevando-se o espectro da função ao quadrado:

$$P(u) = R^2(u) + I^2(u) \qquad (5.7)$$

A variável u que está presente na transformada de Fourier é chamada de variável de freqüência, derivada do termo exponencial, $\exp[-j2\pi ux]$. Através da fórmula de Euler obtém-se:

$$\exp[-j2\pi ux] = \cos 2\pi ux - j\operatorname{sen} 2\pi ux \qquad (5.8)$$

Portanto, uma função pode ser decomposta pelo somatório de senos e co-senos, e a transformada de Fourier computa a distribuição (amplitudes, freqüências e fases) desses senos e co-senos (Oppenheim e Willsky, 1996).

Entendida a transformada de Fourier de uma função unidimensional, pode-se estender suas definições para uma função bidimensional $f(x, y)$. A Figura 5.3 mostra o espectro de Fourier de três figuras: um ponto, um segmento de reta vertical e quatro segmentos de reta. Como já comentado, observa-se que um ponto no espaço foi representado em todo o domínio da freqüência. Em 2D, tem-se o seguinte par de transformadas de Fourier:

FILTROS DE IMAGENS • **139**

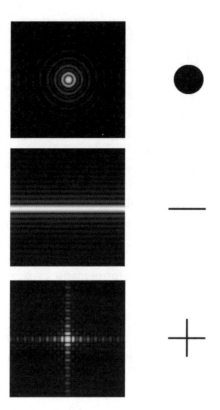

FIGURA 5.3. *Algumas funções bidimensionais e seus espectros de Fourier.*

$$F(u, v) = \int_{-\infty}^{\infty}\int_{-\infty}^{\infty} f(x, y)\exp[-j2\pi(ux + vy)]dxdy \qquad (5.9)$$

e a partir de $F(u, v)$ pode-se obter $f(x, y)$ através da transformada inversa de Fourier:

$$f(x, y) = \int_{-\infty}^{\infty}\int_{-\infty}^{\infty} F(u, v)\exp[j2\pi(ux + vy)]dudv \qquad (5.10)$$

A transformada de Fourier de uma função $f(x, y)$ é uma função complexa e pode ser expressa pela soma de componentes real e imaginário, representados por R e I, respectivamente, ou seja,

$$F(u, v) = R(u, v) + jI(u, v) \qquad (5.11)$$

Como na função unidimensional, o espectro de Fourier, o ângulo de fase e o espectro da potência podem ser representados, respectivamente, conforme as equações a seguir:

$$|F(u, v)| = [R^2(u, v) + I^2(u, v)]^{1/2} \qquad (5.12)$$

$$\phi(u, v) = \tan^{-1}[I(u, v)/R(u, v)] \qquad (5.13)$$

$$P(u, v) = R^2(u, v) + I^2(u, v) \qquad (5.14)$$

O objetivo neste momento é a utilização da transformada de Fourier aplicada ao processamento de imagens. Uma imagem pode ser representada através de uma função bidimensional, por exemplo, $I(x, y)$, e esta pode ser transformada em um conjunto de freqüências espaciais $|F(u, v)|$. Nesse caso, a visualização em 2D do espectro de Fourier é uma superfície bidimensional. Cada ponto $|F(u, v)|$ representa a imagem no domínio de freqüências (Watt e Policarpo, 1992).

A Figura 5.4 mostra uma única senóide, essa tem como espectro de Fourier somente um par de pontos simetricamente dispostos em relação a origem no domínio da freqüência.

Se uma imagem for considerada unidimensionalmente, pode-se representá-la por amostras de N valores a intervalos uniformemente espaçados como na seqüência: $\{f(0), f(1), f(2),..., f(N-1)\}$. Pode-se definir o par de *transformadas discretas de Fourier* como uma soma finita de exponenciais complexas. Considerando o domínio da freqüência também discreto e representado por $u = \{0, \Delta u, 2\Delta u,...,(N-1)\Delta u\}$, onde $\Delta u = \dfrac{1}{N\Delta x}$, a transformada discreta de Fourier se obtém através de:

$$F(u) = \frac{1}{N}\sum_{x=0}^{N-1} f(x)\exp[-j2\pi ux/N] \qquad (5.15)$$

e sua inversa por:

$$f(x) = \frac{1}{N}\sum_{u=0}^{N-1} F(u)\exp[j2\pi ux/N]] \qquad (5.16)$$

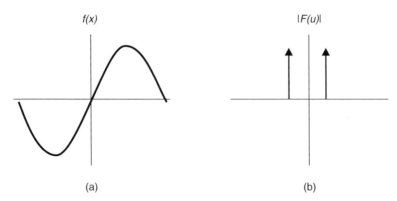

FIGURA 5.4. *Função seno(x): (a) domínio do espaço e (b) seu espectro de Fourier.*

Considera-se a partir daqui uma "discretização" para x (0, 1, 2, ..., N–1).

Em uma função bidimensional discreta, o par de transformadas (discretas) de Fourier passa a ser:

$$F(u, v) = \frac{1}{MN} \sum_{x=0}^{M-1} \sum_{y=0}^{N-1} f(x, y) \exp\left[-j2\pi\left(\frac{ux}{M} + \frac{vy}{N}\right)\right] \quad (5.17)$$

para u e v "discretizados", em $u = (0,1,2,...,M-1)$ e $v = (0,1,2,...,N-1)$, tem-se a transformada inversa:

$$f(x, y) = \sum_{u=0}^{M-1} \sum_{v=0}^{N-1} F(u, v) \exp\left[j2\pi\left(\frac{ux}{M} + \frac{vy}{N}\right)\right] \quad (5.18)$$

para x e y assumindo valores discretos, isto é: $x = (0,1,2, ..., M-1)$ e $y = (0,1, 2, ..., N-1)$, onde $\Delta u = \dfrac{1}{M\Delta x}$ e $\Delta v = \dfrac{1}{N\Delta y}$.

Na prática, em aplicações de processamento de imagens, as transformadas discretas de Fourier são sempre calculadas utilizando-se o algoritmo da transformada rápida de Fourier (FFT) que, devido às suas características de implementação, fazem com que a *complexidade* caia de N^2 para $N \log_2 N$ operações, representando, assim, uma economia computacional significativa, particularmente quando o valor de N é muito grande.

A transformada de Fourier possui algumas *propriedades* que facilitam a sua utilização em aplicações computacionais, tais como: separabilidade, translação, periodicidade e simetria conjugada, rotação, distributividade, mudança de escala, valor médio, laplaciano, convolução, correlação e amostragem. Dentre essas, a propriedade da *convolução* é fundamental para a compreensão das técnicas de processamento de imagens baseadas na transformada de Fourier.

De forma geral, a *convolução de uma imagem f(x,y) com uma outra imagem h(x,y)* gera uma terceira imagem g(x,y), estando os valores de x e y compreendidos no intervalo [0,M–1] e [0,N–1], respectivamente, sendo M e N a quantidade de linhas e colunas dessas imagens e * o *operador* que indica a *convolução*. Assim, podem-se escrever as seguintes equações:

$$g(x, y) = f(x, y) * h(x, y) \quad (5.19)$$

$$g(x, y) = \frac{1}{MN} \sum_{m=0}^{M-1} \sum_{n=0}^{N-1} f(m,n) \, h(x-m, y-n) \quad (5.20)$$

O sinal negativo (em –m e –n) significa que a função no processo de cálculo da convolução é espelhada sobre a origem.

Pode-se entender a última equação do seguinte modo:
- realiza-se um espelhamento da função $h(x,y)$ sobre a origem;
- desloca-se essa função $h(x,y)$ em relação à função $f(x,y)$ pelo incremento dos valores de (m,n);
- calcula-se a soma dos produtos sobre todos os valores de m e n, para cada deslocamento. Os deslocamentos (m,n) são incrementos inteiros que param quando as funções não se sobrepõem mais.

Como $F(u,v)$ e $H(u,v)$ são as transformadas de Fourier de $f(x,y)$ e $h(x,y)$, respectivamente, *o teorema da convolução* diz que $f(x,y)*h(x,y)$ e $F(u,v)H(u,v)$ constituem um par de transformadas de Fourier. Então, a partir do teorema da convolução, obtêm-se as seguintes relações no domínio da freqüência:

$$f(x,y)*h(x,y) \Leftrightarrow F(u,v)H(u,v)$$
$$f(x,y)h(x,y) \Leftrightarrow F(u,v)*H(u,v) \tag{5.21}$$

Essas relações indicam que a convolução pode ser obtida pela transformada de Fourier inversa do produto $F(u,v)H(u,v)$. Portanto, a convolução entre duas funções no domínio espacial tem como transformada a multiplicação das transformadas das duas funções no domínio da freqüência, e vice-versa.

Após serem apresentados os conceitos da transformada de Fourier, da transformada discreta de Fourier e do teorema da convolução, será mais simples entender como ocorre o *processamento de imagens no domínio de Fourier*.

A idéia básica para o processamento nesse domínio pode ser observada no esquema apresentado na Figura 5.5. Em um primeiro passo, a imagem $I(x,y)$ é transformada para o *domínio de Fourier*, através da sua transformada discreta, utilizando-se o algoritmo FFT. A imagem no domínio de Fourier é representada por $F(u,v)$ e é convoluída com o filtro $H(u,v)$. Ao produto $F(u,v) H(u,v)$ é aplicado a inversa da transformada de Fourier para retornar ao domínio espacial, onde se tem a imagem processada $I'(x,y)$.

A maioria das imagens no domínio de freqüências possui espectros com picos no centro (0,0) do domínio (Watt e Policarpo, 1998). Neste ponto a imagem atinge o seu maior valor, pois nele é caracterizada justamente a menor freqüência presente

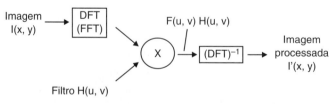

FIGURA 5.5. *Esquema ilustrando os passos da filtragem no domínio de Fourier.*

na imagem (pode-se dizer que representa o valor médio da imagem). Analisando-se a *imagem do espectro de Fourier*, de diferentes categorias de imagens, pode-se observar que elas têm diferentes categorias de espectros de Fourier, identificando, por exemplo, se existem texturas constantes na imagem (Viola, 2006), como mostram as Figuras 5.6, 5.7 e 5.8.

Observando-se essas figuras, percebe-se que a imagem da Figura 5.6 tem uma tendência a não apresentar estruturas características no espectro de Fourier. Na Figura 5.7, observa-se que há uma representação de muitas linhas repetidas e paralelas. No espectro de Fourier isso fica caracterizado.

A importância de compreender a representação da imagem do espectro de Fourier é que, a partir desse entendimento, torna-se mais simples e intuitivo determi-

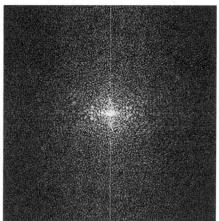

FIGURA 5.6. *Imagem Baboon e seu espectro de Fourier.*

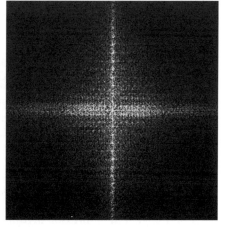

FIGURA 5.7. *Imagem Brick e seu espectro de Fourier.*

 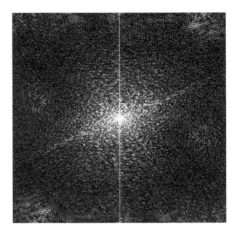

FIGURA 5.8. *Imagem do matemático Fourier e seu espectro.*

nar um filtro apropriado para ser aplicado à imagem. Através das informações geradas pela imagem do espectro de Fourier pode-se realçar (manter) ou diminuir (eliminar) os coeficientes dos componentes de determinadas freqüências.

Uma outra informação importante que se pode obter do espectro de Fourier é a *informação da energia da imagem* (*image power*). Praticamente em todas as imagens, observa-se que a energia, a partir do seu centro no espectro de Fourier, está concentrada nos componentes de baixas freqüências.

A Figura 5.9 apresenta uma imagem no domínio espacial e de Fourier, essa última com círculos de diferentes raios. Os círculos permitem avaliar quanto da informação da imagem está contida em cada círculo. Calculando-se a proporção da energia total de $|F(u, v)|^2$ sobre cada círculo encontra-se a relação exibida na tabela à direita da Figura 5.9. Essa informação é bastante relevante na hora de determinar o filtro a ser aplicado à imagem, sendo possível determinar, aproximadamente, a porcentagem da imagem que será retida ou atenuada se determinada freqüência for filtrada.

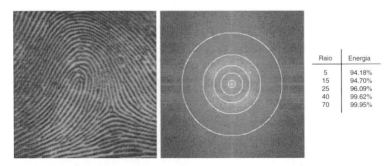

FIGURA 5.9. *Imagem de impressão digital e seu espectro de Fourier com círculos indicando a quantidade de informação da imagem (Viola, 2006).*

Essa idéia de energia ajuda a entender os tipos de filtros e como utilizá-los no processamento de imagens. A filtragem mais simples e mais utilizada é realizada através de *filtros passa-faixa* ou *passa-banda*, que removem regiões selecionadas de freqüências entre altas e baixas freqüências. Quando essa faixa está próxima à origem, o filtro é chamado de *passa-baixa*. Quando está afastada, é chamado de *passa-alta*. A Figura 5.10 exemplifica esses três tipos de filtro.

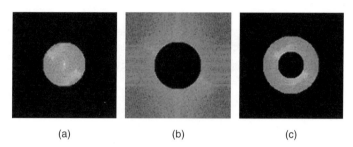

FIGURA 5.10. (a) *Filtro passa-baixa,* (b) *Filtro passa-alta e* (c) *Filtro passa-banda* (Viola, 2006).

As imagens de fundo apresentadas na Figura 5.10, $F(u,v)$, são as transformadas de Fourier de uma imagem a ser filtrada. A dificuldade é escolher a função de transferência do filtro $H(u,v)$, que é a filtragem desejada. Essas funções de transferência afetam as partes real e imaginária de $F(u,v)$ exatamente da mesma forma, sem alterar a fase da transformada. Esses filtros são chamados de *filtros de deslocamento de fase zero*. Para realizar essas filtragens, utiliza-se um filtro circular simétrico.

5.1.1. Filtragem Passa-Baixa

Como dito anteriormente, a *maior energia de uma imagem*, quase sempre, está concentrada nos componentes de *baixa freqüência*. Conseqüentemente, os componentes de alta freqüência representam pouco na imagem. Isso é simples de entender, pois são *os detalhes da imagem que geram essas altas freqüências*. Detalhes da imagem são, por exemplo, *bordas, lados e outras transições abruptas de nível de cinza*. Portanto, utilizando-se um filtro passa-baixa obtém-se uma imagem menos nítida, (*blurred*) ou suavizada, ou seja, ocorre uma perda de detalhes que são os componentes de altas freqüências.

Nas Figuras 5.11a e 5.11b, apresentam-se uma imagem de impressão digital de boa qualidade, que não possui ruído, e seu espectro de Fourier, respectivamente. Nas Figuras 5.11c e 5.11d, é apresentada a mesma imagem da Figura 5.11a, só que agora degradada por ruídos do tipo "sal e pimenta", e seu espectro de Fourier. Esse tipo de ruído é freqüentemente gerado por equipamento eletrônico, através da transmissão da imagem, e aparece como pequenos pontos pretos (em regiões brancas) ou brancos (em áreas escuras).

Comparando-se o espectro de Fourier das duas imagens, é fácil perceber a presença dos ruídos representados pelas altas freqüências na imagem, ou seja, as informações que estão mais afastadas da origem. Esse é um exemplo clássico em que a utilização de um filtro *passa-baixa* melhora a qualidade da imagem. Nesse caso, as baixas freqüências serão mantidas, e as altas freqüências (fora do círculo de raio r) presentes na transformada da imagem $F(u,v)$ serão removidas, conforme é mostrado na Figura 5.12.

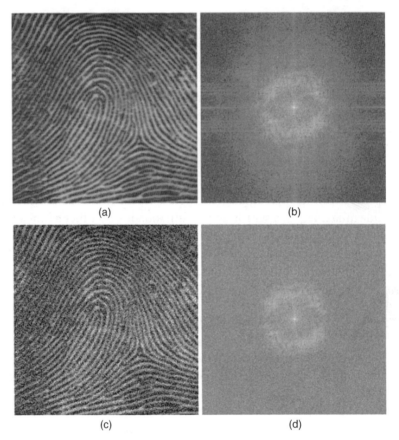

FIGURA 5.11. *Comparação do espectro de Fourier de imagens de impressão digital sem ruído (a e b) e com ruído (c e d).*

Portanto, se $\sqrt{u^2 + v^2} > r$, então $F(u,v) = 0$. De forma equivalente, pode-se especificar um filtro $H(u,v)$ da seguinte forma:

$$H(u,v) = 1 \text{ se } u^2 + v^2 < r^2 \qquad (5.22)$$
$$H(u,v) = 0 \text{ se } u^2 + v^2 \geq r^2$$

Esse filtro é chamado de *passa-baixa ideal*, pois todas as freqüências dentro do círculo de raio r são mantidas sem atenuação e todas fora do círculo são retidas completamente. O ponto de transição entre $H(u,v) = 1$ e $H(u,v) = 0$, r, é chamado de freqüência de corte.

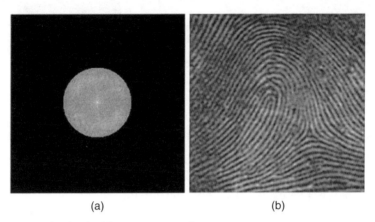

(a)   (b)

FIGURA 5.12. *Resultado da filtragem passa-baixa.*

5.1.2. Filtragem Passa-Alta

Pode-se entender a filtragem *passa-alta* em freqüência como uma operação contrária à filtragem passa-baixa. Na filtragem passa-alta, os componentes de alta freqüência da transformada de Fourier não são alterados, enquanto os de baixa freqüência são removidos. Isso faz com que os detalhes finos da imagem sejam enfatizados.

Nesse caso, as baixas freqüências serão removidas, e as altas freqüências fora do círculo de raio r presentes na transformada da imagem $F(u,v)$, serão mantidas, conforme a filtragem mostrada na Figura 5.13.

Portanto, se $\sqrt{u^2 + v^2} < r$ então $F(u,v) = 0$. De forma equivalente, pode-se especificar um filtro $H(u,v)$ da seguinte forma:

$$H(u,v) = 0 \text{ se } u^2 + v^2 < r^2 \qquad (5.23)$$
$$H(u,v) = 1 \text{ se } u^2 + v^2 \geq r^2$$

Esse filtro é chamado de passa-alta ideal, pois todas as freqüências fora do círculo de raio r são mantidas sem atenuação, e todas as freqüências dentro do círculo são retidas completamente. Um exemplo de filtragem passa-alta em imagem de impressão digital é mostrado na Figura 5.13. As Figuras 5.13a, b e c, apresentam, respectivamente, a imagem original, o filtro passa-alta utilizado e a imagem com detalhes finos após a filtragem.

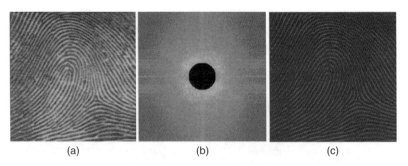

(a) (b) (c)

FIGURA 5.13. *Resultado da filtragem passa-alta.*

5.1.3. Outros Filtros no Domínio de Freqüência

Além dos filtros apresentados anteriormente, existem outros que podem ser aplicados às imagens no domínio de Fourier, dependendo do efeito que se deseja alcançar. Na filtragem por valor de corte, um determinado valor percentual é informado e os coeficientes cuja intensidade de $|F(u,v)|$ encontra-se abaixo desse valor são zerados, ou seja, são retirados da imagem. No caso de imagens de impressão digital, por exemplo, isso representa, dependendo da definição do valor, uma melhora na qualidade da imagem, ocorrendo uma suavização dessa imagem. No CD que acompanha este livro, encontra-se um texto a respeito da aplicação desses filtros e o de Gabor aplicado no reconhecimento de impressões digitais.

Em Watt e Policarpo (1992), além dos filtros circulares (passa-baixa, passa-alta e passa-banda), são apresentados filtros retangulares horizontais (isolam freqüências verticais) e verticais (isolam freqüências horizontais). Outro tipo de filtro apresentado é chamado de "circular não centrado na origem", utilizado quando se deseja eliminar as freqüências que se manifestam através de pontos claros no domínio da freqüência, como apresentado nas Figuras 5.14 e 5.15. Há, ainda, o filtro de *fan* (setor angular) adequado para ser aplicado a imagens com freqüências distribuídas ao longo de uma direção inclinada. Este último filtro é bastante interessante em

FIGURA 5.14. *Imagem e seu Espectro de Fourier.*

imagens com ruídos com uma freqüência periódica, como, por exemplo, as linhas diagonais da imagem da Figura 5.16. As imagens utilizadas para os testes mostrados nas Figuras 5.14, 5.15 e 5.16 foram obtidas de *http://www.eneate.freeserve.co.uk*.

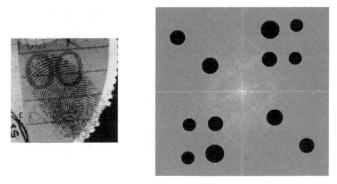

FIGURA 5.15. *Resultado da filtragem utilizando filtro circular não centrado na origem.*

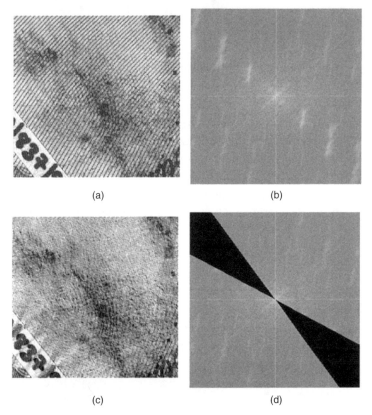

FIGURA 5.16. *Resultado da filtragem utilizando filtro setor angular.*

5.1.4. Imagens de Impressão Digital no Domínio de Fourier

Até o momento, as filtragens foram aplicadas nas imagens como um todo, retirando ruídos, suavizando e enfatizando detalhes finos. Porém, no caso de algumas imagens como as de impressões digitais, podem ser realizadas melhorias em partes da imagem. Para isso, faz-se necessário um melhor entendimento das características dessas imagens digitais no domínio de Fourier.

Uma impressão digital é formada por linhas que possuem largura aproximadamente constante, e, ao se analisar um fragmento pequeno da impressão, observa-se que ele tem um comportamento semelhante a uma função senoidal bidimensional, conforme mostra a Figura 5.17 (Viola, 2006).

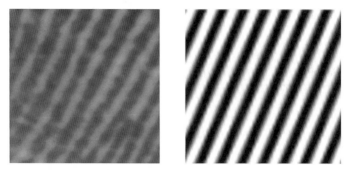

FIGURA 5.17. *Fragmento de uma impressão digital e a imagem de uma senóide bidimensional com a mesma direção.*

Como dito anteriormente e observando a Figura 5.17, uma parte pequena da impressão digital se assemelha a uma senóide, e, com isso, seu espectro de Fourier é bem parecido com o espectro de uma senóide, que consiste em dois impulsos simetricamente posicionados em relação à origem, conforme mostra a Figura 5.18.

Ao se analisar o espectro de Fourier de uma impressão digital como um todo, percebe-se um acúmulo de energia em torno de um anel, devido ao fato de as cristas se

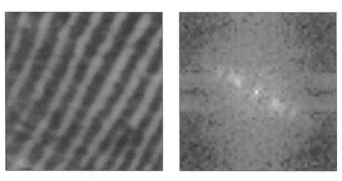

FIGURA 5.18. *Fragmento de uma impressão digital e seu espectro de Fourier.*

FILTROS DE IMAGENS • 151

comportarem como senóides, apresentando freqüências bem definidas. Como as linhas de uma impressão digital podem ocorrer em várias direções diferentes, e como a freqüência no domínio da transformada de Fourier bidimensional é calculada pela distância do ponto ao centro do gráfico, verifica-se que a imagem de uma impressão digital é formada por várias senóides, com freqüências bem definidas em diferentes direções (Viola *et al*., 2005), conforme pode ser observado na Figura 5.19.

Dependendo do tamanho da região da impressão digital, por exemplo, 64×64 pixels, suas cristas apresentam características semelhantes quanto à direção e à freqüência. Isso pode ser observado na Figura 5.19, na qual é apresentada uma impressão digital, quatro fragmentos desta e seus espectros de Fourier. Nos espectros de Fourier dos fragmentos dessa imagem, aparecem dois picos de intensidade simétrica em relação à origem. De acordo com a localização desses picos no domínio de Fourier, duas características da impressão digital podem ser observadas: a distância e a direção das cristas na região. A freqüência é indicada pela distância entre esses picos, e a direção das cristas é indicada pela direção de uma linha "perpendicular imaginária" à "linha" que conecta esses pontos (Viola, 2006).

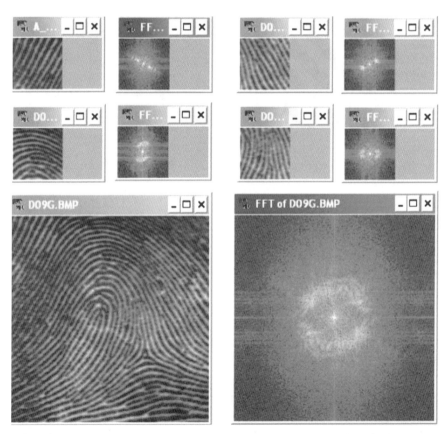

FIGURA 5.19. *Fragmentos de uma impressão digital e seus espectros de Fourier.*

A Figura 5.20 mostra duas imagens sintéticas, semelhantes a fragmentos de uma impressão digital, com inclinação das cristas de 45° e suas espessuras iguais a 5 (figura 5.20a) e 9 (Figura 5.20c) pixels, respectivamente. As Figuras 5.20b e 5.20d apresentam o espectro de Fourier das Figuras 5.20a e 5.20c, respectivamente. Ainda nas Figuras 5.20b e 5.20d, está desenhada uma linha escura (vermelha na figura do CD) indicando a direção e uma outra clara (amarela na figura do CD) indicando a distância. Vale destacar que a direção representada no espectro de Fourier é a mesma nas duas figuras, enquanto a distância é menor na figura cuja espessura das cristas é menor.

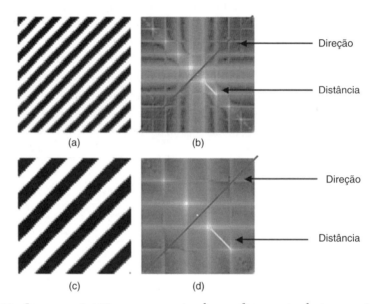

FIGURA 5.20. *Imagens sintéticas representando um fragmento de impressão digital e seus espectros de Fourier.*

Como já apresentado na definição da transformada de Fourier, cada elemento do espectro de Fourier contém um valor proporcional à amplitude de uma senóide, cuja freqüência é proporcional à distância desse elemento ao centro do espectro. Por exemplo, seja $F(u, v)$ a transformada de Fourier de uma função $f(x,y)$, onde u e v representam as freqüências horizontal e vertical, respectivamente. Se o elemento $F(u_0,v_0)$ corresponde a A_0, sabe-se que a senóide de freqüência $\sqrt{u_0^2 + v_0^2}$ e direção θ, dada por $\theta = arctan(v_0/u_0)$, possui amplitude ou energia proporcional a A_0.

Pode-se concluir, então, que a transformada de Fourier varia com a rotação, ou seja, apresenta resultados distintos para fragmentos de impressões digitais cujos fluxos das cristas estejam orientados em direções diferentes, conforme se pode visualizar na Figura 5.21. Nela também é apresentado um conjunto de imagens sintéticas, caracterizando partes de impressões digitais, com a inclinação das cristas variando de 0° a 157,5° e com intervalos de 22,5 graus e seus espectros de Fourier, ca-

FILTROS DE IMAGENS • 153

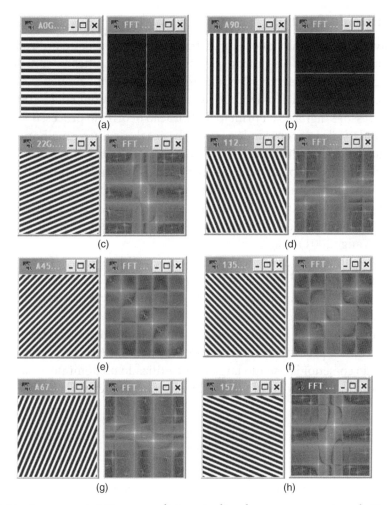

FIGURA 5.21. *Imagens sintéticas com listras inclinadas e seus espectros de Fourier.*

racterizando a direção e a distância dessas cristas. Observa-se que a distância é a mesma em todas as imagens da Figura 5.21, pois as espessuras das cristas delas são iguais, enquanto as direções se modificam conforme o ângulo de inclinação das cristas.

Com base na informação da distância (freqüência) e da direção, obtidas através do espectro de Fourier das imagens, podem-se definir filtros e procedimentos para melhorar a qualidade dessas imagens. A utilização da transformada discreta de Fourier está presente em vários trabalhos, que realizam melhoramentos na imagem através de filtros direcionais por Fourier; ou que apresentam um método para classificação de imagens utilizando a transformada rápida de Fourier; ou ainda, que utilizam informações da freqüência e direção obtidas pelo espectro de Fourier para segmentação de imagens digitais (Viola, 2006).

5.1.5. Filtro de Gabor

Desenvolvido por Dennis Gabor, em 1946, esse filtro é bastante utilizado em diferentes contextos em processamento de imagens, sendo aplicado com sucesso em segmentação de imagens, reconhecimento de faces, reconhecimento de assinaturas, melhoria e identificação de impressões digitais (Maltoni *et al.*, 2003).

Em impressões digitais sua principal utilização ocorre no processo de recuperação da qualidade da imagem, onde a função básica desse filtro é melhorar a qualidade das imagens senoidais, aumentando o contraste entre as cristas e os vales e diminuindo ruídos. Dependendo dos parâmetros utilizados, possibilita também caracterizar melhor as informações sobre as direções e a espessura das cristas e vales das impressões digitais devido às suas características, especialmente as representações de freqüência e orientação, que são similares às do sistema visual humano (Lee e Wang, 2001).

Além de melhorar a qualidade das imagens, esse filtro, na sua forma complexa, também é utilizado para localização de minúcias (Viola *et al.*, 2005). Uma outra utilização bastante interessante para esse filtro encontra-se no processo de criação de imagens sintéticas (Conci *et al.*, 2004).

Esse é um filtro linear bi-dimensional e não variante ao deslocamento e pode ser entendido como o produto de uma função gaussiana simétrica em relação à origem e uma função co-senoidal, sendo largamente utilizado no domínio espacial e explicado na literatura (Maltoni *et al.*, 2003). Sua forma complexa é dada pela equação:

$$G(x,y,f,\theta,\sigma) = \exp\left[-\frac{1}{2}\left(\frac{x_\theta^2}{\sigma_x^2} + \frac{y_\theta^2}{\sigma_y^2}\right)\right].\exp[2.\pi.j.f(x_\theta)] \quad (5.24)$$

onde $x_\theta = x\cos\theta + y\sin\theta$ e $y_\theta = -x\sin\theta + y\cos\theta$; x,y são as coordenadas espaciais da imagem, $j = \sqrt{-1}$, f é a freqüência da onda no plano senoidal, θ é a orientação do filtro e σ_x e σ_y são os desvios-padrão da função gaussiana ao longo dos eixos x e y, respectivamente. Uma variação dessa equação pode utilizar y_θ na segunda parte da equação, em vez de x_θ. Esse filtro pode ser decomposto em componentes reais e imaginários, conforme as equações a seguir:

$$G_{real}(x,y,f,\theta,\sigma) = \exp\left[-\frac{1}{2}\left(\frac{x_\theta^2}{\sigma_x^2} + \frac{y_\theta^2}{\sigma_y^2}\right)\right].\cos(2.\pi.f.x_\theta) \quad (5.25)$$

$$G_{imag}(x,y,f,\theta,\sigma) = \exp\left[-\frac{1}{2}\left(\frac{x_\theta^2}{\sigma_x^2} + \frac{y_\theta^2}{\sigma_y^2}\right)\right].sen(2.\pi.f.x_\theta) \quad (5.26)$$

sendo $G_{complexo} = G_{real} + j\, G_{imag}$.

A equação real pode ser reescrita da seguinte forma:

$$G_{real}(x, y, f, \theta, \sigma) = W(x, y\, \theta, \sigma) \cdot V(x, f) \tag{5.27}$$

então é possível identificar a função gaussiana:

$$W(x, y, \theta, \sigma) = \exp\left\{-\frac{1}{2}\left[\frac{x_\theta^2}{\sigma_x^2} + \frac{y_\theta^2}{\sigma_y^2}\right]\right\} \tag{5.28}$$

e a função co-senoidal:

$$V(y, f) = \cos(2 \cdot \pi \cdot f \cdot x_\theta) \tag{5.29}$$

Como a função $G_{real}(x, y, f, \theta, \sigma)$ é obtida pelo produto de uma gaussiana por uma função co-senoidal de freqüência f, pode ser representada no domínio da freqüência e sua transformada de Fourier pode ser obtida pela convolução da transformada de Fourier dessas duas funções. O resultado dessa convolução é um filtro passa-banda que realça as senóides com freqüências em torno de f, suprimindo seus ruídos. A Figura 5.22 apresenta um gráfico do filtro de Gabor (Observe a imagem colorida no CD).

Uma das dificuldades para utilização do filtro de Gabor é a determinação adequada de seus parâmetros. Por exemplo, se o valor de f é muito grande, ruídos são criados na imagem após a filtragem, e se f é muito pequeno, linhas podem se entrelaçar, conforme a Figura 5.23b (Viola, 2006). A escolha de um parâmetro correto

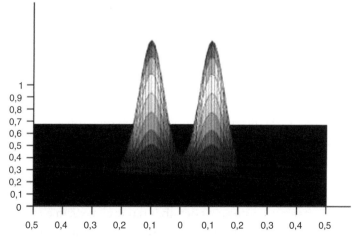

FIGURA 5.22. *Gráfico do filtro de Gabor.*

possibilita um melhor resultado na utilização do filtro, conforme a Figura 5.23c. Pode-se então perceber uma relação entre a freqüência e a espessura das linhas.

O parâmetro θ_k, como mencionado anteriormente, caracteriza a orientação do filtro e, dependendo da sua utilização, pode-se obter um resultado indesejado na imagem, conforme o exemplo da Figura 5.24b. Nessa figura, foi utilizado o valor de $\theta_k = 0$, enquanto na Figura 5.24c foi utilizado o valor de $\theta_k = 90°$. Pode-se observar, com base na Figura 5.24, que esse parâmetro deve ser determinado em função da direção das linhas da imagem.

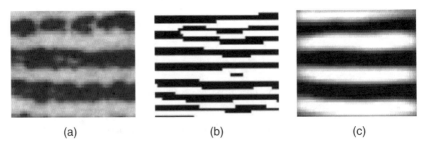

(a) (b) (c)

FIGURA 5.23. *Resultado de uma imagem de impressão digital filtrada por um filtro de Gabor com o parâmetro f incorreto (b) e com parâmetro f correto (c).*

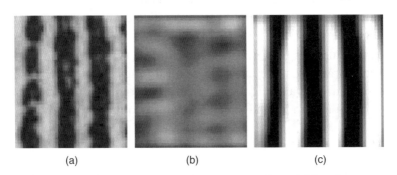

(a) (b) (c)

FIGURA 5.24. *Resultado de uma imagem de impressão digital filtrada por um filtro de Gabor com o parâmetro θ_k incorreto (a) e com parâmetro θ_k correto (c).*

Já σ, o desvio-padrão da distribuição normal, está relacionado à largura da gaussiana que modula o filtro de Gabor. Esse parâmetro controla o tamanho da banda passante do filtro e deve ser determinado com cuidado, pois tem um efeito significativo no realce das linhas (cristas e vales). O valor desse parâmetro determina o grau de contraste entre cristas e vales. Se σ é muito grande, o filtro é mais robusto a ruídos, mas não consegue capturar os detalhes das cristas. Se σ é muito pequeno, o filtro não consegue remover ruídos, mas consegue capturar os detalhes das linhas (Viola, 2006).

5.1.5.1. Estudo do Parâmetro θ_K – Orientação do Filtro

Para realizar o estudo sobre a influência do parâmetro θ_k na utilização do filtro de Gabor, foram realizados testes em um fragmento da imagem de impressão digital apresentada na Figura 5.25. O objetivo é avaliar o resultado apresentado nesse fragmento da imagem após a realização da filtragem, com os ângulos direcionais variando entre 0°, 45°, 90° e 135°. Além disso, os seguintes parâmetros foram definidos: freqüência de 0,33, largura da gaussiana bidimensional de 0,7 e domínio da janela espacial do filtro entre –15 e 15.

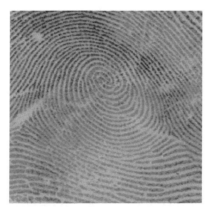

FIGURA 5.25. *Impressão digital a ser filtrada pelo filtro de Gabor.*

A Figura 5.26a apresenta um fragmento da impressão digital da Figura 5.25. Nessa figura, percebe-se que há falhas nas cristas; por exemplo, na segunda crista em destaque na elipse superior. Além disso, algumas regiões da imagem não apresentam bom contraste entre as cristas e os vales, tornando a diferença entre os níveis de cinza das cristas e dos vales muito pequena. A Figura 5.26b apresenta o resultado da aplicação do filtro de Gabor com a utilização do elemento x_θ na primeira parte da expressão e com o ângulo direcional igual a 0°. Após a filtragem, pode-se perceber que os vales ficaram com intensidades mais claras que a imagem da Figura 5.26a. Outra característica que se pode observar na imagem da Figura 5.26b é que aquela segunda crista, destacada pela elipse, deixou de ter falhas, tornando-se uma crista mais homogênea. Por outro lado, as cristas na vertical pioraram, ficando com mais falhas.

A Figura 5.26c apresenta o resultado da aplicação do filtro de Gabor com a utilização do elemento y_θ na expressão e com o ângulo direcional igual a 0°. Os vales ficaram com intensidades mais claras e com melhor definição. As cristas na vertical se apresentaram mais consistentes e concisas, com menos falhas. Por outro lado, a imagem sofreu uma piora de qualidade nas cristas horizontais.

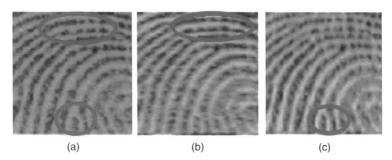

(a) (b) (c)

FIGURA 5.26. *Resultado da filtragem do fragmento de impressão digital (a), (b) com o elemento x_θ e (c) com o elemento y_θ e ângulo direcional de 0°.*

A Figura 5.27b apresenta o resultado da aplicação do filtro de Gabor com a utilização do elemento x_θ na expressão e com o ângulo direcional igual a 90°. Após a filtragem, percebe-se que melhorou a definição entre as cristas e os vales, com vales mais claros. As cristas verticais apresentaram melhor definição, enquanto as horizontais e inclinadas apresentaram falhas.

A Figura 5.27c apresenta o resultado da aplicação do filtro de Gabor com a utilização do elemento y_θ na primeira parte da expressão e com o ângulo direcional igual a 90°. Como no exemplo anterior, a imagem apresentou melhor definição entre as cristas e os vales. Além disso, as cristas na horizontal apresentam-se mais consistentes e com menos falhas. Como esperado, a imagem sofreu uma piora de qualidade nas cristas verticais.

A Figura 5.28b apresenta o resultado da aplicação do filtro de Gabor com a utilização do elemento x_θ e com o ângulo direcional igual a 45°. Após a filtragem, observe a melhora na definição das cristas com inclinação de 45°, destacadas na figura.

A Figura 5.28c apresenta o resultado da aplicação do filtro de Gabor com a utilização do elemento y_θ na expressão e com o ângulo direcional igual a 45°. Uma pequena melhora foi observada na região destacada.

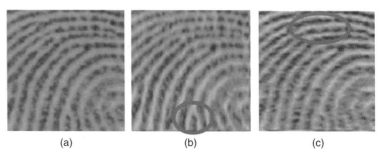

(a) (b) (c)

FIGURA 5.27. *Resultado da filtragem do fragmento de impressão digital (a), (b) com o elemento x_θ e (c) com o elemento y_θ e ângulo direcional de 90°.*

A Figura 5.29b apresenta o resultado da aplicação do filtro de Gabor com a utilização do elemento x_θ na expressão e com o ângulo direcional igual a 135°. Após a filtragem, não foi observada nenhuma melhora relevante na imagem.

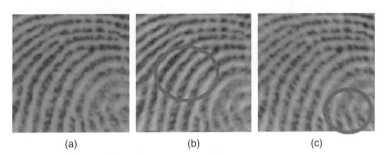

(a)　　　　　　　(b)　　　　　　　(c)

FIGURA 5.28. *Resultado da filtragem do fragmento de impressão digital (a), (b) com o elemento x_θ e (c) com o elemento y_θ e ângulo direcional de 45°.*

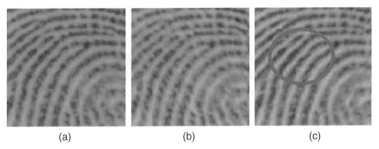

(a)　　　　　　　(b)　　　　　　　(c)

FIGURA 5.29. *Resultado da filtragem do fragmento de impressão digital (a), (b) com o elemento x_θ e (c) com o elemento y_θ e ângulo direcional de 135°.*

A Figura 5.29c apresenta o resultado da aplicação do filtro de Gabor com a utilização do elemento y_θ na expressão e com o ângulo direcional igual a 135°. A filtragem apresentou melhora na definição entre linhas e vales, principalmente nas linhas inclinadas da região destacada.

De acordo com os testes descritos, pode-se constatar a relevância do parâmetro referente ao ângulo. Sempre que as cristas apresentaram inclinação aproximada na mesma direção do ângulo aplicado ao filtro observou-se uma melhora em suas definições.

A Figura 5.30b apresenta o resultado da filtragem do fragmento de uma impressão digital, Figura 5.30a, pelo filtro de Gabor, utilizando ângulos direcionais adaptativos para cada região da imagem. O resultado mostra uma melhor definição das cristas, em todas as direções, além de uma maior diferença dos níveis de cinza entre as cristas e os vales, melhorando sensivelmente a qualidade da imagem.

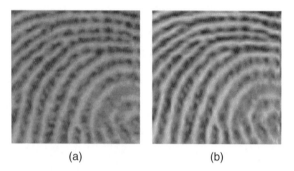

(a) (b)

FIGURA 5.30. *Resultado com um filtro de Gabor adaptativo.*

A Figura 5.31 apresenta o resultado de uma filtragem utilizando o cálculo da imagem direcional para determinar o ângulo de orientação do filtro. A imagem direcional é uma matriz com ângulos que indicam a direção das cristas em determinada região (Conci *et al.*, 2004). A Figura 5.31a mostra um fragmento de uma impressão digital, sua imagem direcional (Figura 5.31b) e a convolução da imagem com o filtro de Gabor (Figura 5.31c) (Viola *et al.*, 2005). Os parâmetros utilizados para os testes foram: freqüência = 0.33, largura da gaussiana = 0,8 e orientação do ângulo = 135°, de acordo com o cálculo da imagem direcional (Viola, 2006). Mais uma vez, é possível observar uma melhora na qualidade da imagem.

Nos testes realizados até o momento, pode-se perceber que o filtro de Gabor é bastante útil e adequado para melhorar a qualidade de imagens de impressões digitais. Os resultados mostram também ser possível utilizar a imagem direcional para definir a orientação do filtro de Gabor (Viola, 2006). Imagens direcionais são obtidas pela aplicação de uma classe de filtros especiais cujo resultado após sua aplicação é o valor do ângulo médio dos elementos presentes na imagem filtrada (Viola *et al.*, 2005).

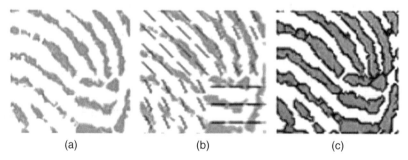

(a) (b) (c)

FIGURA 5.31. *Resultado da filtragem utilizando a imagem direcional (Viola, 2006).*

5.1.5.2. Estudo do Parâmetro f – Freqüência da Onda

O parâmetro f representa a freqüência da onda no plano senoidal. Desde que as estruturas das cristas das impressões digitais estejam bem definidas quanto à freqüência (espessura) e a orientação (direção), f pode ser determinada em função da espessura média entre as cristas. Nos trabalhos de Lee *et al.* (2001), Viola *et al.* (2005), a freqüência é determinada por $f = 1/2k$, onde K é a distância média entre duas cristas. Já no trabalho de Lee e Wang (1999a), a freqüência é determinada por $f = 1/2\sqrt{2}$. Bhanu e Tan (2004) estimam esse valor de uma forma mais complexa, fazendo uma relação com os valores da gaussiana.

Com o objetivo de analisar o comportamento desse parâmetro, foram realizados experimentos com os valores de $f = 0,3546$ $(1/2\sqrt{2})$; $f = 1/2K$ e $f = 1/K$. As Tabelas 5.1 e 5.2 apresentam os resultados desses experimentos.

Na Tabela 5.1 é feita uma comparação entre os valores de freqüência $f = 0,3546$ e $f = 1/2K$. Os valores determinados para os demais parâmetros foram largura da gaussiana $\sigma = 0,3$ e orientação $\theta = 45°$. Para determinar o valor da largura da gaussiana em todos os testes, foram sendo atribuídos valores até que a imagem apresentasse um resultado visual satisfatório (Viola, 2006).

TABELA 5.1. Comparação entre valores de freqüência $f = 0,3546$ e $f = 1/2K$.

Imagem original	f	Resultado
	0,167	
	0,3546	
	0,143	
	0,3546	
	0,091	
	0,3456	

Pode-se perceber, para esse valor da gaussiana, que o parâmetro da freqüência f = 1/2K apresentou melhor resultado visual, enquanto com f = 0,3546 não houve mudança nenhuma na imagem. Mas, ao modificar o valor da largura da gaussiana, as imagens apresentaram comportamentos diferentes.

Na Tabela 5.2, é feita uma comparação entre os valores de freqüência f = 0,3546 e f = 1/K, de acordo com a espessura média das linhas. Os valores determinados para os demais parâmetros foram largura da gaussiana σ = 0,5 e orientação do ângulo θ = 45° (Viola, 2006).

TABELA 5.2. Comparação entre valores de freqüência f = 0,3546 e f =1/K.

Imagem original	f	Resultado
	0,12	
	0,3546	
	0,25	
	0,3546	

Nesse exemplo, as imagens com a freqüência f = 1/K pioraram a apresentação visual, enquanto as imagens com freqüência f = 0,3546 não sofreram alteração.

As figuras 5.32 e 5.33 também apresentam uma comparação entre os valores de freqüência f = 0,3546 e f = 1/K, só que com valores da gaussiana diferentes. Na Figura 5.32, os parâmetros utilizados para os testes foram: largura da gaussiana

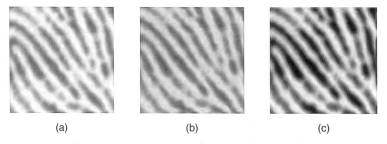

(a) (b) (c)

FIGURA 5.32. *Resultado utilizando σ = 0,7 no filtro de Gabor adaptativo (Viola, 2006).*

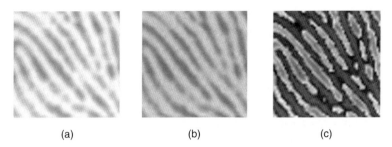

(a)   (b)   (c)

FIGURA 5.33. *Resultado utilizando* $\sigma = 0{,}8$ *no filtro de Gabor adaptativo (Viola, 2006).*

$\sigma = 0{,}7$ e orientação do ângulo $\theta = 135°$. As freqüências foram de $f = 0{,}3546$ para a Figura 5.32b e $f = 0{,}20$ para a figura 5.32c, pois a estimativa da espessura média das cristas e vales nesse fragmento é $K = 5$.

Na Figura 5.33, os parâmetros utilizados para os testes foram: largura da gaussiana $\sigma = 0{,}8$ e orientação do ângulo $\theta = 135°$, de acordo com o cálculo da imagem direcional (Conci *et al.*, 2004). As freqüências foram de $f = 0.3546$ $(1/2\sqrt{2})$ para a Figura 5.33b e $f = 0{,}20$ para a Figura 5.33c, pois a estimativa da espessura média das cristas e vales nesse fragmento é $K = 5$.

Com base nesses testes observa-se que embora o valor da freqüência $f = 1/2K$ tenha apresentado melhores resultados visuais, isso não determina que seja a forma ideal de se obter o parâmetro da freqüência f, porque, dependendo do valor da largura da gaussiana, as imagens resultantes apresentaram comportamentos diferentes. Sendo importante considerar o valor da largura da gaussiana, ou seja, da banda passante do filtro (Viola, 2006).

5.2. Filtragem no Domínio Espacial

Os métodos de filtragem que trabalham no domínio espacial operam diretamente sobre os pixels, normalmente utilizando operações de convolução com máscaras. O uso de máscaras nas imagens no domínio espacial é usualmente chamado de filtragem espacial, e as máscaras são chamadas de filtros espaciais.

A filtragem de imagem no domínio espacial pode ser expressa como:

$$g(x_i, y_i) = T[f(x_i, y_i)] \tag{5.30}$$

onde $f(x_i, y_i)$ representa cada pixel da imagem de entrada a ser filtrada, $g(x_i, y_i)$ cada pixel da imagem na saída, processada, e T é um operador sobre f, definido em alguma vizinhança do pixel de posição (x_i, y_i).

No caso de imagens coloridas, pode-se considerar essa operação na intensidade de cada canal em separado ou do canal considerado mais adequado. Geralmente, o melhor resultado para imagens coloridas em termos de não ocorrer a geração de matizes e cores inexistentes e mesmo maior eficiência é obtido com a segunda opção. Então, antes da filtragem, deve-se transformar a imagem geralmente de RGB, devido às características dos equipamentos atuais, para um dos espaços YIQ, YCrCb, HSL, Lab, LUV, La*b* ou Luv e operar apenas no canal relacionado à intensidade da imagem, que seria respectivamente Y ou L, e depois retornar à forma colorida anterior (ou ao RGB).

Muitos operadores T são executados considerando-se uma vizinhança do pixel de posição (x_i, y_i) e utilizam máscaras (também chamadas de *kernels* ou *templates*). A idéia da máscara é fazer com que o valor atribuído a um pixel seja uma função de seu nível no canal considerado e do nível dos seus vizinhos. No caso de operações de convolução, como já comentado no Capítulo 4, a máscara que vai operar na vizinhança em torno do pixel de posição (x_i, y_i) pode ser considerada uma subimagem, representando os pesos que cada vizinho terá no resultado geral do pixel operado (geralmente o pixel central da máscara).

Considerando a distribuição espacial dos níveis tonais da imagem, o processo de convolução calcula um novo valor de intensidade, $g(x_i, y_i)$, para cada pixel da imagem (x_i, y_i). Depois do cálculo do novo valor de intensidade, o centro da máscara é movido para o pixel seguinte da imagem, e a cada posicionamento o operador é aplicado obtendo-se uma nova imagem. Embora outras formas de vizinhança possam ser aplicadas, as máscaras retangulares são as mais comuns. As demais podem sempre ser completadas com zeros até ficarem retangulares.

Como neste capítulo sempre serão consideradas posições discretas inteiras, para as expressões não ficarem pesadas, daqui para a frente não será mais indicado o subscrito i nas posições (x_i, y_i), ou seja, será apresentado apenas (x, y) para as posições dos pixels.

O processo de convolução pode ser representado em imagens digitais como:

$$g[x, y] = \sum_{i=1}^{n} \sum_{j=1}^{m} f[x-i, y-j] . h[i, j] \qquad (5.31)$$

onde $n \times m$ é o tamanho da máscara retangular, $0 \le (x-i) < n$, e $0 \le (y-j) < m$, e $h(i,j)$ representam cada um dos pesos da máscara mostrada na Figura 5.34.

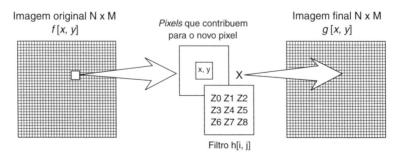

FIGURA 5.34. *Esquema do processo de convolução por filtragem espacial usando uma máscara $n \times m$ (Soares, 1998).*

A escolha dos valores da máscara $h[i,j]$ é fundamental na determinação do efeito que será produzido pela filtragem. São eles que determinam se ela suavizará o ruído, ampliará o contraste ou acentuará formas básicas como pontos, linhas ou contornos. Para o cálculo de cada pixel da imagem final, $g[x,y]$, soma-se o valor na imagem original, $f[x,y]$, com os valores dos tons dos pixels vizinhos correspondentes multiplicados pelo peso definido na máscara de convolução $h[i,j]$. Para a máscara 3 ×3 apresentada na Figura 5.34, a convolução é descrita por

$$g(x,y) = T[f(x,y)] =$$
$$g(x,y) = Z_0 f(x-1, y-1) + Z_1 f(x, y-1) + Z_2 f(x+1, y-1) +$$
$$\ldots\ldots\ldots Z_3 f(x-1, y) + Z_4 f(x, y) + Z_5 f(x+1, y) + Z_6 f(x-1, y+1) + \quad (5.32)$$
$$\ldots\ldots\ldots Z_7 f(x, y+1) + Z_8 f(x+1, y+1)$$

Em imagens, considera-se que a posição $(x=0, y=0)$ se localiza no canto esquerdo superior de f e g, sendo x e y incrementados para a direita e para baixo, respectivamente. No caso do cálculo de pixels pertencentes aos limites da imagem, podem ser consideradas nulas as contribuições das extremidades não existentes na imagem, conforme mostrado na Figura 5.35. As linhas e colunas de bordas podem não ser processadas em imagens muito grandes ou ainda podem ser considerados, para os tons faltantes, os mesmos tons do interior, tratando os limites da borda como espelho.

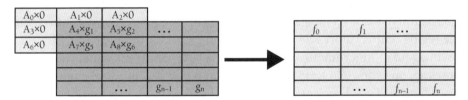

FIGURA 5.35. *Processo de convolução com máscara nas extremidades da imagem.*

A filtragem, isso é, o processo de cálculo e deslocamento da máscara sobre toda a imagem, é uma tarefa que exige algum esforço computacional. Por exemplo, aplicar uma máscara 3x3 em uma imagem 512 × 512 requer nove multiplicações e oito adições para cada pixel, totalizando 2.359.296 operações de multiplicação e 2.097.152 de adição.

5.2.1. Filtros Lineares e Não-Lineares

Filtros lineares usam máscaras que realizam somas ponderadas das intensidades de pixels ao longo da imagem. Em geral, essa máscara é a mesma, ou seja, é espacialmente invariante. Se pesos diferentes forem usados em partes diferentes da imagem, o filtro linear será considerado espacialmente variante.

Qualquer filtro que seja uma soma ponderada de pixels é considerado um filtro linear. Filtros espaciais não-lineares (como o de mediana) também operam em vizinhanças. Porém, geralmente a operação desses filtros baseia-se diretamente nos valores dos pixels na vizinhança considerada, não utilizando coeficientes da forma apresentada na Equação 5.32.

A redução de ruído pode ser alcançada com um filtro não-linear cuja função básica consiste em computar o valor médio dos níveis de cinza na vizinhança em que o filtro está posicionado. Outros exemplos incluem os filtros de moda e *máx* (com uma resposta $R = máx\{zk|k = 1, 2, ..., 9\}$), que é usado para achar os pontos mais claros em uma imagem, e o filtro *mín*, que é usado para o propósito contrário.

5.2.2. Patamares e Descontinuidades nas Intensidades da Imagem

Um dos objetivos da análise de imagens refere-se à identificação de objetos representados nas imagens, que são geralmente identificadas pelas suas formas. O contorno e os limites (*edges*) são fatores importantes nessa identificação. O objetivo principal da acentuação de contornos é enfatizar detalhes dos limites de objetos de modo a permitir sua identificação e análise posterior.

Contornos são identificados por mudanças de intensidade local significativas na imagem, ocorrendo tipicamente na separação de duas regiões diferentes. Regiões ou objetos são identificados por patamares mais ou menos constantes de tons e cores. A identificação dos contornos é usada em análise de imagem também para encontrar fronteiras entre regiões, não apenas de objetos. A fronteira ocorre onde a função de intensidade da imagem, $f(x_i, y_i)$, varia bruscamente, consistindo em limites de regiões cujos valores de cor apresentam grandes diferenças.

Na imagem monocromática ou na colorida já separada em canais nos espaços de cores apropriados (YIQ, HSL, Lab etc.), um ponto do contorno é um ponto cujas coordenadas (x_i, y_i) encontram-se em um local de mudança significativa de intensidade do canal considerado, sendo principalmente representativos os canais Y ou L. Se a cor puder ser usada para identificar os objetos e regiões, o canal H (*Hue*) é o mais adequado.

Descontinuidades nas intensidades da imagem podem ser abruptas em patamares ou degraus, na forma de um salto nos tons, isto é, quando a intensidade da imagem muda abruptamente de um nível para outro e permanece no novo patamar, como a que se observa na Figura 5.36.

Descontinuidades abruptas de curta duração, isto é, que permanecem por poucos pixels, como mostra a Figura 5.37, são chamadas de descontinuidades de im-

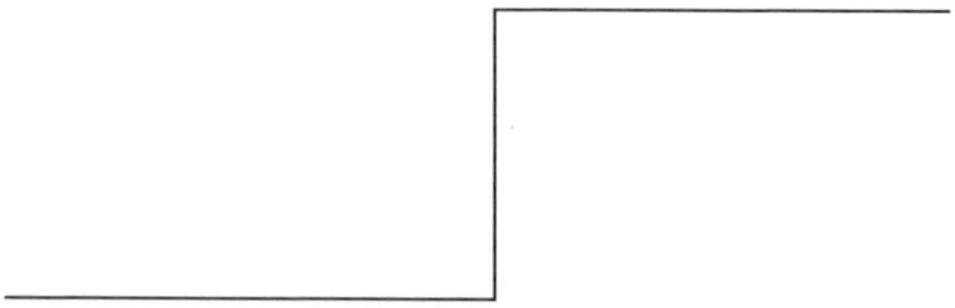

FIGURA 5.36. *Descontinuidade do tipo degrau.*

FILTROS DE IMAGENS • **167**

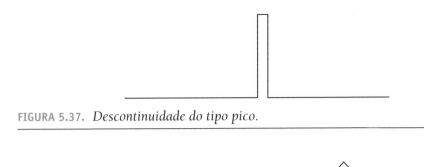

FIGURA 5.37. *Descontinuidade do tipo pico.*

FIGURA 5.38. *Modelos de descontinuidade em rampa.*

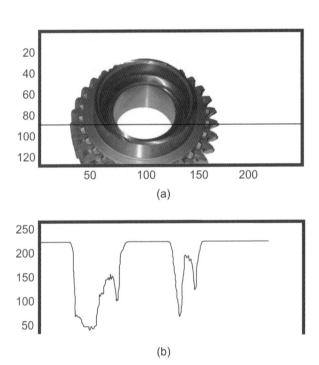

FIGURA 5.39. *Variação de intensidade ao longo da linha 90 da imagem Engrenagem.*

pulso ou pico. Nestas, a intensidade da imagem muda abruptamente de nível, retornando para o nível anterior logo em seguida.

Entretanto, esses tipos de descontinuidades são raros em imagens reais, quando as mudanças são mais suaves, conforme pode ser observado na Figura 5.38, e os patamares são bem mais ruidosos do que os ideais, como apresentado na Figura 5.39.

Para uma visualização das descontinuidades em uma imagem real, considere a imagem apresentada na Figura 5.39a. Imagine agora um gráfico que represente, na vertical, a intensidade de cada um dos pixels de uma linha horizontal dessa imagem, de modo que ele represente a variação da intensidade de tons ao longo dessa linha. A Figura 5.39b mostra esses valores para a linha número 90 de pixels dessa imagem de tamanho 250 × 125 pixels. Repare que, embora para os seus olhos, o fundo pareça ser uniformemente branco, há leve variação de intensidade. Observe também como são nítidas as regiões de transição que indicam os contornos do objeto.

Em alguns casos, mudanças de intensidade na imagem, principalmente as de curta duração, não são contornos, e sim ruídos. Imagens reais são bastante ruidosas, tornando-se difícil desenvolver um operador para detecção de arestas imune a ruídos. Em muitos casos, o mais adequado é antes tentar diminuir estes ruídos e depois acentuar os contornos.

5.2.3. Filtros Passa-Baixa – Filtros de Suavização

O efeito visual de um filtro passa-baixa é o de *suavização* da imagem pela *redução das variações nos níveis de cinza* que dão a aparência de serrilhado nos patamares de intensidade, como mostrado na linha de pixels 90 da imagem Engrenagem (Figura 5.39b).

Mas, com seu uso, também as *altas freqüências*, que correspondem às transições abruptas, são *atenuadas*. Assim, a suavização com um filtro passa-baixa tende a minimizar ruídos, mas faz a imagem perder a nitidez (causando o que se chama de *blur* da imagem).

Existem vários tipos de filtros espaciais utilizados na suavização e redução dos ruídos entre eles, o filtro da média, o filtro da mediana e o gaussiano são os mais conhecidos.

5.2.3.1. Filtro de Média

O filtro de média é implementado construindo-se uma máscara de convolução $n \times n$ com todos seus coeficientes iguais a 1 e depois dividindo-se o valor obtido pelo número de pixels da máscara (n^2).

Algumas máscaras para uma filtragem passa-baixa em uma vizinhança de dimensão 3×3, 5×5 ou 7×7 estão indicadas a seguir. Esses filtros são conhecidos como filtros de média, pois obtêm a média entre tons de pixels vizinhos.

$$z = \frac{1}{9}\begin{bmatrix} 1 & 1 & 1 \\ 1 & 1 & 1 \\ 1 & 1 & 1 \end{bmatrix} \quad (5.33)$$

$$z = \frac{1}{25} \begin{bmatrix} 1 & 1 & 1 & 1 & 1 \\ 1 & 1 & 1 & 1 & 1 \\ 1 & 1 & 1 & 1 & 1 \\ 1 & 1 & 1 & 1 & 1 \\ 1 & 1 & 1 & 1 & 1 \end{bmatrix} \quad (5.34)$$

$$z = \frac{1}{49} \begin{bmatrix} 1 & 1 & 1 & 1 & 1 & 1 & 1 \\ 1 & 1 & 1 & 1 & 1 & 1 & 1 \\ 1 & 1 & 1 & 1 & 1 & 1 & 1 \\ 1 & 1 & 1 & 1 & 1 & 1 & 1 \\ 1 & 1 & 1 & 1 & 1 & 1 & 1 \\ 1 & 1 & 1 & 1 & 1 & 1 & 1 \\ 1 & 1 & 1 & 1 & 1 & 1 & 1 \end{bmatrix} \quad (5.35)$$

Observa-se que, quanto maior a máscara, maior será a área de redução de contraste e maior será a perda de definição da imagem. As Figuras 5.40b e c mostram o resultado da aplicação dessas máscaras sobre a imagem Blocos da Figura 5.40a.

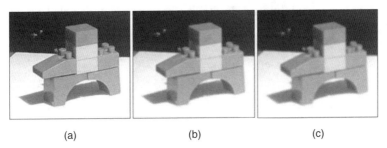

(a)   (b)   (c)

FIGURA 5.40. *Imagem Blocos original (a) e o resultado da aplicação do filtro de média com máscara 3×3 (b) e 5×5 (c) (Silva, 2004).*

5.2.3.2. Filtro Gaussiano

Este é o filtro passa-baixa mais importante. Assim como o filtro de média é usado para reduzir a quantidade de variação de intensidade entre um pixel e seu vizinho (reduzir ruído na imagem). O operador de suavização gaussiano é aplicado para atenuar os valores associados a cada pixel, minimizando e até eliminando informações indesejáveis.

O filtro de suavização gaussiano é baseado em uma aproximação digital da função gaussiana (Figura 5.41). O filtro gaussiano em 1-D tem sua forma contínua descrita por:

$$g(x) = \frac{1}{\sigma\sqrt{2\pi}} e^{\frac{-x^2}{2\sigma^2}} \quad (5.36)$$

onde σ é o desvio-padrão. Geralmente, assume-se que a função gaussiana tem média igual a zero, isto é, está centrada em $x = 0$. A função gaussiana é ilustrada na Figura 5.41.

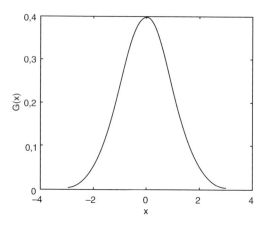

FIGURA 5.41. *Forma 1D da função gaussiana com média igual a zero e desvio-padrão igual a um (Oliveira, 2003).*

Em 2D, sua forma, axialmente simétrica e contínua, é dada pela Equação 5.37 e é mostrada na Figura 5.42:

$$g(x, y) = \frac{1}{2\pi\sigma^2} e^{\frac{-(x^2+y^2)}{2\sigma^2}} \quad (5.37)$$

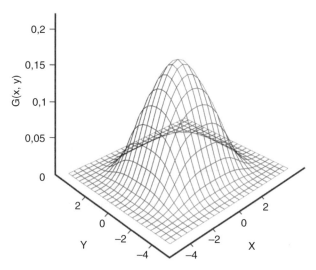

FIGURA 5.42. *Representação da função gaussiana em 2D com média em (0,0) e desvio-padrão σ = 1 (Oliveira, 2003).*

Considerando-se que a máscara é armazenada como uma coleção de pixels discretos, deve-se produzir uma forma discreta da função gaussiana. Para obter os pesos de convolução (máscara ou *kernel*), sua dimensão seria teoricamente infinitamente grande, mas na prática zeram-se os valores a uma distância de três unidades (ou pixels) do centro. Uma forma aproximada da gaussiana para σ = 1,0 é apresentada no *kernel* 5×5 da Equação 5.38.

$$z = \frac{1}{273}\begin{bmatrix} 1 & 4 & 7 & 4 & 1 \\ 4 & 16 & 26 & 16 & 4 \\ 7 & 26 & 41 & 26 & 7 \\ 1 & 16 & 26 & 16 & 1 \\ 1 & 4 & 7 & 4 & 1 \end{bmatrix} \quad (5.38)$$

Similarmente ao filtro de média, quanto maior o desvio-padrão dessa curva, maior a máscara necessária para representar a forma inteira da gaussiana e menos nítida ficará a imagem final. A máscara 3×3 que se segue produz uma filtragem gaussiana com desvio-padrão igual a 1 que resulta em uma imagem com menor perda de foco. Para filtros gaussianos com desvios-padrão maiores, pode-se montar outra máscara, mas o mais usual é passar a mesma máscara mais de uma vez na imagem. A Figura 5.43 mostra o resultado de sua aplicação sobre a imagem Blocos. A forma discreta 3×3 aproximada da função gaussiana pode ser observada na Equação 5.39.

$$z = \frac{1}{16}\begin{bmatrix} 1 & 2 & 1 \\ 2 & 4 & 2 \\ 1 & 2 & 1 \end{bmatrix} \quad (5.39)$$

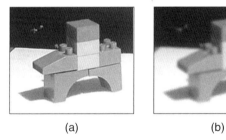

(a)   (b)

FIGURA 5.43. *Resultado da aplicação do filtro gaussiano (b) à imagem Blocos (a) (Silva, 2004).*

Uma forma mais rápida de usar esse filtro é, em vez da convolução em 2D, fazer primeiro uma convolução em 1D na direção *x* e depois usar a mesma máscara 1D da gaussiana na direção *y*. A Equação 5.40 mostra uma forma de reproduzir o *kernel*

2D, apresentado na Equação 5.39, usando 7 pixels, em duas convoluções em 1D. Nessa aplicação, os valores depois deverão ser multiplicados por 273, arredondados para cima e truncados para valores inteiros. O componente 1D em y é o mesmo apresentado na Equação 5.40, mas orientado verticalmente.

$$Ga_x = [0{,}006\ 0{,}061\ 0{,}242\ 0{,}383\ 0{,}242\ 0{,}061\ 0{,}006] \quad (5.40)$$

O filtro gaussiano, por não ter todos os pesos iguais, como ocorre no filtro de média, gera uma imagem mais suave (*gentler smoothing*), preservando mais os contornos do que no filtro de média. Além disso, a melhor justificativa para seu uso é o seu melhor desempenho no domínio da freqüência. A maioria dos filtros de suavização (o de mediana é uma exceção) é baseada na convolução. Eles se comportam como filtros passa-baixas (*lowpass frequency filters*). Isso significa que removem freqüências a partir de um certo valor.

A grande diferença entre os filtros de média e o gaussiano é melhor entendida ao se observarem suas formas depois de se aplicar a transformada de Fourier (domínio de freqüência). A Figura 5.44 mostra a resposta de freqüência após aplicar o filtro de média 1D de largura 7 e o gaussiano com largura 3. No exemplo, o eixo de freqüências (horizontal) está representado apenas até 0,5 pixels por ciclo, pois valores maiores têm pouco significado.

Os dois filtros atenuam as altas freqüências, mas observa-se que o filtro de média tem caráter oscilatório, enquanto o gaussiano, não. Além disso, o filtro gaussiano decai rapidamente, pois o próprio formato da curva é preservado no domínio de freqüência. Isso faz com que ele seja adequado em combinações com outros filtros em aplicações de detecção de arestas (como o laplaciano do gaussiano ou o cruzamento por zero) e seja usado para derivar outros filtros importantes, como o filtro de Gabor (seção 5.1).

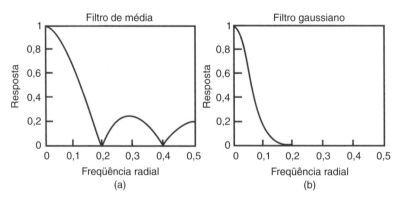

FIGURA 5.44. *Representação em freqüência do filtro de média com 7 pixels (a) e do gaussiano com 3 pixels (b).*

5.2.3.3. Filtro de Mediana

No uso do filtro de mediana, o tom do pixel central da janela é substituído pela mediana da intensidade dos pixels situados em sua vizinhança. A mediana m de um conjunto de n elementos é o valor tal que metade dos n elementos do conjunto situa-se abaixo de m e a outra metade acima de m. Quando n é ímpar, a mediana é o próprio elemento central do conjunto ordenado. Se n é par, a mediana é calculada pela média aritmética dos dois elementos mais próximos do centro.

Esse filtro não faz convolução, mas sim ordena a intensidade dos pixels dentro da área da máscara em ordem crescente ou decrescente, atribuindo ao pixel da imagem correspondente à posição central da máscara, o valor da intensidade do pixel que corresponde à posição do meio do respectivo intervalo ordenado.

Esse filtro é particularmente eficaz quando o ruído é impulsivo (do tipo não-contínuo, consistindo em pulsos irregulares de grandes amplitudes) ou do tipo *sal e pimenta* (representando descontinuidades abruptas e isoladas na imagem). Além disso, ele não introduz valores de níveis de cinza diferentes daqueles contidos na imagem original e, por afetar menos os contornos, pode ser aplicado iterativamente.

O resultado de sua aplicação depende diretamente do tamanho da janela utilizada. Apresenta excelente resultado na filtragem de ruídos com valores muito diferentes dos pixels vizinhos, como pode ser observado na Figura 5.45b, na qual se vê o resultado da sua aplicação na imagem Blocos degradada com ruído impulsivo ou "sal e pimenta" (Figura 5.45a).

Seus resultados são geralmente melhores que os de média. Sua vantagem em relação ao de média se baseia no fato de que, se um ponto que é ruído está presente entre os elementos da máscara, na ordenação ele se localizará nas primeiras ou últimas posições, e, dessa forma, não será selecionado para substituir o valor do pixel central. Assim, os pontos cinza de uma região tendem a ter uma similaridade e, dessa forma, pontos discrepantes têm grande possibilidade de serem ruído.

O filtro de mediana apresenta melhores resultados quanto à manutenção dos contornos da imagem, principalmente se for aplicado não em 2D, mas duas vezes em 1D, ou seja, na forma de linha ou coluna, consecutivamente, em vez de em uma única passada, considerando uma área quadrada da imagem.

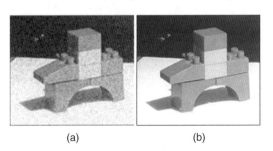

(a)   (b)

FIGURA 5.45. *Resultado da aplicação do filtro de mediana (b) na imagem Blocos degradada com ruído impulsivo (a) (Silva, 2004).*

5.2.3.4. Filtros de Ordem e de Moda

Outro filtro interessante e simples é o filtro de ordem. As intensidades dos pontos da vizinhança do pixel $f(x,y)$, dentro de uma janela da imagem, são ordenadas e é tomado o valor máximo ou o valor de uma posição ou ordem qualquer dessa ordenação como novo valor para $g(x,y)$ (o segundo menor valor, por exemplo).

No filtro de moda, as intensidades dos pontos da vizinhança do pixel (x,y), dentro de uma janela da imagem, são ordenadas e é tomado como novo valor para $f(x,y)$ o valor $g(x,y)$ mais freqüente da vizinhança. Esse tipo de filtro elimina ruídos pontuais sem alterar as informações da imagem. Mais uma vez, a nova intensidade do pixel $g(x,y)$ será um valor existente na vizinhança do pixel ou no próprio pixel, o que colabora para não descaracterizar as cores da imagem.

5.2.3.5. Filtro de Média dos k Vizinhos Selecionados

O filtro de média dos k vizinhos selecionados é um híbrido do método de filtragem pela média. Enquanto o filtro da média utiliza todos os elementos da máscara para o cálculo, causando degradação de bordas, esse filtro tem a capacidade de preservar detalhes, a partir da seleção dos elementos que farão parte da média. Utiliza a diferença absoluta entre o valor de cada elemento da máscara de filtragem e o ponto central para selecionar os k elementos que participarão do cálculo da média.

Através de uma escolha adequada do tamanho da janela e de quantos elementos serão selecionados, busca-se selecionar elementos que pertençam ao mesmo objeto. Como para que sejam selecionados os k elementos participantes, é utilizada a diferença absoluta entre cada pixel sobre a máscara e o pixel central (cujo valor será alterado), os pontos mais próximos do valor central serão selecionados, tendo uma probabilidade maior de pertencerem ao mesmo objeto, ou seja, de estarem em um mesmo patamar de tom (como comentado na Seção 5.2.2).

A Figura 5.46 mostra o resultado da aplicação da filtragem dos k vizinhos na imagem Blocos degradada previamente por um ruído aleatório ou randômico, com k igual a 6. Ruídos desse tipo também são chamados de "ruído branco", pois têm dis-

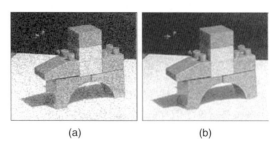

(a)   (b)

FIGURA 5.46. *Resultado da aplicação do filtro de média dos k vizinhos (b) sobre a imagem Blocos degradada (a) (Silva, 2004).*

tribuição em toda a variação tonal da imagem e não se comportam como o *sal e pimenta*, que se concentram nos extremos da intensidade.

5.2.4. Filtros Passa-Alta ou de Acentuação

Filtros passa-alta atenuam ou eliminam as baixas freqüências, realçando as altas freqüências. São normalmente usados para realçar os detalhes na imagem (*intensificação ou "sharpening"*). Destacam características como bordas, linhas, curvas e manchas, que indicam uma mudança súbita do nível de intensidade de duas regiões relativamente homogêneas. O efeito obtido é, em geral, o de tornar mais nítidas as transições entre regiões diferentes (como os contornos), realçando o contraste. O efeito indesejado desses filtros é o de enfatizar também o ruído presente na imagem.

Os filtros de realce de bordas modificam os valores de intensidade dos pixels da cena original, segundo a influência de seus pixels vizinhos. A maior ou menor influência da vizinhança será função de valores (positivos, nulos ou negativos) fornecidos pelo usuário ou definidos pelos elementos da máscara, considerados segundo a configuração do filtro utilizado. É através da combinação desses valores de entrada ou pesos, que se obterá um realce maior ou menor das região da cena, segundo direções preferenciais de interesse.

A maioria dos operadores de detecção de bordas baseia-se em uma filtragem passa-alta. Um processo de detecção de bordas consiste em um algoritmo que armazena um grupo de linhas, composto de pontos e fragmentos de retas de uma imagem. Essas bordas formarão o contorno dos objetos ou regiões e são posteriormente tornadas contínuas e unificadas através de um processo de formação de uma lista ordenada de limites. Quando o detector de bordas "persegue" as fronteiras, isso quer dizer que ele procura na imagem os contornos e os agrupa eliminando as descontinuidades de modo a se obterem bordas contínuas e regiões fechadas, limitando as áreas.

Um filtro passa-alta ideal, no domínio de freqüência (u,v), é descrito pela seguinte relação:

$$h(u,v) = \begin{cases} 0 \text{ se } D(u,v) \leq D_o \\ 1 \text{ se } D(u,v) \leq D_o \end{cases} \quad (5.41)$$

onde D_0 é a freqüência de corte e $D(u,v)$ é a distância do ponto (u,v) à origem do plano de freqüência, isto é:

$$D(u,v) = \sqrt{u^2 + v^2} \quad (5.42)$$

O formato da resposta ao impulso necessário para implementar esse filtro, no domínio do espaço, é representado por uma máscara que possui valores positivos próximos ao centro e negativos na periferia. As máscaras podem possuir pesos positivos, negativos ou nulos. Se a soma algébrica dos pesos dessa máscara for zero, isso significa que, quando aplicado em uma imagem, pode-se assumir que o resultado na mudança de intensidade dos pixels da região será nulo ou um valor muito baixo.

Em uma função 1D, um sinal ou em uma imagem de uma dimensão, uma descontinuidade é associada a um pico local da primeira derivada (gradiente) da função 1D, do sinal, ou da imagem. Analogamente, mudanças significativas nos valores de cinza de uma imagem podem ser detectadas pelo operador gradiente se a imagem é vista como uma função de duas variáveis (x,y).

Desde que seja assumido que uma borda é definida por uma mudança no nível tonal, quando ocorre uma descontinuidade na intensidade ou quando o gradiente da imagem tem uma variação abrupta, um operador que é sensível a essas mudanças trabalhará como um realçador de bordas.

5.2.4.1. Filtros Gradiente ou Derivada de Imagens

Um operador gradiente ou de derivada faz exatamente essa função. A derivada é interpretada como a taxa de mudança de uma função. No caso de uma imagem, seria a taxa de mudança dos níveis tonais do canal, que é maior perto das bordas e menor em áreas constantes. Os valores da intensidade da imagem, onde a derivada for um ponto de máximo, correspondem a uma fronteira entre duas regiões.

Técnicas de detecção de contornos utilizam essa idéia relacionando-a à derivada da imagem. Essas técnicas assumem que as regiões, a serem segmentadas, são suficientemente homogêneas, de forma que a transição entre essas regiões signifique descontinuidade nos tons de cinza.

A Figura 5.47 ilustra o conceito de primeira e segunda derivadas de imagens, mostrando duas imagens originais, uma com uma região clara em fundo mais escuro (a), e a outra com uma região mais escura sobre um fundo mais claro (b). Observando-se a figura, nota-se que a primeira derivada é nula em áreas onde o nível de cinza permanece constante; logo, a magnitude da primeira derivada pode ser usada para detectar descontinuidades nos níveis tonais ou contornos, se estes forem associados ao tom. Outra informação que se pode obter da observação da figura é que a segunda derivada muda de sinal no ponto médio da transição dos níveis de cinza; logo, a localização dessa mudança de sinal também representa uma ferramenta para a localização de contornos (nos métodos de cruzamento por zero).

Considerando que as imagens são funções bidimensionais, é importante perceber mudanças nos níveis de cinza ou tonais dos canais em muitas direções. Por essa razão, derivadas parciais das imagens são usadas para as direções horizontais e verticais. Uma estimativa da direção da borda pode ser obtida usando-se as derivadas x e y ao longo dos eixos, para calcular a tangente do ângulo da borda em determinada região.

Uma mudança na imagem pode ser descrita considerando-a como uma função de duas variáveis e observando seu gradiente. Este indica a direção de maior variação dessa função, ou seja, da imagem. O gradiente apresenta duas informações: magnitude e direção. A magnitude do gradiente se relaciona com a taxa de variação da imagem por unidade de distância. A direção do contorno da imagem se relaciona com a direção do gradiente. Em um ponto da imagem, sua primeira derivada pode ser positiva ou negativa em área de transição de nível tonal ou nula em áreas de tons constantes (Figura 5.47). Valores positivos indicam que se passou de uma região mais escura para uma clara. Valores negativos indicam que se passou para uma região mais escura. Observa-se que a segunda derivada tem um cruzamento pelo zero nessas regiões.

Para encontrar bordas, essses operadores procuram na imagem regiões onde a intensidade de cor muda rapidamente. Para isso, usa-se um dos dois critérios de detecção de contorno:

(1) zonas onde a primeira derivada é maior que determinado limiar;
(2) zonas onde a segunda derivada tem passagens por zero.

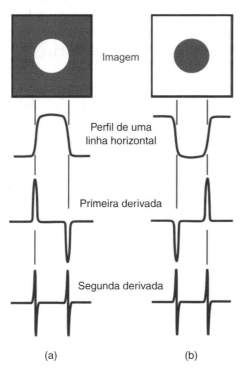

FIGURA 5.47. *Derivadas de uma imagem (Oliveira, 2003).*

A primeira derivada de qualquer ponto da imagem é obtida usando-se o valor do gradiente desse ponto. A segunda derivada é obtida usando-se o laplaciano. O gradiente de uma função de duas variáveis $f(x,y)$, nas coordenadas (x,y), é definido como o vetor formado pelas suas derivadas parciais:

$$\nabla f = \begin{vmatrix} G_x \\ G_y \end{vmatrix} = \begin{vmatrix} \dfrac{\partial f}{\partial x} \\ \dfrac{\partial f}{\partial y} \end{vmatrix} \qquad (5.43)$$

a magnitude desse vetor é:

$$|\nabla f| = [G_x^2 + G_y^2]^{1/2} \tag{5.44}$$

podendo, muitas vezes, o valor do gradiente desse ponto ser usado na forma aproximada:

$$|\nabla f| = |G_x| + |G_y| \tag{5.45}$$

O *laplaciano* no ponto fornece a segunda derivada da imagem naquele ponto e permite identificar, caso positivo ou negativo, se um pixel encontra-se em uma área escura ou clara (sem precisar voltar a consultar a imagem inicial). O cruzamento por zero do laplaciano identifica a presença da borda.

Mas, como já foi dito, para detecção de contorno, a característica mais importante é o *módulo do gradiente*. Essa quantidade corresponde à taxa de crescimento de $f(x,y)$ por unidade de distância na direção do gradiente. A direção do vetor gradiente também é uma característica importante para muitas aplicações; ela é dada por:

$$\alpha(x, y) = arc\ tang\ \frac{G_y}{G_x} \tag{5.46}$$

sendo o ângulo α medido em relação ao eixo x. Ângulos em imagens são melhor obtidos pelo uso de filtros direcionais (Viola, 2006).

O cálculo do gradiente de uma imagem é baseado nas derivadas parciais da função $f(x,y)$, que representa a imagem em cada ponto (x,y). Assim, o gradiente pode ser aproximado por:

$$\nabla[f(x, y)] = \{[f(x, y) - f(x + 1, y)]^2 + [f(x, y) - f(x, y + 1)]^2\}^{1/2} \tag{5.47}$$

Considerando-se a região de uma imagem, onde os valores de z correspondem aos níveis de intensidade, $z = f(x,y)$, se for desejado aproximar o gradiente usando uma área 3×3 da matriz da imagem (Equação 5.49), onde considera-se Z_4 a posição central dessa área, a expressão anterior pode ser aproximada de muitas formas. A mais simples é usar a diferença $(Z_4 - Z_7)$ na direção y e $(Z_4 - Z_5)$ na direção x, combinadas como:

$$\nabla f \cong [(Z_4 - Z_7)]^2 + (Z_4 - Z_5)^2]^{1/2} \tag{5.48}$$

$$Z = \begin{bmatrix} Z_0 & Z_1 & Z_2 \\ Z_3 & Z_4 & Z_5 \\ Z_6 & Z_7 & Z_8 \end{bmatrix} \tag{5.49}$$

Figuras coloridas

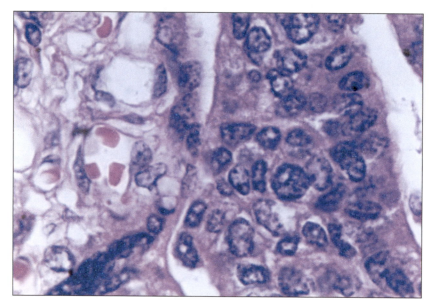

B

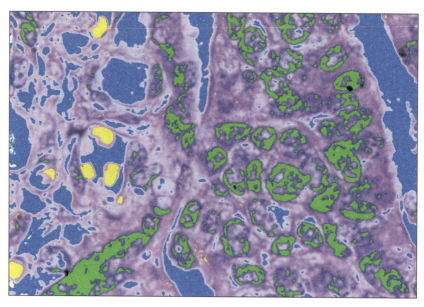

B

FIGURA 1 Lâminas de exames histopatológicos para diagnóstico de câncer(a) e resultado da segmentação automática onde 3 regiões distintas quanto a textura (capítulo 8) e cor são identificadas nas cores verde, amarelo e ciano (b)

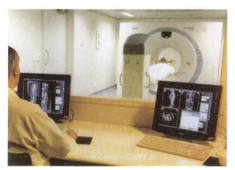 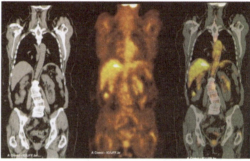

FIGURA 2 Aquisição de imagens do interior do corpo humano (a) e fusão da informação de tomografia computadorizada (CT) com a tomografia por emissão de pósitrons (PET) (b). É possível analisar a anatomia pelas imagens CT (imagem à esquerda da figura b) e o metabolismo pelas imagens do PET (imagem no centro da figura b), e uma localização de tumores malignos inda milimétricos pela fusão de ambas as imagem (à direita na figura b).

 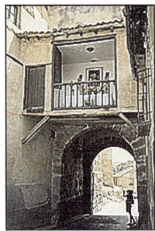 

FIGURA 3 *Realce de detalhes em imagens com grande diferença de iluminação pelo uso de filtragem homomórfica. Imagem original (a), imagem filtrada por filtro homomórfico (capítulo5) repare a quantidade de detalhes antes invisíveis que agora podem ser observados na imagem (b) e imagem melhorada por técnicas de equalização dos canais de cores RGB do capítulo 3(c).*

FIGURA 4 *Vetorização automática de vias (em vermelho) usando transformada de Hough discutido no capítulo 7.*

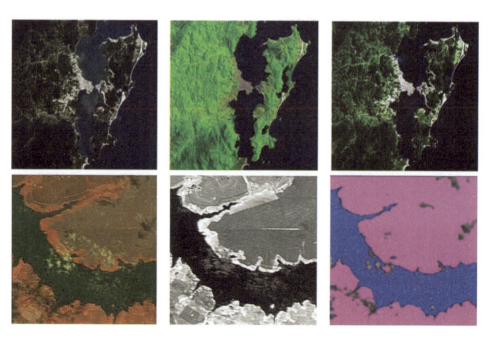

FIGURA 5 *Uso de filtro de realce nos diversos canais de imagens de satélite para avaliação e controle agrícola (seqüência superior) segmentação automática de áreas inundadas e secas e (capítulo 8) para controle de poluição fluvial (seqüência inferior).*

A

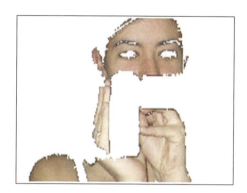
B

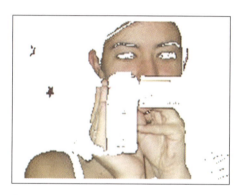
C

D

FIGURA 6 *Identificação de pele é importante para um grande número de aplicações que vão de caracterizar humanos na visão robótica a identificar automaticamente cenas de pornografia na internet. Exemplo de uma imagem da internet (a) onde a pele é identificada por cor e textura usando CVE (b) e usando apenas cores nos espaços de cores RGB (c) e YCrCb (d).*

Ao contrário de usar potências de 2 e ½ (Equação 5.48), pode-se obter resultados similares usando-se valores absolutos da seguinte forma:

$$\nabla f \cong |Z_4 - Z_7| + |Z_4 - Z_5| \qquad (5.50)$$

A Equação 5.50 pode ser representada usando-se máscaras de tamanho 2×1 e 1×2:

$$G_x = [-1\ \ 1] \qquad (5.51)$$

$$G_y = \begin{bmatrix} 1 \\ -1 \end{bmatrix} \qquad (5.52)$$

Com o mesmo raciocínio, o gradiente no ponto Z_4, considerando uma vizinhança 3×3, pode ser obtido usando-se:

$$\nabla f \cong |(Z_6 + Z_7 + Z_8) - (Z_0 + Z_1 + Z_2)| + |(Z_2 + Z_5 + Z_8) - (Z_0 + Z_3 + Z_6)| \qquad (5.53)$$

onde os valores de Z correspondem aos níveis de cinza da imagem.

A diferença entre a terceira e a primeira linhas da região 3×3 aproxima a derivada na direção y, e a diferença entre a terceira e primeira colunas aproxima a derivada na direção x. As máscaras geradas dessa maneira são exemplos de filtros passa-alta. Existem vários filtros que fazem a derivada da imagem de forma análoga ao exposto, como os chamados filtros de Sobel, Prewitt e Frei Chen. Pode-se observar que essas derivadas acentuam direções preferenciais para as "máscaras" (vertical e horizontal, por exemplo). Se isso não for desejado, pode-se usar outra combinação para a equação do gradiente que não mantenha essa característica.

5.2.4.2. Filtro e Operador de Sobel

Como mencionado, é muito importante em várias aplicações obter a direção do contorno. Nesse caso, os gradientes nas direções horizontal e vertical precisam estar bem identificados e separados.

$$\frac{\partial f(x, y)}{\partial x} = \Delta x = \frac{f(x+dx, y) - f(x, y)}{\partial x} \qquad (5.54)$$

$$\frac{\partial f(x, y)}{\partial x} = \Delta y = \frac{f(x, y+dy) - f(x, y)}{\partial y} \qquad (5.55)$$

sendo $f(x, y)$ a função imagem.

No domínio discreto, derivar corresponde a realizar diferenças entre dois pixels, então, se $dx = dy = 1$ pixel e se for usado i como o índice relativo ao número de linhas ou colunas da imagem, pode-se reescrever as expressões anteriores da seguinte forma:

$$\Delta x_i = f(x_i + 1, y_i) - f(x_i, y_i) \qquad (5.56)$$

$$\Delta y_i = f(x_i, y_i + 1) - f(x_i, y_i) \qquad (5.57)$$

Baseado nessas equações, o gradiente tem sua variação em uma direção dada por:

$$\alpha(x_i, y_i) = arctg\left(\frac{\Delta x_i}{\Delta y_i}\right) \qquad (5.58)$$

Nessa forma discreta, o gradiente pode ser escrito como:

$$\nabla(x_i, y_i) = \sqrt{\Delta x_i^2 + \Delta y_i^2} \qquad (5.59)$$

Considerando-se a aproximação comentada na seção anterior, tem-se a seguinte forma:

$$\nabla(x_i, y_i) = |\Delta x_i| + |\Delta y_i| \qquad (5.60)$$

ou

$$\nabla(x_i, y_i) = \text{máx}(|\Delta x_i|, |\Delta y_i|) \qquad (5.61)$$

O gradiente da imagem é baseado nas derivadas parciais em x e em y de cada pixel. Isso pode ser feito de várias maneiras. O operador de Sobel possui a vantagem de prover a diferenciação e a suavização da imagem ao mesmo tempo. Ou seja, o operador de Sobel inclui o efeito de suavização como atrativo para atenuar o impacto dos ruídos e tem a propriedade de realçar linhas verticais e horizontais sem realçar pontos isolados. Ele consiste na aplicação das duas máscaras:

$$Z_h = \begin{bmatrix} -1 & -2 & -1 \\ 0 & 0 & 0 \\ 1 & 2 & 1 \end{bmatrix} \qquad (5.62)$$

$$Z_h = \begin{bmatrix} -1 & 0 & 1 \\ -2 & 0 & 2 \\ -1 & 0 & 1 \end{bmatrix} \qquad (5.63)$$

Ao observar a máscara vertical, pode-se ver que a primeira e a última colunas correspondem a um filtro passa-baixa do tipo gaussiano. As linhas realizam uma derivação. Ao aplicar as máscaras à imagem, opera-se uma filtragem (suavização) e, ao mesmo tempo, um realce de bordas.

O operador enfatiza as intensidades dos pixels mais próximos. Como resultado da aplicação da máscara horizontal, tem-se a acentuação das variações (linhas) no sentido horizontal. A máscara vertical acentua linhas no sentido vertical. O método Sobel combina depois ambas para obter o gradiente.

Considerando Z_0 a Z_8 os tons de cinza em torno do ponto onde o contorno será avaliado, esse filtro é dado por:

$$G_x = (Z_6 + 2Z_7 + Z_8) - (Z_0 + 2Z_1 + Z_2) \qquad (5.64)$$

$$G_y = (Z_2 + 2Z_5 + Z_8) - (Z_0 + 2Z_3 + Z_6) \qquad (5.65)$$

A Figura 5.48 mostra o resultado do realce obtido com a aplicação do filtro de Sobel na imagem Blocos original.

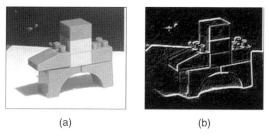

(a)   (b)

FIGURA 5.48. *Imagem original (a) e o resultado da aplicação do filtro de Sobel (b) (Silva, 2004).*

Depois de calculado o realce segundo as direções *x* e *y*, diferentes valores de limiar resultam em diferentes mapas de bordas. Se o limiar é muito baixo, muitos pontos são marcados como pontos de borda, resultando em bordas espessas e pontos isolados identificados erradamente como bordas. Se o limiar é alto, os segmentos aparecerão finos e quebrados (sem continuidade da borda).

5.2.4.3. Filtro de Roberts

Esse filtro corresponde ao método mais simples de detecção de bordas. Tem suas bases na comparação do módulo do gradiente com um limiar. Como resultado de sua aplicação, obtém-se uma imagem com intensidades altas, em regiões de contrastes bem definidas, e baixos valores em regiões de pouco contraste, sendo iguais a zero para regiões de nível de cinza constante. Uma característica desse operador é a sua orientação à 45°. Bordas inclinadas são mais realçadas que outras.

O filtro gradiente é definido a partir de diferenças entre pixels na diagonal de uma determinada vizinhança e é representado por:

$$\nabla_{d1} f(x, y) = f(x, y) - f(x + 1, y + 1) \qquad (5.66)$$

$$\nabla_{d2} f(x, y) = f(x, y + 1) - f(x + 1, y) \quad (5.67)$$

Para determinar se o pixel avaliado é ou não de borda, o gradiente é calculado na forma não-aproximada, apresentada na Seção 5.2.4.1, isto é, da seguinte forma:

$$|G| = \sqrt{G_x^2 + G_y^2} \quad (5.68)$$

Caso o valor de $G(x)$ calculado seja maior do que o menor valor de entrada (definido de acordo com a natureza e qualidade da imagem que está sendo processada), o pixel é considerado como parte de uma borda. A direção do gradiente, perpendicular à direção da borda, é encontrada com a seguinte fórmula:

$$\alpha = arc\ tang\left(\frac{G_y}{G_x}\right) \quad (5.69)$$

Esse operador responde a mudanças nas direções diagonais (45° e 135°) da imagem. O filtro de Roberts pode ser representado pelas máscaras de convolução apresentadas a seguir.

$$G_x = \begin{bmatrix} 1 & 0 \\ 0 & -1 \end{bmatrix} \quad (5.70)$$

$$G_y = \begin{bmatrix} 0 & 1 \\ -1 & 0 \end{bmatrix} \quad (5.71)$$

Como essa máscara é pequena, é mais fácil e rápida de ser implementada, porém suas respostas são muito sensíveis a ruído. Como resultado de sua aplicação, obtém-se uma imagem com intensidade maior em regiões de limites bem definidos e menor em regiões de limites suaves, sendo igual a zero para regiões com nível de cinza constante. A Figura 5.49 ilustra o efeito de sua aplicação na imagem Blocos.

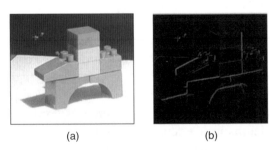

(a)   (b)

FIGURA 5.49. *Imagem Blocos original (a) e o resultado da aplicação do filtro de Roberts (b) (Silva, 2004)* .

5.2.4.4. O Filtro de Prewitt

O filtro de Prewitt tem o mesmo conceito do de Sobel (sem maior peso para o pixel mais central) e o de Roberts (mas sua máscara abrange uma área de 3×3). Sua equação é:

$$\nabla f = |(Z_6 + Z_7 + Z_8) - (Z_0 + Z_1 + Z_2)| + |(Z_2 + Z_5 + Z_8) - (Z_0 + Z_3 + Z_6)| \quad (5.72)$$

onde $Z_0, ..., Z_8$ são os níveis de cinza da imagem em torno do ponto Z_4, (Equação 5.49) onde a imagem será avaliada.

A máscara apresentada a seguir é um exemplo do filtro de Prewitt. A Figura 5.50 mostra a aplicação do operador Prewitt na imagem Blocos no sentido horizontal vertical, e a soma dos dois apresentando informação de contorno de toda a imagem.

$$G_x = \begin{bmatrix} -1 & -1 & -1 \\ 0 & 0 & 0 \\ 1 & 1 & 1 \end{bmatrix} \quad (5.73)$$

$$G_y = \begin{bmatrix} -1 & 0 & 1 \\ -1 & 0 & 1 \\ -1 & 0 & 1 \end{bmatrix} \quad (5.74)$$

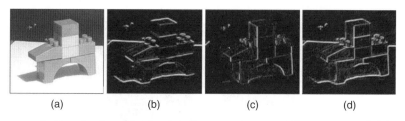

(a)   (b)   (c)   (d)

FIGURA 5.50. *Aplicação do operador gradiente na imagem Blocos original (a), com detecção de contorno no sentido horizontal (b), no sentido vertical (c) e o resultado da soma dos sentidos vertical e horizontal (d) (Silva, 2004).*

5.2.4.5. Filtro Laplaciano

O laplaciano de uma função bidimensional é a derivada de segunda ordem definida como:

$$\nabla^2 f(x, y) = \frac{\partial^2}{\partial x^2} f(x, y) + \frac{\partial^2}{\partial y^2} f(x, y) \quad (5.75)$$

Considerando-se que a imagem é armazenada como uma coleção de pixels, essa equação pode ser discretizada de várias formas para produzir uma forma discreta da derivada segunda, que é representada por um núcleo de convolução (máscara ou *kernel*).

A condição básica na definição do laplaciano digital é a de que o coeficiente associado ao pixel central deve ser positivo, e os demais, negativos. Por ser o laplaciano um filtro de derivada, a soma dos seus coeficientes deve ser zero, porém seu resultado na imagem só será zero caso o pixel em questão e seus vizinhos não apresentarem variação. As equações (5.76) a (5.78) apresentam algumas máscaras. A primeira delas é usada na imagem Blocos da Figura 5.51a, como exemplo.

$$Z_{L1} = \begin{bmatrix} 0 & -1 & 0 \\ -1 & 4 & -1 \\ 0 & -1 & 0 \end{bmatrix} \quad (5.76)$$

$$Z_{L2} = \begin{bmatrix} -1 & -1 & -1 \\ -1 & 8 & -1 \\ -1 & -1 & -1 \end{bmatrix} \quad (5.77)$$

$$Z_{L2} = \begin{bmatrix} 1 & -2 & 1 \\ -2 & 4 & -2 \\ 1 & -2 & 1 \end{bmatrix} \quad (5.78)$$

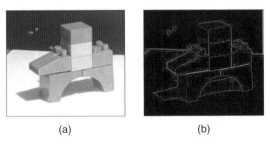

(a) (b)

FIGURA 5.51. *Imagem Blocos (a) e o resultado da aplicação do filtro laplaciano (b). (Silva, 2004)*

5.2.4.6. Filtro LoG ou Laplaciano do Gaussiano

Como a imagem processada pelo filtro laplaciano é muito sensível a ruídos, em geral se aplica um filtro passa-baixa, como o filtro gaussiano, antes de aplicar o laplaciano na imagem. No entanto, como essas duas operações são lineares e associativas, podem ser associadas em uma única máscara, que é então aplicada à imagem. Isso reduz muito o tempo de processamento.

Assim, surge o filtro que processa a derivada segunda da imagem processada pelo filtro gaussiano em uma só operação, usando a derivada segunda da máscara gaussiana a ser usada. Esse processo resulta no filtro LoG (*Laplacian of Gaussian*), ou seja, no filtro laplaciano do gaussiano, que é representado por:

$$\text{LoG}(x, y) = -\frac{1}{\sigma^2}\left[2 - \frac{x^2 + y^2}{\sigma^2}\right] e^{-\frac{x^2+y^2}{2\sigma^2}} \qquad (5.79)$$

O filtro LoG pode ser observado em 2D na Figura 5.52, onde os eixos x e y estão em unidades de desvio-padrão.

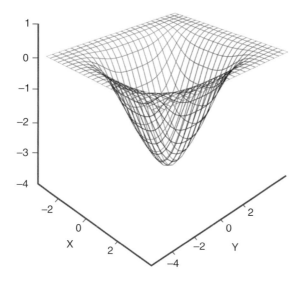

FIGURA 5.52. *Forma em 2D do filtro laplaciano do gaussiano (LoG) (Oliveira, 2003).*

Para uma gaussiana com $\sigma = 1,4$, essa função pode ser aproximada na forma digital como apresentado na Equação 5.80.

$$Z_{LoG} = \begin{bmatrix} 0 & 1 & 1 & 2 & 2 & 2 & 1 & 1 & 0 \\ 1 & 2 & 4 & 5 & 5 & 5 & 4 & 2 & 1 \\ 1 & 4 & 5 & 3 & 0 & 3 & 5 & 4 & 1 \\ 2 & 5 & 3 & -12 & -24 & -12 & 3 & 5 & 2 \\ 2 & 5 & 0 & -24 & -40 & -24 & 0 & 5 & 2 \\ 2 & 5 & 3 & -12 & -24 & -12 & 3 & 5 & 2 \\ 1 & 4 & 5 & 3 & 0 & 3 & 5 & 4 & 1 \\ 1 & 2 & 4 & 5 & 5 & 5 & 4 & 2 & 1 \\ 0 & 1 & 1 & 2 & 2 & 2 & 1 & 1 & 0 \end{bmatrix} \qquad (5.80)$$

Máscaras maiores ou mesmo menores podem ser utilizadas, como, por exemplo:

$$z = \begin{bmatrix} 0 & 0 & -1 & 0 & 0 \\ 0 & -1 & -2 & -1 & 0 \\ -1 & -2 & 16 & -2 & -1 \\ 0 & -1 & -2 & -1 & 0 \\ 0 & 0 & -1 & 0 & 0 \end{bmatrix} \qquad (5.81)$$

Observa-se que esse filtro tem também o formato de uma gaussiana, mas multiplicada por um fator que a deixa mais fina e inverte seu sinal de acordo com os valores de x e y. Esse filtro tem o mesmo aspecto de inversão de sinais dos filtros laplacianos. Devido a isso, se forem usadas gaussianas muito finas (com desvio-padrão menores que 0,5 pixel), a suavização praticamente não ocorrerá.

Como o filtro LoG calcula as derivadas segundas de uma imagem, áreas com intensidades constantes (isto é, com gradiente zero) terão valores de LoG também iguais a zero. Na vizinhança da mudança da intensidade, a resposta do LoG será positiva no lado mais escuro e negativa no lado mais claro, gerando um aumento de contraste entre duas regiões. Assim, os efeitos do filtro para uma função degrau como a da Figura 5.53, são: zero a alguma distância do ponto de variação da intensidade, positiva no lado escuro que mudar para claro, negativa no lado claro que mudar para escuro, e cruzando o zero no ponto do degrau.

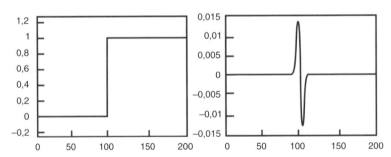

FIGURA 5.53. *Resposta 1D do filtro LoG (obtido de uma gaussiana com desvio-padrão igual a 3 pixels) para uma função degrau com 200 pixels de comprimento.*

O efeito desse filtro é salientar (*highlight*) os contornos de objetos presentes na imagem. O fato dele fazer os lados cruzarem o zero é usado para detectar os contornos nos métodos chamados de *zero crossing edge detection*. Com esse tipo de método, no entanto, a direção dos lados não pode ser calculada, já que a máscara do laplaciano é simétrica.

É possível aproximar o LoG com um filtro que é apenas a diferença de duas gaussianas de tamanhos diferentes. Esse tipo de filtro é chamado de DoG (abreviatura de *Difference of Gaussians*).

Os filtros LoG e DoG são muito importantes no processo da visão (Jain *et al.*, 1995). Aproximações dos filtros LoG, muito mais rápidas, são conhecidas como filtros DoB (*Difference of Boxes*), que consistem simplesmente na diferença de dois filtros de média de tamanhos diferentes, o que produz uma versão mais reta dos LoG (Jain, 1989).

5.2.4.7. Canny

O filtro de Canny é um filtro de convolução de primeira derivada, que suaviza o ruído e localiza bordas, combinando um operador diferencial com um filtro gaussiano. Considerando-se uma borda de uma dimensão, como mostrado na Figura 5.54, aplicando-se a função gaussiana à borda, o resultado será uma variação contínua do valor inicial ao final, com uma inclinação máxima no ponto em que existe o "degrau". Se essa continuidade é diferenciada em relação a x, essa inclinação máxima será o máximo da nova função em relação à original. A Figura 5.54 mostra esse resultado e o passo intermediário.

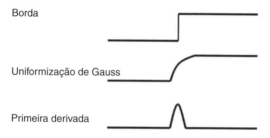

FIGURA 5.54. *Processo de detecção de bordas por Canny.*

Os máximos da convolução da máscara e da imagem indicarão bordas na imagem. Esse processo pode ser realizado através do uso de uma função gaussiana em duas dimensões (nas direções de x e y). Os valores das máscaras gaussianas dependem da escolha do desvio-padrão:

A função gaussiana em uma dimensão, como já comentado na seção 5.2.3.2, é expressa por:

$$g(x) = \frac{1}{\sigma\sqrt{2\pi}} e^{\frac{-x^2}{2\sigma^2}} \qquad (5.82)$$

de modo que sua primeira derivada é:

$$g'(x) = \frac{-x}{\sigma^3 \sqrt{2\pi}} e^{\frac{-x^2}{2\sigma^2}} \qquad (5.83)$$

A idéia do filtro de Canny para detecção de bordas é usar $g'(x)$. Convoluindo-se a imagem com $g'(x)$, obtém-se uma imagem I que mostrará as bordas, mesmo na presença de ruído. A convolução é relativamente simples de ser implementada, mas é

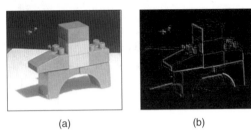

(a) (b)

FIGURA 5.55. *Resultado da aplicação do filtro de Canny (b) à imagem original (a) (Silva, 2004).*

cara em termos computacionais, especialmente se for em duas dimensões. Entretanto, uma convolução com a máscara gaussiana de duas dimensões, como já comentado no final da seção 5.2.3.2), pode ser separada em duas convoluções com a máscara de Gauss de uma dimensão.

Considerando como um segmento de borda todo valor situado acima de determinado limite superior e rejeitando todo valor situado abaixo de um limite inferior, pontos situados entre os dois limites serão aceitos como de borda se estiverem relacionados fortemente com os pixels. Comparado aos atuais o custo computacional de Canny é relativamente alto, e os resultados são geralmente pós-processados para maior clareza. Entretanto, o algoritmo é bem eficiente no processamento de imagens com ruídos ou com bordas difusas. A Figura 5.55 mostra o resultado da aplicação do método de Canny.

5.2.4.8. Outros Filtros de Ampliação de Contraste

As máscaras apresentadas na Tabela 5.3 são utilizadas para o realce de bordas em vários sentidos. O nome dado às máscaras indica a direção preferencial em que será realçado o limite de borda. Assim, as máscaras norte e sul realçam limites horizontais.

Embora se usem preferencialmente máscaras 3×3, estas podem ser de qualquer tamanho, como as seguintes máscaras 2×2, mas é claro que o tamanho da máscara implica diretamente na possibilidade de orientações a serem identificados.

$$V = \begin{bmatrix} -1 & 1 \\ -1 & 1 \end{bmatrix} \quad (5.84)$$

$$H = \begin{bmatrix} 1 & 1 \\ -1 & -1 \end{bmatrix} \quad (5.85)$$

Também (embora preferencialmente a soma dos pesos tenha valor nulo para não influir na luminosidade média da região filtrada) nada impede que se faça uma variação da luminosidade da região. Por exemplo, a máscara apresentada a seguir tem este efeito:

$$Z = \begin{bmatrix} 3 & -7 & -7 & 3 \\ -7 & 13 & 13 & -7 \\ -7 & 13 & 13 & -7 \\ 3 & -7 & -7 & 3 \end{bmatrix} \quad (5.86)$$

FILTROS DE IMAGENS • 189

TABELA 5.3. Exemplo de filtros em vários sentidos

Norte	$\begin{bmatrix} 1 & 1 & 1 \\ 1 & -2 & 1 \\ -1 & -1 & -1 \end{bmatrix}$	Nordeste	$\begin{bmatrix} 1 & 1 & 1 \\ -1 & -2 & 1 \\ -1 & -1 & 1 \end{bmatrix}$
Oeste	$\begin{bmatrix} 1 & 1 & -1 \\ 1 & -2 & -1 \\ 1 & 1 & -1 \end{bmatrix}$	Noroeste	$\begin{bmatrix} 1 & 1 & 1 \\ 1 & -2 & -1 \\ 1 & -1 & -1 \end{bmatrix}$
Sudoeste	$\begin{bmatrix} -1 & -1 & 1 \\ -1 & -2 & 1 \\ 1 & 1 & 1 \end{bmatrix}$	Sudeste	$\begin{bmatrix} 1 & -1 & -1 \\ 1 & -2 & -1 \\ 1 & 1 & 1 \end{bmatrix}$
Sul	$\begin{bmatrix} -1 & -1 & -1 \\ 1 & -2 & 1 \\ 1 & 1 & 1 \end{bmatrix}$	Leste	$\begin{bmatrix} -1 & 1 & 1 \\ -1 & -2 & 1 \\ -1 & 1 & 1 \end{bmatrix}$

As imagens da Figura 5.56 mostram duas cenas obtidas pelo satélite Landsat 5 (onde cada captura de uma imagem possui cinco bandas); a da esquerda é a imagem original e a da direita é a mesma imagem com a aplicação do filtro da Equação 5.79.

FIGURA 5.56. *Imagem do satélite Landsat 5 original e após processada pelo filtro da Equação 5.79 (Nunes, 2006).*

5.2.4.9. Comparando os Diversos Filtros de Realce

A Tabela 5.4 apresenta um resumo das diversas máscaras passa-alta discutidas. A Figura 5.57 compara o uso dos operadores de acentuação de borda apresentados a partir dos efeitos gerados em uma mesma imagem, no caso a imagem UFF (Figura 5.57a). As Figuras 5.57b, 5.57c, 5.57d e 5.57e apresentam as bordas localizadas utilizando-se esses operadores laplaciano, Prewitt, Roberts e Sobel, respectivamente.

TABELA 5.4. Resumo das máscaras para realce

OPERADOR	VERTICAL	HORIZONTAL
Roberts Equações 5.70 e 5.71	$\begin{bmatrix} 0 & 0 & \\ 0 & 1 & 0 \\ 0 & 0 & -1 \end{bmatrix}$	$\begin{bmatrix} & & 0 \\ 0 & 0 & 1 \\ 0 & -1 & 0 \end{bmatrix}$
Sobel Equações 5.62 e 5.63	$\begin{bmatrix} -1 & -2 & -1 \\ & & \\ 1 & 2 & 1 \end{bmatrix}$	$\begin{bmatrix} -1 & 0 & 1 \\ -2 & 0 & 2 \\ -1 & 0 & 1 \end{bmatrix}$
Prewit Equações 5.73 e 5.74	$\begin{bmatrix} -1 & -1 & -1 \\ & & \\ 1 & 1 & 1 \end{bmatrix}$	$\begin{bmatrix} -0 & 0 & 1 \\ -1 & 0 & 1 \\ -1 & 0 & 1 \end{bmatrix}$
Laplaciano Equação 5.76		$\begin{bmatrix} 0 & -1 & 0 \\ -1 & 4 & -1 \\ 0 & -1 & 0 \end{bmatrix}$

a) Imagem original b) Lapaciano c) Prewit

d) Robert e) Sobel

FIGURA 5.57. *Exemplo de aplicação de diferentes filtros (Nunes, 2006).*

5.2.5. Filtros Passa-Banda ou Elimina-Faixa

Além dos filtros do tipo passa-baixa, que atenuam ou eliminam os componentes de alta freqüência, e dos filtros passa-alta, que atenuam ou eliminam os componentes de baixa freqüência, existem os chamados filtros passa-banda ou passa-faixa (5.10c). Esses filtros no domínio espacial são usados para propósitos específicos e raramente são interessantes para realce de imagens genéricas, pois removem regiões selecionadas entre altas e baixas freqüências.

Para ilustrar a diferença entre esses três tipos de filtros, a Figura 5.58 apresenta formas básicas 1D dos filtros passa-baixa, passa-alta e passa-banda, no domínio da freqüência e no domínio espacial. As curvas da parte superior da Figura 5.58 mostram as seções transversais das formas básicas para filtros axialmente simétricos no domínio da freqüência. Na parte inferior da Figura 5.58, apresentam-se as seções

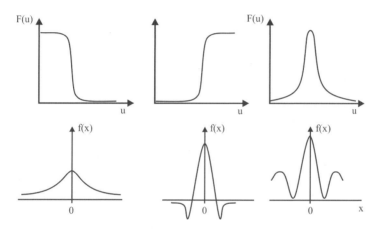

FIGURA 5.58. *Filtros passa-baixa, passa-alta e passa-faixa em freqüência (acima) e no espaço (abaixo).*

transversais dos filtros correspondentes no domínio espacial.

5.2.6. Filtro Alto Reforço

Uma imagem filtrada por um filtro passa-alta também pode ser caracterizada pela diferença entre a imagem original e a filtrada por um filtro passa-baixa. Isto é,

Imagem Passa-Alta = Imagem Original − Imagem Passa-Baixa

Pois quando a imagem é multiplicada por uma máscara linear tem-se (Equação 5.49):

$$g(x, y) = Z_0 f(x-1, y-1) + Z_1 f(x, y-1) + Z_2 f(x+1, y-1) + \\ Z_3 f(x-1, y) + Z_4 f(x, y) + Z_5 f(x+1, y) + Z_6 f(x-1, y+1) + \\ Z_7 f(x, y+1) + Z_8 f(x+1, y+1) \quad (5.87)$$

Se a máscara 3×3 do filtro espacial passa-baixa for por exemplo a do filtro de mídia dada por:

$$\frac{1}{9}\begin{bmatrix} 1 & 1 & 1 \\ 1 & 1 & 1 \\ 1 & 1 & 1 \end{bmatrix};$$

E a máscara 3×3 para um filtro especial passa-alta usada for (Equação 5.77):

$$\frac{1}{9}\begin{bmatrix} -1 & -1 & -1 \\ -1 & 8 & -1 \\ -1 & -1 & -1 \end{bmatrix};$$

Tornando uma imagem qualquer, tem-se que cada elemento (x,y) da imagem filtrada pelo filtro passa-baixa será dado por:

$$\text{Elemento\_Passa-baixa} = \frac{1}{9}(Z_0 + Z_1 + \ldots + Z_8)$$

e cada elemento da imagem filtrada pelo filtro passa-alta será dado por:

$$\text{Elemento\_Passa-alta} = \frac{1}{9}(-Z_0 - Z_1 - Z_2 - Z_3 + 8Z_4 - Z_5 - Z_6 - Z_7 - Z_8)$$

Somando-se os elementos passa-baixa com os elementos passa-alta, obtém-se a imagem original, que será o tom de cinza dado por Z_4. Dessa forma, tem-se que Passa-alta = Original − Passa-baixa.

O filtro "alto reforço" ou técnica de ênfase em alta freqüência nada mais é que a extensão da idéia acima formulada pela relação Imagem Passa-alta = Imagem Original − Imagem Passa-baixa, na qual a imagem original é multiplicada por um fator de amplificação *a*, para melhorar a qualidade da informação:

Alto-Reforço = (a) Original − Passa-baixa

Alto-Reforço = (a − 1) Original + (Original − Passa-Baixa)

Alto-Reforço = (a-1) original + Passa-Alta

Quando a = 1, esse filtro se comporta como um passa-alta tradicional. Se a > 1, parte da imagem original é adicionada ao resultado final, que restabelece as perdas com a atenuação das baixas freqüências nos filtros passa-alta convencionais. O resultado da filtragem alto reforço (*High-Boost*) apresenta uma imagem semelhante à original com certo grau de ênfase nos contornos, dependendo do valor de a adotado. O processo de subtração da imagem suavizada da imagem original é chamado também de máscara de nitidez (*unsharp mask*). A Figura 5.59 exemplifica os quatro

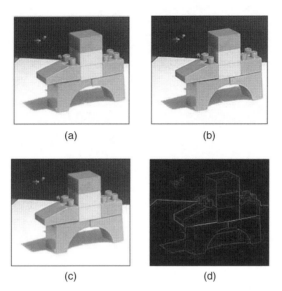

FIGURA 5.59. *Imagem original (a), resultados com aplicação do filtro passa-alta (b), passa-alta + imagem original (c) e imagem original – passa-baixa (d) (Silva, 2004).*

passos de filtragem alto reforço mencionados. É também muito adequado em algumas aplicações, incluir um parâmentro b<1 multiplicativo na imagem filtrada pelo passa-baixa (Aguiar, *et al.*, 2005).

CAPÍTULO 6

Extração de Características

6. EXTRAÇÃO DE CARACTERÍSTICAS E RECONHECIMENTO DE PADRÕES E OBJETOS

Em sistemas de análise de imagens, visão computacional e reconhecimento de padrões (como comentado no Capítulo 1, Figura 1.2), necessita-se, muitas vezes, reconhecer elementos ou objetos de interesse nas imagens. Isso requer o estabelecimento de parâmetros quantificáveis para poder ser realizado computacionalmente. Esses parâmetros dependem de valores como cor, posição, orientação, dimensões, textura e outros que caracterizem os objetos.

A área de reconhecimento de padrões não se restringe apenas aos objetos. Existe um campo de aplicações muito mais amplo, que envolve a busca de qualquer tipo de *padrão* detectável. Padrão em reconhecimento de imagens digitais ou não é um termo genérico que se refere a qualquer elemento que possa ser definido *quantitativamente* mesmo que sujeito a variações (algo que possa ser mais ou menos padronizado).

O termo padrão pode caracterizar praticamente qualquer coisa. Pode, por exemplo, se relacionar à detecção de tumores em imagens médicas. Nesse caso, os tumores são regiões *diferenciadas* da imagem, que devem ser reconhecidas de acordo com características extraídas que estejam fora do padrão de tecido normal (Soares, 1998). O reconhecimento de padrões é muito aplicado em sensoriamento remoto, em identificação de regiões em imagens de radar (SAR) ou de satélite; nesse caso, pode-se conhecer os padrões procurados e todas as regiões da imagem podem ser agrupadas em *classes predefinidas*. O reconhecimento de padrões é também muito útil na indústria, por exemplo, na inspeção de tecidos, onde as diferentes tramas e mesmo as estampas podem ser analisadas como padrões: uma vez reconhecidas no tecido, é possível avaliar a existência de defeitos e mesmo catalogá-los em relação aos tipos de fios, máquinas e cores (Conci e Proença, 2000).

O reconhecimento pode ser feito por *diferenciação* ou por *classificação* (ou mesmo ambos). Para realizar qualquer tipo de reconhecimento, por classificação é necessário ter inicialmente uma descrição o mais detalhada possível das classes-padrão que se desejam reconhecer. Dessa descrição serão projetadas formas possíveis de se extrair as informações quantitativas a serem obtidas analisando-se as imagens. Tais informações consistem nas chamadas *características* que serão extraídas da imagem. Em geral, é necessário descrever os padrões com base em características que sejam descorrelacionadas e tenham propriedades invariantes à translação, escala e rotação. Podem ser utilizados diversos *tipos de descritores* para caracterizar o objeto ou padrão como forma, dimensão, cor, textura, entre outros. Cada tipo de descritor poderá ser mais adequado a *determinada aplicação*.

Uma vez que os padrões possuem descrições que os caracterizam e que são possíveis de serem obtidas da imagem, procede-se à etapa de classificação, que é a etapa final do processo de reconhecimento. Essa etapa consiste em determinar em que classe uma dada região da imagem se enquadra. A classificação depende das características que discriminam cada padrão dos demais. Para realizar a classificação, torna-se necessário utilizar alguma técnica de decisão. Existem várias abortagens para isso, indo de critérios bem simples, como distância mínima e funções discriminantes, ao uso de técnicas de inteligência artificial, como algoritmos genéticos, clusterização, lógica nebulosa (*fuzzy*) ou redes neurais artificiais.

Na Figura 6.1, apresenta-se um esquema de todo o processo de reconhecimento.

No CD que acompanha este livro, são apresentadas diversas aplicações que incluem o processo de reconhecimento. De forma mais genérica, pode-se considerar que o objeto ou qualquer aspecto que está sendo reconhecido é um padrão. Desse modo, quando se descrever uma técnica de reconhecimento de padrões, esta passará a incluir objetos e qualquer elemento predefinido em seu escopo. Todos os aspectos relacionados a esse reconhecimento, da segmentação e extração das características à classificação, serão considerados neste capítulo.

A textura é um aspecto que está presente na maioria das imagens naturais, sendo fundamental para o reconhecimento pela visão humana e servindo como excelente descritor. Contribui, em muitos casos, para a melhoria da exatidão do processo de reconhecimento, descrição e classificação de imagens. Mas, na análise de imagens digitais, o reconhecimento de texturas, realizado intuitivamente pela visão humana, se reveste de grande complexidade. Em casos em que o padrão é uma textura, e não um objeto, ou ainda quando a textura do objeto é uma característica relevante para o seu reconhecimento, devem-se utilizar técnicas especiais de extração de características que permitam realizar o reconhecimento de texturas. Esses tipos de características, pelas suas particularidades, não serão tratados neste capítulo, mas serão apresentados no Capítulo 7.

A identificação dos padrões ou objetos presentes em uma imagem, em muitas aplicações, também depende de uma fase prévia: a *segmentação*. Só é possível reconhecer um dado objeto se este estiver "separado" dos demais elementos contidos na imagem. Observa-se que essa etapa é fundamental nessas aplicações e consiste no primeiro estágio do processo de reconhecimento. A próxima seção aborda esse assunto.

6.1. Segmentação

Pode-se considerar que o primeiro passo para análise e entendimento da imagem consiste em particioná-la de modo que seja possível explicitar regiões representati-

FIGURA 6.1. *Etapas de um sistema de reconhecimento de padrões.*

vas da imagem. Essas partições são obtidas a partir das características dos valores de tom de cinza (ou cores) dos pixels da imagem de texturas semelhantes, de formas predefinidas etc. Nos Capítulos 3 e 5, apresentam-se algumas técnicas de segmentação (limiarização e filtragem passa-alta).

A segmentação é muito natural e fácil para o ser humano, porém complexa para o computador. Segmentar para o sistema visual humano é simples, pois os sistemas biológicos reconhecem e intrepretam os objetos assim que os vêem a partir de um conjunto de informações que são combinadas e processadas em paralelo no cérebro. Não há visão humana sem interpretação. Para o ser humano ver, ele precisa interpretar o significado das variações de intensidade de luz e cor que chegam aos seus olhos. A literatura oftalmológica apresenta relatos de casos de recém-nascidos portadores de problemas visuais que tiveram seus problemas de visão corrigidos devido ao progresso da medicina, depois de adultos. Esses adultos, embora tecnicamente podendo enxergar, continuaram deficientes visuais, pois já tinham passado da idade em que o cérebro estabelece as conexões necessárias que permitem distinguir os significados das mudanças de intensidade da luz captadas pelos seus olhos. Para voltarem a enxergar de fato, esses adultos deveriam passar por um processo árduo de aprendizagem.

O processo de segmentação consiste em dividir uma imagem em regiões que possuem o mesmo conteúdo no contexto de uma aplicação. O objetivo da segmentação é fazer com que os objetos e as áreas de interesse em uma imagem tenham os seus pixels agrupados e destacados dos demais. Por exemplo, na identificação de queimadas na Amazônia, a análise da área com nível de calor muito alto ou coberta por fumaça pode ser feita por diferentes sensores do Landsat. As queimadas, nesse caso, são as áreas de interesse (ou padrões) que precisam ter os pixels identificados na imagem. Na maioria das aplicações, a segmentação de imagens é um estágio prévio de processamento para reconhecimento ou identificação das imagens.

Existem diversas formas de segmentar imagens. A segmentação pode ser baseada nas *descontinuidades* ou nas *similaridades* dos diferentes aspectos da imagem. Podem ser baseadas em *limites* (ou *bordas*) ou em *áreas* (*regiões*). As descontinuidades são representadas pelas mudanças bruscas nos níveis de tons, cores e texturas. As similaridades baseiam-se no quanto esses aspectos podem ser comuns aos diversos pixels. Na Figura 6.2, pixels vizinhos com características semelhantes representam pontos do mesmo objeto, região ou padrão das imagens. No exemplo, tons semelhantes caracterizam a região da boca do personagem.

Quando a característica usada é a cor ou o tom de cinza da imagem, a segmentação baseada nas *descontinuidades* pode ser resolvida com o uso de *filtros de acentuação de pontos, linhas e contornos* da imagem (ver Capítulo 5) e a segmentação baseada nas *similaridades* corresponde à busca de *limiares* adequados de *binarização* ou *multiníveis* (ver Capítulo 3). Na Figura 6.3, apresentam-se os resultados de duas segmentações, a primeira baseada em similaridade de cor e a segunda baseada em descontinuidades.

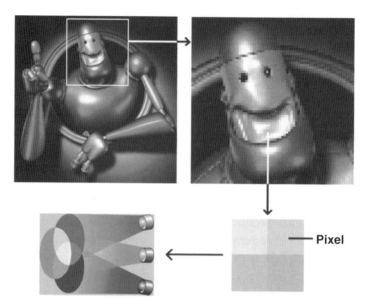

FIGURA 6.2. *Em imagens coloridas têm-se três cores associadas a cada pixel colorido (Ilustração do Robô: Pedro Toledo).*

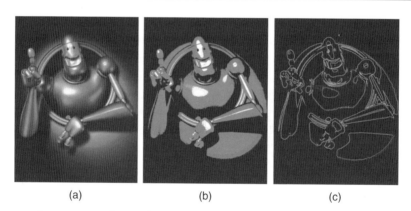

(a) (b) (c)

FIGURA 6.3. *Segmentação baseada em semelhança de cores (b) e em fronteiras ou bordas (c) (Ilustração do Robô: Pedro Toledo).*

Pixels (e mesmo os elementos de texturas, ou texels, que serão tratados no próximo capítulo) são associados a regiões usando-se algum critério, atributo ou predicado que os distinguem dos demais pixels (ou texels) da imagem. Os dois princípios envolvidos nesse processo são: similaridade do valor dos atributos ou predicados e proximidade espacial. Dois pixels (ou texels) podem ser associados a uma mesma região se eles possuem características (de intensidade de cinza, cores ou qualquer predicado predefinido) semelhantes e se estão próximos, ou seja, se satisfizerem a critérios de vizinhança.

A idéia geral em muitos dos métodos de segmentação é agrupar, de alguma forma, pixels ou grupos de pixels com mesma propriedade. Por exemplo, pode-se dividir a imagem em regiões de textura correspondentes à área de campos, tipos de plantação ou florestas para medir, por exemplo, a extensão de uma região e fazer previsões de colheitas em uma aplicação para a indústria agrícola. Por isso, a segmentação é um assunto muito importante nas áreas de análise de imagens, visão computacional e reconhecimento de padrões, pois é fundamental identificar partes das imagens que representem elementos de interesse (Nunes e Conci, 2003).

Existem dificuldades inerentes ao processo de segmentação automática de imagens, e por isso deve-se considerar que as fronteiras ou bordas das regiões possam não ser muito nítidas e são muitas vezes irregulares e imprecisas. Na segmentação em larga escala, especialmente por processos automáticos, existe uma grande necessidade de controlar a iluminação do ambiente de captura (ver Seção 2.4). Ambientes bem controlados, com grandes contrastes, tendem a facilitar a interpretação de imagens. Ambientes externos, em geral, apresentam mais dificuldades, pois estão sujeitos à variação de iluminação; além disso, a existência de sombras ou movimento muda os aspectos da região e tende a dar uma falsa impressão acerca da região a ser segmentada (Melo *et al.*, 2005).

Quando as segmentações são baseadas em um conjunto de características ou atributos são geralmente associadas à identificação de grupos de pixels ou áreas da imagem. Esse tipo é denominado técnica de *segmentação baseada em regiões* ou *segmentação orientada a regiões*. Uma *região* em uma imagem é um *grupo de pixels conectados* com propriedades similares. Regiões são importantes para a interpretação de uma imagem, pois podem corresponder a objetos ou aspectos relevantes de uma cena. Uma imagem pode conter vários objetos, e cada objeto pode conter várias regiões correspondentes a partes diferentes do objeto. Nesse caso, todos os pixels semelhantes são considerados pertencentes a uma mesma região, sendo agrupados em conjunto e demarcados de alguma forma (com cores únicas, por exemplo) para indicar que pertencem a determinada região (Nunes e Conci, 2006).

6.1.1. Segmentação Baseada em Regiões

A partição da imagem baseada no conteúdo de grupos de pixels é chamada de segmentação orientada ou baseada em regiões. De maneira ideal, uma partição será associada a um padrão, objeto ou parte dele em uma imagem. Portanto, para uma imagem ser interpretada corretamente, é necessário particioná-la em regiões que correspondam aos objetos ou padrões. O processo de segmentação baseada em regiões consiste na separação dessas regiões. A associação delas aos objetos é uma etapa seguinte, que consiste na *interpretação* ou identificação (*label*). Em alguns casos, no entanto, principalmente se técnicas de inteligência artificial estiverem sendo usadas, os dois passos podem ser associados (Monteiro, 2002).

Alguns aspectos relevantes devem ser considerados no processo de segmentação de imagens em regiões. A formulação básica usada para realizar a segmentação parte das seguintes premissas:

- a região, representada pelos pixels a serem agrupados, deve ser homogênea, considerando algum fator de tolerância e algumas características (predicados) predefinidas;
- só se consideram regiões fechadas aquelas delimitadas por fronteiras (bordas) contínuas que separam seu inteior dos outros segmentos (regiões da imagem);
- cada interior dessas regiões possui pontos conectados que só pertencem a uma região ou, em outras palavras, os predicados devem ser adequados para caracterizar univocamente a região;
- o conjunto de todas as regiões deve formar a imagem.

Esses itens correspondem a dizer que segmentos de uma imagem devem ser uniformes e homogêneos em relação à característica considerada (cor, textura etc.). As regiões devem ser simples e não apresentar outras em seu interior. Diferenças entre as regiões adjacentes devem ser significativas, dentro da tolerância especificada. As bordas ou limites devem ser nítidos. As regiões devem possuir algumas propriedades ou predicados diferentes para ser possível segmentá-las. Essas propriedades devem permitir, por exemplo, destacar uma superfície que representa um osso dentro de uma radiografia ou uma peça dentre várias, sendo submetida a um controle de qualidade, ou ainda uma área de estradas de uma imagem de satélite usada para planejamento urbano.

As formas mais comuns utilizadas para representar as regiões consistem nas notações e nos diagramas (de Venn) da teoria matemática de conjuntos. Sendo p_n os pixels representativos de uma região R_n contendo N pixels, um segmento ou região pode ser descrito matematicamente como a união de todos os pixels conectados que satisfaçam a certas propriedades, ou seja, os predicados ($P(pi)$): $R_n = \cup_i^N R_i$, onde $P(pi)$ = verdade para i = 1, 2, ... N.

Como as regiões adjacentes não devem possuir pixels em comum, as bordas não são consideradas pertencentes à região, e sim seus limites. Tem-se para cada $i, j : R_i \cap R_j = \phi$.

Formalmente, a segmentação de imagens é definida como um tratamento que visa particionar uma imagem f em um subconjunto composto de n regiões R_i tais que $0 < i \leq n\ \forall i\ R_j \neq \phi$, $\forall i, j; i \neq j; R_i \cap R_j = \phi$ e $f = \cup R_i$.

Na prática, todos os quatro aspectos mencionados na formulação básica são utópicos, porque áreas homogêneas são abstrações em imagens reais e as bordas em geral são irregulares e pouco nítidas. Além do mais, as regiões adjacentes tendem a se confundir e perder a nitidez nas bordas.

Como regra geral, a identificação de segmentos é específica e típica para cada aplicação. Na segmentação, a imagem é dividida em regiões com propriedades comuns. O nível de subdivisão da imagem depende do objetivo que se pretende alcançar. A segmentação se encerra quando as partes de interesse forem isoladas (Nunes e Conci, 2003).

Em uma abordagem clássica a segmentação em região de interesse é baseada em técnicas de *subdivisão e fusão da imagem* em regiões homogêneas ou *crescimento de regiões por agregação de pixels* (Gonzalez e Woods, 2000; Watt e Policarpo, 1992). Analisam-se a seguir essas técnicas e outras duas que se mostram cada vez mais utilizadas nos sistemas mais modernos: *segmentação baseada em agrupamentos* (*clustering*) e em *janelas* (*windows*) (Nogueira e Barros, 2007).

A técnica conhecida como crescimento de regiões, tratada a seguir, agrupa interativamente regiões com propriedades similares (isto é, nível de cinza, textura, cor etc.) a partir de um grupo inicial de pixels em regiões maiores, até alcançar determinado critério de parada (Nunes, 2006).

6.1.1.1. Técnicas de Segmentação Baseadas em Crescimento de Regiões

Crescimento de regiões é um processo interativo de agrupamento de pixels ou regiões com predicados comuns. Regiões homogêneas em relação ao predicado e adjacentes no espaço são agrupadas.

O processo de segmentação se inicia a partir de um pixel ou um conjunto de pixels (denominado *semente*). Pode haver qualquer número de sementes. Para cada semente, avalia-se o predicado dos pixels vizinhos (ou região). Como exemplo, de predicado pode-se ter: cor em RGB com menos 5% de variação ou textura definida pelo desvio-padrão dos tons de uma região horizontal de 5 pixels à direita e esquerda estar dentro de certos limites. A agregação das regiões é feita enquanto o critério de similaridade ou de decisão do predicado for verdadeiro.

Alguns problemas precisam ser considerados no processo de crescimento de regiões. Inicialmente, é necessário que a seleção de "sementes" represente adequadamente as regiões de interesse. Também é preciso selecionar adequadamente as propriedades para a inclusão de pontos nas regiões, durante o processo de crescimento. Outro problema é o estabelecimento de um critério de parada. O crescimento de uma região deverá parar quando não houver mais pixels vizinhos que satisfaçam aos critérios de inclusão naquela região (Nunes e Conci, 2003-a).

Uma vez que critérios como intensidade, textura e cor são *locais e estáticos* por natureza e não consideram o histórico do processo de crescimento de região, critérios adicionais, que utilizam o conceito de tamanho, similaridade (entre o pixel candidato e os pixels acrescidos até aquele momento) e a forma da região sendo operada, são desejáveis para aumentar o poder do algoritmo de crescimento de regiões.

Exemplos de opções que aumentam a capacidade do algoritmo são a inclusão das fatias anteriores e posterioes em imagens médicas de ressonância magnética e tomografia ou o uso das informações dos quadros posteriores e anteriores em análise de vídeos ou imagens em movimento (Nogueira e Barros, 2007, Fonseca, 2006).

Normalmente, o crescimento de regiões emprega um conjunto de descritores baseados em intensidade e em propriedades espaciais (como descritores de texturas, que serão tratados no próximo capítulo) de uma única fonte de imagens. Porém, a informação de conectividade ou de adjacência deve ser considerada no processo de crescimento de regiões, pois o emprego desses descritores isoladamente pode conduzir a resultados enganosos (Seção 6.2).

Em sistemas totalmente automáticos, no caso de não ser possível a definição de um ponto semente inicial, todas as regiões da imagem podem ser consideradas sementes em relação ao predicado. No caso de serem obtidas diversas segmentações diferentes, algum critério de decisão sobre a melhor forma final pode ser incluído (Bastos e Conci, 2007).

6.1.1.2. Técnicas de Segmentação Baseadas em Divisão e Fusão de Regiões

Na forma mais tradicional, a divisão e fusão de regiões é um método que subdivide uma imagem em quatro blocos e testa cada um desses blocos verificando se os pixels (ou *textels*) pertencentes a eles atendem a algum critério de homogeneidade. Os blocos que atenderem ao critério não serão mais divididos. O bloco que não atender será subdividido em blocos menores. Esse processo é repetido interativamente até que um critério de parada seja satisfeito. Em seguida, é realizada a junção dos blocos vizinhos homogêneos (Gonzalez e Woods, 2000).

Esse método geralmente é associado a uma estrutura *quadtree* (ou seja, uma árvore em que cada nó possui exatamente quatro descendentes) que possibilita decompor e agrupar partes de uma imagem (Seção 4.47 do Volume 1). Mas outras técnicas podem se usadas, como, por exemplo, algoritmos genéticos para adaptarem o processo de segmentação. Uma abordagem para segmentação de imagens utilizando algoritmo genético (AG) pode ser vista em Nunes (2004). O uso de uma função *fuzzy* para medir o grau de separação entre regiões segmentadas e a intensidade da borda ao longo das fronteiras da região é muito adequado. O algoritmo genético (AG) maximiza a qualidade da segmentação das regiões geradas durante o processo de divisão e fusão, usando os mecanismos de *crossover* e mutação. A Figura 6.4 fornece uma rápida idéia desse processo menos tradicional de divisão e fusão, apresentando em (a) uma idéia da aparência do processo de divisão de regiões, e em (b) o que acontece quando ocorre uma fusão de regiões. Acompanhando-se as modificações dos cromossomas em (c) e (d), observa-se que a posição 4 torna-se r_1, pois houve uma fusão de r_1 com r_4, e a posição 14 torna-se r_7, pois houve uma fusão de r_7 com r_{14}.

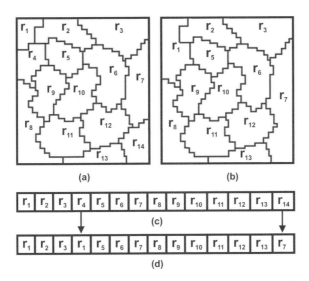

FIGURA 6.4. *Processo de divisão e fusão de regiões baseado em quadtrees.*

6.1.1.3. Técnicas de Segmentação Baseadas em "Clusterização"

As novas implementações automáticas de segmentação vêm sendo baseadas principalmente nas metodologias de inteligência artificial, em especial na "clusterização" ou agrupamento. Dado um conjunto X, um problema de "clusterização" consiste em agrupar os objetos (elementos) de X de modo que objetos mais similares fiquem no mesmo *cluster* (grupo) e os objetos menos similares sejam alocados em *clusters* distintos (Figura 6.5).

Problemas de agrupamento podem ser definidos formalmente da seguinte maneira: dado um conjunto com n elementos $X = \{X_1, X_2, ..., X_n\}$, o problema consiste na obtenção de um conjunto de k *clusters*, $C = \{C_1, C_2, ..., C_k\}$, tal que haja uma maior similaridade entre os elementos contidos em um *cluster* C_i do que qualquer um destes com os elementos de um dos demais *clusters* do conjunto C. O conjunto C é considerado uma "clusterização" com k *clusters*, caso as condições das equações sejam satisfeitas:

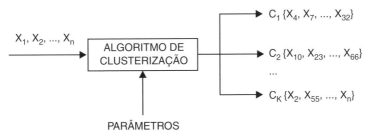

FIGURA 6.5. *Esquema funcional de um algoritmo de "clusterização" (Nunes, 2006).*

$$\bigcup_{i=1}^{k} C_i = X \qquad (6.1)$$

$$C_i \neq \emptyset \text{ para } 1 \leq i \leq k$$

$$C_i \cap C_j = \emptyset \text{ para } 1 \leq i, j \leq k, i \neq j$$

Se o valor de k for conhecido, o problema é referenciado na literatura como problema de *"clusterização-k"*. Caso contrário, o problema é referenciado como problema de *"clusterização automática"* e a obtenção do valor de k faz parte do processo de solução. A "clusterização" é uma ferramenta útil para o estudo e compreensão do comportamento de dados em diferentes situações, tendo sido empregada na solução de diversos problemas nas mais variadas áreas do conhecimento e, em especial, em segmentações complexas, como as por textura, combinando bandas espectrais (Nunes, 2006).

O objetivo da "clusterização" é agrupar os elementos de um conjunto de tal forma que os grupos formados sejam constituídos de elementos que possuam maior similaridade com os elementos do mesmo grupo do que com qualquer dos elementos de outros grupos. Para medir o quanto um elemento é similar a outro, a fim de determinar se devem pertencer ou não a um mesmo *cluster*, são utilizadas medidas de similaridade. O critério de similaridade mais comum, quando se utilizam atributos numéricos, baseia-se nas funções de distância. Para empregar essas funções, é preciso representar cada elemento como um vetor no espaço n-dimensional das características. Nesse caso, quanto menor for a distância entre um par de elementos, maior é a similaridade entre eles. Espera-se que a distância entre objetos de um mesmo agrupamento seja significativamente menor do que a distância entre objetos de agrupamentos diferentes.

A busca pela melhor solução no espaço de soluções possíveis torna o processo de "clusterização" um problema NP difícil (Nunes, 2006). A utilização de métodos exatos para obtenção da solução ótima fica impraticável, uma vez que a verificação exaustiva de todas as configurações de agrupamentos possíveis é computacionalmente inviável. Há aproximadamente $\frac{1}{k!}\sum_{i=0}^{k}(-1)^i \binom{k}{i}(k-i)^n$ maneiras de repartir n elementos em k agrupamentos. Por exemplo, existem os seguintes números de soluções possíveis para se combinar 10 elementos, 100 elementos e 1.000 elementos em dois *clusters*, respectivamente: 512; $6,33825 \times 10^{29}$ e $5,3575 \times 10^{300}$ soluções.

A fim de reduzir a complexidade na solução do problema, utilizam-se meta-heurísticas capazes de fornecer soluções subótimas em tempo satisfatório. Entretanto, as meta-heurísticas são normalmente desenvolvidas para certas classes de problemas, não sendo genéricas o suficiente para obter bons resultados em toda a gama de aplicações de "clusterizações" existente.

Existem diversas meta-heurísticas para a solução de problemas de "clusterização", basicamente classificadas em métodos hierárquicos e métodos de particionamento. Os métodos hierárquicos se dividem em métodos hierárquicos aglomerativos (*bottom-up*) e métodos hierárquicos divisivos (*top-down*). Os métodos hierárquicos aglomerativos iniciam com *n clusters* de um elemento e os *clusters* vizinhos são agregados até que o número desejado de *clusters* seja alcançado. Os métodos hierárquicos divisivos iniciam com um *cluster* de *n* componentes que é dividido sucessivamente até que o número de *clusters* desejado seja alcançado. Os métodos hierárquicos geram uma hierarquia de *clusters*, normalmente representada através de uma estrutura em árvore.

Os algoritmos de "clusterização" hierárquica possuem a vantagem de lidar com qualquer medida de similaridade e são aplicáveis a qualquer tipo de atributo (numérico ou categórico). Porém, têm como desvantagem o fato de não revisitarem os *clusters* construídos. Ou seja, no método hierárquico aglomerativo, uma vez realizada a fusão de dois objetos dentro de um *cluster*, estes não mais serão separados, permanecendo juntos no mesmo *cluster* até o final do procedimento. De igual forma, no método hierárquico divisivo, uma vez separados dois objetos, eles não mais serão agrupados em um mesmo *cluster*. Em imagens grandes como as de satélite, devido ao grande número de objetos (pixels) presentes, essa variação raramente é utilizada, por ser mais custosa computacionalmente.

Os métodos de particionamento baseados em recolocação têm por objetivo particionar um conjunto de dados com *n* elementos em *k* grupos distintos de forma a minimizar um critério escolhido. Esses métodos tentam descobrir novos *clusters* realocando interativamente pontos entre os subconjuntos, de forma a melhorar os *clusters* gradualmente, o que não ocorre nos métodos hierárquicos. Freqüentemente, os métodos de particionamento encontram *clusters* com qualidade superior (maior similaridade interna) aos encontrados pelos métodos hierárquicos (Han e Kamber, 2001). Devido a esse melhor desempenho, os algoritmos de particionamento normalmente são mais empregados. Dentre eles, os que são baseados em um ponto central (média dos atributos dos objetos – *k-means*; ou em um objeto representativo para o cluster (*k-medoids*) (Zhang, Hsu e Lee, 2001).

A qualidade do resultado obtido com os métodos de particionamento depende da seleção coerente das seguintes variáveis: escolha dos atributos, homogeneização das variáveis, medidas de similaridade, critérios de agrupamento, escolha do algoritmo e definição do número de *clusters*.

6.1.1.3.1. Algoritmo *K-Means*

O *k-means* é um tipo de algoritmo de classificação não supervisionada. Nesta seção, são apresentados os aspectos computacionais do algoritmo *k-means* proposto para o problema de classificação de textura em imagens coloridas ou multiespectrais de maneira geral (Nunes, 2006).

O *k-means* é um método amplamente difundido, existindo muitas variações propostas na literatura e diversos nomes (*k-médias*, *isodata* ou migração de médias). Em imagens de sensoriamento remoto, ele é bastante utilizado para executar procedimentos de classificação não supervisionada de imagens de satélite (Schowengerdt, 1997).

O *k-means* é um método de partição baseado em recolocação que necessita da definição *a priori* do número de agrupamentos k. O critério de custo a ser minimizado é definido em função da distância dos elementos em relação aos centros dos agrupamentos.

Usualmente, esse critério é a soma residual dos quadrados das distâncias, sendo geralmente usada a distância euclidiana. Entende-se por soma residual dos quadrados a soma dos quadrados das distâncias dos elementos ao centróide do seu *cluster*. Para toda partição, a soma residual dos quadrados será a soma dos quadrados das distâncias de cada grupo. Quanto menor for esse valor, mais homogêneos serão os objetos dentro de cada grupo e melhor será a partição.

O elemento representativo de um *cluster* é o seu centróide, que possui um valor médio para os atributos considerados, relativos a todos os elementos do *cluster*. A utilização do centróide como elemento representativo de um *cluster* é conveniente apenas para atributos numéricos que possuam um significado geométrico e estatístico claro, podendo, entretanto, receber muita influência de um único elemento que se encontre próximo à fronteira do *cluster*.

A partir de uma estimativa inicial das coordenadas dos centros dos agrupamentos (centróides), o algoritmo calcula a distância de cada ponto do conjunto a esses centróides. A seguir, o algoritmo aloca cada elemento do conjunto em um grupo, de acordo com a menor distância ao centróide correspondente. A nova estimativa das coordenadas dos centróides é calculada pela média aritmética das coordenadas dos pontos associados a cada grupo.

O método *k-means* é sensível ao particionamento inicial realizado, em virtude da escolha das coordenadas dos k centróides dos *clusters* ser feita inicialmente de forma aleatória. A partir desse primeiro particionamento, o algoritmo realiza uma busca de um ponto de máximo para o seu critério de parada. Não há garantias de que o algoritmo encontre o máximo global, sendo possível encontrar soluções distintas em execuções diferentes do algoritmo. Os passos do algoritmo básico são:

1. determinar as posições iniciais dos k centróides dos *clusters*;
2. alocar cada elemento ao *cluster* com centróide mais próximo;
3. recalcular os centros dos *clusters* a partir dos elementos alocados;
4. repetir os passos de 2 a 4 segundo algum critério de convergência.

Em imagens com diversas características simultâneas para segmentação, como cada canal RGB, textura ou quadros anteriores e posteriores, inicialmente é necessário selecionar um conjunto de amostras de treinamento para cada região de interesse. Essas amostras são regiões da imagem obtidas por janelas de tamanho M × M (3×3, 5×5,..., 21×21) definidas pelo tipo de aplicação. Cada amostra selecionada passa a representar um ponto no espaço euclidiano tridimensional. Em seguida, é realizada a "clusterização" das amostras e os centróides das classes são calculados por meio do algoritmo *k-means*. Para segmentar a propriedade de interesse na imagem, é verificada se a distância da amostra de teste é maior do que uma distância de tolerância. Caso essa distância seja menor, o pixel é rotulado com a cor da classe correspondente. Caso contrário, ele permanece com sua cor original. O critério de tolerância adotado é a maior distância da amostra de treinamento ao centro do seu *cluster*.

6.1.1.4. Segmentação Baseada em Janelas (*Windows*)

O uso de janelas para características baseadas em áreas é muito comum em análises de imagens multi-resolução ou texturas, pois, nesses casos, pixels isolados dificilmente seriam representativos de uma região. A maior desvantagem dessa técnica é que os limites entre as regiões podem apenas ser determinados dentro de uma distância de w pixels, onde w representa o número de pixels que constituem a janela (Parker, 1997).

O método pode ser descrito por:

1. para cada pixel da imagem, substitua seu valor pelo valor do predicado em análise, por exemplo, o desvio-padrão dos tons da região de $w \times w$ pixels centrada nele;
2. divida a imagem em regiões com base em agrupamentos de valores do predicado (desvio-padrão, por exemplo).

O uso de apenas um predicado pode não funcionar bem muitas vezes, mas o método pode ser generalizado para qualquer número de predicados e técnicas de decisão mais complexas quanto aos limiares das regiões.

6.1.2. Outras Técnicas de Segmentação

Existe ainda uma grande variedade de técnicas de segmentação de imagens que podem ser classificadas de diferentes formas. Dentre as técnicas mais comuns empregadas na segmentação de imagens estão: filtragem no domínio espacial; filtragem no domínio da freqüência; transformação para um espaço de medida específico; além dos baseados em morfologia matemática e contornos ativos.

No grupo de filtragem no *domínio espacial*, executa-se a segmentação na própria imagem, sem utilizar transformações, com base em diversas medidas calculadas sobre a imagem (como a detecção de contorno ou a limiarização, Figura 6.3).

O segundo grupo realiza segmentação por filtragem de maneira semelhante ao primeiro, porém em um outro espaço que não o da imagem propriamente dita, nesse caso, o *espaço de freqüência* para onde a imagem será transformada através do uso da transformada de Fourier (seção 5.1).

No enfoque voltado para o espaço de *medida específico de interesse*, a imagem é considerada representada em um espaço euclidiano. Executa-se uma transformação linear para outro espaço de representação, processa-se a imagem e executa-se a transformação inversa. A segmentação é feita na forma final no espaço da imagem. Um exemplo disso é o uso de transformadas de Hough (comentada nas seções 6.3.3.3 que, seguem) e transformadas de wavelets (seção 8.8).

O quarto grupo engloba técnicas baseadas em *morfologia matemática*. A principal ferramenta de segmentação é baseada na transformação *watershed*, também conhecida como divisor de águas. Devido ao amplo espectro de aplicações práticas e sua simplicidade de implementação, a morfologia matemática tornou-se uma metodologia importante para análise de imagens (Facon, 1993), no entanto, não será tratada neste livro. Para segmentação baseada na morfologia matemática, recomenda-se a consulta a outras obras (Banon e Barrera, 1998) (Carvalho, 2006) (Calixto, 2005).

Os modelos de *contornos ativos* (*snakes*) são técnicas que visam à extração das bordas dos objetos da cena. Essas técnicas se caracterizam pelo ajuste de uma curva (*spline*) sobre uma imagem definindo o contorno do objeto segmentado. A inicialização é realizada com um contorno de configuração arbitrária que evolui até se ajustar ao objeto de interesse. Nessa forma incipiente, o assunto será considerado neste capítulo no item de extração de características de contorno. Devido ao seu comportamento dinâmico, os contornos ativos são também conhecidos como "modelos deformáveis". Para mais detalhes desse modelo, veja os trabalhos de Giraldi (2000), Sanchez *et al.* (2007), Giraldi, Strauss e Oliveira (2001).

6.1.3. Propriedades do Pixel

Uma representação adequada de um pixel consiste em uma área retangular ou quadrada. Três aspectos são muito importantes nesse contexto de representação: a vizinhança, a conectividade e as distâncias.

6.1.3.1. Vizinhança em Pixel (Vizinhança 4 e Vizinhança 8)

A amostragem uniformemente espaçada define pixels quadrados. Um problema que aparece neste momento é: quais são os vizinhos de um determinado pixel? Essa pergunta é fundamental para algoritmos de segmentação baseados em regiões e algoritmos de determinação de continuidade de objetos na imagem.

Um pixel p nas coordenadas (x,y) tem quatro vizinhos horizontais e verticais cujas coordenadas são dadas por $(x+1,y)$, $(x-1,y)$, $(x,y-1)$, $(x,y+1)$. Esse conjunto de pixels, ditos na *vizinhança* 4 de p, recebem a notação $N_4(p)$ (Figura 6.6a).

Os quatro pixels vizinhos das diagonais de p têm coordenadas $(x+1,y+1)$, $(x+1,y-1)$, $(x-1,y+1)$,$(x-1,y-1)$ e recebem a notação $N_D(p)$ (Figura 6.6b), junto com a *vizinhança* 4, esse conjunto é chamado *vizinhança* 8 e recebe a notação $N_8(p)$ (Figura 6.6c).

A Figura 6.6 mostra essas vizinhanças de um pixel. As vizinhanças N_4 e N_D descrevem elementos eqüidistantes do pixel considerando-se os pixels quadrados.

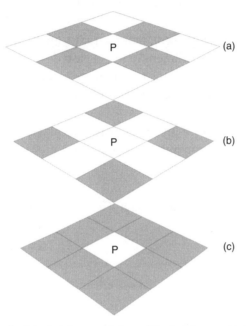

FIGURA 6.6. *Conceitos de (a) vizinhança 4 de p, (b) vizinhança D de p, (c) vizinhança 8 de p.*

Para criar uma vizinhança onde todos os vizinhos fossem eqüidistantes, seria necessário mudar a grade regular quadrada para uma grade hexagonal. São poucos os algoritmos implementados com essa vizinhança, pois, como a imagem está em geral amostrada em uma grade regular quadrada, deve-se convertê-la para a grade hexagonal, realizar o processamento e convertê-la de volta para a grade regular. A Figura 6.7 mostra uma vizinhança hexagonal.

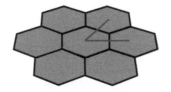

Vizinhança hexagonal

FIGURA 6.7. *Vizinhança de um pixel em uma grade hexagonal.*

6.1.3.2. Medidas de Distância

As medidas de distância mais utilizadas em imagens são as representadas na expressão a seguir, denominadas distância *city-block*, *Manhattan* ou quarteirão para r = 1 e distância euclidiana para r = 2.

$$D(X_i, X_j) = \left[\sum_{l=1}^{n} |x_{il} - x_{jl}|^r\right]^{\frac{1}{r}} \quad (6.2)$$

Nessa expressão, X_i e X_j representam um arranjo, um grupo de elementos ordenados ou um vetor de qualquer dimensão n. No caso de vetores de características ou atributos, cada um desses elementos l como pode inclusive ter significado e dimensões físicas diferentes dos outros componentes ou dos seus vizinhos: $l-1$ e $l+1$ na ordenação.

Uma função de distância D é uma *métrica* para os pixels p, q e z, com coordenadas (x,y), (s,t), (u,v), respectivamente, se as seguintes propriedades forem satisfeitas por essa função:

$D(p,q) \geq 0$ e $D(p,q) = 0$ se e somente se $p = q$ *(propriedades de positividade)*
$D(p,q) = D(q,p)$ *(propriedades de simetria)*
$D(p,z) \leq D(p,q) + D(q,z)$ *(desigualdade do triângulo)*

A distância euclidiana D para $r = n = 2$ entre p e q é definida como:

$$D_e(p,q) = \sqrt{(x-s)^2 + (y-t)^2} = D_2(p,q) \quad (6.3)$$

Nesta métrica, os pixels, com distância euclidiana em relação a p(x,y) (o ponto central) menor ou igual a algum valor r, são os pontos contidos em um círculo de raio r centrado em p(x,y). A Figura 6.8 apresenta os pixels com distância $D_e \leq \sqrt{8}$ de p(x,y).

$\sqrt{8}$	$\sqrt{5}$	2	$\sqrt{5}$	$\sqrt{8}$
$\sqrt{5}$	$\sqrt{2}$	1	$\sqrt{2}$	$\sqrt{5}$
2	1	0	1	2
$\sqrt{5}$	$\sqrt{2}$	1	$\sqrt{2}$	$\sqrt{5}$
$\sqrt{8}$	$\sqrt{5}$	2	$\sqrt{5}$	$\sqrt{8}$

FIGURA 6.8. *Distância euclidiana $\leq \sqrt{8}$ do pixel central (Nunes, 2006).*

EXTRAÇÃO DE CARACTERÍSTICAS • 213

A distância D_1 (p,q) (distância *city block*, quarteirão ou *Manhattan*) entre p e q, para $r = 1$ e $n = 2$, é definida pela equação:

$$D_1(p,q) = |x-s|+|y-t| \quad (6.4)$$

Nessa métrica, os pixels, com distância *city block* em relação a $p(x,y)$ (o ponto central) menor ou igual a algum valor r, formam um losango centrado em $p(x,y)$. Os pixels com $D_1 = 1$ são vizinhos 4 de $p(x,y)$. A Figura 6.9 apresenta os pixels com distância $D_1 \leq 4$ de $p(x,y)$.

A distância D_∞, ou distância "sup", entre p e q é definida pela equação:

4	3	2	3	4
3	2	1	2	3
2	1	0	1	2
3	2	1	2	3
4	3	2	3	4

FIGURA 6.9. Distância D_1 (Nunes, 2006).

$$D_\infty(p,q) = \text{Máx}(|x-s|,|y-t|) \quad (6.5)$$

Nessa medida de distância, os pixels com distância D_∞ em relação a $p(x,y)$ (o ponto central) menor ou igual a algum valor r formam um quadrado centrado em $p(x,y)$. Os pixels com $D = 1$ são vizinhos –8 de $p(x,y)$. A Figura 6.10 apresenta os pixels com distância $D_\infty \leq 2$ de $p(x,y)$.

2	2	2	2	2
2	1	1	1	2
2	1	0	1	2
2	1	1	1	2
2	2	2	2	2

FIGURA 6.10. Distância D_8 (Nunes, 2006).

6.1.3.3. Conectividade (Propriedade de um Pixel Conectado a Outro)

A conectividade entre pixels é muito importante para estabelecer bordas de objetos e componentes de regiões de uma imagem. Para estabelecer se dois pixels estão conectados, é preciso determinar:

1. se são adjacentes ($N_4(p)$ ou $N_8(p)$);
2. se seus atributos (níveis de cinza, texturas ou cores) são similares.

Os níveis de conectividade são:

- Conectividade de 4: dois pixels p e q têm conectividade 4 se seus atributos são iguais e se q está no conjunto $N_4(p)$.
- Conectividade de 8: dois pixels p e q têm conectividade 8 se seus atributos são iguais e se q está no conjunto $N_8(p)$.
- Conectividade de m (mista): dois pixels p e q têm conectividade mista se seus atributos são iguais e se: q está no conjunto $N_4(p)$ ou q está no conjunto $N_D(p)$ e o conjunto $N_4(p)N_4(q) = \emptyset$.

Em vez de atributos idênticos, podem ser usados conjuntos de valores de níveis de atributos ou limiares inferiores e superiores para definir a conectividade. A conectividade mista é utilizada para eliminar as conexões por múltiplos caminhos.

Por exemplo, supondo que se esteja trabalhando com imagens binárias, onde 0 indica o fundo e 1 os objetos da imagem, neste caso só há valores 0 e 1 para os pixels. Considerando a área mínima de 3×3 da imagem mostrada na Figura 6.11, têm-se conexões por caminhos para o pixel central dependendo dos níveis de conectividade.

Distribuição dos *pixels*			N_8			Vizinho de m			N_4		
0	1	1	0	1	1	0	1	1	0	1	1
0	1	0	0	1	0	0	1	0	0	1	0
0	0	1	0	0	1	0	0	1	0	0	1

FIGURA 6.11. *Exemplo da variação do caminho com o tipo de adjacência.*

O tipo de adjacência entre pixels depende da conectividade. Dois pixels são adjacentes se forem conectados. O tipo do caminho depende do tipo de adjacência. Por exemplo: (x_i, y_i) é adjacente a (x_{i-1}, y_{i-1}), $1 <= i <= n$ (onde n é o comprimento do caminho) em $N_8(P)$ mas não em $N_4(P)$.

Uma vez definida uma conectividade entre os pixels, é possível definir um caminho conexo. Dois pixels são conexos se existir um caminho entre eles. Um objeto na imagem segmentada (ou binária, no caso do exemplo) é usualmente definido como um componente conexo. Um componente conexo é o maior conjunto de pixels conexos entre si formados a partir de p. Se p é um pixel em S (subconjunto de uma imagem), o conjunto de pixels em S conectados a p é denominado "componente conexo de S".

Nos métodos de segmentação, o conceito de conectividade entre pixels (ou no caso de texturas texels) é muito importante. Esse conceito permite estabelecer limites de objetos e regiões em uma imagem. Para estabelecer se dois pixels estão conectados, é necessário determinar se eles são adjacentes (vizinhos) segundo algum critério e se seus predicados (tons, por exemplo) satisfazem a determinado critério de similaridade. Isso quer dizer que os algoritmos devem testar, por exemplo, se o pixel $p(x_1,y_1)$ está próximo ao $p(x_2,y_2)$ e se seus predicados (tons) encontram-se dentro de determinados valores. Desse modo, os pixels que satisfazem essas condições são considerados pertencentes a uma região ou objeto. Como visto, é claro que o resultado obtido nas segmentações depende do tipo de vizinhança usada (Mendes, 2003).

6.1.4. Rotulação

A rotulação é fundamental para a segmentação e contagem de regiões e objetos. A cada região ou componente conexo é atribuído um valor único na imagem, usualmente denominado rótulo (*label*). Uma forma eficiente e simples de rotular é o algoritmo que se segue. Nele, deseja-se contar objetos conectados de valor 1. Usa-se, então, uma área de memória para caracteres ou inteiros com o mesmo tamanho da área da imagem.

Para uma vizinhança $N4(p)$, sendo t o pixel acima de p e r o pixel à esquerda de p, o algoritmo propõem uma varredura da imagem da esquerda para a direita e de cima para baixo, de modo que, quando se encontra p, r e t, estes já foram encontrados e rotulados se tiverem valor = 1.

Se p (x,y) tem valor = 0, então
vá para próxima posição
Senão
Se r e t têm valor = 0, então
    p recebe um novo rótulo
Se r ou t têm valor = 1, então
    p recebe o rótulo de r ou de t
Se r e t têm valor = 1 e mesmo rótulo, então
    p recebe o mesmo rótulo de r e t
Se r e t têm valor = 1 e rótulos diferentes, então
    p recebe um dos rótulos (de r ou t) e anota-se que os rótulos são equivalentes

Ao fim, continue a varredura de todos os pontos com valor = 1. Se alguns rótulos forem equivalentes, então ordene todos os pares de rótulos equivalentes em classes de equivalência.

Atribua um rótulo diferente a cada classe (percorre-se a imagem trocando cada rótulo pelo rótulo da sua classe de equivalência).

O mesmo ocorre para vizinhanças de 8, sendo que dois vizinhos da diagonal superior (esquerda e direita) de p também serão examinados (Monteiro, 2002).

6.2. Tipos de Características

Para escolher que características devem ser extraídas da imagem capturada, é necessário estabelecer quais informações são relevantes para o reconhecimento do objeto e precisarão ser extraídas. Essas informações podem ser: relacionadas à sua localização, se é o único ou não que está na cena em análise, se tem defeitos ou não, se existem objetos sobrepostos ou conectados, cores, dimensões e texturas etc.

Dependendo da aplicação, além desses aspectos também devem ser consideradas as condições a que o objeto está submetido no momento da captura da imagem, tais como se ele está se movendo e a que velocidade, se a iluminação incidente é controlada ou produz falsos contornos, se há vibrações prejudiciais à captura da imagem etc. Por exemplo, se o objeto a ser identificado está em movimento, extraem-se características que sejam independentes de posição, isto é, invariantes quanto à translação e rotação ou invariantes quanto à deformação, bem como pode ser importante considerar mais de uma captura em tempos diversos (Carvalho, 2006, Monteiro, 2002).

Diversas características são utilizadas para reconhecer ou identificar objetos em imagens (Figura 6.12). Uma classificação possível considera dois grupos de descritores: de forma e de aspecto.

Na classe de descritores de forma, existem características que consideram apenas o contorno dos objetos e as que consideram a região inteira dos objetos. O contorno de um objeto é um dos seus atributos mais importantes, em muitos casos fundamental no processo de reconhecimento. Os descritores que consideram a região podem também ser agrupados em dimensionais, inerciais ou topológicos. Os des-

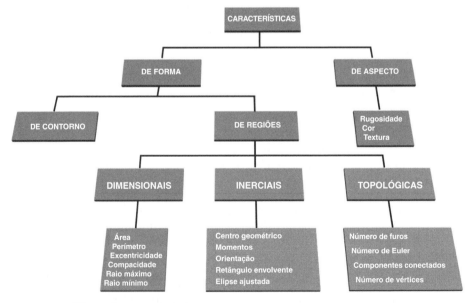

FIGURA 6.12. *Tipos de características.*

critores dimensionais englobam a geometria dos objetos, como, por exemplo, área, razão de aspecto, perímetro etc. As características inerciais consideram aspectos relacionados às propriedades de corpos rígidos, tais como centro de gravidade, momentos geométricos etc. Alguns desses descritores inerciais podem ser também classificados como dimensionais. Descritores topológicos consideram o número de furos e partes constituintes, convexidade, homogeneidade do objeto, entre outras (Gonçalves Filho, 1996). Já as características relacionadas ao aspecto da imagem são textura, cor, acabamento, rugosidade etc. A rugosidade determina o acabamento de uma peça e possibilita, em Engenharia Mecânica e Metalúrgica, a detecção de irregularidades da superfície, que podem ser avaliadas a partir de aparelhos eletrônicos sensíveis a essas variações (rugosímetros). Nas imagens, a rugosidade é caracterizada por parâmetros que indicam a textura (dos sulcos ou estrias). A textura também pode ser utilizada para caracterizar o material de um objeto, a partir da avaliação de padrões em tecidos, madeiras, rochas, entre outros.

Antes de considerar a extração de características, será feita uma consideração sobre a escolha das formas mais representativas de dados e características: a *análise de componentes principais* (*ACP* ou *PCA*, do inglês *Principal Component Analysis*), que é um método que tem por finalidade básica a análise do conjunto de dados (características) usados, visando reduzi-lo, eliminando redundâncias.

6.2.1. Análise de Componentes Principais (PCA)

A análise dos componentes principais, também chamada de *transformada discreta de Karhunen-Loève* (KLT) ou ainda *transformada de Hotelling*, em homenagem respectivamente a Kari Karhunen, Michel Loève (1907-1979) e Harold Hotelling, transforma variáveis discretas em coeficientes descorrelacionados. Foi derivada por Hotelling e por ele denominada *método dos componentes principais*.

A análise de componentes principais é um dos métodos estatísticos de múltiplas variáveis mais simples. A PCA é considerada a transformação linear ótima, entre as transformadas de imagens, sendo uma maneira de identificar as relações entre as características extraídas de dados. É bastante útil quando os vetores de características têm muitas dimensões ou quando uma representação gráfica não é possível, mas também pode ser útil em dimensões menores.

A *componente principal* é o arranjo que melhor representa a distribuição dos dados, sendo que a *componente secundária* é perpendicular à componente principal. Os passos para calcular as componentes principais são:

1. obter os dados ou as M amostras de vetores de dimensão n;
2. calcular a média ou o vetor médio desses dados;
3. subtrair a média de todos os itens de dados;
4. calcular a *matriz de covariância* usando todas as subtrações (essa matriz é o resultado da média do produto de cada subtração por ela mesma e terá dimensão $n \times n$);

5. calcular os *autovalores* e *autovetores* da matriz de covariância;
6. arranjar os elementos que formam a *matriz da transformada de Hotelling* (cujas linhas são formadas a partir dos autovetores da matriz de covariância arranjados de modo que a primeira linha, o elemento (0,0), seja o autovetor correspondente ao maior autovalor, e assim sucessivamente até que a última linha corresponda ao menor autovalor).

O *autovetor* com o maior *autovalor* associado corresponde à componente principal do conjunto de dados usado. Isso significa que este é o relacionamento mais significativo entre os diversos dados. As componentes principais podem então ser usadas conforme a maneira desejada, apenas para visualização, para aquisição de imagens de objetos 2D de acordo com o melhor posicionamento da câmera ou para o reconhecimento das principais características de medidas dos padrões a serem usadas.

6.2.1.1. Matriz de Covariância

Em Estatística, existem várias análises que podem ser feitas sobre um conjunto de dados, como a média aritmética, o desvio-padrão e a variância. Todas essas medidas, porém, consideram separadamente cada tipo de dados. Por sua vez, a covariância sempre é medida entre duas "dimensões" (calcular a covariância entre uma "dimensão" e ela mesma resulta na variância).

A matriz de covariância para M amostras de vetores em um conjunto qualquer, com vetor médio m_x, pode ser calculada de acordo com:

$$C_x = \frac{1}{M}\sum_{i=1}^{M} x_i x_i^T - m_x m_x^T \quad (6.6)$$

Sempre é possível encontrar um conjunto de *n* autovalores e correspondentemente autovetores ortonormais. A diagonal principal da matriz contém as variâncias, e as demais posições, a correlação entre as direções. Essa matriz é simétrica e real, de modo que é sempre possível encontrar um conjunto de autovetores ortonormais (Anton e Rorres, 2004).

Para M amostras de vetores em um conjunto qualquer, o vetor médio pode ser calculado por:

$$m_x = \frac{1}{M}\sum_{i=1}^{M} x_i \quad (6.7)$$

Assim, suponha que se dispõem de quatro amostras de um conjunto de vetores de características 3D, que correspondem às seguintes três características de medidas de quatro imagens: envoltória máxima, centróide e diferença de áreas. Suponha também que esses valores para cada uma das quatro imagens sejam:

$$x_1 = \begin{bmatrix} 0 \\ 0 \\ 0 \end{bmatrix}; x_2 = \begin{bmatrix} 1 \\ 0 \\ 0 \end{bmatrix}; x_3 = \begin{bmatrix} 1 \\ 0 \\ 0 \end{bmatrix}; e\ x_4 = \begin{bmatrix} 1 \\ 0 \\ 1 \end{bmatrix} \quad (6.8)$$

O vetor médio dessas medidas será:

$$m_x = \begin{bmatrix} 3/4 \\ 1/4 \\ 1/4 \end{bmatrix} \quad (6.9)$$

Para calcular a matriz de covariância, subtrai-se cada x_i de m_x e, usando todas as subtrações, calcula-se o produto de cada subtração por ela mesma. A matriz de covariância é o resultado da média dessa soma. Para os dados anteriores têm-se

$$x_1 - m_x = \begin{bmatrix} -3/4 \\ -1/4 \\ -1/4 \end{bmatrix}; x_2 - m_x = \begin{bmatrix} 1/4 \\ -1/4 \\ -1/4 \end{bmatrix}; x_3 - m_x = \begin{bmatrix} 1/4 \\ 3/4 \\ -1/4 \end{bmatrix} e\ x_4 - m_x = \begin{bmatrix} 1/4 \\ -1/4 \\ 3/4 \end{bmatrix}$$

(6.10)

O produto de cada um desses vetores por ele mesmo resultará em uma matriz 3×3, dada por $(x_i - m_x)(x_i - m_x)^T$. No exemplo em questão, têm-se as seguintes matrizes, respectivamente:

$$(x_1 - m_x)(x_1 - m_x)^T = \begin{bmatrix} 9/16 & 3/16 & 3/16 \\ 3/16 & 1/16 & 1/16 \\ 3/16 & 1/16 & 1/16 \end{bmatrix} \quad (6.11)$$

$$(x_2 - m_x)(x_2 - m_x)^T = \begin{bmatrix} 1/16 & -1/16 & -1/16 \\ -1/16 & 1/16 & 1/16 \\ -1/16 & 1/16 & 1/16 \end{bmatrix} \quad (6.12)$$

$$(x_3 - m_x)(x_3 - m_x)^T = \begin{bmatrix} 1/16 & 3/16 & -1/16 \\ 3/16 & 9/16 & -3/16 \\ -1/16 & -3/16 & 1/16 \end{bmatrix} \quad (6.13)$$

$$(x_4 - m_x)(x_4 - m_x)^T = \begin{bmatrix} 1/16 & -1/16 & 3/16 \\ -1/16 & 1/16 & -3/16 \\ 3/16 & -3/16 & 9/16 \end{bmatrix} \quad (6.14)$$

De modo que a matriz de covariância desses valores será:

$$(C_x) = \frac{1}{4}\begin{bmatrix} 12/16 & 4/16 & 4/16 \\ 4/16 & 12/16 & -4/16 \\ 4/16 & -4/16 & 12/16 \end{bmatrix} \text{ou } (C_x) = \begin{bmatrix} 3/16 & 1/16 & 1/16 \\ 1/16 & 3/16 & -1/16 \\ 1/16 & -1/16 & 3/16 \end{bmatrix} \quad (6.15)$$

Nesse exemplo, todos os elementos da diagonal principal são iguais, o que indica que os três elementos do vetor de característica usado têm mesma variância. Todos os três elementos são correlacionados. Os elementos 1 e 3 do vetor de característica usado têm correlação positiva, enquanto os elementos 2 e 3 são negativamente correlacionados.

O exemplo de cálculo anterior pode ser facilmente estendido para o cálculo da matriz de covariância em 3D com qualquer número de medidas. Também é facilmente extendido para casos de vetores com mais de três dimensões. Se eles tiverem quatro dimensões, a matriz será 4×4; se tiverem cinco dimensões, a matriz será 5×5; e se tiverem n dimensões, a matriz será $n \times n$.

6.2.1.2. Auto-espaços, Autovetores e Autovalores

Diz-se que um vetor v é um autovetor de uma matriz quadrada M se Mv (multiplicação da matriz M pelo vetor v) resulta em um múltiplo de v, ou seja, em λv (ou na multiplicação de um escalar pelo vetor). Nesse caso, λ é o chamado autovalor de M associado ao autovetor v. Quando se fala em autovetores, subentende-se "autovetores de comprimento 1" (não-nulos), já que a propriedade desejada é apenas a direção do vetor.

Uma propriedade dos autovetores é que eles são sempre perpendiculares (ortogonais) entre si. Essa propriedade é importante porque torna possível expressar os dados em termos dos autovetores, em vez de em termos dos eixos x, y e z. Para matrizes de dimensões 2×2 ou também 3×3, os autovalores podem ser calculados usando a equação característica de M:

$$\det(M - \lambda I) = 0 \quad (6.16)$$

onde I é a matriz identidade; M a matriz dada; e os escalares não-nulos, λ, que a solucionam, são os autovalores. Por exemplo, o caso de uma matriz M 2×2:

$$\det\begin{pmatrix} m_{11} - \lambda & m_{12} \\ m_{21} & m_{22} - \lambda \end{pmatrix} = 0 \quad (6.17)$$

resulta em uma equação de segundo grau cujas raízes podem ser calculadas e substituídas no sistema a seguir, para encontrar os *autovetores* correspondentes a cada *autovalor*:

$$\begin{pmatrix} m_{11} - \lambda & m_{12} \\ m_{21} & m_{22} - \lambda \end{pmatrix}\begin{pmatrix} x \\ y \end{pmatrix} = \begin{pmatrix} 0 \\ 0 \end{pmatrix} \quad (6.18)$$

No caso de dimensões maiores ou algoritmos genéricos, para qualquer número de dimensões, o usual é aplicar um algoritmo numérico iterativo. O último passo é ordenar os autovetores de acordo com os autovalores de maior valor (principais).

Equivalentemente, os autovetores associados aos autovalores serão os vetores não-nulos no espaço solução de $(\lambda I - M) v = 0$. Esse espaço é chamado de auto-espaço de M associado a λ. As bases para cada um desses *autovetores* são chamadas de *bases do auto-espaço*.

Como exemplo ilustrativo, considere que, antes da captura definitiva da imagem de um objeto por sonar, se tenha pré-capturado dez conjuntos de coordenadas x,y,z aleatórias desse objeto. Essas coordenadas foram usadas em uma análise prévia para posicionamento adequado à captura definitiva das suas coordenadas. Se a matriz de covariância obtida a partir dessa análise prévia for, por exemplo:

$$M = C_x = \begin{vmatrix} 0 & 0 & -2 \\ 1 & 2 & 1 \\ 1 & 0 & 3 \end{vmatrix} \quad (6.19)$$

a equação característica de M será $\lambda^3 - 5\lambda^2 + 8\lambda - 4 = 0$. Ou na forma fatorada: $(\lambda - 1)(\lambda - 2)^2 = 0$, de modo que seus autovalores são $\lambda = 1$ e $\lambda = 2$. E, portanto, têm-se dois auto-espaços de M. Por definição, o vetor v é um autovetor da matriz quadrada M se e somente se v é solução não trivial (diferente do vetor zero) de : $(\lambda I - M) v = 0$. Assim, nesse exemplo, é necessário achar as soluções da Equação 6.20 para os dois autovalores $\lambda = 1$ e $\lambda = 2$:

$$\begin{vmatrix} \lambda - 0 & 0 & 2 \\ -1 & \lambda - 2 & -1 \\ -1 & 0 & \lambda - 3 \end{vmatrix} \cdot \begin{bmatrix} x_1 \\ x_2 \\ x_3 \end{bmatrix} = \begin{bmatrix} 0 \\ 0 \\ 0 \end{bmatrix} \quad (6.20)$$

Para $\lambda = 2$ têm-se autovetores na forma:

$$v_1 = \begin{vmatrix} -s \\ t \\ s \end{vmatrix} = s \begin{bmatrix} -1 \\ 0 \\ 1 \end{bmatrix} + t \begin{bmatrix} 0 \\ 1 \\ 0 \end{bmatrix} \quad (6.21)$$

e como $\begin{bmatrix} -s \\ 0 \\ s \end{bmatrix} = s \begin{bmatrix} 0 \\ t \\ 0 \end{bmatrix}$ são linearmente independentes, formam uma base do auto-espaço associado a $\lambda = 2$.

Para $\lambda = 1$, têm-se autovetores na forma:

$$v_2 = \begin{vmatrix} -2s \\ s \\ s \end{vmatrix} = s \begin{bmatrix} -2 \\ 1 \\ 1 \end{bmatrix} \tag{6.22}$$

e, portanto, $\begin{bmatrix} -2 \\ 1 \\ 1 \end{bmatrix}$ é uma base do auto-espaço associado a $\lambda=1$.

Dois resultados importantes da Álgebra Linear são:

- se uma matriz $n \times n$ tem n autovalores linearmente independentes, então ela é diagonalizável;
- se uma matriz é diagonalizável, então ela tem n autovalores linearmente independentes que serão os seus elementos da diagonal principal.

Os procedimentos para diagonalizar uma matriz M correspondem aos seguintes passos:

1. Encontrar seus autovetores linearmente independentes: $v_1, v_2, ... v_n$.
2. Formar uma matriz P com esses vetores como colunas.
3. Fazer o produto $P^{-1} MP$ que será uma matriz diagonal, com elementos iguais aos autovalores na diagonal principal.

Por exemplo, para diagonalizar a matriz da Equação (6.19):

$$M = C_x = \begin{vmatrix} 0 & 0 & -2 \\ 1 & 2 & 1 \\ 1 & 0 & 3 \end{vmatrix} \tag{6.23}$$

da qual já se calcularam os três autovetores: $\begin{bmatrix} -1 \\ 0 \\ 1 \end{bmatrix}$ e $\begin{bmatrix} 0 \\ 1 \\ 0 \end{bmatrix}$ associados a $\lambda = 2$ e $\begin{bmatrix} -2 \\ 1 \\ 1 \end{bmatrix}$

associado a $\lambda = 1$. Como os três são linearmente independentes (isto é, não são múltiplos ou resultado da soma uns dos outros), o passo 1 já está feito. A matriz do passo 2 é:

$$P = [v_1 \ v_2 \ v_3] = \begin{vmatrix} -1 & 0 & -2 \\ 0 & 1 & 1 \\ 1 & 0 & 1 \end{vmatrix} \tag{6.24}$$

que pode ser usada para diagonalizar M pelo passo 3 (confira fazendo as contas):

$$P^{-1} * (M * P) = \begin{bmatrix} 1 & 0 & 2 \\ 1 & 1 & 1 \\ -1 & 0 & -1 \end{bmatrix} * \begin{bmatrix} 0 & 0 & -2 \\ 1 & 2 & 1 \\ 1 & 0 & 3 \end{bmatrix} * \begin{bmatrix} -1 & 0 & -2 \\ 0 & 1 & 1 \\ 1 & 0 & 1 \end{bmatrix} = \begin{bmatrix} 2 & 0 & 0 \\ 0 & 2 & 0 \\ 0 & 0 & 1 \end{bmatrix} \quad (6.25)$$

No processo de diagonalização, não existe uma ordem preferencial para as colunas; se a ordem dos autovalores fosse alterada, o resultado seria outro, mas ainda diagonalizando a matriz. Porém, o mesmo não acontece para a *transformada de Hotelling*, que sempre tem de ser feita em ordem decrescente de autovalores.

6.2.1.3. Transformada de Hotelling

Como a matriz da covariância é real e simétrica, é sempre possível encontrar um conjunto de n autovetores ortonormais. Considere que esses n autovetores sejam arranjados de modo decrescente, de acordo com os tamanhos dos n autovalores, isto é, considere e_1 o autovetor correspondente ao maior autovalor, λ_1, e_2 o autovetor correspondente ao segundo maior autovalor, λ_2, e assim sucessivamente, de modo que e_n seja o autovetor correspondente ao menor autovalor, λ_n.

Considere uma matriz, A, cujas colunas sejam os autovetores de C_x ordenados como descrito no parágrafo anterior. Considere uma transformação definida por essa matriz como:

$$y = A(x - m_x) \quad (6.26)$$

Ela vai mapear os valores x em valores y, cuja média será zero, isto é, $m_y = 0$, e a matriz de covariância dos y pode ser obtida de A e C_x por:

$$C_y = A\, C_x\, A^T \quad (6.27)$$

Essa matriz C_y é diagonal e tem elementos ao longo da diagonal principal, que são os autovalores de C_x. Assim, C_y será:

$$(C_y) = \begin{vmatrix} \lambda_1 & 0 & 0 & & & & \\ 0 & \lambda_2 & 0 & & \cdots & & \\ 0 & 0 & \lambda_3 & & & & \\ & & & \cdots & 0 & & 0 \\ & \cdots & & & 0 & \lambda_{n-2} & 0 \\ & & & & 0 & 0 & \lambda_{n-1} \end{vmatrix} \quad (6.28)$$

Como os elementos fora da diagonal principal de C_y são zeros, os elementos dos vetores y são descorrelacionados. Como os elementos de uma matriz diagonal são seus autovalores, segue-se que C_x e C_y possuem os mesmos autovalores e autovetores (Anton e Rorres, 2004).

A transformação representada pela Equação 6.26 é chamada de *transformada de Hotelling*. A única diferença entre ela e as matrizes A e P da seção anterior, que diagonalizam a matriz C_x, é a ordenação dos autovetores e autovalores que estão presentes na transformada de Hotelling. Assim, no exemplo numérico dos pontos do sonar considerado no início desta seção, Equação (6.19), o efeito do uso da Equação 6.26 ou da transformada de Hotelling é o estabelecimento de um novo sistema de coordenadas cuja origem será o centróide do conjunto de pontos (o vetor de média) e cujos eixos estarão na direção dos autovetores de C_x. Essa interpretação geométrica mostra claramente que o efeito da transformada de Hotelling é a obtenção de um alinhamento dos autovetores por rotação do sistema de eixos. Esse alinhamento é o mecanismo que descorrelaciona os dados. Além disso, cada autovalor indica a variância do componente y_i ao longo do autovetor v_i.

A idéia de alinhar objetos desempenha um papel muito importante na análise de imagens, no reconhecimento de padrões e na visão computacional. Depois que os objetos são segmentados das imagens, extraem-se características para seu reconhecimento, a maioria delas é muito sensível ao ângulo formado entre os eixos da câmera e os eixos do objeto. A utilização da direção adequada evita muitos erros posteriores.

6.2.1.4. Análise de Componentes Principais para Imagens Coloridas

A matriz de transformação utilizada para o cálculo da PCA consiste em uma matriz cujas colunas são os autovetores da matriz de covariância estimada dos dados. Os autovetores dessa matriz, de fato, formam uma nova base que segue a variação dos dados. A PCA, portanto, consiste em uma mudança de base. A PCA e a decomposição por autovalor de uma matriz são basicamente a mesma coisa, apenas abordam o problema de modos diferentes.

A aplicação da PCA a uma imagem colorida pode ser realizada por meio de três passos básicos:

1. Primeiro, gera-se a matriz Σ a partir da operação:

$$\Sigma = cov\,([R\ G\ B]) \qquad (6.29)$$

onde Σ é uma matriz 3×3, que representa a matriz de covariância (cov) da imagem colorida e servirá para o cálculo da matriz que levará a imagem do RGB para um novo espaço gerado pela PCA.

2. Com a matriz de covariância Σ, pode-se, então, calcular seus autovalores e autovetores, como representado na equação:

$$[T,\,aut] = eig\,(\Sigma) \qquad (6.30)$$

Obtêm-se dessa operação as matrizes T e aut, sendo T a matriz na qual suas linhas são os autovetores da matriz de covariância, aut é a matriz diagonal, na qual os valores presentes em sua diagonal são os autovalores de Σ, e eig representa a operação de obtenção dos autovalores e autovetores da matriz Σ.

3. A seguir tem-se a geração do novo espaço que é chamado abaixo de $[P_1, P_2, P_3]$, a partir de:

$$\begin{bmatrix} P_1(i) \\ P_2(i) \\ P_3(i) \end{bmatrix} = \begin{bmatrix} t_{1,1} & t_{1,2} & t_{1,3} \\ t_{2,1} & t_{2,2} & t_{2,3} \\ t_{3,1} & t_{3,2} & t_{3,3} \end{bmatrix} \cdot \begin{bmatrix} R(i) \\ G(i) \\ B(i) \end{bmatrix} \qquad (6.31)$$

6.2.1.5. PCA em Reconhecimento de Padrões

Segundo a técnica de PCA, imagens podem ser tratadas como padrões em um espaço linear para efetuar reconhecimento estatístico. Sendo h o número de linhas de uma imagem e w o número de colunas, pode-se dizer que uma imagem é um padrão de $h \times w$ características ou um vetor no espaço $(h \times w)$ dimensional, o qual é chamado de "espaço de imagens", representado por I.

Assim, dada uma imagem representada como uma matriz $h \times w$, pode-se construir sua representação como vetor através de uma leitura coluna a coluna da imagem, colocando o valor de cada pixel da imagem em um vetor coluna x.

Em reconhecimento de padrões, é sempre desejável dispor de uma representação compacta e de um bom poder de discriminação de classes de padrões. Para isso, é importante que não haja redundância entre as diferentes características dos padrões, ou seja, que não haja "correlação entre os vetores da base do espaço de características".

Para verificar se há correlação entre as características (ou variáveis), utiliza-se a matriz de covariância. Um espaço vetorial, com a propriedade de não haver correlação entre os vetores da base do espaço, possui uma base cuja matriz de covariância de seus vetores é diagonal.

Para diagonalizar a matriz de covariância, deve-se efetuar uma mudança de base. Assim, os padrões representados em termos dessa nova base do espaço de características não possuem correlação entre si. Considere H essa nova matriz. É importante lembrar que, no caso de PCA, os autovalores da matriz de covariância são iguais à variância das características transformadas. Assim, se um autovetor possui autovalor grande, significa que ele fica em uma direção em que há grande variância dos padrões. A importância disso está no fato de que, em geral, é mais fácil distinguir padrões usando uma base em que seus vetores apontam para a direção da maior variância dos dados, além de não serem correlacionados entre si.

Logo, se a matriz H for construída de forma que sejam escolhidos somente os autovetores contendo os maiores autovalores, a variância total dos padrões de entrada não sofre grandes alterações.

6.2.1.6. Transformada de Hotelling e PCA na Reconstrução

Outra aplicação importante se relaciona à reconstrução de *x*, dado *y*, por:

$$y = A(x - m_x) \qquad (6.32)$$

Como as linhas de *A* são vetores ortonormais, qualquer vetor *x* pode ser recuperado a partir de seu correspondente *y* pela relação:

$$x = A^{-1}y + m_x \qquad (6.33)$$

Se nem todos os autovetores de C_x forem usados, mas apenas os *k* maiores, formando uma matrix A_k, tem-se uma matriz de transformação de ordem $k \times n$, e a reconstrução não será exata, mas uma aproximação.

A PCA é um método estatístico linear que encontra os autovalores e autovetores da matriz de covariância dos dados e, com esse resultado, pode-se realizar a redução dimensional dos dados e analisar os padrões principais de variabilidade presentes. A PCA é ainda um método exploratório porque auxilia na elaboração de hipóteses gerais a partir dos dados coletados, contrastando com estudos direcionados nos quais hipóteses prévias são testadas. Além disso, também é capaz de separar a informação importante da redundante e aleatória.

A PCA também é muito utilizada em algoritmos de compressão de imagens. Sua característica básica é a redução do espaço necessário para a representação da imagem, já que promove uma compactação da energia. Com o emprego da PCA, a visualização de diversas variáveis em um determinado conjunto de dados torna-se mais produtiva, rápida, objetiva e eficiente.

6.3. Descritores de Forma

Neste item, procura-se agrupar as características considerando a forma (Figura 6.12). As características relacionadas ao aspecto da imagem, em especial relacionadas à textura, serão consideradas no próximo capítulo. Algumas subclasses das características de forma consideradas nesta seção foram definidas como meio de organizar os conceitos, não significando que as fronteiras entre essas classes sejam rígidas. Outras características extraídas de imagens binárias foram tratadas em separado por não se enquadrarem diretamente nas duas principais classes; são elas as codificação *run-length* e o *histograma* das projeções do objeto binário em determinada direção.

6.3.1. Características Dimensionais

Nesta classe de características, consideram-se aquelas que podem ser medidas diretamente no objeto, ou seja, são informações de dimensões do objeto. A área e o perímetro são os descritores mais simples utilizados.

6.3.1.1. Área e Retângulos Envolventes

A *área* é obtida contando-se todos os pixels que formam o objeto. Para tanto, é necessário que a imagem tenha sido segmentada, de modo que os objetos estejam diferenciados (por tons ou cores distintas). A área é uma característica geomética que pode ser também classificada como inercial (Figura 6.12).

Outras características muito simples são: a área no menor retângulo que envolve o objeto na mesma direção do sistema de eixos principais da imagem (*axial aligned bonding box* – AABB); a área do menor retângulo que envolve o objeto (*bounding box* – BB); a área do menor corpo convexo que envolve o objeto; e a diferenca entre a área do menor corpo convexo envolvente e o objeto, chamada de deficiência convexa. A Figura 6.13 mostra esses elementos.

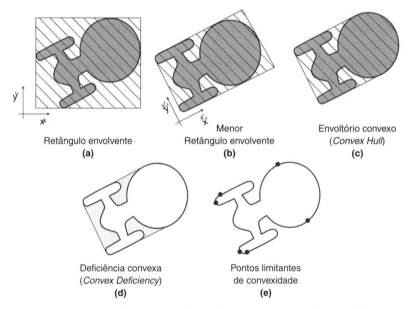

FIGURA 6.13. *Menor retângulo que envolve o objeto na mesma direção do sistema de eixos da imagem (AABB) (a), menor retângulo envolvente (BB) (b), menor corpo convexo envolvente (c) deficiência convexa (d) e pontos limitantes de convexidade (e).*

Essas características são úteis para sistemas de reconhecimento em que se garanta que as condições de obtenção da imagem não variam, especialmente quanto à posição da câmera em relação ao objeto, e as dimensões do objeto também não variam. Quando não é possível assegurar essas condições, torna-se necessário definir características que sejam invariantes quanto à escala, como, por exemplo, razão de aspecto, compacidade, momentos invariantes, entre outros.

6.3.1.2. Perímetro, Alongamento e Retangularidade

A relação de lados do menor retângulo que envolve o objeto (BB), comentado na seção anterior, é chamada de *alongamento*. Se um objeto tiver alongamento igual a 1, significa que pode ser envolvido por um quadrado. Chama-se *"retangularidade"* a relação entre a área do objeto e a área do menor retângulo que o envolve. Assim, um círculo tem "retangularidade" π/4, e qualquer retângulo, "retangularidade" 1.

O *perímetro* é calculado considerando-se o número de pixels conexos que constituem o contorno da região.

6.3.1.3. Excentricidade, Diâmetro, Raio Máximo e Mínimo do Objeto

É chamado de *diâmetro* de um objeto convexo a maior distância entre dois pontos desse objeto. A consideração desse diâmetro como um eixo leva à formação de um sistema de eixos ortogonais no objeto, chamados de eixo maior e *eixo ortogonal*. A relação entre dois pontos extremos do objeto que passem por esses eixos do objeto é chamada de *excentricidade*. O diâmetro e a excentricidade são características simples e interessantes dos objetos. Por exemplo, círculos sempre têm excentricidade igual a 1, e retângulos de base b e altura h têm excentricidade b/h (se b > h).

Outras características consistem nos *raios máximo* e *mínimo* do objeto, que consistem nas distâncias máxima e mínima, respectivamente, da borda ao centro geométrico (Figura 6.14). A razão de aspecto considera os raios máximo e mínimo ($R_{máx}/R_{mín}$) do objeto. Algumas vezes, a razão $R_{máx}/R_{mín}$ é chamada de *excentricidade geométrica*.

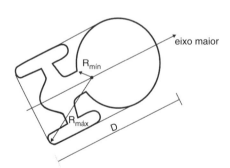

FIGURA 6.14. *Diâmetro, D, Raios máximo e mínimo de uma imagem representada pelo seu contorno.*

6.3.1.4. Coeficiente de Compacidade e Fator de Forma

A *compacidade* é obtida pela relação entre os valores do perímetro (P) elevado ao quadrado e a área (A) da região: P^2/A. Um círculo tem compacidade 4π Assim, essa característica descreve o quanto a forma se aproxima de uma circunferência. A compacidade assume seu valor mínimo para um objeto circular. O valor cresce à medida que o contorno do objeto se torna irregular, ou seja, menos compacto.

O coeficiente de compacidade, γ, é obtido a partir dos valores do quadrado do perímetro e a área da região divididos por 4π, de modo que, para o círculo, esse valor seja igual a 1:

$$\gamma = \frac{P^2}{4\pi A} \qquad (6.34)$$

Alguns autores chamam o inverso do coeficiente de compacidade de *fator de forma*. Algumas dessas características podem ser determinadas calculando-se a quantidade de ocorrências de padrões específicos em imagens digitais, considerando a intensidade do pixel (0 a 255) como associada à densidade do objeto. Também podem ser consideradas na forma binária (0 ou 1) isto é, 1 se o pixel pertence ao objeto ou 0 se não pertence ao objeto.

6.3.1.5. *Bit quads*

Podem-se extrair características geométricas e topológicas utilizando um padrão denominado *bit quad* (Gonçalves Filho, 1996). *Bit quads* são matrizes 2×2, que têm como elementos os valores 0 e 1. Existem 16 possíveis *bit quads*, e, considerando a equivalência por rotação, formam-se seis classes distintas:

$$Q_0 = \left\{ \begin{bmatrix} 0 & 0 \\ 0 & 0 \end{bmatrix} \right\},$$

$$Q_1 = \left\{ \begin{bmatrix} 1 & 0 \\ 0 & 0 \end{bmatrix}, \begin{bmatrix} 0 & 1 \\ 0 & 0 \end{bmatrix}, \begin{bmatrix} 0 & 0 \\ 0 & 1 \end{bmatrix}, \begin{bmatrix} 0 & 0 \\ 1 & 0 \end{bmatrix} \right\},$$

$$Q_2 = \left\{ \begin{bmatrix} 1 & 1 \\ 0 & 0 \end{bmatrix}, \begin{bmatrix} 0 & 1 \\ 0 & 1 \end{bmatrix}, \begin{bmatrix} 0 & 0 \\ 1 & 1 \end{bmatrix}, \begin{bmatrix} 1 & 0 \\ 1 & 0 \end{bmatrix} \right\},$$

$$Q_3 = \left\{ \begin{bmatrix} 1 & 1 \\ 0 & 1 \end{bmatrix}, \begin{bmatrix} 0 & 1 \\ 1 & 1 \end{bmatrix}, \begin{bmatrix} 1 & 0 \\ 1 & 1 \end{bmatrix}, \begin{bmatrix} 1 & 1 \\ 1 & 0 \end{bmatrix} \right\},$$

$$Q_4 = \left\{ \begin{bmatrix} 1 & 1 \\ 1 & 1 \end{bmatrix} \right\}, Q_D = \left\{ \begin{bmatrix} 1 & 0 \\ 0 & 1 \end{bmatrix}, \begin{bmatrix} 0 & 1 \\ 1 & 0 \end{bmatrix} \right\}.$$

Visualmente, esses padrões são apresentados na Figura 6.15, mostrando-se apenas o primeiro representante de cada uma das cinco classes.

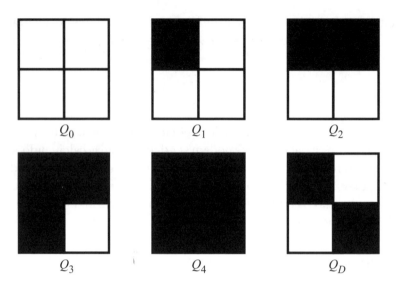

FIGURA 6.15. *Forma visual dos bit-quads.*

Considerando nQ_i, onde $i = \{0, 1, 2, 3, 4, D\}$ é o número de ocorrências da classe Q_i, tem-se que uma figura depois de descrita por estes elementos tem área, perímetros e o número de Euler dados por (Pratt, 1991):

$$A = \frac{1}{4}nQ_1 + \frac{1}{2}nQ_2 + \frac{7}{8}nQ_3 + nQ_4 + \frac{3}{4}nQ_D \qquad (6.35)$$

$$P = nQ_2 + \frac{1}{\sqrt{2}}[nQ_1 + nQ_3 + 2nQ_D] \qquad (6.36)$$

$$\varepsilon = \frac{1}{4}[nQ_1 - nQ_3 + 2nQ_D] \qquad (6.37)$$

É possível também obter o valor de compacidade (γ) e o número de furos considerando-se um único objeto na imagem.

6.3.2. Características Inerciais

As chamadas características inerciais (Figura 6.12) aplicadas na identificação e reconhecimento de objetos em imagens digitais baseiam-se nas teorias de momentos. Em Estatística, os momentos são usados para caracterizar funções de densidade de probabilidade. Quando usados em imagens digitais, as definições básicas são as mesmas, porém substitui-se a função densidade por uma função binária (uma imagem com apenas dois tons: preto para caracterizar o objeto, e branco para o restante). É possível também substituí-la por uma função de níveis de cinza, porém, nesse caso, os momentos correspondentes não são considerados parâmetros geométricos, mas podem ser úteis na avaliação de características como densidade, porosidade etc.

6.3.2.1. Momentos Geométricos

Vários tipos de momentos têm sido utilizados para reconhecer padrões invariantes em imagens. Momentos ortogonais, de Legendre, de Zernike, rotacionais, complexos, regulares ou geométricos são alguns dos mais freqüentes. Cada um deles tem características próprias no que se refere à capacidade de representação de imagens, sensibilidade ao ruído e redundância de informações que carrega. Em teoria, as informações da imagem podem ser reconstruídas a partir dos seus momentos, desde que seja usado um número grande deles. Eles são muito aplicados também na recuperação de imagens em banco de dados. Em geral, os momentos são utilizados para caracterizar objetos em imagens, com o objetivo de posteriormente permitir seu reconhecimento.

Quando o objetivo da utilização dos momentos é a recuperação (*retrieval*) de uma imagem a partir dos momentos extraídos dela ou a ela identificados, os momentos ortogonais e de Zernike são mais adequados. Os momentos ortogonais são usados quando a invariância à rotação é necessária para os momentos em todas as ordens.

Os momentos geométricos (também chamados de momentos de área) são os mais intuitivos para pesquisadores com formação em Engenharia e Física, pois são baseados nos conceitos de inércia dos corpos rígidos. Esses momentos podem ser combinados de modo a formarem um conjunto de características do objeto a ser analisado na imagem, que permite sua identificação independentemente de sua orientação em relação a um sistema e eixos de referência, tamanho ou posição. Por essa razão, nesse caso passam a ser chamados de momentos invariantes, que possuem esse nome por considerarem invariância quanto à rotação, translação e escala.

Para se obterem momentos invariantes de ordem $(p + q)$ de objetos contínuos usa-se (Conci e Monteiro, 1997):

$$m_{pq} = \int_{-\infty}^{\infty}\int_{-\infty}^{\infty} m^p n^q b(m,n)\, dm\, dn, \qquad p,q = 0, 1, 2,... \qquad (6.38)$$

onde a função $b(m,n)$ representa o contínuo, sendo $b(m,n) = 1$ se (m,n) é um ponto do objeto, onde m é a posição do ponto na horizontal e n na vertical. Considera-se $b(m,n) = 0$ para o caso contrário, isto é, o ponto considerado não pertence ao objeto.

Tendo-se uma imagem discreta binarizada da cena como representação do contínuo, os seus momentos de ordem $(p + q)$ podem ser reescritos como

$$m_{pq} = \sum_{k=1}^{n} B(i_k, j_k)(i_k)^p (j_k)^q \qquad p,q = 0, 1, 2,... \qquad (6.39)$$

Considera-se a imagem binarizada, B, a ser analisada, representada por um arranjo retangular de $M \times N$ pontos, sendo (i_k, j_k) as coordenadas de cada um dos $n = M \times N$ pontos. Nessa notação, considera-se $B(i_k, \times j_k)$ o valor dos pontos da imagem. Considerando-se $B(i_k, j_k)$ igual a 1 se pertercer ao objeto, ou 0, caso contrário, tem-se:

$$\text{Área} = m_{00} = \sum_{k=1}^{n} B(i_k),(j_k) \tag{6.40}$$

Nessa notação, o momento geométrico de ordem zero (que é invariante à translação e à rotação dos eixos) representa a área do conjunto B.

A partir dessas equações, diversas características podem ser definidas, como o centro geométrico, a orientação principal, os momentos estáticos e de inércia, e diversas combinações de momentos invariantes (Monteiro, 2002).

Outros momentos têm denominação especial pela sua importância na Estática, como os momentos estáticos, que são os de ordem 1, e os momentos de inércia, que são os de ordem 2. O centróide do conjunto B é uma característica muito importante do objeto e pode ser definido pelas relações com os momentos de ordem 0 e 1:

$$i_0 = \sum_{k=1}^{n} B(i_k, j_k) i_k / \sum_{k=1}^{n} B(i_k, j_k) = m_{10}/m_{00} \tag{6.41}$$

$$j_0 = \sum_{k=1}^{n} B(i_k, j_k) j_k / \sum_{k=1}^{n} B(i_k, j_k) = m_{01}/m_{00} \tag{6.42}$$

Para se obterem momentos invariantes de objetos em relação à translação dos sistemas de eixos de representação ou em relação à origem do sistema de coordenadas, considera-se uma translação das coordenadas (i, j) de um valor (i_0, j_0). Estas são as coordenadas do centróide do objeto. Com isso, podem-se definir os momentos centrais (em torno do centróide), de modo que o objeto possa ser descrito em relação a um sistema de coordenadas que passe pelo seu centróide:

$$\mu_{pq} = \sum_{k=1}^{n} B(i_k, j_k)(i_k - i_0)^p (j_k - j_0)^q B(i_k, j_k) \qquad p, q = 0, 1, 2,... \tag{6.43}$$

Da equação anterior, têm-se os momentos centrais mais utilizados:

$$\mu_{0,0} = m_{0,0} \qquad \text{(área)}$$

$$\mu_{0,1} = \mu_{1,0} = 0 \qquad \text{(momentos estáticos)}$$

$$\mu_{0,2} = m_{0,2} - j_o\, m_{0,1} \qquad \text{(momentos de inércia)}$$

$$\mu_{2,0} = m_{2,0} - i_o\, m_{1,0} \qquad \text{(momentos de inércia)}$$

$$\mu_{1,1} = m_{1,1} - j_o\, m_{0,1} - i_o\, m_{1,0} \qquad \text{(produto de inércia)}$$

Quando $p = q = 0$, tem-se o momento de ordem zero, que corresponde à área do objeto, que é invariante à translação e à rotação (teoricamente, mas na realidade essa invariância depende da resolução de captura). Veja, por exemplo, a

Figura 6.16, a qual apresenta um retângulo capturado de forma que seus eixos principais estavam inicialmente na direção dos eixos da imagem. Se o objeto for rotacionado no modo mostrado na imagem, dependendo da resolução de captura, os efeitos da soma de pixels discretos podem fazer com que a área não seja constante ou não tenha o valor esperado em qualquer ângulo que o objeto seja mostrado.

Se $p = 1$ e $q = 0$, tem-se o primeiro momento de área em relação ao eixo i, ou momento estático. Se $p = 0$ e $q = 1$, a equação passa a corresponder ao momento estático ou primeiro momento de área em relação ao eixo j. Se $p = 2$ e $q = 0$ ou $p = 0$ e $q = 2$, tem-se o segundo momento de área em relação aos eixos i e j, respectivamente, ou momentos de inércia do objeto em relação aos eixos i e j.

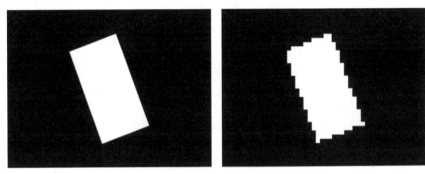

FIGURA 6.16. *Efeito da resolução de captura na área e demais momentos invariantes dos objetos.*

O momento de ordem zero que representa a área do objeto é considerado o primeiro invariante à translação e à rotação. Sabe-se também que a soma dos momentos de área de segunda ordem em relação ao centróide, momentos de inércia $(I_x + I_y)$, é constante, independentemente da orientação dos eixos usados para descrever esses momentos. Essa soma é o momento polar de inércia da área em relação à origem. Assim, outro invariante à rotação dos eixos é $\mu_{0,2} + \mu_{2,0}$. E quando os valores de p e q são iguais a 1, tem-se μ_{11}, que representa o produto de inércia em relação aos eixos m,n (Malvern, 1969).

Para se obter um conjunto de momentos invariantes quanto à escala, a partir dos momentos centrais, torna-se necessário normalizá-los usando-se a área elevada à mesma potência da soma dos momentos, o que corresponde a tornar fisicamente a relação adimensional (Soares, 1998):

$$\eta_{p,q} = \mu_{p,q} / \mu^{\lambda}_{0,0} \qquad (6.44)$$

onde $\lambda = (p+q)/2$, sendo $(p+q) = 2,3,...$

Um conjunto de momentos geométricos invariantes muito usado é o proposto por Hu (1961):

$$\phi_1 = \eta_{2,0} + \eta_{0,2} \tag{6.45}$$

$$\phi_2 = (\eta_{2,0} - \eta_{0,2})^2 + 4\eta_{1,1}^2 \tag{6.46}$$

$$\phi_3 = (\eta_{3,0} - 3\eta_{1,2})^2 + (3\eta_{2,1} - \eta_{0,3})^2 \tag{6.47}$$

$$\phi_4 = (\eta_{3,0} + \eta_{1,2})^2 + (\eta_{2,1} + \eta_{0,3})^2 \tag{6.48}$$

$$\phi_5 = (\eta_{3,0} - 3\eta_{1,2})(\eta_{3,0} + \eta_{1,2})[(\eta_{3,0} + \eta_{1,2})^2 - 3(\eta_{2,1} + \eta_{0,3})^2] +$$
$$(3\eta_{2,1} - \eta_{0,3})(\eta_{2,1} + \eta_{0,3})[3(\eta_{3,0} + \eta_{1,2})^2 - (\eta_{2,1} + \eta_{0,3})^2] \tag{6.49}$$

$$\phi_6 = (\eta_{2,0} - \eta_{0,2})[(\eta_{3,0} + \eta_{1,2})^2 - (\eta_{2,1} + \eta_{0,3})^2] + 4\eta_{1,1}(\eta_{3,0} + \eta_{1,2})(\eta_{2,1} + \eta_{0,3})$$
$$\tag{6.50}$$

$$\phi_7 = (3\eta_{2,1} - \eta_{0,3})(\eta_{3,0} + \eta_{1,2})[(\eta_{3,0} + \eta_{1,2})^2 - 3(\eta_{2,1} + \eta_{0,3})^2] -$$
$$(\eta_{3,0} - 3\eta_{1,2})(\eta_{2,1} + \eta_{0,3})[3(\eta_{3,0} + \eta_{1,2})^2 - (\eta_{2,1} + \eta_{0,3})^2] \tag{6.51}$$

Convém frisar que o sétimo momento de Hu (Equação 6.51) é invariante apenas quanto à escala e à translação, mudando de sinal para reflexão em torno dos eixos. Os momentos invariantes à escala são úteis na identificação de objetos quando a distância de captura pode variar. Sua aplicação gera ainda bons resultados na identificação de objetos em imagens com ruídos aleatórios (Gonçalves Filho e Leta, 1997)

A invariância em relação à rotação do objeto, ou do sistema de eixos, pode ser obtida utilizando-se no cálculo dos momentos, em vez de um sistema qualquer de eixos (*i,j*) passando pelo centróide, um sistema que coincida com os eixos principais do objeto. Eixos principais de um objeto são aqueles em que os momentos de inércia apresentam um valor máximo e mínimo. Eles são sempre ortogonais. Um eixo de simetria é sempre um eixo principal. O produto de inércia ou o momento de ordem z com $p = q = 1$, μ_{11}, nesses eixos, é sempre zero. Em Estática e Mecânica dos Sólidos, esses eixos são chamados eixos principais centrais do objeto. Nesse caso, deve-se determinar o ângulo, θ, que identifica a orientação dos eixos principais; esse ângulo é tal que:

$$\tan 2\theta = 2\mu_{1,1} / (\mu_{2,0} - \mu_{0,2}) \tag{6.52}$$

Na determinação desse ângulo, deve-se considerar $\mu_{2,0}$ $\mu_{0,2}$ e $\mu_{1,1} > 0$, para garantir a unicidade dos resultados. Qualquer momento obtido em relação a esse par de

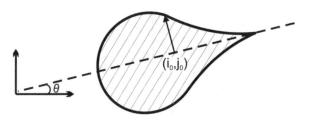

FIGURA 6.17. *Orientação.*

eixos é invariante à rotação. Também é conhecido que a excentricidade de uma área é um valor invariante à rotação dos eixos (dependendo, na prática, da sua resolução, como mostrado na Figura 6.16). A excentricidade pode ser obtida considerando-se $\mu_{2,0} - \mu_{0,2}$.

6.3.2.2. Retângulos e Elipses Ajustados

Outras características que podem ser classificadas como inerciais consistem no retângulo e elipse ajustados. A primeira consiste no menor retângulo que engloba o objeto (comentados na Seção 6.3.1.1), estando alinhado à orientação dos eixos principais destes. Uma vez conhecendo-se θ, o ângulo dos eixos principais, aplica-se a transformação (Jain, 1989):

$$X = x \cos\theta + y \, sen\,\theta \qquad (6.53)$$
$$Y = -x \, sen\,\theta + y \cos\theta$$

aos pontos do contorno e procura-se por $X_{máx}$, $X_{mín}$, $Y_{máx}$ e $Y_{mín}$. As medidas do retângulo envolvente são:

$$comprimento = X_{máx} - X_{mín} \qquad (6.54)$$
$$largura = Y_{máx} - Y_{mín}$$

Com esses dados obtém-se o retângulo envolvente do objeto (Figura 6.18).

A elipse ajustada é aquela que tem os momentos de inércia iguais aos do objeto (Figura 6.19).

Considerando-se a orientação θ genérica de uma elipse, os momentos de inércia podem ser calculados como:

$$I'_{mín}(\theta) = \sum\sum_{(m,n)\in\Re}[(n-\bar{n})\cos\theta - (m-\bar{m})sen\theta]^2 \qquad (6.55)$$

$$I'_{máx}(\theta) = \sum\sum_{(m,n)\in\Re}[(n-\bar{n})sen\theta + (m-\bar{m})\cos\theta]^2 \qquad (6.56)$$

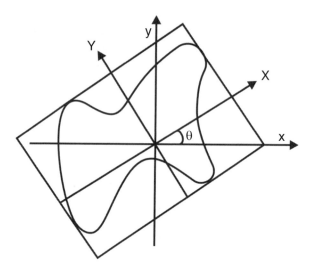

FIGURA 6.18. *Retângulo ajustado.*

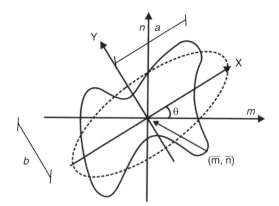

FIGURA 6.19. *Elipse ajustada.*

Para a elipse ajustada deseja-se $\frac{\pi}{4}ab^3 = I'_{min}$ e $\frac{\pi}{4}a^3b = I'_{máx}$, resultando em:

$$a = \left(\frac{4}{\pi}\right)^{1/4}\left[\frac{I'_{máx}}{I'_{min}}\right]^{1/8}, b = \left(\frac{4}{\pi}\right)^{1/4}\left[\frac{I'_{min}}{I'_{máx}}\right]^{1/8} \quad (6.57)$$

onde *a* e *b* são os comprimentos dos semi-eixos maior e menor da elipse.

6.3.3. Características de Contorno

Os métodos mais simples de segmentação por descontinuidade são baseados nos contornos. Nesses métodos, um objeto pode ser entendido como o interior de um contorno. Para distinguir os objetos e regiões, detectam-se suas bordas (*edge detection*) e tenta-se construir uma região conectada que defina todos os seus limites. As bordas são regiões da imagem caracterizadas por uma mudança brusca do nível de iluminação ou tom de duas regiões. Um contorno é uma linha fechada formada pela união das bordas de um objeto.

O contorno pode ser visto como o limite entre duas regiões com diferenças relevantes. Os métodos para detecção de bordas têm como objetivo detectar descontinuidades na imagem. Eles são fundamentais quando se deseja fazer o reconhecimento de objetos. Os métodos de detecção de bordas podem ser baseados em filtros que acentuam essas diferenças, como filtros passa-alta e de derivadas parciais (gradiente e laplacianos), conforme discutido no Capítulo 5.

Na Figura 6.20, tem-se um exemplo do resultado obtido com o uso de um método que acentua bordas. Essa é uma tarefa de grande importância na segmentação porque, uma vez localizada, é possível definir o contorno e propriedades como perímetro e forma do objeto. Porém, pode não ser um processo de simples determinação devido à grande variação de condições de iluminação das imagens reais.

Um operador de derivada faz exatamente essa função. Uma interpretação de uma derivada seria a taxa de mudança de uma função, e a taxa de mudança dos níveis de cinza em uma imagem é maior perto das bordas e menor em áreas constantes. Ao se considerarem os valores da intensidade da imagem e achar os pontos onde a derivada é um ponto de máximo, são acentuadas as suas bordas. Considerando que as imagens são bidimensionais, é importante considerar mudanças nos níveis de cinza em diversas direções. Por essa razão, derivadas parciais das imagens são usadas, com as respectivas direções X e Y. Uma estimativa da direção atual da borda pode ser obtida usando-se as derivadas x e y como os componentes da direção ao longo dos eixos e computando o vetor soma. O operador envolvido é o gradiente.

Uma das técnicas de acentuação de bordas mais empregadas consiste no processamento de uma imagem a partir de um operador que calcule a derivada local da imagem digital. Se o valor da derivada estiver acima de determinado nível, o ponto tem grande possibilidade de ser um contorno.

A maneira mais usual de cálculo de derivadas em uma imagem baseia-se nas operações de convolução com máscaras. A convolução de uma máscara de derivadas produzirá uma imagem gradiente com a mesma dimensão que a imagem original porém contendo os valores da máscara de resposta em vez do valor do pixel. Mas sua utilização causa a detecção de bordas relevantes e também irrelevantes. A suavização da imagem antes da diferenciação é empregada para minimizar esse efeito indesejável. Contudo, esse procedimento pode comprometer a precisão na localização das bordas. Assim, existe um ponto de balanço na relação custo/benefício entre a precisão na localização das bordas e a sensibilidade aos detalhes irrelevantes da imagem. Esses valores podem ser comparados com o valor mínimo de limiar definido (*threshold*) para determinar quais pixels são mais prováveis de pertencer a uma borda.

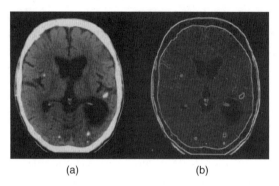

(a) (b)

FIGURA 6.20. *Exemplo de aplicação do filtro de gradiente (b) para acentuar o contorno em uma imagem de tomografia (a). Neste exemplo não foram realizados procedimentos para ligação de bordas.*

Entretanto, devido à presença de ruídos, iluminação não-uniforme, textura e outras perturbações, raramente o conjunto de pixels forma contornos completos. Assim, alguns procedimentos para ligação de bordas são utilizados em conjunto com os algoritmos de detecção, a fim de reunir pixels de bordas em contornos significativos.

A característica de contorno é mais aplicada em imagens em que se destacam *regiões* ou *estruturas* distintas, como em estudos de células, grãos etc. Outra aplicação se dá em processos de localização e reconhecimento de objetos em visão tridimensional, os quais dependem da detecção das descontinuidades em forma e/ou em profundidade das superfícies observadas. Ainda nesse campo, características de contorno podem ser utilizadas na indústria, na identificação de objetos sobrepostos em esteiras transportadoras, por exemplo.

6.3.3.1. Código da Cadeia

O contorno de uma região pode ser usado para identificá-la e obter características de suas fronteiras. Para descrever o contorno, pode-se utilizar uma técnica simples chamada código da cadeia (*chain code*) ou do encadeamento. Esse conceito foi introduzido por Freeman em 1961 (Oliveira, 2003).

O primeiro passo para obter o código da cadeia de um objeto em uma imagem consiste em extrair seu contorno e então obter uma seqüência conectada de segmentos de reta de determinado tamanho e direção. A idéia é identificar cada pixel do contorno e armazenar uma codificação. A codificação baseia-se tipicamente no conceito de vizinhança. Uma vez encontrado um ponto na fronteira, investiga-se nas direções dos 4-vizinhos ou 8-vizinhos os pixels que pertencem à borda.

O contorno de um objeto ou região é uma fronteira fechada; desse modo, pode-se considerar o código da cadeia uma lista circular, ou seja, não importa o ponto de partida da codificação, a seqüência será única. Essa informação é importante quando se deseja usar o descritor de código da cadeia para o reconhecimento do objeto, principalmente considerando-se que é uma característica invariante quanto à translação. É também invariante a rotação de múltiplos de 90° para o caso de 4-vizinhos e múltiplos de 45° para o caso de 8-vizinhos.

Geralmente, a codificação de encadeamento começa pelo ponto superior esquerdo do objeto, pesquisando-se os pixels vizinhos na horizontal da esquerda e para a direita (*scanline*). Procura-se, de acordo com o critério escolhido (vizinhança 4 de p, $N_4(p)$ ou vizinhança 8 de p, $N_8(p)$), o primeiro ponto da vizinhança a partir da direção em que se efetuou o último deslocamento.

A escolha dos valores associados às direções de vizinhança de borda não interfere no resultado, desde que a codificação seja previamente determinada e conhecida quando se deseja recuperar a informação da fronteira. Embora simples, o método tem desvantagens. O código da fronteira em geral é muito grande e sensível a qualquer imperfeição da fronteira gerada por ruídos ou pelo processo de segmentação da imagem.

Cada segmento de reta é um vetor de comprimentos de 1 pixel ou $\sqrt{2}$ pixel. Somente o ponto inicial é definido explicitamente. Se o ponto inicial for desconsiderado, o código torna-se invariante quanto à posição. Para uma linha reta, o comprimento de cadeia pode variar, dependendo da orientação da reta (faça uma analogia com a Figura 6.16). Segmentos verticais e horizontais são diretamente detectados pela sua numeração.

Adotando o sentido anti-horário, conforme o esquema apresentado na Figura 6.21 para a numeração das direções, é possível visualizar uma representação do limite do objeto pelos números do código (Figura 6.22).

Para exemplificar a aplicação do código da cadeia, considere os desenhos apresentados na Figura 6.22, nos quais se têm o contorno do objeto a ser codificado já destacado e o ponto de partida da codificação considerado como o ponto superior

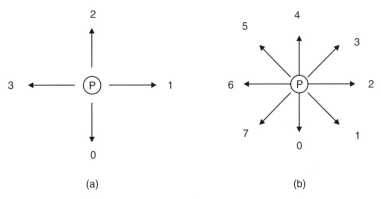

FIGURA 6.21. *Codificação vizinhança 4 de p, $N_4(p)$ (a) e vizinhança 8 de p, $N_8(p)$ o (b) para o código da cadeia.*

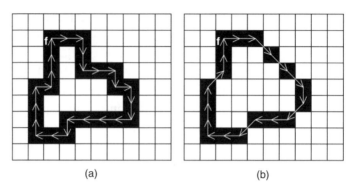

FIGURA 6.22. *Segmentos para o código da cadeia: (a) código para vizinhança 4; (b) código para vizinhança 8 de p.*

mais à esquerda da imagem (destacado com a letra f). As setas representam as direções de acompanhamento da fronteira.

O código da cadeia para o objeto apresentado na Figura 6.22a de vizinhança 4 de p, $N_4(p)$ é CC = (1,1,0,0,1,1,0,1,0,0,3,3,3,3,0,3,3,2,2,2,1,2,2,2). Já para a Figura 6.22b, o código da cadeia para código de vizinhança 8 de p, $N_8(p)$ é igual a (2,2,1,1,1,0,7,6,6,7,6,6,4,4,4,3,4,4).

O uso dessa codificação é interessante, pois permite calcular a largura, a altura e o perímetro de forma eficiente e também armazenar o objeto de maneira bastante simples. Outra possibilidade é o seu uso como auxiliar no processo de vetorização, especialmente quando se considera o código de diferenças. Se as retas presentes nas imagens dos contornos dos objetos digitalizados forem em direções múltiplas de 45°, a variação no código de diferenças pode ser um ponto importante a ser considerado na vetorização. O passo seguinte é marcar apenas os pontos em que o código se diferencia do vizinho para auxiliar no processo da vetorização, como observado na Figura 6.23.

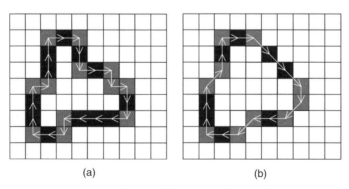

FIGURA 6.23. *Pontos em que o código se diferencia do vizinho.*

6.3.3.2. Assinaturas ou Gráficos r(θ)

Existem outros métodos para descrição dos contornos. As chamadas assinaturas ou gráficos r(θ) são uma forma de representar o contorno de uma região com base em coordenadas polares e não cartesianas, como o método anterior. Com essa informação é possível caracterizar o objeto por pares de valores (raio, ângulo).

A assinatura pode ser obtida a partir de um gráfico que relaciona a distância do centróide do objeto à sua fronteira, em incrementos angulares constantes ou através da definição das relações entre os ângulos e os raios mais representativos do contorno.

As assinaturas ou gráficos r(θ) gerados dessa forma são invariantes quanto à translação, à escala e à orientação angular. Para ilustrar o procedimento de obtenção de uma assinatura de um objeto em uma imagem, observe a Figura 6.24, na qual se obtêm as assinaturas de uma circunferência, um triângulo equilátero e dois quadrados.

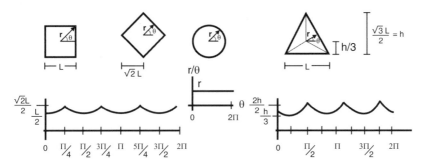

FIGURA 6.24. *Quatro objetos e suas assinaturas ou gráficos $r(\theta)$.*

No caso da circunferência, a distância do centróide à fronteira é a mesma para toda variação angular; com isso, a assinatura é simplesmente uma linha horizontal. No caso do quadrado, os picos representam os vértices da figura. Repare que a assinatura do quadrado ou do losângulo com ângulos retos é a mesma, apenas defasando-se o início dos ângulos θ de 45° (π/4). Cabe ressaltar que a invariância quanto à rotação é obtida quando se garante que o ponto de partida de obtenção da assinatura é o mesmo. Assim, sugere-se que se parta sempre da maior distância encontrada (quando esta for única).

6.3.3.3. Transformada de Hough

A transformada de Hough foi desenvolvida por Paul Hough no início dos anos 60 (Hough, 1962). É uma técnica para reconhecimento em imagens digitais de formas que possuam uma equação com fórmula conhecida, tais como retas, círculos e elipses. A partir da primeira publicação, vieram muitos outros trabalhos melhorando, otimizando e até aplicando a transformada a formas generalizadas.

Para a aplicação dessa transformada, normalmente é realizado um pré-processamento na imagem com o objetivo de identificar claramente os contornos dos elementos que a compõem, ou seja, é feito algum processo de detecção de contornos.

A idéia da transformada de Hough é transformar a imagem do espaço digital (x,y) em uma representação na forma dos parâmetros descritos pela curva que se deseja encontrar na imagem. Essa transformação é aplicada de modo que todos os pontos pertencentes a uma mesma curva sejam mapeados em um único ponto no espaço dos parâmetros da curva procurada. Para isso, o espaço dos parâmetros é discretizado e representado na forma de uma matriz de inteiros, onde cada posição da matriz corresponde à um intervalo no espaço real dos parâmetros. Cada ponto da imagem que satisfizer a equação da forma paramétrica procurada incrementa de uma unidade o contador correspondente a sua posição, na representação discretizada (matriz). O contador que tiver, no final do processo, o valor mais alto, corresponderá aos parâmetros da curva descrita na imagem.

O uso das transformadas de Hough na forma aqui apresentada pode ser considerado como uma técnica de vetorização de imagem. Todo o texto que segue é uma adaptação da dissertação de mestrado de Macedo (2005).

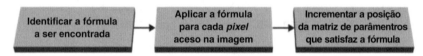

FIGURA 6.25. *Etapas da aplicação da transformada de Hough para qualquer forma geométrica.*

Dado um ponto (x,y) do R^2 ou Z^2, na forma discreta do vídeo, a equação geral das retas que passam por esse ponto será:

$$y = mx + g \qquad (6.58)$$

onde m corresponde ao coeficiente angular da reta e g é o valor do ponto onde há interseção com o eixo y. O plano mg é o espaço dos parâmetros onde pontos no espaço da imagem (x,y) são representados como retas, e o ponto de interseção dessas retas representa os valores m e g que identificam uma reta composta dos mesmos parâmetros no espaço da imagem (x,y). A Figura 6.26 mostra essa forma de representação da reta no espaço da imagem (x,y) e seu mapeamento no espaço dos parâmetros (m,g).

Todos os pontos pertencentes a uma única reta interceptam-se em um único ponto que tem como coordenadas os parâmetros (m,g) da reta a ser identificada.

No entanto quando essa equação de retas é usada, ocorrem problemas quando se deseja identificar retas verticais, pois no caso das retas verticais o coeficiente angular tende ao infinito. Para viabilizar a técnica, é proposta a utilização da equação da reta na forma polar:

$$\rho = x \cos \theta + y \operatorname{sen} \theta \qquad (6.59)$$

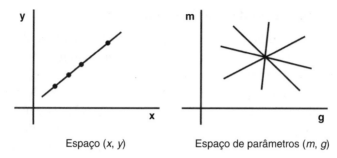

FIGURA 6.26. *Cada ponto no espaço da imagem transforma-se em uma reta $g = -mx + y$ no espaço de parâmetro (Macedo, 2005).*

onde ρ é a distância da reta à origem e θ é o ângulo entre o eixo x e a normal dessa reta, considerando positivo o sentido horário.

A Figura 6.27 mostra os elementos dessa forma de descrição.

Utilizando a equação da reta na forma polar, cada ponto (x,y) passa a ser representado por (ρ,θ). Nesse caso, qualquer ponto $P(x,y)$ pertencente ao espaço da imagem que está situado sobre a reta $R(\rho,\theta)$ tem os parâmetros ρ,θ constantes. O plano (ρ,θ) será o espaço dos parâmetros. Cada ponto $P(x,y)$ de uma reta $R(\rho,\theta)$ é representado por uma senóide $S(\rho,\theta)$ no espaço dos parâmetros. A interseção das senóides no plano (ρ,θ) representa os valores ρ e θ de uma reta no espaço da imagem (x,y). Todos os pontos pertencentes à mesma reta interceptam-se em um único ponto (ρ,θ) no espaço dos parâmetros (Figura 6.28).

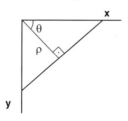

FIGURA 6.27. *Esquema tradicional de representação de retas em coordenadas polares (Macedo, 2005).*

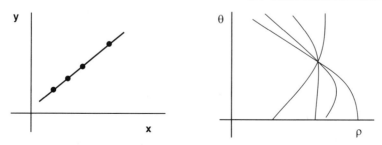

FIGURA 6.28. *Cada ponto $P(x,y)$ no espaço da imagem corresponde a uma senóide $S(\rho,\theta)$ no espaço de parâmetros (Macedo, 2005).*

6.3.3.3.1. Discretização da Matriz Acumuladora

Para determinar o tamanho e os limites da matriz acumuladora, deve-se observar todos os parâmetros possíveis de compor o espaço dos parâmetros. No caso das retas, é necessário ter a informação dos limites angulares de θ e dos valores limite de ρ. Aqui será utilizado como padrão o sentido dos eixos e o intervalo mostrado na Figura 6.29 com valores de θ entre (– 90°, 90°] ou (– π/2, π/2]. Esse intervalo abrange tanto retas com tangentes crescentes como retas com tangentes decrescentes. Nas Figuras 6.30 e 6.31, observa-se um exemplo de reta decrescente, onde θ apresenta-se negativo devido ao intervalo-padrão utilizado.

Para uma imagem descrita entre os limites (0,0) e (N_1, N_2) (Figura 6.29) é estabelecido que o parâmetro ρ se apresente em um intervalo de $-\sqrt{N_1^2 + N_2^2}$ a $\sqrt{N_1^2 + N_2^2}$. O parâmetro ρ assume valores negativos quando θ apresenta valores negativos e y sen θ for maior do que os valores de x cos θ. Para entender melhor por que ρ pode assumir valores negativos observe a fórmula:

$$\rho = x \cos \theta + y \operatorname{sen} \theta \tag{6.60}$$

considerando valores negativos para θ, tem-se θ = – |θ|; assim:

$$\rho = x \cos(-|\theta|) + y \operatorname{sen}(-|\theta|) \tag{6.61}$$

Como:

$$\cos(-|\theta|) = \cos(|\theta|) \quad \text{e} \quad \operatorname{sen}(-|\theta|) = -\operatorname{sen}(|\theta|) \tag{6.62}$$

considera-se, então:

$$\rho = x \cos |\theta| + y(-\operatorname{sen}|\theta|) \Rightarrow \rho = x \cos |\theta| - y \operatorname{sen} |\theta| \tag{6.63}$$

Em imagens digitais, x,y serão sempre positivos, assim:

$$\rho = x \cos |\theta| - y \operatorname{sen} |\theta| = |x \cos \theta| - |y \operatorname{sen} \theta| \tag{6.64}$$

Usando-se esta última fórmula, pode-se chegar a duas condições:

1. Se $x \cos |\theta| < y \operatorname{sen} |\theta|$, então: ρ < 0, ou seja, ρ assume valores entre $-\sqrt{N_1^2 + N_2^2}$ e 0.
2. Se $x \cos |\theta| > y \operatorname{sen} |\theta|$, então: ρ > 0, ou seja, ρ assume valores entre 0 e $\sqrt{N_1^2 + N_2^2}$.

Através dessa argumentação, pode-se entender por que, no intervalo angular usado, a transformada de Hough pode apresentar parâmetro de distância negativa. A Figura 6.31 mostra um caso em que ρ é negativo.

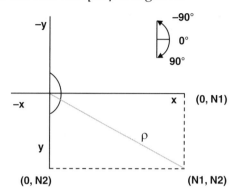

FIGURA 6.29. *Limites de θ e ρ em uma imagem definida entre (0,0) e (N_1, N_2). Direção considerada positiva dos eixos x e y (Macedo, 2005).*

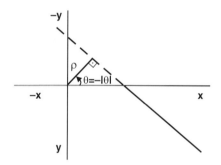

FIGURA 6.30. *Exemplo de comportamento dos parâmetros ρ e θ em retas decrescentes (Macedo, 2005).*

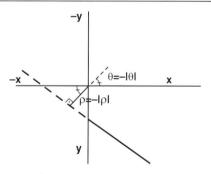

FIGURA 6.31. *Exemplo de reta decrescente com ρ negativo (Macedo, 2005).*

Note que, na Figura 6.31, o ângulo θ é mapeado para o intervalo-padrão (– 90°, 90°] ou (– π\2, π\2], o que implica ρ com valores negativos.

A precisão da detecção das retas varia conforme os intervalos e os incrementos estabelecidos tanto para θ quanto para ρ, ou seja, conforme Δθ e Δρ. Por exemplo, se o intervalo de θ é (−90°, 90°] ou (−π\2, π\2], então existem 180 células na matriz acumuladora para discretização de ângulo de grau em grau, mas se a discretização é definida de quatro em quatro graus, quer dizer que, em vez de 180 células, a matriz pode ter apenas 45 células. O algoritmo para retas é apresentado em detalhes no CD deste livro ou em Macedo (2005).

6.3.3.3.2. Detecção de Formas Cônicas

As cônicas (Figura 3.3 do Volume 1) são curvas obtidas pela interseção de um plano com um cone circular. Se o plano for perpendicular ao eixo, sem passar pelo vértice, obtém-se como resultado do corte uma circunferência. Se o plano de corte for paralelo a uma geratriz do cone, sem passar pelo vértice, obtém-se uma parábola. Se o plano de corte for paralelo ao eixo e não passar pelo vértice, é obtida uma hipérbole. Se o plano não for paralelo ao eixo nem a nenhuma geratriz e não passar pelo vértice, obtém-se uma elipse.

6.3.3.3.3. Transformada de Hough para Formas Circulares

A circunferência é o lugar geométrico dos pontos do plano eqüidistantes de um ponto fixo, chamado centro; a distância entre o centro e um ponto qualquer da circunferência é o raio.

Na detecção de círculos usando a transformada de Hough, pode-se usar a fórmula implícita:

$$(x - x_0)^2 + (y - y_0)^2 = r^2 \tag{6.65}$$

onde x_0 e y_0 são as coordenadas cartesianas do centro do círculo e r é o seu raio.

Agora, em vez de usar uma matriz acumuladora bidimensional, como no caso de retas, deve-se usar uma matriz acumuladora tridimensional contendo os parâmetros x_0, y_0 e r. A eficiência computacional nesse caso piora em relação ao algoritmo para detecção de retas devido ao maior número de parâmetros dessa forma.

Com a fórmula implícita $(x - x_0)^2 + (y - y_0)^2 = r^2$, é difícil evidenciar as coordenadas do centro x_0 e y_0 como função das demais variáveis, sendo mais adequado utilizar a forma polar.

$$\begin{aligned} x_0 &= x - \rho \cos \theta \\ y_0 &= y - \rho \operatorname{sen} \theta \end{aligned} \tag{6.66}$$

Nessa forma, para obter os valores x e y já conhecendo as coordenadas do centro do círculo, basta explicitar x e y.

$$x_0 = x + \rho \cos \theta \qquad (6.67)$$
$$y_0 = y + \rho \operatorname{sen} \theta$$

onde (ρ, θ) são coordenadas polares de um círculo.

Para utilizar a transformada de Hough com matriz acumuladora de três dimensões, deve-se previamente encontrar o valor real do seu raio de círculo ou, pelo menos, ter uma idéia do valor a ser dado ao intervalo de raio.

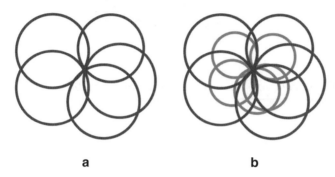

a   b

FIGURA 6.32. *Representação gráfica da transformada de Hough para círculos (Macedo, 2005).*

Para cada ponto da imagem é considerado um intervalo de raios e para cada raio são calculadas as coordenadas cartesianas do centro do círculo, como mostrado na Figura 6.32 (Macedo, 2005).

Na Figura 6.32, o ponto central representa um ponto da imagem e para cada ponto são simulados todos os círculos que possam passar por ele com determinado raio. Em (a) considera-se apenas um tamanho de raio, e em (b) simulam-se dois tamanhos diferentes de raio.

Cada centro encontrado associado a um raio é incrementado de uma unidade na matriz acumuladora. E assim extraem-se seus respectivos parâmetros, x_0, y_0 e ρ.

Como no caso de retas, para curvas também é necessário estabelecer um intervalo limite para todos os três parâmetros. A coordenada a deve ser definida em um intervalo-limite de 0 a Ni (coordenada máxima da figura no eixo x). A coordenada b deve ser definida em um intervalo limite de 0 a Nj (coordenada máxima da figura no eixo y). O raio possui tamanho conforme estabelecido pelo usuário do programa de detecção de círculos (Macedo, 2005). Poderá ser fornecido apenas um raio ou um intervalo de raios, em que será detectado o círculo com mais votos dentro desse intervalo.

6.3.3.3.4. Transformada de Hough para Elipses

A elipse (Figura 6.33) é uma curva plana, definida como o lugar geométrico dos pontos do plano para os quais a soma das distâncias a dois pontos fixos desse plano

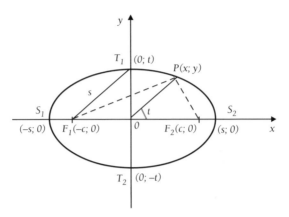

FIGURA 6.33. *Elipse com eixo maior horizontal (Macedo, 2005).*

F_1 e F_2 é uma constante.

O eixo S_1S_2 é denominado eixo maior da elipse, e seu raio maior s é igual à metade do eixo maior. O eixo T_1T_2 é denominado eixo menor da elipse, e seu raio menor t é igual à metade do eixo menor. A distância c é igual à distância do centro aos focos (F_1 ou F_2).

Os pontos F_1 e F_2 são denominados focos, e a distância F_1F_2 é conhecida como distância focal da elipse. O quociente c/s é conhecido como excentricidade da elipse. Como, por definição, s > c, pode-se afirmar que a excentricidade de uma elipse é um número positivo menor que a unidade.

Seja $P(x, y)$ um ponto qualquer de uma elipse e sejam $F_1(c,0)$ e $F_2(-c,0)$ os seus focos. Sendo 2s o valor constante com c < s, como visto, pode-se escrever:

$$PF_1 + PF_2 = 2s \tag{6.68}$$

O lugar geométrico dos pontos de uma elipse é expresso pela seguinte fórmula:

$$\frac{x^2}{s^2} + \frac{y^2}{t^2} = 1 \tag{6.69}$$

para o caso de o eixo maior encontrar-se paralelo ao eixo dos x e $\frac{x^2}{t^2} + \frac{y^2}{s^2} = 1$, para o caso de o eixo maior estar paralelo ao eixo dos y.

Para a equação polar genérica da elipse (Figura 6.34), tem-se:

$$\rho^2 = \frac{s^2 t^2}{s^2 \operatorname{sen}^2 \tau + t^2 \cos^2 \tau} \tag{6.70}$$

onde s é a metade do eixo maior, t é a metade do eixo menor, ρ a distância entre o centro e um determinado ponto na borda da elipse, e τ representa o ângulo que ρ faz com o eixo horizontal, sendo (ρ,τ) coordenadas polares da elipse. Para desenhar uma elipse com sua inclinação em relação ao eixo horizontal, usa-se uma matriz de

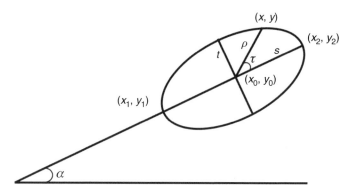

FIGURA 6.34. *Elipse inclinada com seus cinco parâmetros e coordenadas inicial e final de seu maior eixo (Macedo, 2005).*

rotação (veja Capítulo 2 do Volume 1).

Cada coordenada (x,y) da elipse é transformada por essa matriz, como mostram as equações a seguir.

$$x' = x \cos \alpha + y \sen \alpha \qquad (6.70)$$
$$y' = y \cos \alpha - x \sen \alpha$$

Um ponto da elipse pode ser determinado através de coordenadas polares da seguinte forma:

$$x = \rho \cos \tau \qquad (6.71)$$

$$y = \rho \sen \tau \qquad (6.72)$$

como em uma elipse,: $[t \leq \rho \leq s]$, então:

$$x = s \cos \tau \qquad (6.73)$$
$$y = t \sen \tau$$

operando a rotação de um ponto juntamente com uma translação (x_0, y_0), tem-se:

$$x' = x_0 + s \cos \tau \cos \alpha + t \sen \tau \sen \alpha \qquad (6.74)$$
$$y' = y_0 + t \sen \tau \cos \alpha - s \cos \tau \sen \alpha$$

Para que uma elipse seja detectada a partir de um espaço de parâmetros, é necessário que todos os parâmetros mostrados na Figura 6.34 sejam calculados. (x_1, y_1) e (x_2, y_2) representam as coordenadas que definem o limite do eixo maior da elipse, (x_0, y_0) o centro deste eixo, s a metade do eixo maior, t a metade do eixo menor e α sua inclinação em relação ao eixo horizontal. Esses parâmetros podem ser calculados usando a seguinte fórmula:

$$x_0 = \frac{x_1 + x_2}{2}$$

$$y_0 = \frac{y_1 + y_2}{2}$$

$$s = \frac{\sqrt{(x_2 - x_1)^2 + (y_2 - y_1)^2}}{2}$$

$$\alpha = arct\left[\frac{(y_2 - y_1)}{(x_2 - x_1)}\right] \quad (6.75)$$

Já para o cálculo do quinto parâmetro, t (metade do eixo menor), é necessário utilizar a equação polar da elipse, colocando o termo t em evidência:

$$t^2 = \frac{s^2 \rho^2 sen^2 \tau}{s^2 - \rho^2 \cos^2 \tau} \quad (6.76)$$

Para melhor entendimento, os termos dessa fórmula estão representados na Figura 6.35 (Macedo, 2005).

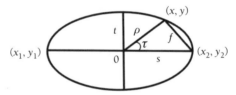

FIGURA 6.35. Triângulo não retângulo inscrito em uma elipse (Macedo, 2005).

Na Figura 6.35, f, que ainda é um argumento desconhecido, representa a distância entre um ponto qualquer do contorno da elipse (x,y) ao ponto limite do eixo maior (x_2,y_2). O parâmetro s já foi calculado anteriormente. O parâmetro ρ pode ser calculado a partir da seguinte expressão:

$$\rho = \sqrt{(x - x_0)^2 + (y - y_0)^2} \quad (6.77)$$

faltando apenas o seno e o co-seno do ângulo τ. Como o triângulo mostrado na Figura 6.35 é um triângulo não-retângulo, o $cos\tau$ pode ser calculado usando-se a lei do co-seno:

$$f^2 = \rho^2 + s^2 - 2\rho s \cos \tau \quad (6.78)$$

Colocando-se cos τ em evidência, tem-se:

$$\cos\tau = \frac{s^2 + \rho^2 - f^2}{2\rho^2 s} \qquad (6.79)$$

Utilizando-se a propriedade trigonométrica $\cos^2\tau + \text{sen}^2\tau = 1$, obtém-se finalmente $\text{sen}^2\tau$:

$$\text{sen}^2\tau = 1 - \cos^2\tau \qquad (6.80)$$

Com os valores ρ, s, sen²τ e cos²τ obtidos, o parâmetro t poderá ser calculado. Tendo-se calculado este último parâmetro, é possível pensar sobre o mecanismo de armazenamento desses parâmetros e como a transformada de Hough será utilizada para elipses (Macedo, 2005).

Primeiramente, estabelece-se um valor para o eixo maior. Depois, são procurados na elipse dois pontos de contorno (x_1,y_1) e (x_2,y_2) que tenham a mesma distância do eixo maior (essa procura está representada na Figura 6.36). Para cada dois pontos encontrados, sendo eles possíveis pontos extremos do eixo maior, são calculados o centro da elipse (x_0,y_0), a metade do eixo maior (s) e sua inclinação (α). Mas, para calcular o eixo menor, será necessário fornecer um outro ponto qualquer (x,y). Em torno da elipse entre $(0^0, 360^0]$ ou $(0, 2\pi]$ são escolhidos vários pontos e, conseqüentemente, calculados vários valores de t, que são incrementados em uma matriz acumuladora unidimensional.

Assim, a cada par de candidatos a pontos extremos do eixo maior, é eleito o parâmetro t com maior voto, que em seguida é armazenado em uma matriz de seis dimensões (chamada de elipse[ ] no algoritmo detalhado no CD), onde ficarão também seus quatro parâmetros restantes e o número de votos obtidos.

Após a varredura da imagem, a matriz (elipse[ ]) conterá todos os parâmetros das elipses mais votadas entre todos os possíveis "eixos maiores" encontrados na imagem. Assim, novamente o maior valor é calculado e a elipse mais votada é encontrada. Apesar da grande dimensão da matriz armazenadora, isso geralmente não prejudica o desempenho do algoritmo. O algoritmo detalhado é apresentado no CD que acompanha este livro ou em Macedo (2005).

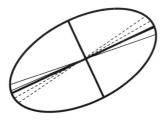

FIGURA 6.36. *Cálculo de todos os possíveis pontos extremos do eixo maior (Macedo, 2005).*

O eixo maior 2s pode estar compreendido entre os limites de 2 e $\sqrt{N_i^2 + N_j^2}$, considerando-se $Ni \times Nj$ a dimensão da imagem. O eixo menor 2t deve estar compreendido entre os limites 1 e $\sqrt{N_i^2 + N_j^2} - 1$ e ser menor que 2s (Macedo, 2005).

Nesse caso, a matriz acumuladora possui apenas uma dimensão com o parâmetro t. Outra matriz é utilizada como matriz armazenadora contendo seis dimensões, podendo ser controlada em número de registros, ou seja, em quantidade de eixos maiores aceitáveis. O número de pontos no contorno da elipse entre o intervalo $(0^0, 360^0]$ ou $(0, 2\pi]$ também pode ser configurável, e essa configuração atua diretamente no tamanho da matriz acumuladora.

6.3.3.3.5. Transformada de Hough para Parábolas

A parábola (Figura 6.37) é uma curva plana, que representa o lugar geométrico dos pontos de um plano que são eqüidistantes de um ponto fixo F e de uma reta fixa k. No plano cartesiano, pode ser definida como a curva plana formada pelos pontos $P(x,y)$, tais que $p = PP' = PF$, onde p = distância entre os pontos P e F ou distância entre o ponto P e a reta k (diretriz).

Outro parâmetro é a distância do foco F à reta diretriz k (2d). Essa forma cônica também pode ser definida como o gráfico de uma função polinomial do segundo grau do tipo $y = gx^2 + hx + i$ ou $x = gy^2 + hy + i$, com $g \neq 0$. Sempre que $g > 0$, a parábola terá concavidade voltada para cima ou para a direita; quando $g < 0$ a parábola terá concavidade voltada para baixo ou para a esquerda.

No caso de uma equação reduzida da parábola de eixo horizontal e vértice na origem (Figura 6.37), considere os pontos, $F(d, 0)$ (foco da parábola), e $P(x,y)$ (um

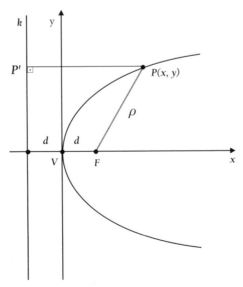

FIGURA 6.37. *Elementos de definição da parábola.*

ponto qualquer da parábola). Usando-se a fórmula da distância entre pontos no plano cartesiano tem-se:

$$\sqrt{(x-d)^2 + (y-0)^2} = \sqrt{(x-d)^2 + (y-0)^2} \qquad (6.81)$$

Desenvolvendo-se e simplificando-se essa expressão, chega-se à equação reduzida da parábola de eixo horizontal e vértice na origem, a saber, $y^2 = 4dx$, onde d é a distância focal da parábola. Para parábolas de eixo horizontal e vértice em um ponto qualquer, ou seja, se o vértice da parábola não estiver na origem, e sim em um ponto (x_0, y_0), a equação se torna:

$$(y - y_0)^2 = 4d(x - x_0) \qquad (6.82)$$

Para parábola de eixo vertical e vértice na origem, isto é, se a parábola tiver vértice na origem e eixo vertical, a sua equação reduzida será $x^2 = 4dy$.

Para parábola de eixo vertical e vértice no ponto (x_0, y_0), ou seja, se o vértice da parábola não estiver na origem, e sim em um ponto (x_0, y_0), a equação fica:

$$(x - x_0)^2 = 4d(y - y_0) \qquad (6.83)$$

Uma parábola também pode ser representada na forma polar através da seguinte expressão (Macedo, 2005):

$$\rho = \frac{2d}{1 - \cos\beta} \qquad (6.84)$$

onde d = distância do foco ao vértice (v), ρ = distância do foco a cada ponto da parábola, sendo referente ao p na Figura 6.37, e β = *ângulo* que ρ faz com o eixo horizontal, sendo (ρ, β), coordenadas polares da parábola. A parábola pode ser desenhada através das seguintes expressões:

$$x = x_f + \rho \cos\beta \qquad (6.85)$$
$$y = y_f + \rho \operatorname{sen}\beta$$

onde x_f e y_f são coordenadas do foco da parábola e x e y são coordenadas de um ponto qualquer da parábola. Mas, para desenhar uma parábola com inclinação (Figura 6.38), cada ponto deve ser multiplicado pela matriz de rotação (Capítulo 2 do Volume 1); nesse caso, o α está sendo substituído por ω.

$$x' = x \cos\omega + y \operatorname{sen}\omega \qquad (6.86)$$
$$y' = y \cos\omega - x \operatorname{sen}\omega$$

Para transladar é necessário adicionar as coordenadas do foco (x_f, y_f).

$$x' = x_f + \rho \cos \beta \cos \omega - \rho \, \text{sen} \, \beta \, \text{sen} \, \omega \quad (6.87)$$
$$y' = y_f + \rho \cos \beta \, \text{sen} \, \omega - \rho \, \text{sen} \, \beta \cos \omega$$

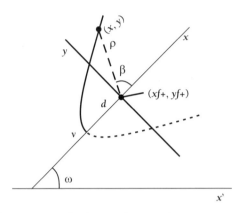

FIGURA 6.38. *Parábola rotacionada (Macedo, 2005).*

Na detecção de parábolas genéricas por transformada de Hough, seria necessário calcular todos os parâmetros de uma parábola e passar essas informações para o espaço de parâmetros. No caso desse tipo de forma cônica seria necessário obter uma matriz acumuladora de quatro dimensões com os seguintes itens: (x_f, y_f) – foco, d – distância do vértice ao foco e ω – inclinação. Para transformar uma parábola em dados no espaço de parâmetros, seguem-se estes passos (Macedo, 2005):

1. Define-se o intervalo de d, ou seja, os valores mínimo e máximo da distância entre o foco e o vértice.
2. Através da equação na forma polar é calculado o raio para cada ponto aceso da imagem.
3. Possuindo o valor do raio, calculam-se as coordenadas do foco multiplicando-se cada ponto da parábola pelo ângulo de inclinação em um intervalo de $(0^0, 360^0]$ graus ou $(0, 2\pi]$ radiano de acordo com a fórmula:

$$x_f = x - \rho \cos \beta \cos \omega - \rho \, \text{sen} \, \beta \, \text{sen} \, \omega \quad (6.88)$$
$$y_f = y - \rho \cos \beta \, \text{sen} \, \omega - \rho \, \text{sen} \, \beta \cos \omega$$

A Figura 6.39 mostra uma ilustração da metodologia aplicada a cada ponto da imagem considerando três funções: variação do foco, variação de inclinação e variação de tamanho. Respectivamente, da esquerda para a direita: ponto na imagem original, variação do foco, variação de inclinação e variação de tamanho.

São atribuídos às coordenadas do foco valores entre 0 e a dimensão da imagem. À distância do foco ao vértice, d, é atribuído um intervalo de um valor mínimo a um

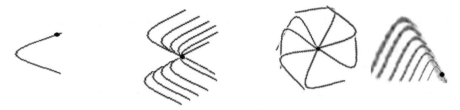

FIGURA 6.39. *Fases executadas na transformada de Hough para parábolas (Macedo, 2005).*

valor máximo, dependendo da entrada do usuário, ou um intervalo preestabelecido pelo próprio algoritmo. O parâmetro de inclinação da parábola, ou seja, seu ângulo de rotação, varia entre 0 e 360° ou de 0 a 2π radianos. Da mesma forma que em retas, círculos e elipses, a precisão da identificação de uma forma dependerá do tamanho desses intervalos, ou seja, quanto menor o tamanho dos intervalos, maior será a precisão e o tempo de execução (Macedo e Conci, 2007).

6.3.3.4. Aproximação Poligonal

O objetivo principal da aproximação poligonal é capturar a essência da forma com o menor número possível de segmentos poligonais. Geralmente são aplicados conjuntamente com técnicas de filtragem para acentuação de pontos de bordas.

A idéia básica é que a fronteira digital pode ser aproximada com mais ou menos precisão por poligonais. Para objetos fechados com limites retos, a aproximação exata é quando o número de segmentos no polígono for igual ao número de pontos na fronteira, de forma que cada par de pontos adjacentes define um segmento no polígono. A seguir, dois algoritmos serão considerados.

Algoritmo 1:

Busque os pontos de inflexão do contorno.

Repita até que todos os pontos de inflexão do contorno tenham sido ligados.

- Ligue os pontos ao longo da fronteira através de uma linha até que o erro quadrático entre a linha e a fronteira exceda um limiar.
- Armazene os parâmetros da linha.
- Zere o erro.
- Inicie nova linha no próximo ponto.

Nesse algoritmo, entre as linhas adjacentes formam-se os vértices do polígono. Ele tem a desvantagem de que os vértices não correspondem necessariamente às inflexões.

Algoritmo 2

Busque os pontos de inflexão do contorno e ligue-os por segmentos de linhas retas.

- Subdivida cada segmento sucessivamente em duas partes até que determinado critério seja satisfeito.

- Ao exceder o limiar, o ponto do segmento mais distante do contorno se torna um vértice e o segmento inicial é subdividido.

A Figura 6.40 ajuda a entender o segundo algoritmo. Nele, como critério, pode-se usar: "a maior distância perpendicular entre o segmento de fronteira e a linha que une dois pontos extremos do segmento não deve exceder um limiar".

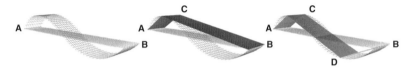

FIGURA 6.40. *Borda original e três etapas do algoritmo dois que aproxima o contorno por linhas retas. O ponto mais distande passa a ser o limite de cada subdivisão da poligonal.*

Na forma mais geral, a aproximação poligonal é um problema de difícil resolução e bastante pesado computacionalmente, existindo diversos algoritmos para a realização dessa tarefa. A abordagem denominada *contornos ativos*, comentada no início deste capítulo, pode ser entendida como uma generalização dessa técnica.

6.3.4. Características Topológicas

As características topológicas são invariantes à distorção do tipo "folha de borracha", isto é, se o plano da figura do objeto for representado por uma folha fina de borracha, uma deformação planar da folha não provoca qualquer mudança nessas características (Figura 6.41). Essa distorção é chamada de mapeamento topológico ou homeomorfismo do plano no plano (Duda e Hart, 1973).

FIGURA 6.41. *Distorção "folha de borracha".*

Os principais descritores topológicos são:

1. Número de componentes conectados (– C). Um componente conectado de um conjunto é um subconjunto mínimo tal que quaisquer dois pontos possam ser ligados por uma linha contínua pertencente ao subconjunto. Por exemplo, para a Figura 6.42a, esse número é 1.
2. Número de furos: (n_f) é o número total de furos que se encontram no interior, pertencentes aos objetos. Na Figura 6.42b esse número é 2.
3. Número de Euler (ε), por definição, é o *numero de componentes conectados* C subtraído do número de furos : $n_f(ε) = C - n_f$. Por exemplo, para a Figura 6.41, este número é –1. A Figura 6.42 mostra outros exemplos.

Se os objetos puderem ser considerados formados por redes de arestas (os contornos retos) e o interior for considerado como face, e cada vértice for considerado como a união de contornos retos, é possível extrair todos os elementos necessários para descrever sua topologia pelas fórmulas de Euler (faces, arestas e vértices) e Euler-Poincaré descritas na Seção 4.4.3.1 do Volume 1.

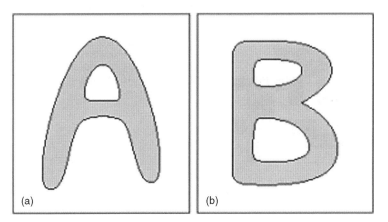

FIGURA 6.42. *Regiões com número de Euler igual a 0 e a –1, respectivamente.*

6.3.5. Características de Aspecto

Algumas características do aspecto da superfície são de extração complexa (Figura 6.12). O tipo de material pode ser caracterizado a partir da extração da cor ou da textura do objeto representado na imagem. A simples extração dessas características pode acarretar uma certa limitação no que tange a identificar materiais semelhantes, como metais ferrosos. Por outro lado, facilmente se poderia distinguir uma peça de cobre de uma outra de aço ou PVC, pois possuem cores diferentes.

A textura é uma característica qualitativa que depende da percepção e da comparação com padrões próprios de superfícies, como madeira, veludo, borracha etc. A discriminação de texturas constitui um problema mais delicado do que sua simples identificação ou classificação, em que se apresenta a um sistema apenas uma textura de cada vez de um conjunto de texturas conhecidas. A rugosidade é uma característica quantitativa. A obtenção de seus valores diretamente dos objetos envolve a utilização de equipamentos metrológicos que, através de um sensor de contato, descrevem o perfil micrométrico da superfície. O uso de imagens nesse campo, também utilizando equipamentos metrológicos, ocorre quando se deseja avaliar a direção e a forma das estrias sob a superfície.

6.3.6. Outras Características

6.3.6.1. Codificação de Corrida

A codificação de corrida (*run-length*) tem por objetivo gerar uma representação de uma imagem a partir de números que indicam as quantidades de pixels idênticos seqüenciais. Essas quantidades são chamadas de comprimentos de corridas binárias. Para melhor compreensão do conceito, considere a imagem binária da Figura 6.43 e observe a contagem dos pixels brancos (0) e pretos (1), percorrendo a imagem linha a linha a partir do ponto superior esquerdo, mostrado no quadro ao lado da Figura 6.43.

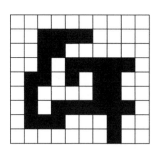

FIGURA 6.43. *Codificação de corrida.*

Sabendo-se o número de pixels por linha da imagem, essa informação é suficiente para reconstruir a imagem e inclusive obter características dela, como sua área. Sendo conhecida a cor do primeiro pixel, e sabendo que cada codificação corresponde à mudança de cor, se a imagem for binária, basta armazenar um vetor de codificação com os valores das freqüências de pixels pretos e brancos: C = (12, 4, 6, 2, 8, 1, 1, 5, 2, 2, 1, 1, 1, 2, 3, 1, 4, 2, 3, 1, 1, 1, 6, 2, 3, 3, 1, 9, 1, 2).

6.3.6.2. Histograma de Projeção

Uma imagem binária pode ser descrita a partir dos histogramas de sua projeção em linhas, que podem ser verticais, horizontais ou diagonais. Essa projeção é uma forma de representar a imagem de modo compacto, podendo servir também para caracterizá-la. Entretanto, uma mesma representação pode ser associada a mais de uma imagem. Para compreender esse conceito, considere a imagem apresentada na

Figura 6.44 e observe suas projeções $H[i]$ e $V[j]$. As projeções são obtidas contando-se o número de pixels de cor preta em cada linha e coluna. Forma-se, então, um histograma de ocorrências de pixels pretos no sentido horizontal e vertical, considerando a posição da linha e da coluna, respectivamente (Jain *et al.*, 1995). A projeção diagonal faz essa contagem diagonalmente sendo entendida observando-se diretamente a Figura 6.45.

$$H[i] = \Sigma_{j=1}^{m} B(i,j)$$
$$V[j] = \Sigma_{i=1}^{n} B(i,j)$$
(6.89)

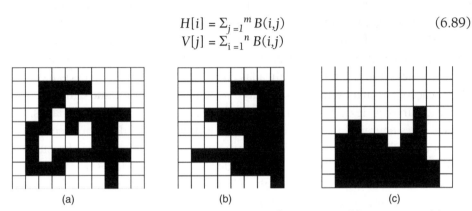

FIGURA 6.44. *Imagem binária (a) e suas projeções horizontais (b) e verticais (c).*

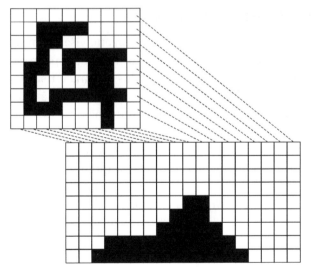

FIGURA 6.45. *Imagem binária e sua projeção diagonal.*

6.4. Reconhecimento de Padrões em Imagens

Denomina-se reconhecimento ou classificação o processo de atribuição de um rótulo a um objeto, baseado nas características extraídas do objeto que são representadas por seus descritores. Existem, normalmente, duas fases em um ambiente de reconhecimento: a fase de aprendizado e a fase de interpretação. A fase de aprendizado envolve o conhecimento dos conjuntos de objetos que podem estar presentes na imagem. As informações relevantes para conhecer os objetos são organizadas em bancos de dados (BD). A fase de interpretação pressupõe a análise de novas imagens que não têm necessariamente suas características armazenadas no BD. A tarefa de interpretação consiste em atribuir significado ao conjunto de objetos a serem reconhecidos. Um sistema de reconhecimento deve ser capaz de determinar, na saída de dados, qual a classe dos objetos presentes na imagem em função dos objetos possíveis, disponíveis no BD.

As técnicas de classificação devem ser capazes de diferenciar os objetos. Essa diferenciação é eficiente quando a imagem for composta de n objetos pertencentes a n classes diferentes e todas forem identificadas corretamente. Existem diversas técnicas de classificação, das mais simples, baseadas em vizinhos mais próximos, funções discriminantes, árvores de decisão, às mais complexas, baseadas em redes baysianas, lógica *fuzzy* e redes neurais. Em imagens RGB, uma forma eficiente de reconhecer objetos é utilizar a cor. Se o pixel possui a cor de algum objeto de interesse, e esta for suficientemente diferente das demais na cena capturada, os objetos podem ser classificados.

Esta seção faz uma breve revisão sobre classificação e reconhecimento de padrões. A idéia é apresentar ao leitor uma breve revisão sobre algumas técnicas, o que poderá auxiliar na escolha daquela mais adequada às suas aplicações em imagens digitais.

6.4.1. Reconhecimento de Padrões

O termo padrão, no contexto de análise de imagem, visão computacional e inteligência artificial, se refere a qualquer aspecto que pode ser padronizado em uma estrutura armazenável, como um banco de dados de características, por exemplo. A importância atual do reconhecimento de padrões está ligada à procura por métodos informatizados e automatizados para tarefas humanas repetitivas, exaustivas e muito sujeitas a falhas.

O reconhecimento de padrões se relaciona não só com o processamento de imagem, mas também com a inteligência artificial, a aprendizagem automática (*machine learning*), mineração de dados (*data mining* e *knowledge discovery*), sistemas adaptativos, redes neurais (*artificial neural networks*), teoria dos autômatos, conjuntos nebulosos (*fuzzy sets*), linguagens formais, entre outros.

Há duas abordagens básicas para as técnicas de classificação: supervisionada e não-supervisionada. Conforme o padrão a classificar (ou descrever), o processo de reconhecimento de padrões usa algum (ou alguns) dos seguintes principais métodos ou abordagens (Gonçalves Filho, 1996):

- **Abordagem estatística**
  Esta é a abordagem clássica, historicamente mais antiga, denominada de "teoria da decisão". Assume que as características das classes sejam regidas por determinados modelos probabilísticos.

- **Abordagem sintática**

Procura descrever a estrutura dos padrões usando inter-relações de características usando descrições básicas denominadas primitivas.

- **Abordagem neuronal**

É uma abordagem do tipo "caixa negra", que procura determinar um mapeamento ótimo entre muitas entradas e saídas mais ou menos inspirando-se em modelos de neurônios e sinapses cerebrais.

- **Abordagem nebulosa**

Abordagem que leva em conta o grau de incerteza por vezes inerente às características e às classificações, usando a teoria dos conjuntos nebulosos (*fuzzy*) para modelar esse grau de incerteza.

As técnicas de reconhecimento de padrões têm, um vasto leque de aplicações em um grande número de áreas científicas e tecnológicas. Sua diferenciação do reconhecimento de objetos é, principalmente, ter um aspecto mais genérico que eles. Já que o padrão pode descrever aspectos não tão concretos como os objetos e nem mesmo serem distintos ou separáveis.

Os itens seguintes se baseiam na revisão apresentada por Gonçalves Filho (1996), com diversas atualizações. Não se pretende esgotar o assunto de classificação e reconhecimento de padrões; a idéia é apresentar ao leitor uma breve revisão sobre algumas técnicas.

6.4.2. Classificação Supervisionada

Na classificação supervisionada, um conjunto-padrão de objetos conhecidos pertencentes a diferentes classes é analisado, escolhendo-se os parâmetros ideais para a separação das classes. Esses parâmetros definem as funções discriminantes que separam as diversas classes.

A classificação supervisionada pode ser feita por distribuição livre ou distribuição estatística. A primeira não requer conhecimento prévio de funções de distribuição de probabilidades, baseando-se em dedução e heurística. A segunda baseia-se em modelos de distribuição de probabilidades.

As etapas do processo de classificação supervisionada consistem em:

- escolha de um conjunto de treinamento – a definição do conjunto de treinamento deve ser feita observando-se se é bem representativo da população;
- escolha dos parâmetros relevantes a serem medidos – deve-se utilizar conhecimento prévio para identificar os parâmetros discriminantes que sejam adequados para representar a classe e evitar redundância de informação, além de parâmetros do mesmo tipo. É importante verificar a correlação entre os diversos parâmetros e as classes do conjunto de treinamento;

- obtenção da função discriminante, que pode ser obtida por método não-estatístico (distribuição livre) ou por método estatístico;
- eliminação dos parâmetros não-relevantes;
- testes com objetos fora do conjunto de treinamento;
- atualização dos dados (realimentação do aprendizado).

6.4.2.1. Classificação por Distribuição Livre

Classificadores de distribuição livre são importantes por não utilizarem informações sobre as probabilidades de ocorrência de uma classe em um universo de classes finito. Dessa forma, esses classificadores não estão restritos a universos de classes que possam ser associadas a probabilidades de ocorrência de um certo evento, porém é preciso enfatizar que os classificadores por distribuição livre podem ter uma interpretação estatística, bastando, para tal, que sejam considerados como procedimentos uniformemente distribuídos estatisticamente (Andrews, 1972). Entre as classificações por distribuição livre existentes podem ser citadas as classificações por *funções discriminantes, vizinhança mais próxima e árvore de decisão*.

A classificação por *funções discriminantes* baseia-se na obtenção de funções g_i que dividem o espaço de características de um conjunto em regiões R_i associáveis a cada classe pertencente ao conjunto. Para que um objeto com vetor de características x pertença a uma classe K, a função discriminante $g_k(x)$ deve assumir valor máximo. Dessa maneira, uma regra de decisão é definida como:

$$g_k(x) > g_i(x), \forall\ k \neq i \Leftrightarrow x \in K$$

Para um problema de número de classes igual a K, são necessárias $K-1$ funções discriminantes que dividam o espaço de características em K regiões distintas, sendo o número máximo de fronteiras igual a $K(K-1)/2$ (Jain, 1989). Essas fronteiras são hiperplanos se a função discriminante é linear, isto é, se a função discriminante é da forma a seguir (Duda e Hart, 1973).

$$g_k(x) = w_k^t\, x + w_{0\,k},\ k = 1,...,K \tag{6.90}$$

onde w é o vetor peso e w_0 é o peso-limite. Cabe notar que classificadores por funções discriminantes só classificam corretamente um conjunto se o vetor peso w existe, isto é, se o espaço de características é linearmente divisível.

A equação para a função discriminante pode ser obtida, em certos casos, como uma combinação linear dos diversos parâmetros: com dois parâmetros, a função é uma reta; com três é um plano com mais parâmetros é um hiperplano no espaço de parâmetros.

A Figura 6.46a apresenta uma divisão de um espaço de características nas regiões R_1, R_2 e R_3 (definindo três classes distintas 1, 2 e 3) a partir das relações entre as funções discriminantes g_1, g_2 e g_3. Essas relações, na forma da equação $g_k(x) > g_i(x)$, $\forall\ k \neq i \Leftrightarrow x \in K$, estabelecem a que classe pertence determinado objeto, isto é, um objeto pertence à região R_1 se for satisfeita a condição $[g_1 > g_2 \, e \, g_1 > g_3]$, e assim por diante. A Figura 6.46b apresenta um exemplo de divisão de um espaço de características, quando estão envolvidas cinco classes.

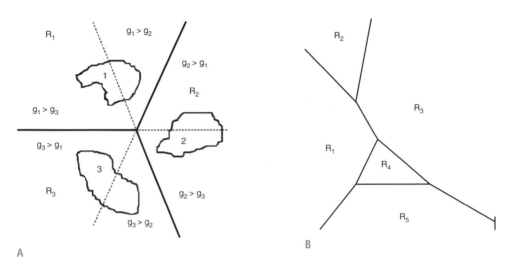

FIGURA 6.46 (a) Divisão do espaço de características: problema de três classes. (b) Divisão do espaço de características: problema de cinco classes (Duda e Hart, 1973).

Outro exemplo de classificação por distribuição livre é a classificação por *vizinhança mais próxima* (CVMP), que possibilita uma decisão de classificação de uma amostra x, contando apenas com a informação obtida a partir das amostras de treinamento $x_1,..., x_n$. Seja $X^n = \{x_1,..., x_n\}$ um conjunto de n amostras identificadas por classes e seja $x_i \in X^n$ a amostra mais próxima de uma nova amostra x que precisa ser classificada. A classificação por vizinhança mais próxima consiste em identificar a nova amostra x como pertencente à classe a que x_i pertence. Um objeto será atribuído a uma classe se a maioria dos k primeiros vizinhos pertencer a essa classe. Essa classificação não é um procedimento ótimo (Duda e Hart, 1973), pois sua aplicação leva a uma taxa de erro maior ou igual à obtida pelo classificador de risco mínimo de Bayes (que será comentado a seguir na seção 6.4.2.2). A Figura 6.47 mostra uma classificação por vizinhança mais próxima para duas classes em um espaço amostral bidimensional.

Uma classificação por distribuição livre que permite um rápido progresso até uma decisão final utilizando um mínimo de recursos computacionais (Batchelor, 1978) é o classificador por *árvore de decisão*. A árvore de decisão divide o espaço de características, seqüencialmente, em regiões únicas. À medida que se decide a que regiões as características pertencem, define-se a classe do objeto. Esse classificador tem a vantagem de convergir, mesmo que o espaço de características não seja linearmente divisível (Jain, 1989).

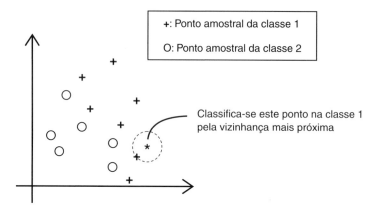

FIGURA 6.47. *Uma CVMP para duas classes em um espaço amostral (Chen, 1973).*

Seja um conjunto de K objetos, possuindo cada um N características extraíveis. Considere a matriz Z de dimensão N × K

$$Z = \begin{bmatrix} z_1(1) & K & z_K(1) \\ M & L & M \\ z_1(N) & L & z_K(N) \end{bmatrix} \quad (6.91)$$

onde os elementos são as características $z_j(i)$ dos objetos, com $i = 1,...,N$ e $j = 1,...,K$.

Sendo Z' a matriz obtida ordenando-se os elementos de cada linha de Z em ordem crescente da esquerda para a direita, tem-se a seguir um algoritmo para a implementação de uma árvore de decisão.

Passo 1: Encontra-se a distância máxima entre os elementos adjacentes, para cada linha de Z'. Divide-se a linha que possuir a maior distância (linha r) separando os elementos adjacentes de maior distância.

Passo 2: Transforma-se Z' em $\tilde{Z}$, mantendo a linha r, reordenando os elementos de Z' de forma que cada coluna volte a ser as características de um objeto. Divide-se $\tilde{Z}$ em duas matrizes Z_1 e Z_2, usando-se como base a divisão da linha r.

Passo 3: Repetem-se os passos 1 e 2 para as submatrizes que tiverem mais de uma coluna, até que todas possuam uma única coluna.

Terminado o algoritmo, o valor de corte relacionado a cada característica representada por r será o valor médio dos elementos de distância máxima em r. A Figura 6.48 apresenta uma árvore de decisão onde $z1, z2,....$, são as características; $c1, c2,....$, são os valores de corte; $o1, o2,...$, são os objetos.

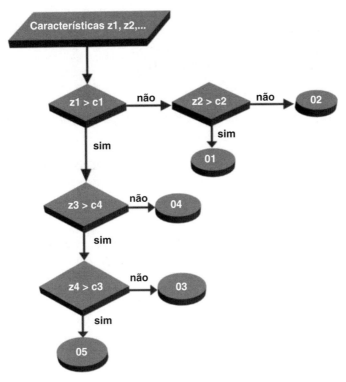

FIGURA 6.48. *Exemplo de Árvore de decisão (Gonçalves Filho, 1996).*

6.4.2.2. Por Distribuição Estatística

A mais utilizada entre as classificações por distribuição estatística é a que se baseia na teoria de Bayes (Meyer, 1983). Nessas classificações, assume-se que as classes de objetos e os vetores de características (usados para a classificação) possuem uma densidade de probabilidade básica em comum (Jain, 1989).

Como exemplo de classificação por distribuição estatística, pode-se citar o classificador de risco mínimo de Bayes (CRMB). O CRMB minimiza o risco de associar o vetor de características x (de um certo objeto) a uma classe errada e, conseqüentemente, classificar o objeto a que o vetor x está associado de maneira incorreta. Sendo $P(S_k)$ a probabilidade de ocorrência da classe S_k e $p(x)$ a função de densidade de probabilidade do vetor de características x, o risco de uma associação errada $\Re$ é:

$$\Re \cong \sum_{k=1}^{K} \int_{R_k} c(x/S_k)\, p(x) dx \qquad (6.92)$$

$$c(x/S_k) \cong \sum_{k=1}^{K} c_{i,k} p(S_i/x) \qquad (6.93)$$

onde $c(x/S_k)$ representa o custo total de associar x à classe S_k, sendo R_k a região do espaço de características onde $p\,(x/S_k) > p\,(x/S_i)\ \forall\, i \neq k$ e $c_{i,k}$ é o custo de associar x à classe S_k quando, de fato, x pertence à classe S_i.

A regra de decisão que minimiza $\Re$ é dada por:

$$\sum_{i=1}^{K} c_{i,k} P(S_i) p(x/S_i) < \sum_{i=1}^{K} c_{i,k} P(S_i) p(x/S_i),\ \forall\, j \neq k \Rightarrow x \in S_k \qquad (6.94)$$

e se $c_{i,k} = 1$ para $i \neq k$ e $c_{i,k} = 0$ para $i = k$, a regra de decisão simplifica-se para:

$$p(x/S_k)\,P(S_k) > p(x/S_j)\,P(S_j),\ \forall\, j \neq k\ \ x \in S_k \qquad (6.95)$$

Nesse caso, a probabilidade de erro de classificação é também minimizada e o classificador discriminante de erro mínimo é definido como:

$$g_k(x) = p(x/S_k)\,P(S_k) \qquad (6.96)$$

Em Andrews (1972) podem ser encontrados outros exemplos de classificação por distribuição estatística.

6.4.3. Classificação Não-Supervisionada

A classificação não-supervisionada é usada nas aplicações em que informações de classificação não estão disponíveis (Andrews, 1972). Nesse tipo de classificação, tenta-se estabelecer *clusters* ou agrupamentos naturais no espaço de características, a partir da medida de diferentes parâmetros dos objetos. Um *cluster* é um conjunto de pontos no espaço de características que possui densidade local máxima, se comparada à densidade dos pontos ao redor (Jain, 1989).

6.4.4. Redes Neurais Artificiais

Muitos trabalhos vêm sendo desenvolvidos utilizando redes neurais artificiais (RNAs). Na área de segmentação de imagens, pode-se citar os trabalhos de Duarte *et al.* (2006), que as utiliza, visando à classificação e identificação de assinaturas. RNA são muito utilizados como indicadores da relação de dependência de um pixel com seus pixels vizinhos, em imagens com textura. Em linhas gerais, a intensidade de um pixel, em imagens com textura, pode ser representada pela combinação das intensidades de seus pixels vizinhos.

A partir dessa possibilidade de representação, e utilizando um procedimento de crescimento de região que baseia-se na agregação de pixels com propriedades similares, a RNA aprende as diversas texturas. O desempenho obtido é geralmente muito bom, principalmente no que tange ao tempo computacional, visto que a abordagem dispensa técnicas de pré-processamento e extração de características.

6.4.5. Lógica *Fuzzy*

O ser humano tem grande capacidade de processar imagens, parte dela devida à destreza em lidar com incertezas e ambigüidades. Os sistemas de lógica *fuzzy* (SLF) não só são ótimos no que diz respeito a tratar incertezas, mas também adquirem o conhecimento de forma fácil e confiável. Dessa maneira, a utilização de SLF em imagens é vista de forma bem natural.

6.5. Conclusão

Concluindo este capítulo, pode-se salientar que, para os seres humanos, a tarefa de reconhecimento é trivial porque é realizada acoplada com a própria visão, baseada no aprendizado do indivíduo e de forma dependente do conhecimento da cena, ou seja, não considera só a cena real, mas todo um conhecimento anterior de objetos semelhantes e familiares.

No reconhecimento computacional da imagem, o processo de segmentação desempenha uma tarefa muito importante, pois permite identificar regiões, objetos ou partes e estabelecer subdivisões na imagem a partir de agrupamentos de sua unidade básica (pixel) para que esta possa ser interpretada. Embora, muitas vezes, a unidade mínima seja o pixel, na segmentação por textura é preciso um conjunto deles para ter-se definido um padrão mínimo. Assim, no caso de texturas, o texel (*texture element*) passa a ser a unidade básica.

CAPÍTULO 7

Texturas

7. TEXTURAS

Uma aplicação muito relevante em análise de imagens é o reconhecimento de texturas. Esse processo, realizado intuitivamente pelos seres humanos, tem grande complexidade computacional. Texturas estão presentes na maioria das imagens naturais e dão realismo às cenas sintéticas ou artificiais. Na Figura 7.1 pode-se observar alguns exemplos. Através da análise de texturas é possível distinguir regiões que apresentem as mesmas características de padrões e as mesmas cores em determinada combinação de bandas. Isso torna a textura um excelente descritor regional capaz de contribuir para melhorar os processos de reconhecimento, descrição e classificação de imagens.

FIGURA 7.1. *Exemplos de texturas naturais (a, b, c, d, h) e artificiais (e, f, g).*

Textura é um termo intuitivo e muito empregado nas diversas áreas da computação gráfica descritas no Capítulo 1, mas apesar de sua importância, não possui uma definição precisa. De maneira geral, o termo se refere a um padrão visual que possui algumas propriedades de homogeneidade que não resultam simplesmente de uma cor ou intensidade, podendo ser definida como o aspecto visual de uma superfície.

A menor área da imagem digital que compõe uma textura distinta pode ser definida como elemento de textura ou texel (*texture element*). Rubin (1989) foi o primeiro a usar essa denominação, considerando que a textura poderia ser caracterizada por três componentes: o contraste local, a escala e a orientação. Diversos outros autores preferem a denominação *textons* para o elemento de um padrão de textura, lembrando que há também um **aspecto randômico** na textura de imagens reais que não pode ser ignorado (Parker, 1997).

Dependendo da aplicação e do método de análise das imagens digitais, têm-se diversas definições de textura entre elas:

1. A textura de uma região é constituída de elementos mutuamente relacionados representados por uma primitiva de textura dependente de escala (Sonka *et al.*, 1993).

2. A repetição está envolvida quando se fala da textura de uma área composta de um grande número de elementos similares mais ou menos ordenados (Watt e Policarpo, 1998).
3. Textura é a característica de uma região relacionada a coeficientes de uniformidade, densidade, aspereza, regularidade, intensidade, dentre outros, oriundos da probabilidade de ocorrência de variações tonais (Haralick *et al.*, 1973).
4. Embora não exista uma definição formal a textura intuitivamente é descrita por medidas que quantificam suas propriedades de suavidade, rugosidade e regularidade (Gonzalez e Wood, 2000).
5. Texturas se relacionam a características estatísticas ou propriedades estruturais locais constantes, com pouca variação ou aproximadamente periódicas (Sklansky, 1978).
6. É a propriedade de uma região relacionada à variação de intensidade luminosa em partes das imagens (Castleman, 1996).

A maioria dos autores, como visto pelas definições mencionadas, caracteriza textura bidimensionalmente, sendo que uma dimensão contém as propriedades primitivas ou estatísticas de tonalidade e cores e outra corresponde aos relacionamentos espaciais entre elas. Apesar de não existir uma definição única e precisa, nem uma aproximação matemática formal para a quantificação da textura, as definições vistas anteriormente associam à textura a impressão de rugosidade e contraste, criada pela variação tonal ou pela repetição de padrões visuais sobre uma região (Jain, 1989). Esses padrões podem ser os resultados de propriedades físicas da superfície do objeto (rugosidade) ou o resultado de diferenças de reflexão, tal como a cor nas superfícies consideradas homogêneas.

A textura é uma fonte importante de informações para o processo de análise e interpretação de imagens. Refere-se a um padrão visual que possui algumas propriedades de homogeneidade que não resultam simplesmente de uma cor ou intensidade. Ao contrário de outras características, como, por exemplo, o brilho, a textura não pode ser definida em um pixel, mas sim através de uma região ou conjunto de pixels. Na segmentação baseada em textura, regiões homogêneas da imagem são identificadas levando em consideração alguma medida de textura. A análise de textura é uma ferramenta importante para segmentação, uma vez que a maioria das imagens naturais possui certo padrão textural.

Assim, a textura se caracteriza pela repetição de um modelo (texton ou texel) sobre uma região. Esse modelo pode ser repetido de forma precisa ou com variações (randômicas ou não) e ruídos sobre um mesmo tema. Tamanho, formato, cor e orientação dos elementos do modelo podem variar sobre as regiões, caracterizando a diversidade de padrões de uma textura. A variação encontrada na forma como os texels se relacionam pode ser suficiente ou não para diferenciar duas texturas.

Uma região precisa possuir um tamanho grande o suficiente para exibir sua textura. Assim, esse tamanho não pode ser muito pequeno, se comparado ao elemento básico. A definição básica do que é considerado uniforme na textura talvez seja a característica mais importante em um método de segmentação por textura, especialmente quando o *texton* aparece em resoluções ou escalas diferentes. Conseqüentemente, sua caracterização como um diferencial ou não depende do contexto. Por exemplo, em imagens aéreas de diferentes alturas, pode-se querer identificar a região plantada de soja. Essa textura não é exatamente uniforme, tanto em aspecto quanto em cor, além de ser diferente nas diversas escalas ou alturas de observação.

A análise de textura das imagens tem por objetivo estabelecer o relacionamento de vizinhança dos elementos semelhantes e identificar seu posicionamento (conectividade), o número de elementos por unidade espacial (densidade) e a sua regularidade (homogeneidade). Geralmente, a análise de textura é utilizada para:

- Segmentação ou divisão de uma imagem em regiões com o mesmo perfil textural.
- Descrição e extração de características baseadas na quantificação de seu conteúdo de textura para discriminação entre classes de objetos.
- Classificação e rotulação de uma região com determinada textura, com base em exemplos de texturas conhecidas.
- Análise de forma, quando se emprega a informação de textura para gerar a geometria de uma região ou objeto complexo.
- Réplica, ou seja, para descrever uma textura, visando sua reprodução de maneira sintética.

A diferenciação de texturas em imagens é uma atividade importante que faz parte de uma vasta gama de aplicações em diversas áreas. Dentre elas, pode-se citar o diagnóstico médico, a automação industrial, o reconhecimento biométrico, sensores remotos e outras. A idéia inicial do reconhecimento e identificação de texturas consiste em extrair de *janelas* ou *áreas* da imagem algumas características que permitam realizar posteriormente um reconhecimento, uma tomada de decisão, uma classificação ou mesmo uma busca dessa textura em um banco de padrões, dependendo do objetivo final da aplicação.

Uma característica da textura, por exemplo, consiste na entropia da imagem, que pode ser definida como um número avaliador da sua aleatoriedade, ou seja, quanto maior for este número, mais irregular, atípica ou não-padronizada será a imagem analisada. O mesmo vale para a informação textural. Assim, o cálculo da entropia E de uma textura x pode ser realizado através da seguinte fórmula:

$$E = \sum_{i=0}^{M-1} \left(p_i \log_2 \left(\frac{1}{p_i} \right) \right) \quad (7.1)$$

onde M é o número total de texturas diferentes presentes na imagem e p_i é a probabilidade de a i-ésima textura armazenada ser utilizada novamente. Uma imagem contendo um único tom de cinza (Figura 7.2a) tem entropia igual a zero. Para outras imagens com outro padrão de repetição e mais de um tom de cinza, tem-se uma

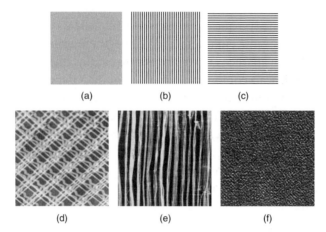

FIGURA 7.2. *Exemplos monocromáticos de imagens e suas entropias texturais: (a) imagem cinza em único tom e entropia = 0; (b) verticais pretas e brancas em dois tons com entropia = 0,9149 ou (c) listras horizontais; Para as texturas naturais, as entropias são: (d) E = 5,8766, (e) E = 5,9851 e (f) E = 6,2731.*

entropia alta (Figuras 7.2d, 7.2e, 7.2f). Imagens sem um padrão de repetição bem definido como as texturas da Figura 7.1 *b* e *e* apresentam uma entropia maior.

Nas seções que se seguem, algumas das técnicas mais utilizadas em análise e identificações de texturas serão descritas.

7.1. Coeficiente de Hurst

A geometria fractal destaca-se dentre as diversas abordagens possíveis para análise textural (Parker, 1997). Sua utilização para caracterização de texturas permite associá-la a índices numéricos para posterior identificação e classificação com grande simplicidade e eficiência. A dimensão fractal (DF) pode ser utilizada em diversas aplicações, tais como: determinação da rugosidade da superfície terrestre, classificação de imagens, distinção entre tipos de paisagens, detecção de bandas espectrais ruidosas, determinação da escala operacional de fenômenos naturais em imagens digitais, análise da diversidade da paisagem, análise dos efeitos da conversão de dados em sistemas de informações geográficas, escalonamento aplicado às extensões espaciais em sensoriamento remoto, análise de superfícies fraturadas, desgaste e erosão, corrosão, dentre outros (veja também as seções 7.6 e 8.7).

Alguns autores usam o coeficiente de Hurst como uma aproximação da dimensão fractal para imagens em níveis de cinza (Parker, 1997). O coeficiente de Hurst é uma aproximação da DF definido como:

$$D = \frac{\ln N}{\ln\left(\dfrac{1}{r}\right)} \quad (7.2)$$

É usada no cálculo da Equação (7.2) a intensidade de um conjunto de pixels de uma imagem *I* dividida em *N* partes idênticas não-coincidentes e escalonadas por um fator de escala de *r*.

Para exemplificar o cálculo do coeficiente de Hurst, considere a Figura 7.3, que ilustra uma região de 7×7 pixels com seus níveis de intensidade.

	0	1	2	3	4	5	6
0	85	70	86	92	60	102	202
1	91	81	98	113	86	119	189
2	96	86	102	107	74	107	194
3	101	91	113	107	83	118	198
4	99	68	107	107	76	118	194
5	107	94	93	115	83	115	198
6	94	98	98	107	81	115	194

FIGURA 7.3. *Região de 7×7 pixels para cálculo do coeficiente de Hurst (Parker, 1997).*

A Figura 7.4 representa a distância euclidiana de cada pixel (x_i, y_i) em relação ao pixel central (x_c, y_c), calculada por meio da equação:

$$d(x_c, y_c; x_i, y_i) = \sqrt{(x_c - x_i)^2 + (y_c - y_i)^2} \qquad (7.3)$$

Para esse *texton* de 7×7, existem oito grupos de pixels, correspondendo às oito diferentes distâncias possíveis da Figura 7.4.

$\sqrt{18}$	$\sqrt{13}$	$\sqrt{10}$	3	$\sqrt{10}$	$\sqrt{13}$	$\sqrt{18}$
$\sqrt{13}$	$\sqrt{8}$	$\sqrt{5}$	2	$\sqrt{5}$	$\sqrt{8}$	$\sqrt{13}$
$\sqrt{10}$	$\sqrt{5}$	$\sqrt{2}$	1	$\sqrt{2}$	$\sqrt{5}$	$\sqrt{10}$
3	2	1	0	1	2	3
$\sqrt{10}$	$\sqrt{5}$	$\sqrt{2}$	1	$\sqrt{2}$	$\sqrt{5}$	$\sqrt{10}$
$\sqrt{13}$	$\sqrt{8}$	$\sqrt{5}$	2	$\sqrt{5}$	$\sqrt{8}$	$\sqrt{13}$
$\sqrt{18}$	$\sqrt{13}$	$\sqrt{10}$	3	$\sqrt{10}$	$\sqrt{13}$	$\sqrt{18}$

FIGURA 7.4. *Oito grupos de pixels correspondentes às distâncias (Nunes e Conci, 2005).*

O primeiro passo no cálculo do coeficiente de Hurst é determinar a maior diferença de nível de cinza (Δg) para cada classe de distância dos pixels. A maior diferença será obtida depois da busca do maior e do menor tom da região. Neste exemplo, começando com os pixels com distância de um pixel do centro, o nível de cinza máximo é 113 e o mínimo é 83, ocorrendo uma diferença de 30. A próxima classe (distância = √2≅1,414) tem o nível mínimo de 74, permanecendo o nível máximo em 113; portanto, a maior diferença será igual a 39. A terceira classe (distância = 2) possui nível máximo igual a 118 e nível mínimo permanecendo em 74; logo, a maior diferença de nível de intensidade é igual a 44. Esse processo deve ser realizado sucessivamente para todas as classes de distâncias. Em seguida, deve-se obter o logaritmo das distâncias e das diferenças de nível de cinza, apresentado na Tabela 7.1. De posse desses dados, é possível plotar os pontos definidos pelo logaritmo das distâncias e pelo logaritmo das diferenças de nível de cinza em um gráfico conhecido na literatura como gráfico de Richardson (Nunes e Conci, 2005).

TABELA 7.1. Distância e diferença de nível de cinza para região da Figura 7.3

Distância (d)	ln d	Diferença de nível de cinza (Δg)	ln (Δg)
d = 1	0,000	113 − 83 = 30	3,401
d = √2	0,346	113 − 74 = 39	3,663
d = 2	0,693	118 − 74 = 44	3,784
d = √5	0,804	118 − 68 = 50	3,912
d = √8	1,039	119 − 68 = 51	3,931
d = 3	1,098	198 − 68 = 130	4,867
d = √10	1,151	198 − 60 = 138	4,297
d = √2	1,282	198 − 60 = 138	4,297
d = √18	1,445	202 − 60 = 142	4,955

O passo final consiste em realizar o ajuste da reta ($y = bx+a$) definida pelos pontos de coordenadas logarítmicas ($ln\ d$; $ln\ \Delta g$). Através do *método dos mínimos quadrados* se calculam-se os parâmetros b e a da reta que minimiza as distâncias ou diferenças entre y e y'.

$$b = \frac{n\Sigma \ln d \ln \Delta g - \Sigma \ln d \Sigma \ln \Delta g}{n\Sigma(\ln d)^2 - \Sigma(\ln d)^2} \qquad (7.4)$$

$$a = \frac{\Sigma \ln \Delta g}{n} - b\frac{\Sigma \ln d}{n} \qquad (7.5)$$

Essa reta pode ser entendida como uma regressão linear. A Tabela 7.2 apresenta os dados utilizados para o cálculo dos parâmetros *a* e *b*.

TABELA 7.2. Dados para cálculo da regressão linear

Interações	ln d	ln Δg	ln d ln Δg	(ln d)^2
1	0,00000	3,40120	0,00000	0,00000
2	0,34657	3,66356	1,26969	0,12011
3	0,69315	3,78419	2,62300	0,48045
4	0,80472	3,91202	3,14808	0,64757
5	1,03972	3,93183	4,08800	1,08102
6	1,09861	4,86753	5,34753	1,20695
7	1,15129	4,92725	5,67271	1,32547
8	1,28247	4,92725	6,31908	1,64474
9	1,44519	4,95583	7,16209	2,08856
Σ	7,86173	38,37067	35,63019	8,59489
Σ/n	0,874	4,263		
n	9			

A reta, neste caso, tem a equação: y = 1,2229x+3,1952. A *inclinação* dessa reta, b = 1,2229, é o chamado *coeficiente de Hurst*.

Ao se visualizar uma imagem como um mapa de relevo tridimensional, (como a Figura 3.24) em que a intensidade é vista como a altura z sobre um plano xy, a aplicação do coeficiente de Hurst torna-se bastante útil para determinar regiões da imagem com relevo semelhante. Assim, regiões com coeficientes semelhantes são consideradas de mesma textura. Esse índice pode ser útil, então, para segmentação e identificação de texturas ou busca em banco de padrões texturais.

Outras técnicas que utilizam características fractais serão apresentadas mais adiante, no final neste capítulo.

7.2. Coeficientes de Variação Espacial

Uma região com textura monocromática pode apresentar grande variedade de tons. Os tons individuais de cada pixel da textura podem ser medidos dentro de uma "janela" de tamanho adequado, de modo a se tentar diferenciar ou segmentar as regiões da imagem de acordo com sua textura. O uso de uma janela ou área de alguma forma é necessário, pois a textura só faz sentido em regiões, e não em pixels individualmente. O tom de determinado pixel nessa janela pode ser considerado uma variável aleatória, e técnicas de manipulação estatísticas de dados podem ser usadas para tentar caracterizar o padrão de textura.

As medidas de posição ou de tendência central constituem uma forma mais sintética de apresentar os resultados contidos nos dados observados, pois representam um valor central em torno do qual os dados se concentram. As medidas de posição mais empregadas são a média, a mediana e a moda.

A média é a mais usada das três medidas de posição mencionadas por ser a mais compreensível e simples de calcular, além de prestar-se bem ao tratamento algébrico. A mediana para um conjunto de dados ordenados é o valor que divide ao meio o conjunto de tal forma que 50% dos dados estejam acima dela e 50% abaixo. A moda de um conjunto de dados é o valor que ocorre com maior freqüência, ou seja, o valor mais comum. Para um conjunto de dados, a moda pode não ser única ou pode até mesmo não existir.

A utilização de uma medida de posição para substituir um conjunto de dados é insuficiente para sintetizar a informação nele contida. Como exemplo, considere três linhas de imagens com os tons representados pelos conjuntos de dados A, B e C:

$$A = \{10, 10, 10, 10, 10, 10, 10\}; \quad B = \{1, 8, 10, 10, 11, 12, 18\} \text{ e}$$
$$C = \{1, 2, 10, 10, 10, 13, 24\}$$

Calculando-se a média, a mediana e a moda desses três conjuntos, verifica-se que os três (A, B e C) apresentam médias, medianas e modas iguais, apesar de serem três linhas bem diferentes entre si. Portanto, para sintetizar eficientemente a informação de um conjunto de dados, é necessário usar também uma medida de dispersão, que vai informar como esses dados se comportam em torno da medida de posição empregada.

Para obter um único número que represente a dispersão dos dados, utiliza-se a variância, que é a soma dos quadrados dos desvios divididos pelo número de observações. A variância é uma medida quantitativa da dispersão de um conjunto de dados ao redor da sua média.

$$\sigma^2 = \frac{1}{n}\sum_{i=1}^{n}(x_i - \bar{x})^2 \qquad (7.6)$$

onde n corresponde ao número de observações, x_i representa a *i-ésima* amostra e $\bar{x}$ a média do conjutno. Um inconveniente da variância é que ela é expressa em unidades ao quadrado, o que causa algumas dificuldades de interpretação. Resolve-se esse problema usando o desvio-padrão:

$$\sigma = \sqrt{\frac{\sum_{i=1}^{n}(x_i - \bar{x})^2}{n}} \qquad (7.7)$$

A variância e o desvio-padrão são medidas de dispersão absolutas. Desse modo, para caracterizar melhor a dispersão dos dados em termos relativos ao seu valor médio, utiliza-se o conceito de coeficiente de variação. O coeficiente de variação é definido como o quociente entre o desvio-padrão e a média, e também é chamado de desvio-padrão relativo.

$$CV = \frac{\sigma}{\bar{x}}.100 \qquad (7.8)$$

Para quantificar a característica de textura através de medidas estatísticas, Nunes (2006) propõe um coeficiente que descreve as variações espaciais de intensidade ou cor relacionado-as a posições relativas e à banda espectral. Duas medidas são empregadas: uma medida de posição (média) e uma medida de dispersão (coeficiente de variação) do conjunto de pixels pertencentes à região da imagem. Entretanto, as medidas de textura calculadas apenas com base em seu histograma sofrem a limitação de não carregarem informação sobre a posição relativa dos pixels. Como já comentado, a textura possui duas propriedades: a tonalidade dos pixels e os relacionamentos espaciais entre eles. O cálculo do coeficiente de variação espacial (CVE) leva em consideração não apenas a distribuição de intensidades, mas também sua distribuição espacial pelas classes de distâncias. O primeiro passo no cálculo do CVE é determinar o conjunto de dados de cada classe de distâncias considerando a distância euclidiana de cada pixel ao pixel central (Figura 7.4). Após obter a média e o coeficiente de variação para cada classe de distâncias, as medidas de posição e de dispersão são combinadas através da Equação 7.9, cujo valor único (CVE, da classe) preserva a informação de ambas as medidas obtidas.

$$CVE = CVE = \frac{ArcTg\left(\frac{\bar{x}}{CV}\right)\pi}{180}\sqrt{\bar{x}^2 + CV^2} \qquad (7.9)$$

onde $\bar{x}$ é a média da classe e CV corresponde ao coeficiente de variação (Equação 7.8) da classe.

O segundo passo consiste em obter a média e o coeficiente de variação para os CVE de cada classe de distância, que considera posições relativas. Finalmente, a média e o coeficiente de variação dos CVE de cada classe são novamente combinados pela Equação 7.9, relacionadas à banda cromática usada (R, G ou B), resultando no CVE da região (colorida) de textura. A Tabela 7.3 apresenta a média, o coeficiente de variação e o CVE para os dados da Figura 7.3.

TABELA 7.3. Dados para cálculo do CVE

Dist.	Média Classe	CV Classe	CVE Classe	Média CVE Classe	CV CVE Classe	CVE Textura
1,000	102,500	11,241	150,709	154,522	12,605	230,910
1,414	89,750	16,571	126,698			
2,000	109,250	9,781	162,502			
2,236	91,125	13,667	131,022			
2,828	102,250	15,173	147,145			
3,000	124,500	34,353	168,101			
3,162	113,500	42,245	147,082			
3,606	121,250	35,921	162,219			
4,243	143,750	37,855	195,223			

As imagens da Figura 7.5 apresentam um exemplo do uso do CVE em uma imagem colorida (256×256 pixels) de um melanoma médio (a). Ela foi testada usando amostras com janela de extração com dimensão de 3×3 pixels para uma classe de textura denominada melanoma. Nesse exemplo, o CVE é calculado para os canais RGB de cada amostra. Em seguida é realizado o agrupamento das amostras, e os centróides das classes são calculados por meio do algoritmo k means ou k média, que é um algoritmo de mineração de dados não-supervisionado que realiza uma classificação a partir dos dados da própria amostra. A Figura 7.5b apresenta o resultado da segmentação da Figura 7.5a considerando a área do interior, onde se verifica uma perfeita segmentação do melanoma. A Figura 7.5c apresenta o contorno localizado com bordas de espessura de um pixel, resultando em uma imagem com boa definição dos limites do melanoma (Nunes e Conci, 2007). Outros exemplos do método podem ser vistos em http://www.ic.uff.br/~aconci/resultadosCVE/resultadosCVE.html

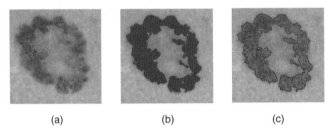

(a)   (b)   (c)

FIGURA 7.5. *Exemplo de uso do CVE: (a) melanoma; (b) segmentação considerando a área interior; (c) localização do contorno da região segmentada em (b).*

7.3. Momentos de Intensidades de Regiões ou Medidas de Primeira Ordem

A maioria das técnicas de análise de texturas reais envolve, principalmente, os métodos estatísticos, baseados na distribuição espacial dos níveis de cinza de uma *janela* ou de regiões da imagem. A abordagem estatística é freqüentemente usada para análises de textura de imagens reais devido ao fato de que as imagens possuem texturas com certo grau de aleatoriedade e a textura é mais facilmente modelada por essa classe de métodos. Esse enfoque abrange funções de correlação, probabilidades de co-ocorrência dos níveis de cinza, modelos regressivos e medidas baseadas nos momentos das distribuições tonais das regiões (desvio-padrão, obliqüidade ou *skewness* e curtose). A técnica que considera probabilidades de co-ocorrência dos níveis de cinza será comentada na próxima seção.

Métodos que utilizam parâmetros estatísticos de primeira ordem para a caracterização de textura são baseados em estatísticas obtidas considerando uma janela móvel com o pixel central circundado por pixels adjacentes. As medidas da distribuição do níveis de cinza calculadas são atribuídas ao pixel central na janela. Como esta se move para o lado na imagem usando cada pixel como ponto central, a cada posição são atribuídos valores a conjuntos de pixels adjacentes formando as transformações texturais. Parker (1997) especifica 17 propriedades locais, que incluem os quatro momentos centrais dos níveis de cinza no interior da janela e diferenças entre níveis de cinza médios e pixels vizinhos mais próximos.

Seja uma imagem de um conjunto multiespectral, onde $I_\lambda(i,j)$ representa o nível de cinza para um canal espectral λ localizado na posição referente à posição ij de uma imagem. A transformação textural constrói um canal adicional k, cujo valor $I(i,j,k)$ caracteriza, do mesmo modo, a distribuição espacial ou variação dos níveis de cinza ao redor do pixel (i,j) da imagem original. O novo canal está relacionado à transformação textural da imagem I (Haralick, 1979).

Os momentos de intensidade das bandas ou canais podem ser utilizados para descrever as propriedades de uma textura. A partir do histograma de intensidade das bandas de uma região, podem ser calculados esses momentos. O primeiro momento indica a média de intensidade das bandas da região, ou seja, sua cor média quando as bandas forem combinadas. O segundo momento se relaciona ao desvio-padrão. Em geral, apenas uns poucos momentos iniciais já são suficientes para caracterizar a possibilidade de textura. Geralmente, também são computados os momentos centrais ou em torno da média. Esses são os mesmos elementos usados no CVE, não isoladamente, mas associados à posição do pixel e sua distância a um elemento central da região considerada na imagem.

Basicamente, o método da média dos níveis de cinza consiste na substituição do valor do nível de cinza de cada pixel pela média obtida dos valores de uma janela $M \times M$ centrada nesse pixel. Em seguida, a imagem é delimitada em duas regiões usando os novos níveis médios. O primeiro momento não apresenta bons resultados quando as amostras estão normalizadas para os níveis de cinza, não sendo, portanto, recomendado para distinção entre texturas. Nesse caso, o emprego do desvio-padrão dos níveis de cinza apresenta melhor resultado.

O histograma normalizado $p_f(z)$ de uma imagem digital f fornece a freqüência com que cada nível de cinza z ocorre em f. Ele fornece uma estimativa da densidade de probabilidade dos níveis de cinza no conjunto de imagens do qual f é uma amostra (seção 3.4). Medidas estatísticas calculadas sobre o histograma dão informações gerais sobre essa população de níveis de cinza. O n-ésimo momento do histograma pode ser calculado da seguinte forma:

$$\mu_n(z) = \sum_{i=1}^{L}(zi-m)^n p(z_i) \qquad (7.10)$$

sendo que

$$m = \sum_{i=1}^{L} z_i p(z_i) \qquad (7.11)$$

é a intensidade média do histograma, z_i é o nível de cinza i e L é a quantidade de níveis de cinza da imagem.

Pela Equação 7.10, obtém-se $\mu_0 = 1$ e $\mu_1 = 0$.

O segundo momento dos histogramas de intensidades tonais das bandas, variância ($\sigma^2(z)$), indica como estão distribuídas as intensidades dentro da região, seu espalhamento em torno do tom médio, ou seja, sua homogeneidade. O desvio-padrão mede a dispersão dos valores dos pixels em relação à média.

O segundo momento pode ainda ser utilizado como descritor de *suavidade relativa* R da textura (Gonzalez, 2000):

$$R = 1 - \frac{1}{1+\sigma^2(z)} \quad (7.12)$$

Essa medida possui valor igual a zero para áreas de intensidade constante ($\sigma^2(z) = 0$), e se aproxima de 1 para grandes valores de variância.

A *obliqüidade* (em inglês, *skewness*) é uma medida da assimetria da distribuição tonal de determinada região em torno da média. É definida por:

$$v = \frac{\mu_3}{\sigma^3(z)} \quad (7.13)$$

onde μ_3 é o terceiro momento central e σ é o desvio-padrão. Se > 0, então a distribuição concentra-se mais nos tons abaixo da média; se < 0, então a distribuição concentra-se nos tons acima; se < = 0 a distribuição é aproximadamente simétrica.

A *curtose* é uma medida de dispersão que caracteriza o "achatamento" ou "planicidade" da curva da distribuição. É normalmente definida como:

$$\kappa = \frac{\mu_4}{\sigma^4(z)} - 3 \quad (7.14)$$

onde μ_4 é o quarto momento central e σ é o desvio-padrão. Se o valor da curtose for $\kappa = 0$, (mesocúrtica), então tem o mesmo achatamento que a distribuição normal. Se o valor $\kappa > 0$, então a distribuição em questão é mais alta (afunilada) e concentrada que a distribuição normal (leptocúrtica). Se o valor $\kappa < 0$, então a função de distribuição é mais "achatada" que a distribuição normal (platicúrtica).

O quinto e os demais momentos não são facilmente relacionados à forma do histograma da distribuição, mas podem ser úteis para caracterizar o conteúdo da textura da região.

7.4. Medidas de Segunda Ordem

O cálculo dos momentos de intensidade possui a vantagem de ser fácil de realizar, mas não oferece nenhuma informação sobre a natureza repetitiva da textura. Por exemplo, considere as três primeiras imagens monocromáticas apresentadas no início do capítulo (Figura 7.2): a "imagem cinza em único tom"; "listras horizontais" e "listras verticais". A média das três apresenta os mesmos valores, mas o desvio-padrão ou os momentos de maior ordem permitem distinguir a primeira da segunda e da terceira imagem (isto é, cinza de listras). No entanto, mesmo todos os momentos de intensidade não distinguem as listras horizontais das verticais.

Um método estatístico que soluciona esse problema é baseado nas *medidas de segunda ordem*. Enquanto as medidas de primeira ordem descrevem a distribuição dos níveis de cinza de uma região da imagem, as medidas de segunda ordem, além de descreverem a distribuição, apresentam a relação espacial entre os pixels. O método mais usual desse tipo de medida utiliza estatísticas da matriz de co-ocorrência dos níveis de cinza (MCNC) de uma imagem.

7.4.1. Matrizes de Co-Ocorrência

A primeira idéia desse método foi apresentada há cerca de 40 anos, no inicio da década de 1970 (Haralick *et al.*, 1973). Desde então, este é um dos métodos mais utilizados, ainda que com diversas variações quanto à forma como são calculadas as matrizes. Dependendo dos autores considerados, elas podem ser simétricas ou não e até ter interpretações em que os valores computados para a diagonal principal são dobrados, podendo ainda estar representadas na forma de probabilidade, isto é, divididas pelo total de ocorrências ou não.

Ao longo dos anos, em função de seu uso, variou-se mais ainda a notação usada para identificar essas matrizes. Ela pode ser associada ao ângulo θ e à distância d entre os pixels $p(i, j, d, \theta)$ (Figura 7.6) ou à forma de deslocamentos na horizontal e vertical ($P(i,j), \Delta x, \Delta y$)), onde é considerada a ocorrência dos tons i,j entre pixels separados por uma distância de Δx colunas e Δy linhas.

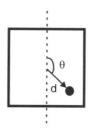

FIGURA 7.6. *Operador $p(i, j, d, \theta)$.*

A idéia básica é que cada elemento da matriz de co-ocorrência representa a freqüência com que um pixel com nível de cinza i e outro com nível de cinza j ocorrem na imagem, separados de uma distância d, na direção θ ou separados entre si de Δx colunas e Δy linhas. Assim, o primeiro aspecto importante é que o número de elementos da matriz é função não do tamanho da imagem, mas sim do número de tons, G, da textura considerada.

Voltando ao exemplo da imagem monocromática "listras horizontais" (Figura 7.2), supõe-se que a imagem tenha 500×500 pixels e que as listras tenham dois pixels de largura. Como só há duas cores presentes, a imagem pode ser considerada binária, com número de tons G = 2, de modo que, para essas imagens, todas as possibilidades de matrizes de co-ocorrência de tons serão 2×2 e na forma (i, j):

i = 0 e j = 0	i = 0 e j = 1
i = 1 e j = 0	i = 1 e j = 1

Mas, para essa imagem, existe um grande número de possibilidades de se considerar a vizinhança entre dois pixels. Primeiro, suponha que se considere a co-ocorrência entre um pixel e seu vizinho na horizontal. Depois, que se considere, essa co-ocorrência entre um pixel e seu vizinho na vertical. Então, se considere a co-ocorrência entre um pixel e seus vizinhos nas duas possíveis direções inclinadas. Nas notações acima, essas matrizes de co-ocorrência poderiam ser descritas, respectivamente, como:

$$p(i, j, d = 1, \theta = 0°) \text{ ou } P(i,j) \Delta_x = 1, \Delta_y = 0;$$

$$p(i, j, d = 1, \theta = 90°) \text{ ou } P(i,j) \Delta_x = 0, \Delta_y = 1;$$

$$p(i, j, d = 1, \theta = 45°) \text{ ou } P(i,j) \Delta_x = 1, \Delta_y = 1;$$

$$p(i, j, d = 1, \theta = 135°) \text{ ou } P(i,j) \Delta_x = -1, \Delta_y = 1.$$

É fácil constatar que os valores de probabilidade possíveis dessas matrizes para a imagem "listras horizontais" da Figura 7.2 considerando um pixel e seu vizinho imediato seriam os mostrados na Tabela 7.4:

TABELA 7.4. Probabilidades possíveis para "listras horizontais" – vizinhança de 1 pixel

$p(i, j, d = 1, \theta = 0°)$ ou $P(i,j) \Delta x =1, \Delta y = 0$		$p(i, j, d = 1, \theta = 90°)$ ou $P(i,j) \Delta x = 0, \Delta y = 1$		$p(i, j, d = 1, \theta = 45°)$ ou $P(i,j) \Delta x = 1, \Delta y = 1$		$p(i, j, d = 1, \theta = 135°)$ ou $P(i,j) \Delta x = -1, \Delta y = 1$	
0,5	0	0,25	0,25	0,25	0,25	0,25	0,25
0	0,5	0,25	0,25	0,25	0,25	0,25	0,25

Considerando uma vizinhança de dois pixels, é ainda fácil constatar que os valores de probabilidade possíveis dessas matrizes para a imagem seriam os da Tabela 7.5:

TABELA 7.5. Probabilidades possíveis para "listras horizontais" – vizinhança de dois pixels

p(i, j, d = 2, θ = 0°) ou P(i,j) Δx = 2, Δy = 0		p(i, j, d = 2, θ = 90°) ou P(i,j) Δx = 0, Δy = 2		p(i, j, d = 2, θ = 45°) ou P(i,j) Δx = 2, Δy = 2		p(i, j, d = 2, θ = 135°) ou P(i,j) Δx = –2, Δy = 2	
0,5	0	0	0,5	0	0,5	0	0,5
0	0,5	0,5	0	0,5	0	0,5	0

Considerando uma vizinhança de três pixels, volta-se a ter os valores de probabilidade da vizinhança 1 (Tabela 7.6).

TABELA 7.6. Probabilidades possíveis para "listras horizontais" – vizinhança de três pixels

p(i, j, d = 2, θ = 0°) ou P(i,j) Δx = 2, Δy = 0		p(i, j, d = 2, θ = 90°) ou P(i,j) Δx = 0, Δy = 2		p(i, j, d = 2, θ = 45°) ou P(i,j) Δx = 2, Δy = 2		p(i, j, d = 2, θ = 135°) ou P(i,j) Δx = –2, Δy = 2	
0,5	0	0,25	0,25	0,25	0,25	0,25	0,25
0	0,5	0,25	0,25	0,25	0,25	0,25	0,25

Observa-se que, para essa imagem sintética muito simples, as matrizes de co-ocorrência deixam claro que algo acontece em $d = 2$ e na horizontal (ou a $\theta = 0°$). Em muitas imagens não-sintéticas, não é tão simples observar essa tendência, mas este simples exemplo mostra bem a idéia básica do método: a abordagem é baseada na suposição de que a informação textural pode ser representada na relação espacial dos níveis de cinza da imagem e pode ser especificada usando matrizes de dependência espacial para quaisquer níveis de cinza computados nos vários ângulos (0°, 45°, 90° e 135°) e distâncias.

Generalizando, suponha que uma imagem *I* retangular com *N* pixels na direção horizontal e *M* pixels na direção vertical, seja quantizada em *G* níveis de cinza. A imagem *I* pode ser representada como uma matriz *G×G* onde cada elemento é a função que designa a probabilidade de ocorrência simultânea de dois nível de cinza *i, j* = 0...*G*–1 para pares de pixels *nas direções e distâncias especificadas*. A informação textural é caracterizada pela matriz de freqüência relativa $p(i, j, d, \theta)$, que indica a probabilidade de ocorrerem dois pixels, um com nível de cinza *i* e outro com *j*, separados pela distância *d* e por uma relação angular θ na imagem.

A ocorrência de níveis de cinza pode ser calculada percorrendo-se a imagem na forma descrita pelo operador $p(i, j, d, \theta)$ ou $P(i,j)$ Δ_x, Δ_y, primeiro contando a ocorrência de cada tom na imagem. As freqüências relativas ou as probabilidades são obtidas depois, dividindo-se os valores obtidos pelo número de ocorrências totais. Assim, o elemento $a_{0,0}$ (canto superior esquerdo), por exemplo, representa o número de vezes que um elemento com o tom 0 aparece à distância Δx, Δy de outro pixel com tom 0. O elemento $a_{0,1}$ representa o número de vezes que um elemento com tom 0 aparece à distância Δx, Δy de outro pixel com tom 1. Assim, a matriz de co-ocorrência é obtida depois normalizando esta, ou seja, é obtida dividindo-se cada elemento de $a_{i,j}$ pelo número de pares de pontos na imagem que satisfaça $p(d, \theta)$.

$$p(i, j, d, \theta) = P(i,j) \Delta_x, \Delta_y = a_{i,j}/n \qquad (7.15)$$

onde $n = \Sigma_{i,j}\, a_{i,j}$.

Um fato importante a destacar é que o tamanho da matriz de co-ocorrência depende do número de tons. Assim técnicas que otimizam seu cálculo são sempre desejáveis (Bastos e Conci, 2007). Para manter esse tamanho dentro dos limites computáveis, é usual diminuir o número de tons possíveis em cada imagem. No exemplo a seguir, é calculada esta matriz para o vizinho à direita de uma imagem de 20 pixels, com oito tons de cinza.

Observa-se que ao elemento (0,0) da matriz de co-ocorrência de tons de cinza foi associado o valor 1. Esse valor 1 está representando a quantidade de ocorrências da combinação [0 0] existentes na imagem original. Como essa combinação ocorre apenas uma única vez em toda a imagem, fica armazenado nesse elemento o valor 1. Já para o elemento (0,1), foi colocado o valor 2, que simboliza a existência de duas ocorrências da combinação na imagem original.

Uma matriz de co-ocorrência contém informações sobre as posições dos pixels que têm valores similares de níveis de cinza. A matriz de co-ocorrência em texturas muito simples dá por si só uma quantificação da textura. Mas mesmo neste caso são empregadas múltiplas matrizes, uma para cada direção de interesse (horizontal, vertical e as duas diagonais). As matrizes de co-ocorrência sozinhas não caracterizam as texturas, mas a comparação de algumas medidas extraídas dessas matrizes ajuda a averiguar a similaridade de duas texturas. Por exemplo, a presença de valores elevados na diagonal principal indica predominância de faixas na imagem com direção igual a θ e espessura em média de múltiplos de d.

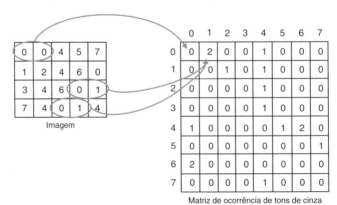

FIGURA 7.7. *Matriz de co-ocorrência de tons de cinza.*

7.4.2. Descritores de Textura de Haralick

Para facilitar a análise das matrizes de co-ocorrência, são computados valores numéricos, denominados descritores, que facilitam o entendimento da informação. Para se obterem esses quantificadores, podem ser extraídas dessa matriz vários padrões que irão quantificá-la, dependendo do aspecto de interesse.

A probabilidade máxima é o mais simples deles. É simplesmente o maior valor da matriz. Pode ser considerada por matriz ou o máximo geral de todo um conjunto de matrizes medidas. De maneira geral, considera-se uma informação muito útil simplesmente saber qual matriz contém o máximo, pois isso indica a direção mais importante da textura a ser examinada.

Em seu trabalho, Haralick *et al.*(1973) propõem 14 medidas de textura a partir das matrizes de co-ocorrência. Como exemplo, os descritores da Tabela 7.4 podem ser utilizados.

TABELA 7.7. Descritores de textura baseados nas matrizes de co-ocorrência

Característica	Descrição	Fórmula Matemática
Homogeneidade	Distribuição de pixels.	$\sum_i \sum_j \dfrac{p(i,j)}{(1+\|i-j\|)}$
Probabilidade máxima	Indica a direção mais importante da textura a ser examinada.	$\max_{i,j} p(i,j)$
Entropia	Mede a informação contida em *p*; muitos valores nulos representam pouca informação.	$\sum_i \sum_j p(i,j) \log_2 p(i,j)$
Momento de diferenças de ordem *k*	Distorção da imagem. Este descritor apresenta valores pequenos se *p* tiver valores maiores na diagonal principal.	$\sum_i \sum_j (i-j)^k p(i,j)$
Momento inverso de diferenças de ordem *k*	Inverso de contraste. Este descritor apresenta valores maiores pequenos se *p* tiver valores pequenos na diagonal principal.	$\sum_i \sum_j \dfrac{p(i,j)}{(i-j)^k}$
Energia ou uniformidade	Retorna a soma dos elementos elevados ao quadrado dentro da matriz de co-ocorrência de tons de cinza. Faixa de valores possíveis: 0 a 1. A energia possui valor 1 para uma imagem constante (mesmo tom de cinza em toda a sua extensão).	$\sum_i \sum_j p^2(i,j)$

Característica	Descrição	Fórmula Matemática
Variância ou contraste	Retorna uma medida do contraste entre as intensidades de um pixel analisado e do pixel vizinho. A comparação é realizada em todos os pixels da imagem. Para uma imagem constante (mesmo tom de cinza em toda a extensão), o contraste é 0. O contraste da imagem corresponde ao momento de ordem 2.	$\sum_i \sum_j (i-j)^2 p(i,j)$
Variância inversa	Inverso de contraste.	$\sum_i \sum_j \dfrac{p(i,j)}{(i-j)^2}, i \neq j$
Correlação	Retorna uma medida de quão correlacionado está um pixel com o seu vizinho. A comparação é realizada em todos os pixels da imagem. Faixa de valores possíveis: –1 a 1. A correlação é 1 para uma imagem totalmente correlacionada ou –1 para uma completamente descorrelacionada.	$\dfrac{1}{(\sigma_i \sigma_j)} \sum_i \sum_j (i-\mu_i)(j-\mu_i)(i,j)$ Onde σ representa o desvio-padrão e μ a média
Homogeneidade	Retorna um valor que representa a proximidade da distribuição dos elementos em relação à diagonal da matriz de co-ocorrência dos tons de cinza. Faixa de valores possíveis: 0 a 1. Um valor de homogeneidade 1 representa uma matriz diagonal de co-ocorrência de tons de cinza.	$\sum_i \sum_j \dfrac{p(i,j)}{1+|i-j|}$

Como exemplo de uso de matrizes de co-ocorrência e da medida de correlação extraída delas para classificação, considere as texturas naturais monocromáticas da Figura 7.2 reproduzidas novamente na Figura 7.8.

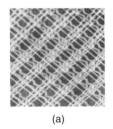
(a)

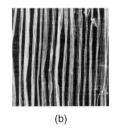
(b)

(c)

FIGURA 7.8. *Texturas naturais monocromáticas. (a) Textura 1 – Entropia = 5,8766. (b) Textura 2 – Entropia = 5,9851. (c) Textura 3 – Entropia = 6,2731.*

Para essas texturas, foram calculadas as matrizes de co-ocorrência horizontais para vizinhança de 1, 2, 3 e 4 pixels à direita (eixo horizontal). Calcula-se a medida de correlação em cada caso, de modo a serem gerados os gráficos apresentados na Figura 7.9. Observa-se que, para uma vizinhança de apenas 1 pixel, pode-se visualizar um valor de correlação em torno de 0,5. Esse valor vai decaindo à medida que a distância entre o pixel e o seu vizinho aumenta, resultando em um valor próximo de zero quando a distância entre o pixel analisado e o pixel vizinho é de 4 pixels. Os gráficos da Figura 7.9 mostram, então, que há certa correlação entre os pixels mais próximos da imagem, mas que a imagem como um todo não é homogênea (vizinhanças mais distantes possuem correlação próxima de zero).

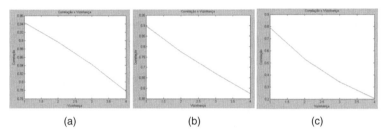

FIGURA 7.9. *Gráfico de correlação × vizinhança de: (a) textura 1; (b) textura 2; (c) textura 3 (Imagem da Figura 7.8).*

Por último, imagine que se deseje comparar texturas desconhecidas usando a entropia da textura e os seus gráficos de correlação × vizinhança. Para tal, considere que as texturas na Figura 7.10 sejam de classes desconhecidas:

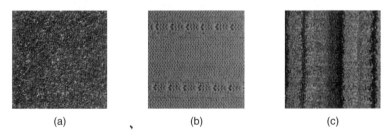

FIGURA 7.10. *Texturas de classes desconhecidas: (a) E = 6,0881; (b) E = 5,1305 e (c) E = 6,1882.*

Determinam-se para elas as mesmas matrizes de co-ocorrência e a medida de correlação em cada caso, de modo a serem gerados os gráficos correlação × vizinhança mostrados na Figura 7.11.

Observe que alguns valores encontrados para as entropias (Equação 7.1) são muito próximos. A entropia, se considerada isoladamente, não se mostra como uma boa opção para realizar as distinções entre as classes de texturas. Entretanto,

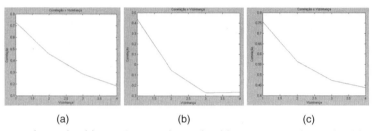

(a) Textura desconhecida 1   (b) Textura desconhecida 2   (c) Textura desconhecida 3

FIGURA 7.11. *Gráficos de correlação × vizinhança.*

---

os valores de correlação × vizinhança são bem diferentes, ainda que só uma direção tenha sido considerada, o que possibilita uma diferenciação nítida entre as texturas. Contudo, para identificá-las em um banco de texturas, podem ser necessárias outras características e direções para defini-las melhor. Ao gerar os gráficos de correlação × vizinhança, nota-se uma diferença razoável entre os gráficos gerados para cada uma das texturas, o que fornece alguns subsídios para tentar realizar uma melhor distinção entre as classes de texturas.

7.4.3. Funções de Autocorrelação

Para obter uma medida do grau de associação da relação linear entre duas variáveis aleatórias, usa-se o *coeficiente de correlação* (ρ). Quanto maior o valor do *coeficiente de correlação*, mais forte é a associação entre as variáveis. A autocorrelação de uma imagem $I(r,c)$, ou a correlação da imagem com ela mesma deslocada em linhas (*row*) e colunas de (dr, dc), $I(r + dr, c + dc)$, pode ser utilizada para detectar padrões repetitivos nos elementos de uma textura. Esse conjunto de medidas é definido pela expressão:

$$\rho(dr, dc) = \frac{\sum_{r=0}^{N}\sum_{r=0}^{N} I(r,c)I(r+dr, c+dc)}{\sum_{r=0}^{N}\sum_{r=0}^{N} I^2(r,c)} = \frac{I(r,c)I_d(r,c)}{I(r,c)I(r,c)} \qquad (7.16)$$

onde os símbolos (dr, dc) são utilizados em ρ, $\rho(dr, dc)$, para lembrar que o valor obtido é função do deslocamento considerado.

A autocorrelação é, na maioria das vezes, considerada uma medida de segunda ordem, pois no seu cálculo é considerada a versão inicial da imagem $I(r,c)$ com uma segunda versão dela mesma deslocada $I(r + dr, c + dc)$, ficando nesse deslocamento uma noção da posição.

7.4.4. Descritores de Textura Baseados nos Histogramas de Soma e Diferenças

A principal desvantagem no uso de medidas baseadas na matriz de co-ocorrência é a grande demanda de memória e tempo computacionais. Para uma imagem de 8 bits (256 níveis de cinza), por exemplo, a matriz de co-ocorrência é composta de 256 × 256 = 65.536 elementos, com muitos valores nulos. Se elas forem usadas apenas para a extração dos descritores de textura, então nem sempre seu cálculo é necessário.

A possibilidade de trabalhar com histogramas de soma e de diferença dos níveis de cinza pode ser uma boa alternativa ao uso das matrizes de co-ocorrência (Unser, 1986 e Watt e Policarpo, 1992). Assim, para imagens com 8 bits, o vetor diferença possui elementos possíveis dos tons −255 a 255 e o vetor soma de 0 a 510 elementos, sendo cada elemento definido respectivamente por:

$$S(di,dj) = (i+di, j+dj) + (i, j) \qquad (7.17)$$

$$D(di,dj) = (i+di, j+dj) - (i, j) \qquad (7.18)$$

onde os *di,dj* indicam como os tons dos pixels serão somados ou subtraídos para a elaboração dos histogramas. Depois dos histogramas gerados, eles são normalizados de modo a se transformarem em probabilidade.

Voltando ao exemplo da imagem monocromática "listras horizontais" (Figura 7.2), embora só haja duas cores presentes, nesta técnica não é mais necessário passar a considerá-la como binária. No caso de ($di = 1$; $dj = 0$) e ($di = 0$; $dj = 1$), os histogramas soma e diferença para essa imagem são apresentados na Figura 7.12.

Os mesmos descritores anteriores podem ser obtidos usando-se as expressões apropriadas (Parker, 1997).

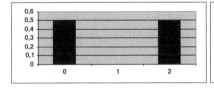
Histograma soma di = 1, dj = 0

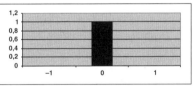
Histograma diferença di = 1, dj = 0

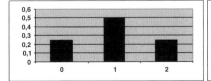
Histograma soma di = 0, dj = 1

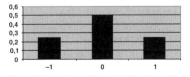
Histograma diferença di = 0, dj = 1

FIGURA 7.12. *Histogramas soma e diferença da imagem "listras horizontais".*

7.5. Reconhecimento de Texturas por Codificação RL ou LZW

A técnica estrutural mais simples considera o comprimento da série de um nível de cinza constante, como a codificação corrida (seção 6.3.6.1 que será mais detalhada no Capítulo 8). Essa técnica permite classificar as texturas a partir da quantidade de séries e de níveis de cinza. Cada série, medida em uma das direções, horizontal, vertical ou diagonal, é composta de pixels linearmente adjacentes com o mesmo nível de cinza (ou próximos, dentro de determinada tolerância). Texturas finas são caracterizadas por um grande número de séries de comprimento curto, e texturas grossas por um grande número de séries de comprimento longo, enquanto a "aspereza" fica mais relacionada às variações de cinza.

Uma variação mais sofisticada dessa técnica usa a idéia dos algoritmos de codificação LZ e LZW. Descreve-se, a seguir, a técnica com o uso do LZW.

O objetivo desse método é tentar estabelecer um conjunto de características que possibilite um discernimento entre vários tipos de texturas, através do algoritmo LZW, bastante conhecido para codificação. Para texturas, o algoritmo LZW usa um dicionário inicial de texturas que compõem uma base de características identificadoras para cada um dos tipos de textura a serem analisados futuramente, antes de efetivamente iniciar o processo de classificação das texturas.

Assim, primeiramente se faz necessária a extração de algumas características importantes da imagem original, de forma a possibilitar a correta distinção e classificação das texturas. Há uma gama de características que podem ser analisadas. Com essas características são construídos dicionários durante o processamento de cada uma das texturas pelo algoritmo LZW, compondo-se assim uma listagem de palavras que definirão determinada classe de textura ao final do processamento.

A princípio, os dicionários podem ser subdivididos em dois tipos:

1. *Horizontal*: O dicionário de palavras horizontal é construído aplicando-se o algoritmo LZW sobre a textura percorrendo-se a imagem linha a linha, da esquerda para a direita, indo e voltando, até realizar a leitura completa dos dados. Pode-se utilizar o símbolo H_n para definir um dicionário horizontal de uma textura-exemplo n (Figura 7.13).

2. *Vertical*: O dicionário de palavras vertical é construído aplicando-se o algoritmo LZW sobre a textura percorrendo-se a imagem coluna a coluna, de cima para baixo, indo e voltando, até realizar a leitura completa dos dados. Pode-se utilizar o símbolo V_n para definir um dicionário vertical de uma textura-exemplo n (Figura 7.13).

A taxa de codificação ou *code rating* do algoritmo para determinada textura é a quantidade de bits que o algoritmo precisará gastar para armazenar cada uma das palavras que compõem o dicionário de palavras, seja este horizontal ou vertical. Quanto maior for essa taxa de codificação, maior será a quantidade de palavras que precisam ser criadas no dicionário, de modo a se poder armazenar de forma codificada toda a informação referente a uma textura.

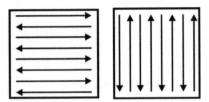

FIGURA 7.13. *Percurso do algoritmo LZW.*

Partindo de um dicionário composto somente de quatro palavras, por exemplo, são necessários apenas 2 bits para armazenar cada uma dessas palavras do dicionário:

    00 – dois pixels pretos
    01 – pixel preto seguido de branco
    10 – pixel branco seguido de preto
    11 – dois pixels brancos

Ou seja, após codificar os dados de um texto qualquer a partir desse dicionário, tem-se como resultado final vários números de 2 bits um após o outro, simbolizando cada uma das quatro palavras presentes na textura e que foram encontradas no dicionário, possibilitando, então, sua codificação.

O processo de reconhecimento de texturas é então subdividido em duas etapas, que consistem no treinamento e na classificação. O treinamento é uma etapa preliminar, na qual algumas texturas já conhecidas são submetidas ao algoritmo LZW, produzindo como resultado dois dicionários de palavras (horizontal e vertical). Todos esses dados são armazenados para possibilitar definir-se cada uma das classes de textura possíveis durante o processo de classificação das texturas. A etapa de classificação de texturas ocorre no momento seguinte, quando uma textura desconhecida é submetida a análise e classificada em uma das classes de textura estabelecidas anteriormente na etapa de treinamento. Nessa etapa, são realizadas várias comparações da textura a ser analisada, utilizando em cada codificação os dicionários LZW horizontal e vertical correspondentes a cada uma das classes de texturas que foram definidas na etapa de treinamento. Em seguida, é calculada a taxa de codificação (r_i) a partir dos dicionários horizontal (h_i) e vertical (v_i), para cada uma dessas codificações a partir da seguinte fórmula:

$$r_i = \frac{h_i + v_i}{2}$$

7.6. Dimensão Fractal

Dentre as diversas abordagens possíveis para análise de texturas, destaca-se a geometria fractal. A sua utilização para caracterização de texturas é uma área nova e promissora, pois permite identificar e classificar texturas com grande simplicidade e eficiência (seção 7.1 e 8.7).

Na década de 1970, o surgimento da geometria fractal revolucionou a tradicional geometria euclidiana. Esta, muito adequada para modelar objetos artificiais, definidos por meio de pontos, retas ou planos, dificilmente poderia descrever objetos naturais como: nuvens, montanhas, raios, arbustos e folhagens, caracterizados por padrões irregulares e aparentemente caóticos. Matemáticos como Von Koch, Peano, Hausdorff, Besicovitch, dentre outros, propuseram uma nova definição da dimensão, no qual os objetos não teriam dimensão inteira (como na geometria euclidiana), e sim fracionária. Com essa nova geometria, denominada geometria fractal (originário do latim *fractus*, que significa fragmentos), seria possível criar modelos mais próximos da realidade, por descrever bem as irregularidades e os processos caóticos da natureza.

Os diversos métodos de análise de texturas descritos até aqui são muito empregados no processamento digital de imagens. De maneira geral, são técnicas sofisticadas e que exigem cálculos intensos e complexos. Tudo isso exige um considerável tempo de processamento nas aplicações que os utilizam. Os conceitos da geometria fractal contribuem na formulação de métodos de análise de texturas, caracterizados por sua simplicidade e grande eficiência.

Intuitivamente o reconhecimento de um fractal se baseia na caracterização da auto-semelhança associada aos objetos. A auto-semelhança é uma característica que os objetos fractais possuem, em que cada pequena porção do objeto pode ser vista como uma réplica reduzida do todo.

Existem diversos índices considerados em geometria fractal que podem quantificar as texturas ou as propriedades dos objetos fractais, tais como dimensão fractal, lacunaridade e sulcolaridade (Mandelbrot, 1982). A dimensão fractal é uma medida que quantifica a densidade dos fractais no espaço métrico em que são definidos e serve para compará-los. A lacunaridade e a sulcolaridade permitem diferenciar objetos fractais com mesma dimensão, mas com aparências diferentes. A lacunaridade caracteriza a regularidade dos vazios, sendo muito importante para caracterizar as texturas (Fernandes e Conci, 2004). A sulcolaridade considera o nível de percolação ou interligação entre os vazios em diversas direções (Melo, 2007).

Existem na literatura diversos métodos para estimar a dimensão fractal (DF). Eles podem calcular a DF usando, por exemplo, transformadas de Fourier do espectro de superfície de intensidade cromática da imagem (Pentland, 1984) ou, ainda, considerando uma imagem como uma superfície de terreno cuja altura é proporcional ao valor do nível de cinza (Conci e Campos, 1996). Podem associar o nível de cinza à probabilidade e a contagem de *boxes* (Voss, 1986). Sarkar e Chaudhuri (1994) descrevem uma aproximação eficiente denominada *differencial box-counting* (DBC), que foi posteriormente modificado para gerar resultados satisfatórios em todo o alcance da DF com maior eficiência computacional (Conci e Proença, 1998).

Os métodos mais conhecidos que utilizam a DF se limitam à estimativa da dimensão fractal de imagens binárias e em escala de cinza. Por isso, depois de apresentar os métodos para imagens binárias e monocromáticas, no final desta seção apresenta-se a forma de usar a DF para a identificação da textura em imagens multiespectrais, que estende os conceitos apresentados pelos outros métodos, permitindo estimar a dimensão fractal de imagens com qualquer número de bandas espectrais (Nunes e Conci, 2001).

As próximas seções fornecerão um detalhamento maior sobre algumas dessas técnicas utilizadas para descrição de texturas.

7.6.1. Estimando a Dimensão Fractal de Imagens Binárias

O teorema da *contagem de caixas* (*Box Counting Theorem*) oferece um método simples para estimar a dimensão fractal de imagens binárias (2D). Para exemplificar a técnica, será considerado o conjunto indicado por A na Figura 7.14, onde A é uma aproximação do fractal triângulo de Sierpinsky. Um sistema de coordenadas cartesianas é montado sobre a imagem (veja também a Figura 8.11) e é realizada uma contagem do número de "quadrados" de área $N_n(A)$ de lado $1/2^n$ o qual "cobre" A, então:

$$DF(A) = \lim_{n \to \infty} \frac{Log(N_n(A))}{Log(2^n)} \qquad (7.19)$$

Na aproximação do fractal mostrado nessa imagem, pode-se obter valores de $N_n(A)$ para n = 1, 2, 3, 4, 5 e 6 (veja também a Figura 8.11 do próximo capítulo). Esses valores dependem da escolha do sistema de coordenadas e estão presentes na Tabela 7.8.

TABELA 7.8. Cálculo experimental da DF do triângulo de Sierpinsky (Nunes, 2001)

n	$N_n(A)$	2^n	$Log(N_n(A))$	$Log(2^n)$
1	4	2	1,386	0,693
2	12	4	2,484	1,386
3	36	8	3,583	2,079
4	108	16	4,682	2,772
5	324	32	5,780	3,465
6	972	64	6,879	4,158

Colocando-se os valores logaritmos das duas últimas colunas da Tabela 7.8 em um eixo cartesiano, como ilustrado na Figura 7.15, obtém-se uma seqüência de pontos próxima a uma reta. Fazendo-se uma regressão linear (como no caso apresentado na Seção 7.1, em que é tratado o coeficiente de Hurst), obtém-se uma reta; a inclinação dessa reta é a medida da dimensão fractal $DF(A) \cong 1,585$, em uma variação nos limites dos lados entre 1 e 1/64 unidades (que tal fazer o mesmo para a Figura 8.10).

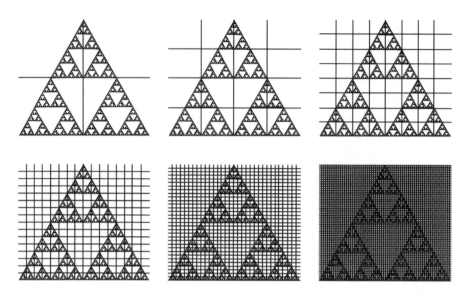

FIGURA 7.14.

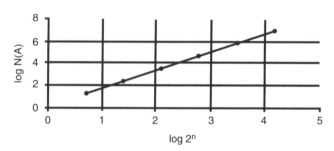

FIGURA 7.15. *Gráfico de log* $(N_n (A))$ *log* (2^n) *(Nunes, 2001).*

7.6.2. Estimando a Dimensão Fractal de Imagens em Escala de Cinza

A contagem de caixas pode ser estendida para estimar a dimensão fractal de imagens em escala de cinza, que serão tratadas como superfícies ou objetos 3D. Variações do método têm utilização bastante difundida, sendo apropriado examinar algumas dessas definições alternativas de dimensão, que podem ser usadas como uma tentativa de quantificar e classificar texturas de um conjunto de pixels (Nunes e Conci, 2001).

7.6.2.1. Método *Box-Counting* (BC)

Uma extensão simples do teorema discutido na seção anterior para estimar a dimensão fractal (DF) de imagens em escala de cinza é considerar a imagem como um objeto tridimensional (a terceira coordenada representa a intensidade do pixel) ou como uma superfície do terreno cuja altura é proporcional ao valor da intensidade da imagem, como mostrado na Figura 7.16. Assim, a DF de uma imagem em escala de cinza pode assumir valores no intervalo entre 2 e 3 (que são as dimensões do $\Re^2$ e $\Re^3$ e os limites extremos do objeto).

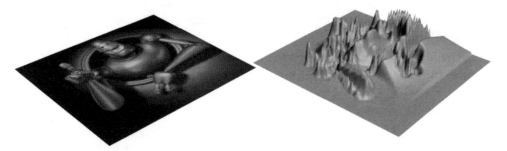

FIGURA 7.16. *Imagem original e como objeto ou superfície 3D (Ilustração do Robô: Pedro Toledo).*

Considere que a imagem de $M \times M$ pixels seja dividida em grades de pixels de $s \times s$ e com os tamanhos alterados à razão $r = s/M$. Se G for o número total dos níveis de cinza, então $G/s' = M/s$. Em cada grade haverá uma coluna de caixas de tamanho $s \times s \times s'$. Atribuindo os números 1, 2,... n às caixas, como mostrado na Figura 7.17, a *DF box-counting* computada em cada banda é uma simples extensão na qual as caixas agora são elementos 3D. $N_n(A)$ da Equação 7.19 denota o número de caixas de comprimento lateral $1/2^n$ que interceptam o conjunto A, também na direção da intensidade do pixel (terceira coordenada).

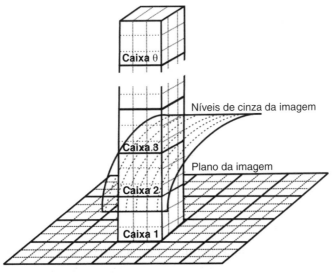

FIGURA 7.17. *Contagem de "caixas" (Nunes, 2001).*

7.6.2.2. Método *Differential Box-Counting* (DBC)

O método *Differential Box-Counting* (Sarkar e Chaudhuri, 1994) é mais adequado do que a equação anterior para estimar a DF. Nesse método, a superfície de uma imagem em níveis de cinza é considerada com espessura 2ϵ, como um "cobertor". Assim, a área da superfície é igual ao volume ocupado pelo "cobertor" dividido por 2ϵ. Esse cobertor é envolvido e aproximado por sua superfície superior u_ϵ e a superfície inferior b_ϵ.

Inicialmente, dada a função do nível de cinza $g(i,j)$, as superfícies superior e inferior na interação zero, que corresponde a um "cobertor" de espessura zero, serão: $u_0(i,j) = b_0(i,j) = g(i,j)$. Para outros valores de espessura do "cobertor", $\epsilon = 1, 2, 3,...$, as superfícies inferior e superior são definidas por:

$$u_\epsilon = \text{máx}\{u_{\epsilon-1}(i,j) + 1, \text{máx } u_{\epsilon-1}(m,n)\} \, |(m,n) - (i,j)| \leq 1 \qquad (7.20)$$

$$b_\epsilon = \text{máx}\{b_{\epsilon-1}(i,j) + 1, \text{mín } b_{\epsilon-1}(m,n)\} \, |(m,n) - (i,j)| \leq 1 \qquad (7.21)$$

onde $|(m,n) - (i,j)|$ é a distância entre os pixels (m,n) de uma imagem, seus vizinhos (i,j) que distam de (m,n) no máximo 1. Esses pixels são tomados como os quatro vizinhos mais próximos de (i,j). Um ponto (x,y,f) será do "cobertor" quando $b_\epsilon(x,y) < f \leq u_\epsilon(x,y)$. Essa definição usa o fato de que o cobertor de uma superfície para o raio ϵ inclui todos os pontos do cobertor para o raio $\epsilon - 1$, junto com todos os pontos dentro do raio 1 das superfícies desse cobertor (Nunes, 2001).

A Equação 7.20, por exemplo, assegura que uma nova superfície superior u_ϵ é maior do que $u_{\epsilon-1}$ em pelo menos 1, e também dista de pelo menos 1 de $u_{\epsilon-1}$ nas direções horizontal e vertical.

O volume do cobertor é obtido de u_ϵ e b_ϵ por:

$$v_\epsilon = \sum_{i,l}(u_\epsilon(i,j) - b_\epsilon(i,j)) \qquad (7.22)$$

Uma ilustração unidimensional dessa espessura é mostrada na Figura 7.18.

Com a área da superfície medida, com o raio ϵ toma-se o volume da camada adicionada pelo raio $\epsilon - 1$, dividido por 2 para considerar ambas as camadas (a superior e a inferior):

$$A(\epsilon) = \frac{(v_\epsilon - v_{\epsilon-1})}{2} \qquad (7.22)$$

A área da superfície fractal se comporta de acordo com a equação:

$$A(\epsilon) = F_\epsilon^{2-D} \qquad (7.22)$$

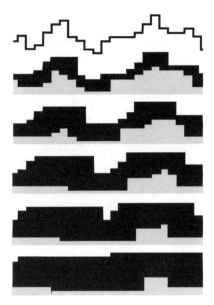

FIGURA 7.18. *Exemplo de limites superior e inferior do "cobertor" em diversas resoluções (Nunes, 2001).*

A dimensão fractal pode ser obtida através do ajuste de mínimos quadrados linear no gráfico de $A(\in)$ versus $\in$ em uma escala log-log plotada a partir da Equação 7.22, obtendo-se uma linha com inclinação $2 - D$.

O método DBC introduz esse conceito na Equação 7.20, computando adequadamente $N_n(A)$. Seja k o nível de cinza mínimo da imagem na grade (i,j) e l o nível de cinza máximo da imagem na grade $(i, j)^n$, na n-ésima interação, então a aproximação DBC na equação a seguir é a espessura geral na grade (i, j).

$$n_n(i, j) = l - k + 1 \qquad (7.23)$$

Fazendo-se a soma das contribuições de todas as grades na interação n, tem-se:

$$N_n(A) = \Sigma\, n\,(i,j) \qquad (7.24)$$

A DF pode ser estimada através do ajuste linear de mínimos quadrados no gráfico de $\log(N_n(A)) \times \log(1/2^n)$ contado para diferentes dimensões das caixas.

7.6.2.3. Método *Differential Box-Counting* Modificado (MDBC)

Embora o método DBC dê uma estimativa muito boa da DF, algumas simplificações computacionais e melhorias na eficiência do tempo são possíveis (Conci e Proença, 1998). No método *differential box-counting* modificado, o espaço onde a imagem está modelada é subdividido em *boxes* (ou cubos) de lados s × s × s', onde s é um múltiplo do tamanho do pixel em (x,y) e s' é múltiplo do nível de cinza unitário na direção z. Uma imagem com tamanho M × M pixels é dividida no plano xy em *grids* de s × s pixels, onde M/2 ≥ s > 1 e s é um inteiro. Em cada *grid* há uma coluna de *boxes* s × s × s'. A equação utilizada pode ser:

$$DF_n = \frac{Log(N_n)}{Log(2^n)} \qquad (7.25)$$

onde N_n é o número de *boxes* que interceptam a imagem representada. O cálculo de N_n é feito com base nos tons de cinza dos pixels do *grid* (i,j) considerando Cinza_Máx (i,j) e Cinza_Mín (i,j) os valores máximo e mínimo dos tons de cinza da imagem no grid x,y:

$$N_n = \Sigma n_n(i,j) \qquad (7.26)$$

onde:

$$N_n(i,j) = \frac{inteiro(Cinza\_Máx(i,j) - Cinza\_Mín(i,j))}{s} + 1 \qquad (7.27)$$

e N_n é tomado para os diferentes valores de n, isto é, para diferentes tamanhos de *grids*. Essa forma de contagem de N_n fornece uma melhor aproximação dos *boxes* que interceptam a superfície dos níveis de cinza da imagem.

A dimensão fractal da imagem é estimada por média entre as DF_n. As parcelas *Cinza_máx* e *Cinza_mín* correspondem às duas matrizes que armazenam as informações de tons máximo e mínimo da imagem à medida que cada pequeno *grid* de 2 × 2 é "lido". Visando, principalmente, à eficiência computacional, uma imagem só é "lida" uma única vez e, então, são armazenadas as matrizes *Cinza_Máx* e *Cinza_Mín*. Para uma imagem com tamanho M × M são armazenadas inicialmente duas matrizes M/2 × M/2. As intensidades de cinza da imagem não precisam ser lidas novamente, armazenadas em matrizes M × M ou conservadas durante os cálculos.

Supondo que o valor de M utilizado seja 256, logo as imagens processadas têm 256 × 256 e 256 níveis de cinza. Caso a imagem tenha outro tamanho, ela pode ser normalizada para garantir a integridade do método. A partir da obtenção de uma imagem, o próximo passo é gerar as duas matrizes de tamanho 128 × 128 que são as matrizes *Cinza_Máx* e *Cinza_Mín*. Na primeira interação, em que as matrizes têm 128 × 128, são considerados *boxes* 2 × 2 × 2. Com base nesses valores são calculados os $n_7(i,j)$ a partir da equação:

$$n_n(i,j) = \frac{inteiro(Cinza\_Máx(i,j) - Cinza\_Mín(i,j))}{s} + 1 \qquad (7.28)$$

e os N_7 pela Equação 7.26, e novas matrizes *Cinza_máx* e *Cinza_mín* são geradas, tendo agora o tamanho de 64 × 64, e assim sucessivamente. O limite para o término desse procedimento é o tamanho mínimo das matrizes definido previamente, geralmente 8 × 8. Variações crescentes de *n* correspondem às variações dos *grids* decrescentes.

7.6.2.4. Método da Contagem de D-Cubos (CDC)

As seções anteriores descreveram alguns métodos conhecidos para determinação da dimensão fractal de imagens binárias e monocromáticas, modeladas respectivamente nos espaços R^2 e R^3. Em síntese, esses métodos dividem recursivamente o espaço R^2 em partes quadradas de tamanho *r* (objeto bidimensional) ou o espaço R^3 em partes cúbicas de tamanho *r* (objeto tridimensional). Em seguida, realizam a contagem do número de quadrados ou cubos que estiverem interceptando as imagens binárias e monocromáticas, respectivamente. Generalizando, é possível supor que a determinação experimental da dimensão fractal de imagens multidimensionais (com múltiplos canais) implicará na divisão recursiva do espaço R^d em partes *d*-cúbicas de tamanho *r*, seguido da contagem dos *d*-cubos que interceptarem a imagem, permitindo calcular a dimensão fractal de imagens de qualquer dimensão (Nunes e Conci, 2001).

Nas imagens binárias, o espaço R^2 é dividido por 2-*cubos* de lados iguais (L_1 e L_2) de tamanho $1/2^n$, onde L_1 e L_2 correspondem aos eixos das coordenadas *x,y* da matriz de pixels da imagem, e o número de $R_{2\text{-}cubos}$ que intercepta a imagem é contado. Nas imagens monocromáticas, o espaço R^3 é dividido por 3-*cubos* de lados iguais (L_1, L_2 e L_3) de tamanho $1/2^n$, onde L_1 e L_2 correspondem aos eixos das coordenadas *x,y* da matriz de pixels da imagem e L_3 corresponde ao nível da intensidade de cinza da imagem; o número de $R_{3\text{-}cubos}$ que intercepta a imagem é contado. Para imagens coloridas, o espaço R^5 é dividido por 5-*cubos* de lados iguais (L_1, L_2, L_3, L_4 e L_5) de tamanho $1/2^n$, onde L_1 e L_2 correspondem aos eixos das coordenadas *x,y* da matriz de pixels da imagem e L_3, L_4 e L_5 são múltiplos do nível da cor no canal considerado (RGB); o número de $R_{5\text{-}cubos}$ que intercepta a imagem é contado. Nas imagens de satélite, conforme o número *n* de bandas espectrais consideradas, o espaço R^d é dividido por *d-cubos* de tamanho $1/2^n$ e o número de $R_{d\text{-}cubos}$ que intercepta a imagem é contado.

Mas como dividir um espaço R^d por *d-cubos*, sendo *d* > 3? Como se pode determinar o número de partes obtidas da divisão de um espaço R^d? Ou, ainda, quantos *d-cubos* existem em uma determinada divisão recursiva do espaço R^d? Para responder a essas perguntas, precisa-se observar novamente como objetos de dimensões conhecidas se comportam em divisões recursivas. Considere como exemplo um segmento, um quadrado e um cubo, objetos euclidianos de dimensão 1D, 2D e 3D, respectivamente. A Figura 7.19 ilustra a divisão recursiva desses objetos.

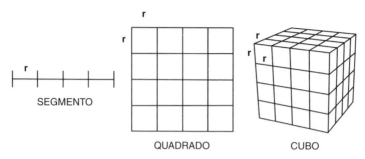

FIGURA 7.19. *Divisões recursivas de objetos 1D, 2D e 3D.*

TABELA 7.9. *1-cubo* (segmento reto) (Nunes, 2001)

Dimensão	Divisões	$N_{n,1\text{-cubos}}$	Regra
1	1	2	2^1
	2	4	2^2
	3	8	2^3

TABELA 7.10. *2-cubos* (quadrado) (Nunes, 2001)

Dimensão	Divisões	$N_{n,2\text{-cubos}}$	Regra
2	1	4	2^2
	2	16	2^4
	3	64	2^6

TABELA 7.11. *3-cubos* (cubo) (Nunes, 2001)

Dimensão	Divisões	$N_{n,3\text{-cubos}}$	Regra
3	1	8	2^3
	2	64	2^6
	3	512	2^9

Pode-se verificar que o número de *1-cubo*, *2-cubos* ou *3-cubos* em divisões recursivas depende da dimensão e do número de divisões. Assim, o número de *1-cubo* pode ser determinado pela expressão:

$$N_{n,1\text{-cubo}} = 2^{lx\,n} \qquad (7.29)$$

onde *n* é o número de divisões. O número de 2-cubos pode ser determinado pela expressão:

$$N_{n,2\text{-}cubos} = 2^{2x\,n} \qquad (7.30)$$

onde *n* é o número de divisões. Da mesma forma:

$$N_{n,3\text{-}cubos} = 2^{3x\,n} \qquad (7.31)$$

onde *n* é o número de divisões.

Generalizando-se, conclui-se que o número de partes idênticas da divisão recursiva de um *d-cubo* pode ser obtido pela expressão:

$$N_{n,d\text{-}cubos} = 2^{d\,x\,n} \qquad (7.32)$$

onde *d* é a dimensão considerada e *n* é o número de divisões.

A dimensão fractal, então, pode ser obtida empregando-se a seguinte expressão:

$$DF_n = \frac{Log(N_{n,d\text{-}cubo})}{Log(2^n)} \qquad (7.33)$$

onde $N_{n,d\text{-}cubo}$ é o número *de d-cubos* que interceptam a imagem representada:

$$N_{n,d\text{-}cubo} = \Sigma n_n(i,j) \qquad (7.34)$$

O cálculo de $N_{n,d\text{-}cubo}$ é feito com base nos tons de cinza dos pixels do *grid (i,j)*, em cada banda, considerando *Cinza_Máx (i,j)* e *Cinza_Mín (i,j)* os valores máximo e mínimo dos tons de cinza da imagem no *grid x,y*:

$$N_n(i,j) = \frac{inteiro(Cinza\_Máx(i,j) - Cinza\_Mín(i,j))}{s} + 1 \qquad (7.35)$$

A Tabela 7.12 descreve o cálculo da DF_n, empregando a Equação 7.33, nas diversas divisões recursivas do espaço. Considerando que todos os *d-cubos* interceptam a imagem, o valor da DF_n atingiria seu valor máximo, uma vez que a imagem preencheria completamente seu espaço dimensional.

Assim, a DF pode ser estimada tanto através do ajuste de mínimos quadrados no gráfico *log* ($N_{n,d\text{-}cubo}$) × $log(1/2^n)$, contado para as diferentes divisões recursivas *n*, quanto pela média dos diversos valores de DF_n.

Utiliza-se a seguir o método CDC em alguns experimentos. Não será examinada aqui a precisão da estimativa da DF para fractais clássicos em imagens binárias ou para texturas em imagens em tons de cinza. Os experimentos relatados consideram o seu uso em segmentação de texturas (Conci e Nunes, 2001).

TABELA 7.12. Cálculo dos limites superiores da DF_n (Nunes, 2001)

Imagens	Dimensão (d)	Divisões (n)	N_n (d-cubos)	log ($N_{n,d\text{-cubos}}$)	log (2^n)	DF_n
Binárias (nenhum canal)	2	1	4	log (4)	log (2)	2
		2	16	log (16)	log (4)	2
		3	64	log (64)	log (8)	2
Em escala de cinza (1 canal)	3	1	8	log (8)	log (2)	3
		2	64	log (64)	log (4)	3
		3	512	log (512)	log (8)	3
(2 canais)	4	1	16	log (16)	log (2)	4
		2	256	log (256)	log (4)	4
		3	4096	log (4096)	log (8)	4
Coloridas (3 bandas)	5	1	32	log (32)	log (2)	5
		2	1024	log (1024)	log (4)	5
		3	32768	log (32768)	log (8)	5
Multiespectrais (acima de 3 bandas)	6	1	64	log (64)	log (2)	6
		2	4096	log (4096)	log (4)	6
		3	262144	log (262144)	log (8)	6

Imagens multiespectrais podem ser visualizadas como imagens coloridas se três bandas são associadas aos canais vermelho, azul e verde. Cada associação de bandas aos canais RGB possui características e aplicações específicas. A combinação adequada facilita a identificação de áreas específicas através de representação da informação em cores diferentes. Conceitualmente, combinações diferentes de mesmas bandas não alteram a complexidade da imagem. Assim, o uso do CDC resulta em DF constantes, como mostrado na Figura 7.20.

Uma textura sintética complexa feita com texturas naturais reais de imagens de satélite Landsat-7 é mostrada na Figura 7.21a e foi utilizada para verificar as possibilidades de segmentação pelo método CDC. A Figura 7.21b mostra o resultado encontrado, em que cada cor diferente indica uma textura diferente e mesmas texturas são identificadas com a mesma cor, ainda que as ordens das bandas espectrais associadas aos canais de cores RGB mudem (a riqueza de detalhes e cores das texturas é melhor vista em http://www.ic.uff.br/~aconci/resultadosCVE/resultadosCVE.html).

7.7. Conclusão

Cada aplicação apresentada é mais adequada para a quantificação da textura de acordo com o contexto. No entanto, todas as formas estão associadas à impressão

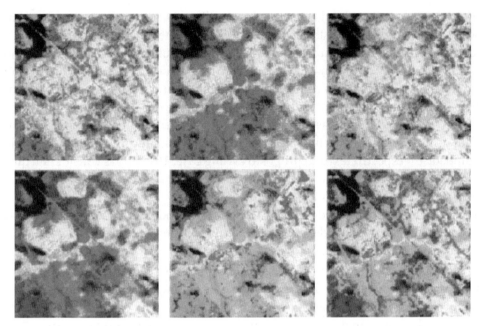

FIGURA 7.20. *Valores obtidos pelo método CDC (DF ≈ 3,465) em possíveis associações de bandas para os canais RGB (4-5-6, 40-6-5, 5-4-6, 5-6-4, 6-4-5, 6-5-4) (Nunes e Conci, 2003).*

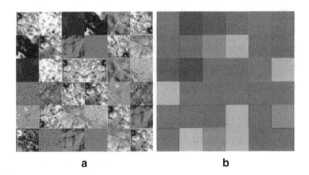

FIGURA 7.21. *Mosaico de texturas naturais e resultado da segmentação com CDC (Nunes e Conci, 2007).*

de rugosidade e contraste criados pela variação tonal ou pela repetição de padrões visuais sobre uma região.

Uma divisão clássica considera que as principais técnicas utilizadas para descrever texturas podem ser divididas em três principais abordagens: estatísticas, estruturais e espectrais (Gonzalez e Woods, 2000). Na abordagem estatística, a textura é definida por um conjunto de medidas locais extraídas do padrão. As abordagens estatísticas descrevem a textura através de medidas estatísticas das imagens, como os momentos do histograma e as matrizes de co-ocorrência de níveis de cinza. A descrição de texturas por abordagem estrutural utiliza a idéia de que texturas são compostas de primitivas dispostas de forma aproximadamente regular e repetitiva, de acordo com regras bem definidas. As técnicas estruturais descrevem a textura como arranjos de primitivas da imagem (RL no caso de tons de pixels, LZW e outros para seqüências mais complexas de pixels). O modelo estrutural pode considerar o conceito de primitiva da textura mais complexo (*textons*), que seriam elementos fixos (dentro de certas tolerâncias permitidas) e que se repetiriam em uma área da imagem. As técnicas espectrais lidam com as regiões no domínio de freqüências, como a unidade e o espectro textural proposto (Wang e He, 1990). Elas consideram que, através das propriedades do espectro de Fourier, é possível identificar características de periodicidade (como discutido no Capítulo 5). A abordagem espectral baseia-se em propriedades do espectro de Fourier, sendo principalmente utilizada na detecção de periodicidade global, através da identificação de picos de alta energia no espectro da imagem.

Essa classificação não foi adotada neste capítulo, se bem que, ao se descrever algum método de alguma dessas classes, o fato tenha sido comentado. Não se usou esta classificação, pois existem vários métodos para extração e análise de texturas, de importância atual que já não se enquadram nelas ou mesmo podem estar em mais de uma classe dependendo da forma de observá-los, como o semivariograma, as identificações baseadas em bancos de filtro Gabor e os modelos de campos aleatórios markovianos. Ainda, vários métodos empregam combinações de modelos estatísticos estruturais (Russ, 1995; Parker, 1997), e cresceram de importância, modelos morfológicos (Calixto, 2005).

Métodos baseados em análises de multiresoluções estão sendo desenvolvidos para suprir as deficiências encontradas em técnicas anteriores. A principal justificativa é o fato de esses métodos não possuírem recursos para caracterização eficiente da textura em diferentes escalas. Trabalhos recentes relatam o uso de transformações wavelet e modelos fractais multiescalas como solução para uma análise multiresoluções consistente (Chen *et al.*, 1997; Conci e Proenca, 1998; Emerson *et al.*, 1999). Wavelets modelam a textura no domínio da freqüência espacial, segundo a aplicação de um banco de filtros sobre as regiões da imagem, obtendo como vetor de características as medidas de energia de cada sub-banda. Tais métodos têm sido muito utilizados no meio científico e industrial, possuindo aplicações em sensoriamento remoto, medicina, controle de qualidade, recuperação de dados em bases gráficas, dentre outras.

Apesar da existência de vários métodos, ainda não existe técnica capaz de segmentar eficientemente todos os tipos de texturas, porque a caracterização de uma textura não é uma tarefa fácil, especialmente quando mais de uma banda espectral precisa ser considerada, caso em que várias dificuldades se sobrepõem à irregularidade de texturas naturais (em brilho, matizes e formas das bordas).

É importante lembrar que, ao se buscar utilizar a textura como base na segmentação e descrição de uma imagem, a técnica de decisão da semelhança e a forma de separação das bordas ou o agrupamento ou subdivisão das áreas são fundamentais no resultado final de um conjunto de metodologias a ser utilizado para segmentar uma região. Uma mudança em qualquer aspecto pode mascarar ou potencializar os resultados em termos de habilidade de discriminação (Nunes e Conci, 2007).

CAPÍTULO 8

Compressão de Imagem

8. COMPRESSÃO DE IMAGEM

As técnicas de compressão de imagens digitais tratam do problema de diminuir a quantidade de informação necessária para armazenar imagens. Atualmente, transmite-se e armazena-se uma quantidade cada vez maior de imagens. Para atender a essa necessidade crescente, a imagem armazenada deverá estar acessível a qualquer momento, de forma rápida e eficiente. Na verdade, o homem hoje possui muito mais informação visual do que no passado.

Mesmo usando redes de banda larga para filmes, jogos e imagens de alta resolução, é importante usar meios de diminuir o tamanho dos arquivos para transmitir as informações de forma mais rápida. Os aspectos relacionados à transmissão estão fora do escopo deste livro, mas será considerada a forma de compactar ao máximo a informação antes de transmiti-la e, após o seu recebimento, a sua descompactação. Na verdade, é isso o que ocorre quando visualizam-se arquivos de imagens JPEG, GIF ou PNG pela Internet. Mas não é só na Internet que existe esse problema. Com o aumento do interesse na HDTV (televisão de alta definição), TV interativa e IPTV (televisão sobre IP), há a necessidade de transmitir imagens em movimento com formato 1280×720 pixels com 24 bits por pixel a 60 quadros por segundo, o que representa 1,32 Gbits por segundo. Caso seja desejável transmitir essa informação (em tempo real) utilizando a estrutura atual dos canais de televisão, é preciso compactá-la.

Assim, a compressão de dados, como o próprio nome sugere, pode ser definida como a forma de diminuir a área de armazenamento dos dados. "Comprimir" significa tornar menor, através de diversos algoritmos de compressão, reduzindo a quantidade de bits para representar um conjunto de dados, sendo esse um programa, uma imagem, um texto ou um arquivo qualquer. No caso de compressão de imagem, é a forma (algoritmos e métodos) de armazenar informações visuais mais compactamente. A maioria desses métodos considera a identificação e o uso de estruturas e redundâncias que existem nos dados da imagem.

8.1. Redundâncias na Imagem

Baseando-se no fato de que muitos conjuntos de dados contêm informações redundantes que podem ou precisam ser eliminadas de alguma forma, comprimir dados (que podem ser caracteres em um arquivo, números que são amostrados de várias formas, como palavras ou imagens, ou seqüências de números que são gerados por outros processos) pode ser entendido como a técnica de retirar redundâncias na informação que carregam. Essa técnica cria então uma regra, chamada de código ou protocolo, que, quando seguida, elimina os bits redundantes de informações, de modo a diminuir seu tamanho nos arquivos. Por exemplo, a seqüência em *hexadecimal* "A0A0A0A0", que ocupa 4 bytes, poderia ser representada pela seqüência "4A0", que ocupa 2 bytes, diminuindo metade da área em 3/8 do espaço em bytes ou ocupando apenas 50% do espaço anterior. Quando diferentes quantidades de dados podem ser utilizadas para transmitir uma mesma informação, essa diferença se deve à redundância de dados. Os tipos de redundância encontrados nas imagens são ligados à codificação de tons ou cor, redundância da informação inter-pixel, espectral e psicovisual.

A redundância de codificação de tons ou cor ocorre quando os níveis de cinza ou as cores de uma imagem são codificados com mais símbolos de codificação do que o necessário. Por exemplo, uma imagem que só tem oito cores mas foi codificada usando um byte para cada canal RGB ou usando uma tabela de 256 cores.

Redundâncias inter-pixel (redundâncias espaciais) são as resultantes das relações geométricas ou estruturais entre os objetos na imagem. Por exemplo, se os objetos presentes na imagem puderem ser identificados ou representados só pela descrição de seu contorno, o volume de informação será muito menor.

Redundância espectral é a que ocorre em imagens com mais de uma faixa espectral, quando os valores espectrais para a mesma posição na matriz de pixels de cada banda são correlacionados. Nesse caso, apenas um canal precisa ser armazenado com mais detalhes.

As redundâncias psicovisuais ou baseadas na percepção são aquelas relacionadas ao fato de o sistema visual humano não responder com a mesma sensibilidade a todas as informações visuais. Certas informações simplesmente têm menos importância em relação a outras no processamento visual normal. Tais informações são ditas psicovisualmente redundantes e podem ser eliminadas sem prejudicar significativamente a qualidade de percepção da imagem. Por exemplo, o ser humano não consegue detectar pequenos ruídos no meio das imagens ou variações de tons muito baixos.

Um algoritmo de compressão tem por objetivo fazer com que, para determinado dado de entrada A, tenha-se uma representação A_c, que requeira menos bits, e que através de um algoritmo que opere sobre A_c seja obtida uma reconstrução B o mais próximo possível de A. Portanto, sempre que se falar em técnica de compressão ou algoritmo de compressão, serão considerados dois extremos do problema: a compressão da imagem e sua posterior descompressão (reconstrução).

Baseado no que se aceite de perda de informação na reconstrução, os métodos de compressão de dados podem ser divididos em duas grandes categorias: métodos de compressão sem perda (*lossless*) e métodos de compressão com perda (*lossy*). Alguns autores os denominam compressão de imagens não-destrutiva ou destrutiva, respectivamente. A primeira categoria é às vezes tratada como compactação de imagens. Nesses métodos, a reconstrução B é idêntica à imagem de entrada A. Na segunda categoria de métodos geralmente se obtêm as maiores taxas de compressão, porém a reconstrução B será uma aproximação da imagem de entrada A. Ambos os casos serão vistos em detalhe mais à frente, neste capítulo.

No entanto, embora possam informalmente ser usados como sinônimos, compressão e compactação de dados são tecnicamente processos distintos. A compressão visa reduzir a quantidade de bits para representar algum dado, enquanto a compactação tem a função de unir dados. Um exemplo clássico de compactação de dados é a desfragmentação de discos. Neste capítulo, como o foco são as imagens, será usado muitas vezes o termo compactação como sinônimo de compressão sem perdas.

8.1.1. Compressão de Imagens e Modelos de Cores

A percepção das cores pelo mecanismo de visão do ser humano tem papel importante no estabelecimento das redundâncias. Devido à estrutura do olho humano (comentada no Capítulo 2), pode-se considerar que todas as luzes são vistas como combinações variáveis das chamadas *cores primárias*: vermelho (R, do inglês *red*), verde (G, do inglês *green*) e azul (B, do inglês *blue*). Variando-se a quantidade relativa de vermelho, verde e azul, é possível produzir uma grande variedade de cores nas imagens, incluindo diversos tons para cada uma. Enquanto o número de tons de cinza discernidos pelo olho humano não passa de poucas dúzias, a cor é discernida de formas bem mais variadas, sendo, portanto, decisiva na análise e no reconhecimento de imagens por seres humanos.

Existem muitas formas de se representarem as cores numericamente. Um sistema para representar cores é chamado de modelo de cores, e a maioria dos modelos de cores em uso objetiva uma maior adequação a um tipo específico de *hardware* ou a facilidade de manipulação de cores em determinado sistema ou ainda uma aplicação específica de imagens. Exemplos de modelos orientados para o *hardware* são o YIQ (para transmissão de televisão), o RGB (para monitores de computador colorido) e o CMY (para impressoras coloridas). Os modelos HSI (*Hue, Saturation, Intensity* ou matiz, saturação, intensidade) e o HSV (*Hue* ou matiz, saturação e valor), por exemplo, são orientados para a manipulação de cores em computação gráfica (Volume 1 desta obra). O modelo YC_BC_R é particularmente importante para a compressão de imagens (ele é usado no formato de imagens JPEG). Nesse modelo, Y representa a luminância (componente que representa a intensidade da imagem), e as componentes C_B e C_R representam as cromacidades azul e vermelha (seção 2.5).

8.1.2. Medição do Desempenho

Esta seção faz uma breve apresentação dos critérios de fidelidade, e a seção seguinte mostra os modelos de compressão de imagens. Além da aparência visual ou da qualidade da imagem, é importante ter uma forma de quantificar os resultados para comparação numérica posterior.

Pode-se avaliar a medida de desempenho segundo a taxa de compressão, que é a razão entre o tamanho do dado ou imagem original e o tamanho do dado após a compressão. No caso da técnica sem perda, quanto maior a taxa de compressão, melhor é a técnica de compressão. Para técnicas de compressão com perda, deve-se considerar também a qualidade do sinal ou dado reconstruído.

Os critérios de fidelidade são os critérios para avaliação se a remoção de dados, psicovisualmente redundantes ou não, causou perda de informação visual. Esses critérios podem ser divididos em duas categorias: critérios de fidelidade quantitativos ou objetivos e critérios de fidelidade subjetivos.

8.1.2.1 Critérios de Fidelidade Objetivos

Para avaliar a similaridade entre a imagem original e a imagem reconstruída (ou a imagem resultante da compressão e subseqüente descompressão), necessita-se de uma medida da perda da informação, pois é importante para comparação entre as diversas técnicas, que se possa expressar numericamente (quantificar) o sucesso do processo de compressão. Esta medida é obtida através de um critério de fidelidade objetiva que permite que a perda de dados seja representada como uma função de ambas as imagens: da imagem original ou de entrada e da imagem de saída. As funções de avaliação utilizadas são: o erro total, a raiz quadrada do quadrado da média dos erros (*Root Mean Square Error* – e_{rms}), a relação sinal/ruído (*Signal To Noise Ratio* – SNR_{ms} SNR) e a relação sinal-ruído de pico (*Peak Signal to Noise Ratio* – PSNR).

Dadas duas imagens de tamanho M × N pixels, uma imagem original $F(x, y)$ e uma imagem reconstruída $G(x, y)$, tem-se que o erro $e(x, y)$ entre elas para qualquer pixel (x, y) é dado por:

$$e(x, y) = G(x, y) - F(x, y) \tag{8.1}$$

O erro total ou absoluto é obtido pela expressão:

$$e_t = \sum_{x=0}^{M-1}\sum_{y=0}^{N-1} |G(x, y) - F(x, y)| \tag{8.2}$$

Então, a função e_{rms}, a raiz quadrada do quadrado da média dos erros sobre todos os pixels da imagem (M × N), fica definida por:

$$e_{rms} = \sqrt{\left[\frac{1}{MN}\sum_{x=0}^{M-1}\sum_{y=0}^{N-1}[G(x, y) - F(x, y)]^2\right]} \tag{8.3}$$

Uma outra forma de avaliação da qualidade é a relação sinal-ruído, aplicável apenas para técnicas com perda. Na escolha de uma técnica de compressão com perda, deve-se optar entre uma alta taxa de compressão e a qualidade desejada para a aplicação em desenvolvimento. A razão ou relação sinal-ruído (SNR_{ms} – *mean square* ou média dos quadrados) é dada pela seguinte equação:

$$SNR_{ms} = \frac{\sum_{x=0}^{M-1}\sum_{y=0}^{N-1} G(x,y)^2}{\sum_{x=0}^{M-1}\sum_{y=0}^{N-1} e(x,y)^2} = \frac{\sum_{x=0}^{M-1}\sum_{y=0}^{N-1} G(x,y)^2}{\sum_{x=0}^{M-1}\sum_{y=0}^{N-1} [G(x,y) - F(x,y)]^2} \quad (8.4)$$

E a relação sinal/ruído, $SNRr_{ms}$, é a seguinte:

$$SNR_{rms} = \sqrt{\frac{\sum_{x=0}^{M-1}\sum_{y=0}^{N-1} G(x,y)^2}{\sum_{x=0}^{M-1}\sum_{y=0}^{N-1} e(x,y)^2}} = \sqrt{\frac{\sum_{x=0}^{M-1}\sum_{y=0}^{N-1} G(x,y)^2}{\sum_{x=0}^{M-1}\sum_{y=0}^{N-1} [G(x,y) - F(x,y)]^2}} \quad (8.5)$$

A relação sinal/ruído de pico, em decibéis (dB), é dada pela seguinte fórmula:

$$PSNR = 20\log_{10}\left(\frac{2^n - 1}{e_{rms}}\right) \quad (8.6)$$

Como n é uma constante definida pela quantidade de bits necessária para representar cada pixel da imagem, geralmente em imagens é igual a 8, pois utilizam-se principalmente imagens em tons de cinza variando de 0 a 255. Assim, tem-se que a relação toma a seguinte forma:

$$PSNR = 20\log_{10}\left(\frac{255}{e_{rms}}\right) \quad (8.7)$$

Através dessas funções (Equações 8.1 a 8.7) é possível comparar os méritos relativos das várias técnicas e implementações, selecionando qual delas é a melhor. A relação sinal/ruído de pico (PSNR) é uma medida razoável da qualidade visual das imagens (dadas duas imagens reconstruídas, codificadas por diferentes métodos, a que apresentar o maior valor PSNR parecerá visualmente melhor).

Nas expressões anteriores, $F(x,y)$ é a imagem original e $G(x,y)$ a imagem resultante da compressão. Como exemplo, pode-se ver na Figura 8.1 a imagem Lena comprimida com uma técnica com perda que resultou em e_{rms} = 9,8 e SNR_{ms} = 10,5 e PSNR = 28,3 dB (Conci e Aquino, 1999).

A complexidade da implementação e a velocidade de compressão são outros aspectos que devem ser considerados, pois com freqüência são inversamente proporcionais. Isto é, quanto maior for a complexidade de implementação, geralmente, menor será a velocidade de compressão.

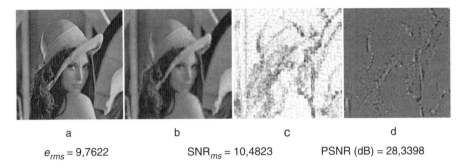

a	b	c	d
e_{rms} = 9,7622	SNR_{ms} = 10,4823	PSNR (dB) = 28,3398	

FIGURA 8.1. (a) Imagem Lena original; (b) imagem comprimida e reconstruída usando uma técnica de compressão fractal; (c) imagem de diferença absoluta ampliada; (d) imagem de diferença relativa ampliada (Aquino, 1998).

8.1.2.2 Critérios de Fidelidade Subjetivos

Critérios de fidelidade subjetivos são medidas de qualidade cujo grau de qualidade é dado por uma avaliação subjetiva de um observador humano. Normalmente apresenta-se a imagem para um grupo de pessoas e faz-se uma média de acordo com a resposta das pessoas. Na Tabela 8.1, pode-se observar um critério de avaliação utilizado para HDTV.

TABELA 8.1. Notas para um critério de avaliação subjetivo usando HDTV.

Valor	Avaliação	Descrição
1	Excelente	Uma imagem de extrema qualidade, o máximo que se poderia desejar.
2	Muito bom	Uma imagem de alta qualidade, e visualização agradável. A interferência não é visível.
3	Passável	Uma imagem de qualidade aceitável. A interferência não é desagradável.
4	Marginal	Uma imagem de qualidade pobre. A interferência é de alguma forma desagradável.
5	Inferior	Uma imagem muito pobre, mas pode-se vê-la. Interferência muito presente.
6	Não usável	Uma imagem tão ruim que não se consegue ver.

Imagens de diferenças (ampliadas ou não), isto é, imagens obtidas fazendo-se a diferença pixel a pixel entre uma original e a mesma imagem após um processo de compressão-transmissão-descompressão, são formas também muito úteis para avaliar qualitativamente o resultado. Essas imagens podem aparecer na forma de diferenças absolutas ou relativas. Em muitos casos, nas duas formas, a imagem resultante deve ter o valor de tons em pixel ampliado para que a posição mais freqüente dos erros nas imagens possa ser vista. As Figuras 8.1c e 8.1d mostram exemplos dessas imagens. Observe que nestas imagens fica claro que as maiores perdas nas imagens comprimidas ocorreram nas regiões de contorno dos diversos elementos da imagem.

8.1.3. Modelos de Compressão de Imagens

Um sistema de compressão de dados ou imagens consiste em dois blocos: um codificador e um decodificador. Uma imagem de entrada é processada no codificador, que cria um conjunto de símbolos a partir dos dados de entrada. Depois da transmissão ao longo do canal, a representação codificada é repassada no decodificador, em que uma imagem de saída reconstruída é gerada.

Pode-se observar na Figura 8.2 que há duas partes na codificação: o codificador da imagem (*Source encoder*) propriamente dito, que remove a redundância da imagem de entrada, e, o codificador de canal (*Channel encoder*) o que aumenta a imunidade ao ruído antes da transmissão. Na saída, o processo é inverso, ou seja, deve ser primeiro decodificada a forma usada na transmissão e depois a imagem propriamente dita.

FIGURA 8.2. *Modelo de sistema de compressão genérico de imagem.*

Cada uma dessas etapas apresenta diversos processos. Os codificadores da imagem-fonte são compostos das etapas mostradas na Figura 8.3. Primeiro, o mapeador (*Mapper*) transforma os dados de entrada em um formato projetado para reduzir as redundâncias inter-pixels nas imagens de entrada. Depois, o quantizador (*Quantizer*) reduz a precisão da saída do mapeador de acordo com algum critério de fidelidade preestabelecido (essa operação é irreversível). O codificador de símbolos (*Symbol Encoder*) cria um código de comprimento fixo ou variável para representar

FIGURA 8.3. *Etapas do codificador da imagem original ou fonte.*

a saída do quantizador e transforma a saída em alguma forma transmissível ou armazenável de acordo com o código e a aplicação.

No final do processo, os decodificadores da imagem, mostrados na Figura 8.4, transformam o arquivo digital no decodificador de símbolos (*Symbol Decoder*), decodificando os símbolos criados para o armazenamento ou transmissão e transformando esses dados no formato interpretável visualmente da imagem de saída.

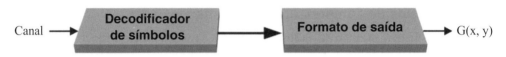

FIGURA 8.4. *Etapas do decodificador do arquivo para imagem.*

As etapas centrais na Figura 8.3, isto é, os codificadores e decodificadores dos canais, são especialmente importantes para a transmissão. Os codificadores e decodificadores de transmissão são projetados para reduzir o impacto do ruído na transferência do sinal através da inserção de uma forma controlada de redundância nos dados codificados. Uma das técnicas utilizadas para isso é a de Hamming (Haykin, 2004), que se baseia na justaposição de bits aos dados sendo codificados para garantir que um número mínimo de bits tenha de mudar entre as palavras de código válidas. Por exemplo, se três bits de redundância forem adicionados a uma palavra de quatro bits, de modo que a distância entre quaisquer duas palavras seja igual a três, todos os erros de um único bit podem ser detectados e corrigidos.

Assim, por exemplo, para quatro bits que fornecem a informação 0110 seriam transmitidos sete bits, ou seja, a palavra $b_3 b_2 b_1 b_0 = 0110$ seria transformada no código $h_1 h_2 h_3 h_4 h_5 h_6 h_7 = 1100110$, onde:

$$\begin{array}{ll} h_1 = b_3 \oplus b_2 \oplus b_0 & h_3 = b_3 \\ h_2 = b_3 \oplus b_1 \oplus b_0 & h_5 = b_2 \\ h_4 = b_2 \oplus b_1 \oplus b_0 & h_6 = b_1 \end{array} \qquad (8.8)$$

sendo $h_7 = b_0$ e $\oplus$ as operações de justaposição e de ou-exclusivo digitais binárias:

$$\begin{array}{l} 1 \; bit = h_1 = 0 \; xor \; 1 \; xor \; 0 = 1; \\ h_2 = 0 \; xor \; 1 \; xor \; 0 \; e \\ h_4 = 1 \; xor \; 1 \; xor \; 0 = 0 \end{array}$$

Para decodificar um resultado codificado por Hamming,(Haykin, 2004) o decodificador do canal de transmissão deve conferir se o valor codificado para a paridade é impar sobre os campos dos bits nos quais as paridades pares foram estabelecidas na codificação:

$$C_1 = h_1 \oplus h_3 \oplus h_5 \oplus h_7 = 1 \; xor \; 0 \; xor \; 1 \; xor \; 0 = 0 \qquad (8.9)$$
$$C_2 = h_2 \oplus h_3 \oplus h_6 \oplus h_7 = 1 \; xor \; 0 \; xor \; 1 \; xor \; 0 = 0$$
$$C_4 = h_4 \oplus h_5 \oplus h_6 \oplus h_7 = 0 \; xor \; 1 \; xor \; 1 \; xor \; 0 = 0$$

Se um valor diferente de 0 for encontrado, o decodificador complementa a posição de bit da palavra-código indicada pela palavra de paridade. Por exemplo, se ao ser transmitido 1100110, for na verdade recebido 1100111, os valores anteriores serão

$$C_1 = 1 \oplus 0 \oplus 1 \oplus 1 = 1$$
$$C_2 = 1 \oplus 0 \oplus 1 \oplus 1 = 1$$
$$C_4 = 0 \oplus 1 \oplus 1 \oplus 1 = 1$$

indicando que o bit a ser modificado é de posição 111 = 7. Conserta-se, então, trocando o último bit, ficando 1100110, e a transmissão tem seu ruído eliminado.

8.2. Métodos de Compressão de Imagem

Existem, como já mencionado na Seção 8.1, duas categorias de métodos de compressão de imagem conhecidos: com e sem perda.

A compressão sem perda ou codificação de redundância é o método que explora a redundância entre pixels na codificação. Nenhum dado é perdido durante o processo de compressão. Esse método é também denominado compressão com preservação da informação, pois preserva todas as informações que permitirão a reconstrução exata da imagem. São exemplos a codificação RLE (*Run Length Encoding*), LZ (*Lempel Ziv*), LZW (*Lempel Ziv Wech*) ou o algoritmo de Huffman. Elas são usadas nos formatos: PCX, PNG, GIF, TIFF.

Por outro lado, na compressão com perda, algum dado é perdido durante a compressão da imagem. A compressão com perda é mais eficiente em relação à área final de armazenamento devido à sua razão de compressão ser maior que a sem perda. Contudo, enquanto em algumas aplicações as perdas não são perceptíveis pelo sistema visual humano ou sua percepção é aceitável, existem aplicações particulares em que a perda de informação da imagem provoca distorções não-aceitáveis. Em aplicações de satélite ou dados de imagens médicas, entre outras, muitas vezes não é admissível compressão com perda. Diferentes formas de compressão com perda causam visualmente diferentes degradações na imagem.

São exemplos de compressão com perda a compressão baseada na transformada discreta de co-seno (DCT – *Discrete Cosine Transform*) usada no padrão JPEG (*Joint Photographic Experts Group*) ou MPEG (*Moving Pictures Expert Group*); a compressão por fractais ou sistema de funções iterativo (IFS – *Iterated Function System*, que é usada no formato FIF); e a transformada wavelet discreta (DWT – *Discrete Wavelet Transform*), usada no formato JPEG 2000. Todas elas produzem alguma forma de degradação, como borramento (*blurring*) ou *blocking* e *pixelation* (evidenciando o processo de partição em blocos) na imagem.

8.2.1. Compressão sem Perda

As técnicas de compressão sem perda, como RLE (do formato PCX e BMP), LZ e LZW (do utilitário *Winzip* e dos formatos PNG e GIF), utilizam-se da redundância dos dados da imagem ou de tabelas internas.

Ao se observar a imagem no seu código binário, notam-se seqüências como "00000001111". Nesse exemplo simplificado, pode-se observar que o 0 ocorre sete vezes, e o número 1, quatro vezes. Será justamente em cima dessa redundância de zeros e uns que as diferentes técnicas irão trabalhar. Essas técnicas são muito úteis para dados e imagens especiais como as da área biomédica, sinais do espaço ou de microscópios eletrônicos, nos quais a perda na imagem poderá representar o fracasso na análise ou diagnóstico.

8.2.2. Compressão com Perda

As técnicas de compressão com perda visam reduzir o tamanho da imagem retirando informações não significantes para esse fim. Na grande maioria das vezes, é possível escolher o nível de perda desejado. Essas técnicas são as grandes responsáveis pelo sucesso da Internet, das imagens JPEG, dos formatos MPEG, MP3 e JPEG2000. Na verdade, este último formato possui uma característica mista, podendo ser, ao mesmo tempo, com ou sem perda.

A compressão com perda tem sido usada com freqüência na Internet, especialmente para *streaming* e conversações telefônicas. Entende-se o *streaming* como a tecnologia que permite o envio de informação multimídia através de pacotes, utilizando redes de computadores, sobretudo a Internet de banda larga, que propicia uma elevada taxa de transmissão da informação, dando a sensação de que o áudio e o vídeo são transmitidos em tempo real.

O *streaming* é importante nas novas aplicações e negócios na Internet e telefonia celular, como por exemplo, o vídeo sob demanda (video on demand) e Web TVs, onde o interespectador pode escolher ver a programação ao vivo ou gravada. Esse tipo de tecnologia tem impulsionado o surgimento de TVs segmentadas por área de interesse, como é o caso do CGMAX TV, primeiro programa ao vivo, pela Internet, de computação gráfica brasileira (http://www.cgmaxtv.com.br).

8.2.3. Por Que Pode Haver Perda de Dados?

A vantagem dos métodos de compressão com perda de dados sobre os sem perda de dados é que, normalmente, consegue-se um arquivo comprimido de menor dimensão, mantendo-se, no entanto, a qualidade aceitável em relação ao original, conforme o objetivo que se pretende.

A compressão com perda de dados é normalmente usada em som, imagens e vídeo/animação. A razão de compressão (ou seja, a dimensão do arquivo comprimido comparado com o original ou por comprimir) dos métodos de compressão de vídeo é quase sempre superior às obtidas em som e imagens. O modelo psicoacústico descreve características da percepção que podem ser eliminadas sem que se perceba a degradação da qualidade do sinal sonoro. O som pode ser comprimido a uma razão de 10:1 (o arquivo comprimido ocupa um décimo do original), sem perda muito notável de qualidade. Já o vídeo pode ser comprimido a uma razão de 300:1.

As imagens são normalmente comprimidas a uma razão de 10:1, dependendo muito, nesse caso, do tipo de método de compressão usado, da qualidade desejável e, principalmente, do conteúdo do arquivo. Como no caso do som, métodos e algoritmos de compressão eficientes devem levar em conta as características da visão humana; por exemplo, o sistema visual humano pode apenas "ver" certas freqüências da luz, não distinguindo muitos matizes, se a intensidade luminosa for muito baixa, tentando sempre interpretar e identificar o que observa.

Os erros e falhas causados pela compressão com perda de dados que sejam perceptíveis para os sistemas visual e auditivo humano são conhecidos por artefatos de compressão (*compression artifacts*).

8.2.4. Compressão Simétrica *versus* Assimétrica

Quanto ao tempo de compressão e descompressão, os métodos e aplicações podem ser simétricos e assimétricos. Como exemplo de métodos de compressão simétrica, podem-se citar os que usam transformadas de wavelets (WT) e transformadas de co-senos (DCT, do inglês *Discrete Cosine Transform*), nas quais o tempo de compressão é praticamente igual ao de descompressão.

A técnica de compressão fractal é assimétrica. O tempo de compressão é bem maior que o tempo de descompressão. Essa forma pode ser adequada a muitos métodos de codificação de vídeo porque, uma vez que é feita a codificação, o vídeo pode ser armazenado em servidores de vídeo e acessado sob demanda pelos usuários, com uma decodificação mais rápida.

Aplicações simétricas são aquelas que devem ter o mesmo "peso" de processamento na codificação e na decodificação, como as aplicações em multimídia e em tempo real. Aplicações assimétricas são aquelas em que não há inconveniente no uso da compressão assimétrica, como as publicações eletrônicas, CD-ROM ou vídeo (DVD), em que a compressão é feita apenas uma vez, sendo apenas o tempo de descompressão relevante para o usuário.

8.2.5. Compressão por Transformada

Dentre as várias técnicas desenvolvidas na tentativa de eliminar as redundâncias ou tirar partido das particularidades da percepção humana, um grupo bastante expressivo é baseado na compressão por transformada. Nesta, uma transformação linear inversível é usada para mapear a imagem para um conjunto de coeficientes, que são, então, quantizados e codificados. Na maioria das imagens, um número significativo de coeficientes tem pequenas magnitudes, podendo ser quantizados (descartados) sem causar distorção significativa.

A meta do processo de transformada é descorrelacionar os pixels de cada imagem ou usar sua correlação de forma a compactar o máximo possível a informação em um número menor de coeficientes (da transformada). O estágio de quantização pode eliminar os coeficientes que carregam menos informação. Esses coeficientes apresentam menor impacto na qualidade da imagem reconstruída. O processo termina pela codificação dos coeficientes quantizados para a forma de arquivo. A compressão e a perda ocorrem durante a quantização dos coeficientes, e não durante a transformada.

No caso particular da compressão JPEG, a transformação utilizada é a transformada discreta do co-seno (DCT). Essa transformada tem a característica de reduzir a redundância espectral dos pixels da imagem, além de ser um algoritmo relativamente fácil de ser implementado. Os valores mais importantes desses coeficientes são codificados na compressão DCT. No caso de compressão fractal, os dados a serem codificados são os coeficientes das transformações afins que descrevem os diversos blocos da imagem (Conci e Aquino, 2006).

8.3. Elementos da Teoria de Informação

A teoria da informação desenvolvida por Claude E. Shannon (Haykin, 2004) traz modelos matemáticos baseados em Estatística para solucionar problemas de transmissão de dados em sistemas de comunicação em geral. Na área de processamento de imagens digitais, essa teoria é aplicada a dois tipos de problemas distintos. Primeiro é a transmissão de imagens, que não é o escopo deste livro. O segundo trata do processo de compressão de imagens. Neste, essa teoria pode definir o mínimo de dados necessário para representar uma informação e modelos para avaliar a perda da informação durante o processo de compressão.

8.3.1. Unidade de Informação

A teoria da informação é baseada em modelos estatísticos e, como tal, a informação é modelada como um processo probabilístico, sendo tratada como um evento aleatório, E. Sua ocorrência é definida com $p(E)$, que também representa a sua probabilidade. No caso concreto de compressão de imagem, E é, na realidade, o tom ou a cor que a imagem possui, sendo $p(E)$ o número de pixels desse mesmo tom ou cor dividido pelo número total de pixels da imagem (seção 3.4).

Toda a probabilidade $p(E)$ contém *uma unidade de informação*, que é definida segundo o modelo:

$$I(E) = \log \frac{1}{p(E)} = -\log p(E) \qquad (8.10)$$

onde $I(E)$ representa a quantidade de informação do evento E (ou auto-informação). Baseando-se nessa fórmula, é possível afirmar que a informação atribuída a um evento E é inversamente proporcional a sua probabilidade, isto é, quanto mais comum é um evento, menos informação ele carrega. A base do logaritmo usado nessa equação depende da unidade utilizada para medir a informação. Em sistemas de computação, a unidade de informação é o *bit*, ou seja, a base 2 é a utilizada. Se o evento for a transmissão de um bit, se a probabilidade de seu valor for 1 ou 0, então $p(E) = 1/2$, e $I(E) = \log_2 (2) = 1$.

8.3.2. Canal de Informação

O canal de informação tem um conceito muito amplo e representa o meio de comunicação entre a origem e um destino ou entre a fonte da informação e o usuário da informação. Esse canal de informação pode ser considerado o meio de transmissão na aquisição de uma imagem de satélite ou um processo de compressão e descompressão de uma imagem (Haykin, 2004). O que se deseja avaliar é a capacidade de comunicação de informações desse canal, como apresentado no esquema da Figura 8.5.

FIGURA 8.5. *Posição do canal ou transmissão no processo de codificação.*

8.3.3. Elementos do Canal de Informação

O canal de informação possui elementos responsáveis pela transmissão e recepção da informação. Os elementos relacionados à transmissão ou fonte são o conjunto de símbolos de entrada possíveis, também chamado de alfabeto produzível pela fonte de informação, que é o conjunto $A = \{a_1, a_2, ..., a_J\}$; e todas as probabilidades de os elementos pertencentes ao conjunto ocorrerem, ou seja, serem transmitidos pela fonte: $P_a = [p(a_1), p(a_2), ... p(a_J)]^T$, onde cada $p(a_j)$ é a probabilidade de cada elemento ou símbolo a_j ser transmitido. O vetor P_a tem dimensão $J \times 1$, ou seja, o superescrito T indica transposto.

O par (A, P_a) descreve a fonte de informação (na origem) completamente. A soma de todas as probabilidades $p(a_j)$ tem de ser 1, isto é:

$$\sum_{i=1}^{J} p(a_i) = 1 \qquad (8.11)$$

8.3.4. Elementos da Transmissão

Durante o processo de transmissão ou compressão, um elemento importante é a incerteza ou *entropia da fonte* que representa a quantidade média de informação perdida. A *entropia* da fonte é calculada pela fórmula (Haykin, 2004):

$$H(P_a) = -\sum_{i=1}^{J} P(a_j)\log P(a_j) \qquad (8.12)$$

A base do logaritmo usado nessa equação depende da unidade utilizada para medir a informação. Em sistemas de computação, a unidade de informação mais freqüente é o bit, ou seja, a base 2 é a utilizada.

Considerando-se os elementos da recepção, tem-se $B=\{b_1, b_2,..., b_J\}$ como o conjunto de símbolos de recepção, isto é, que chegam ao usuário. Se $p(bj)$ é a probabilidade de recepção de cada elemento b_j, $P_b = [p(b_1),p(b_2),...p(b_J)]^T$ é o conjunto de todas as probabilidades de os elementos pertencentes ao conjunto B chegarem. O par (B, P_b) descreve como a informação chegou ao destino (usuário).

A recepção de uma informação está condicionada à sua transmissão. Para isso, usa-se a probabilidade condicional para definir a probabilidade de um evento b_j (chegada da informação), dado que a_j (envio da informação) tenha ocorrido. A probabilidade do recebimento de b_j dado que a_j foi transmitido é dada por:

$$p(b_k) = -\sum_{i=1}^{J} p(b_k|a_i)p(a_i) \qquad (8.13)$$

Portanto, para cada elemento de B recebido existe um elemento de A transmitido e uma probabilidade condicional de recebimento. Assim, pode-se arrumar a probabilidade condicional em uma matriz Q tal que a distribuição de probabilidade do alfabeto de saída completo, B, possa ser computada a partir de $P_b = QP_a$. Para tanto, a matriz Q é escrita da forma:

$$Q = \begin{vmatrix} p(b_1|a_1) & p(b_1|a_2) & \cdots & p(b_1|a_J) \\ p(b_2|a_1) & p(b_2|a_2) & \cdots & p(b_2|a_J) \\ \vdots & \vdots & \vdots & \vdots \\ p(b_K|a_1) & p(b_K|a_2) & \cdots & p(b_K|a_J) \end{vmatrix} = [q_{kj}] \qquad (8.14)$$

sendo Q, então, definida como *matriz do canal* ou *matriz de transição de canal direito*.

Um outro elemento do canal de informação é o denominado *equívoco* dos conjuntos P_a com relação a P_b. O equívoco, na realidade, representa a informação média de um símbolo fonte assumindo que tenha sido observado o símbolo de saída que resultou sua geração. Essa é a probabilidade conjunta dos elementos a_j e b_k, ou seja, a probabilidade de b_k ter recebido dado e de que a_j foi transmitido.

$$H(P_a|P_b) = -\sum_{i=1}^{J}\sum_{k=1}^{K} p(a_j,b_k)\log p(a_j|b_k) \qquad (8.15)$$

Assim como existe a probabilidade de uma informação dada a probabilidade de um evento E, há também a informação mútua, ou seja, a informação referente ao alfabeto de saída, dado que o alfabeto de entrada foi transmitido. A auto-informação mútua é definida por $I(P_a, P_b) = H(P_a) - H(P_a/P_b)$ ou pela equação:

$$I(P_a, P_b) = -\sum_{i=1}^{J}\sum_{k-1}^{K} p(a_j, b_k) \log \frac{p(a_j, b_k)}{p(a_j)p(b_k)} \quad (8.16)$$

A capacidade do canal é definida pelo valor máximo encontrado por $I(P_a, P_b)$ sobre todas as escolhas possíveis de distribuição-fonte P_a.

$$C = \text{máx}_{P_a} \{I(P_a, P_b)\} \quad (8.17)$$

A *capacidade do canal* define a capacidade máxima confiável do canal de transmissão em unidades da base da fonte (em computação, unidades binárias) de que a informação pode ser transmitida com confiança pelo canal.

8.4. Entropia da Imagem

No processo de compressão, o que se tenta fazer, na realidade, é reduzir ao máximo todo e qualquer tipo de redundância que porventura certa imagem possa conter. Uma das formas para saber se uma imagem tem redundâncias é através do cálculo da entropia (Equação 7.1). Para calcular a entropia, utiliza-se a seguinte relação:

$$H(A) = -\sum_{i=1}^{J} p(a_j) \cdot \log p(a_j) \quad (8.18)$$

onde a_j representa cada símbolo do alfabeto-fonte A definido como $\{a_1, a_2, a_3, ..., a_J\}$. O alfabeto, no caso de imagens, pode ser o tom de cinza, a tabela de cores ou cada um dos valores de RGB. Se a imagem for considerada em tons de cinza, geralmente potências da base 2 são utilizadas: 1, 2, 3, 4.... 8 bits, produzindo possibilidades de imagens respectivamente com 2, 4, 8, 16, 32, 64, 128 e 256 tons de cinzas. Nesse caso, o possível alfabeto da fonte A será composto dos tons correspondentes. Assumindo uma distribuição uniforme, ou seja, que todos os tons (símbolos-fontes) sejam igualmente prováveis (eqüiprováveis), as imagens (fontes) com esses tons são caracterizada por entropias de 1, 2, 3, 4.... 8 bits/pixel. Ou seja, a informação média por saída (pixels) dessas fontes é de 1, 2, 3, 4.... 8 bits, respectivamente.

A teoria da informação provê a ferramenta básica para lidar direta e quantitativamente com a representação e manipulação da informação. Para melhor entender, considere a imagem de tamanho 4 × 8 em escala de cinza na Tabela 8.2:

TABELA 8.2. Imagem 4 × 8 = 32 pixels em *grayscale* para efeito de cálculo

4	4	4	4	64	64	128	128
4	4	4	4	64	64	128	128
4	4	16	16	128	128	128	128
4	4	16	16	128	128	128	128

O primeiro passo para calcular a entropia dessa imagem é calcular a probabilidade de cada nível de cinza presente nela. Assim, tem-se a Tabela 8.3.

TABELA 8.3. Probabilidades para cada nível de cinza

Cor	Total	Probabilidade
4	12	12/32 = 3/8
16	4	4/32 = 1/8
64	4	4/32 = 1/8
128	12	12/32 = 3/8

Feito isso, utiliza-se a equação da entropia (8.18) para essas probabilidades, supondo que essa imagem tenha 256 níveis de cinza e que a unidade usada sejam os bits. Assim, a base do logaritmo usado nessa equação, que depende da unidade utilizada para medir a informação, será igual a dois.

$$\begin{aligned}
H(A) &= -p(4)*log_2(p(4)) - p(16)*log_2(p(16)) - \\
&\quad p(64)*log_2(p(64)) - p(128)*log_2(p(128)) \\
H(A) &= -[3/8 * log_2(3/8) + 1/8 * log_2(1/8) + 1/8 \\
&\quad * log_2(1/8) + 3/8 * log_2(3/8)] \\
H(A) &= -[3/4 * log_2(3/8) + 1/4 * log_2(1/8)] \\
H(A) &= -[3/4 * (log_2 3 - log_2 8) + 1/4 * (log_2 1 - log_2 8)] \\
H(A) &= -[3/4 * (log_2 3 - 3) + 1/4 * (0 - 3)] = 0{,}81 \text{ bits/pixel}
\end{aligned}$$ (8.19)

Lembrando que $log_2 N = log\ N/log_2$, tem-se que a entropia dessa imagem é de 0,81 bit por pixel. Como são usados 4 * 8 pixels, tem-se: 0.81 * 32 = 25 bits de informação que são redundantes.

O método utilizado chama-se *estimativa de primeira ordem*. É importante lembrar que esse não é o único jeito de se calcular a entropia (Haykin, 2004). A entropia é muito usada na codificação preditiva.

A codificação preditiva visa eliminar a redundância inter-pixels presente na informação original, codificando somente a diferença ou resíduo entre o valor do pixel original e o valor predito para esse pixel (Figura 8.6).

O sistema consiste em um codificador e um decodificador, cada um contendo um preditor idêntico. À medida que cada pixel sucessivo em uma imagem é introduzido no codificador, o preditor gera um valor aproximado daquele pixel com base em um dado número de entradas passadas. A saída do preditor é, então, arredondada para o inteiro mais próximo e usada para formar a diferença ou erro de previsão que é codificada por codificação de tamanho variável para gerar o próximo elemento dos dados comprimidos. O decodificador realiza a operação inversa. O esquema de codificação e decodificação está representado na Figura 8.6.

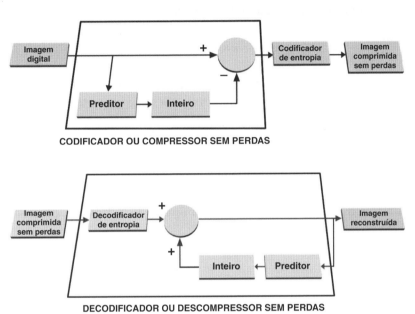

FIGURA 8.6. *Esquema de codificação e decodificação.*

8.4.1. Teoremas Fundamentais da Codificação

Três teoremas são fundamentais para tratar o problema da codificação no canal de comunicação. Eles podem ser utilizados para transmissão de qualquer tipo de informação, não apenas imagem. São eles os teoremas (1) da codificação sem ruído, (2) da codificação com ruído e (3) da codificação da fonte. Os dois primeiros são também denominados primeiro e segundo teoremas de Shannon (Haykin, 2004), respectivamente. Neles são considerados canais de memória zero, que por definição são os canais em que as respostas às palavras ou aos símbolos de entrada atuais são independentes das respostas aos símbolos anteriores.

8.4.2. Teorema da Codificação sem Ruído

O teorema da *codificação sem ruído* baseia-se no fato de que o canal de informação está livre de erros. Tem como objetivo representar a informação tão pequena quanto possível, definindo a menor palavra média para representação da informação a partir da fonte de informação, que é denominada memória zero. A entropia do decodificador será a mesma da fonte ou da imagem, se considerarmos que $A' = \{\alpha_1, \alpha_2...\alpha_j\}$ em que cada α_j é composto de símbolos de A.

$$H(A') = -\sum_{i=1}^{J} p(\alpha_i) \log p(\alpha_i) \qquad (8.20)$$

O comprimento inteiro da palavra l (α_i), pode ser obtido de:

$$\log \frac{1}{p(\alpha_i)} \le l(\alpha_i) < \log \frac{1}{p(\alpha_i)} + 1 \qquad (8.21)$$

Esse valor é o menor inteiro maior do que a auto-informação de α_i. Multiplicando-se esse resultado por $p(\alpha_i)$ e somando-se todos os elementos:

$$\sum_{i=1}^{J} p(\alpha_i) \log \frac{1}{p(\alpha_i)} \le \sum_{i=1}^{J} p(\alpha_i) l(\alpha_i) < \sum_{i=1}^{J} p(\alpha_i) \log \frac{1}{p(\alpha_i)} + 1 \qquad (8.22)$$

Ou considerando que L' representa o comprimento em média das palavras do código

$$L' = \sum_{i=1}^{J} p(\alpha_i) l(\alpha_i) \qquad (8.23)$$

$$H(A') \le L' < H(A') + 1$$

Dividindo-se a expressão anterior por n e observando que $H(A')/n = H(A)$, tem-se o primeiro teorema de Shannon para uma fonte de memória zero:

$$H(A) \le \frac{L'}{n} < H(A) + \frac{1}{n} \qquad (8.24)$$

Esse teorema traz modelos matemáticos para definir a palavra média mínima para a compressão de uma informação. A eficiência η de um método de codificação pode ser definida como (Haylin, 2004):

$$\eta = \frac{H(A')}{L'} \qquad (8.25)$$

As equações anteriores se referem a um número n inteiro finito. No limite, tem-se:

$$\lim_{n \to \infty} \frac{L'}{n} \cong H(A) \qquad (8.26)$$

Por exemplo, baseando-se nas equações anteriores, dado um alfabeto $A=\{a_1=0, a_2=1\}$ que tenha suas probabilidades $p(a_1)=1/3$ e $p(a_2)=2/3$, utiliza-se a Equação 8.25, supondo que a entropia desta fonte seja $H(A') = 0{,}91$ e que a palavra média desse alfabeto seja $L' = 1$ bit/simbolo, e eficiencia do código resultante é 0,91.

8.4.3. Teorema da Codificação Ruidosa

O teorema da *codificação ruidosa* assume que o canal de comunicação tem erro e, para solucionar esse problema, trabalha com a repetição da palavra com o objetivo de tornar o erro o menor possível. É necessário que a razão de mensagens codificadas seja menor que a capacidade do canal, sendo preciso saber qual é a probabilidade da ocorrência do erro e qual o mínimo desejável de repetição das palavras. Na recepção da informação, usa-se a "maioria" da informação transmitida (Haykein, 2004).

Se φ for o tamanho do código ou o número de palavras válidas no bloco de comprimento r, a razão de mensagens codificadas de uma fonte de memória zero é dada por $R = \log \frac{\varphi}{r}$. Portanto, o teorema da *codificação ruidosa*, ou o segundo teorema de Shannon, diz que, para uma razão de mensagem codificada R menor que a capacidade do canal C com matriz Q (Equação 8.14), a probabilidade de erro pode ser feita arbitrariamente pequena, na medida em que a razão de mensagem codificada for menor que a capacidade do canal.

8.4.4. Teorema da Codificação da Fonte

Esse teorema trata o problema quando o processo de codificação é que introduz erro, e não o canal de informação. O erro sempre existe e faz parte de todo o processo de codificação. O objetivo é introduzir apenas erros aceitáveis, que não sejam suficientes para alterar a informação. O teorema assegura que os erros podem ser restritos a um nível máximo permitido. A área da teoria da informação que trata desse tipo de problema é chamada de *teoria da razão distorcida* (Haykein, 2004). O foco é que a informação é transmitida, recebida pelo usuário e entendida por ele, sem qualquer dúvida, embora haja um erro em relação à informação original.

No processo de codificação, a matriz Q introduz um nível máximo de erro aceitável ou D-admissível. O conjunto de todos os procedimentos D-admissíveis é denotado por (Haykein, 2004):

$$Q_D = \{q_{kj} \text{ tal que } d(Q) \leq D\}, \quad \text{onde} \quad d(Q) = -\sum_{i=1}^{J}\sum_{k=1}^{K} p(a_j, b_k) p(a_j) q_{kj} \quad (8.27)$$

A função de razão de distorção é:

$$R(D) = \min_{Q_\varepsilon Q_D} \{I(P_a, P_b)\} \quad (8.28)$$

Pelo teorema de codificação da fonte, para qualquer $\in$ existe um tamanho de bloco r e $R < R(D) + \in$ tais que a distorção média seja (Haykein, 2004):

$$d(Q) \leq D + \in \qquad (8.29)$$

Uma conseqüência deste e do teorema da codificação ruidosa é que a saída da fonte pode ser recuperada no decodificador com uma probabilidade de erro arbitrariamente pequena, desde que o canal tenha uma capacidade $C > R(D) + \in$. Esse resultado é conhecido como *teorema de transmissão da informação* (Haykein, 2004).

8.5. Métodos de Codificação sem Perda

A idéia mais simples para se comprimir uma imagem sem erros consiste em reduzir somente as suas redundâncias de codificação. Pode-se encontrar um maior número de redundâncias em imagens com tons de cinza. Entretanto, também é possível encontrar redundâncias em imagens coloridas. Existem diversos algoritmos que se propõem a reduzir significativamente essa redundância. Os mais usados são o de Huffman, as codificações RLE, LZ e LZW.

8.5.1. Codificação de Huffman

Uma das técnicas mais populares de compressão foi criada por Huffman em 1952 (Haykein, 2004). A redundância de codificação é eliminada com base em uma codificação que produz um código de tamanho variável atribuindo os códigos de tamanhos menores aos níveis de cinza mais prováveis de ocorrer.

Caracteriza-se por atingir o menor número de símbolos de codificação por símbolo-fonte, na codificação individual dos símbolos. A codificação de Huffman é uma técnica de compressão de dados que reduz aproximadamente 25% do tamanho de arquivos de imagem e, em alguns casos específicos (pouca variação de tons ou cores), atinge 50% a 60% de redução.

Consiste em duas etapas em que primeiro se cria uma série de reduções dos símbolos através da junção dos dois de menores probabilidades a cada iteração; depois, codificam-se todos os símbolos que foram reduzidos, começando com o de maior probabilidade, que será associado ao menor código, voltando para os originais.

Como exemplo, considere uma pequena imagem de tamanho 10×10, ou seja, com 100 pixels e 6 tons de cinza ($a_1 a_2 a_3 a_4 a_5 a_6$), tendo as seguintes probabilidades de ocorrência: para cada um dos ($a_1 a_2 a_3 a_4 a_5 a_6$) respectivamente: 5/8, 3/32, 3/32, 1/32, 1/8, 1/32.

A forma de geração do código de Huffman é apresentada na Figura 8.7: mais à esquerda se encontram as seis informações a serem transmitidas, cada qual com uma probabilidade de ocorrência (valores entre parênteses). As duas informações com a menor probabilidade são selecionadas. Neste caso, elas são a_4 e a_6, cujas probabilidades de ocorrência são somadas, dando origem a uma nova informação a_7, com probabilidade de ocorrência de 1/16. As linhas que unem a_4 e a_6 até a_7 são designadas com os símbolos 0 e 1. Não importa qual linha foi definida como 0 ou 1; neste caso, invertendo-se as designações, somente a declaração do código é afetada, mantendo-se a média dos bits. Selecionam-se, a seguir, entre as mensagens a_1, a_2, a_3, a_5 e a_7, as duas que possuem a menor probabilidade de ocorrência. Dessa vez, são a_3 e a_7 que, somadas, formarão a_8 com probabilidade de ocorrência 5/32. Continua-se o processo até que reste apenas uma informação, com probabilidade de ocorrência igual a 1.

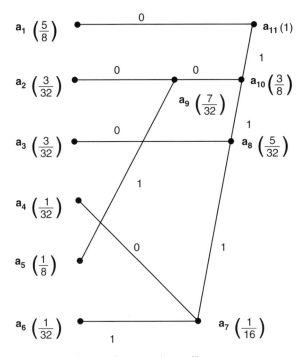

FIGURA 8.7. *Primeira etapa da codificação de Huffman.*

Para determinar o código específico de cada informação, percorre-se o caminho da Figura 8.7 em ordem inversa ao sentido que produziu a etapa anterior. A partir da probabilidade 1, atribui-se o código 0 à informação que foi formadora de maior probabilidade e 1 à sua formadora de segunda maior probabilidade, e assim por diante, ou seja, refaz-se o caminho que leva até ela, a partir do ponto de probabilidade igual a 1, e combinam-se os zeros e uns de cada ramificação. Percorrendo-se todos os caminhos, o algoritmo vai produzir os códigos mostrados na Tabela 8.4. Obviamente, só os primeiros ($a_1\ a_2\ a_3\ a_4\ a_5\ a_6$) interessam.

TABELA 8.4. Segunda etapa da codificação de Huffman para as probabilidades das palavras mostradas na Figura 8.7

Informação	Probabilidade	Código
a_1	5/8 = 20/32	0
a_{10}	3/8 = 12/32	1
a_9	7/32	10
a_8	5/32	11
a_5	1/8 = 4/32	101
a_2	3/32	100
a_3	3/32	110
a_7	2/32	111
a_4	1/32	1110
a_6	1/32	1111

Analisando-se a tabela, verifica-se que informações com probabilidades maiores possuem menor código e informações com probabilidades menores possuem maior código. Ao se transmitir essa informação ou uma informação com essa probabilidade usando esse tamanho de símbolos definido pelo código de Huffman, obtém-se uma taxa média de:

(5/8)*1+ (3/32)*3+ (3/32)*3+ (4/32)*3+ (1/32)*4+ (1/32)*4 = 1,81 *bits*/informação

Com um código de comprimento uniforme a taxa seria de 3 bits/informação. Huffman cria um código ótimo desde que os símbolos sejam codificados um por um. Depois do código criado, a codificação/decodificação é realizada na forma de uma tabela de substituição (*look up table*). O código gerado é unicamente decodificável, isto é, através de uma cadeia de símbolos codificados por Huffman, usando-se uma dada tabela, tem-se uma decodificação única. Por exemplo, a cadeia de códigos 110 0 100 0 1111 110 0 101 0 1110, ao ser analisada pela Tabela 8.4 da esquerda para a direita, produz a primeira palavra possível 110 = a_3, depois 0 = a_1 e, assim sucessivamente, gerando as informações: a_3 a_1 a_2 a_1 a_6 a_3 a_1 a_5 a_1 a_4.

A codificação de Huffman é uma das codificações usadas no algoritmo "*deflate*" do formato de imagens PNG. Ela também faz parte de uma das etapas de codificação final dos blocos 8 × 8 do formato JPEG e está presente em algumas formas de *tags* do TIFF. A desvantagem desta codificação é requerer um conhecimento prévio das probabilidades o que nem sempre se tem.

8.5.2. Codificação por LZW

Conceitualmente, a *codificação LZW* é muito simples e se assemelha ao conceito de paginação em sistemas de computadores. Ela faz uso de um dicionário de palavras contendo os símbolos que serão codificados. Por intermédio de um exemplo, fica simples entender esse algoritmo. Considere uma imagem 4 × 4 em escala de tons de cinza mostrada na Tabela 8.5.

TABELA 8.5. Imagem a ser codificada

39	39	126	126
39	39	126	126
39	39	126	126
39	39	126	126

Imagine, também, um dicionário de 256 códigos em que os tons de cinza da imagem sejam as primeiras entradas mostradas na Tabela 8.4. Utilizando o pseudocódigo da Figura 8.8, chega-se aos resultados mostrados na Tabela 8.5.

Pseudo-Código Compactação String

```
1. No início o dicionário contém todas as raízes possíveis e P é vazio;
2. C <= próximo caractere da sequência de entrada;
3. A string P+C existe no dicionário?
       a. se sim,
              i. P <= P+C;
       b. se não,
              i. coloque a palavra código correspondente a P na sequência codificada;
              ii. adicione a string P+C ao dicionário;
              iii. P <= C;
4. Existem mais caracteres na sequência de entrada ?
       a. se sim,
              i. volte ao passo 2;
       b. se não,
              ii. coloque a palavra código correspondente a P na sequência codificada;
              iii. FIM.
```

Pseudo-Código descompactação String

```
1. No início o dicionário contém todas as raízes possíveis;
2. cW <= primeira palavra código na sequência codificada (sempre é uma raiz);
3. Coloque a string(cW) na sequência de saída;
4. pW <= cW;
5. cW <= próxima palavra código da sequência codificada;
6. A string(cW) existe no dicionário ?
       a. se sim,
              i. coloque a string(cW) na sequência de saída;
              ii. P <= string(pW);
              iii. C <= primeiro caracter da string(cW);
              iv. adicione a string P+C ao dicionário;
       b. se não,
              i. P <= string(pW);
              ii. C <= primeiro caracter da string(pW);
              iii. coloque a string P+C na sequência de saída e adicione-a ao dicionário;
7. Existem mais palavras código na sequência codificada ?
       a. se sim,
              i. volte ao passo 4;
       b. se não,
              i. FIM.
```

FIGURA 8.8. *Algoritmo de compactação e descompactação LZW.*

TABELA 8.6. Dicionário para entrada de símbolos

Posição do Dicionário (Endereço):	Entrada:
0	0
1	1
...	...
255	255
256	–
...	–
511	–

Note que as entradas com símbolo "–" representam entradas vazias ou disponíveis. Elas servirão para guardar tabelas geradas durante a codificação, que equivalem a padrões comuns na imagem. Quando essas posições livres começam a ser ocupadas é que se inicia o algoritmo LZW efetivamente, fazendo uma varredura na imagem, da esquerda para a direita e de cima para baixo. O resultado pode ser obtido na Tabela 8.7.

TABELA 8.7. Preenchendo as entradas do dicionário e codificando

Seqüência reconhecida	Pixel processado	Saída codificada	Endereço do dicionário	Entrada do dicionário
	39			
39	39	39	256	39-39
39	126	39	257	39-126
126	126	126	258	126-126
126	39	126	259	126-39
39	39			
39-39	126	256	260	39-39-126
126	126			
126-126	39	258	261	126-126-39
39	39			
39-39	126			
39-39-126	126	260	262	39-39-126-126
126	39			
126-39	39	259	263	126-39-39
39	126			
39-126	126	257	264	39-126-126
126		126		

A codificação LZW (Lempel, Ziv, Welch) é usada no formato de imagens GIF. Ela foi criada a partir de uma modificação na codificação LZ78 introduzida por Terry Welch em 1983. A patente do LZW foi registrada nos Estados Unidos. Quando a cobrança de *royalties* pelo uso do LZW do formato GIF começou a ser feita, o formato PNG foi desenvolvido como sucessor do GIF para imagens na Internet. Atualmente, a patente do GIF já venceu, tanto nos Estados Unidos quanto na Europa.

8.5.3. Codificação por LZ77

O LZ77 (Ziv e Lempel 1977) é um algoritmo muito simples e de fácil implementação. A decodificação é rápida e utiliza pouca memória. Por essas razões, é recomendado quando os recursos de máquina são mínimos. A melhor maneira de explicar o funcionamento do LZ77 é através de sua decodificação. A Figura 8.9 apresenta uma saída do codificador LZ77.

Supondo-se um alfabeto com apenas as letras a e b, tem-se que a saída consiste em uma tripla. O primeiro componente de uma tripla indica quando voltar no texto já decodificado para encontrar a próxima frase, o segundo componente armazena o comprimento dessa frase, e o terceiro dá o próximo caractere da entrada. Os dois primeiros são ponteiros de volta no texto. Na figura, os caracteres *abaabab* já foram decodificados, e os próximos caracteres a serem decodificados são representados pela tripla <5,3,b>. Portanto, o decodificador volta cinco caracteres no texto decodificado e copia três caracteres, produzindo a frase *aab*. A próxima tripla, <1,10,a>, é uma referência recursiva. Para decodificá-la, o decodificador começa copiando um caractere anterior (*b*) e copia os próximos dez caracteres. Isso produzirá 10 *b* consecutivos.

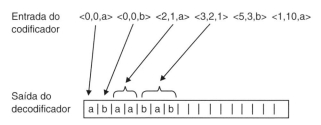

FIGURA 8.9. *Algoritmo LZ77.*

O LZ77 limita quanto um ponteiro pode voltar em um texto e o tamanho máximo de uma frase. Para codificar, o LZ77 vai percorrendo o texto e produzindo triplas para partes já percorridas do texto. As triplas <0,0,a> e <0,0,b> iniciais contêm zeros porque são os primeiros a e b a aparecerem, portanto não se volta nada no texto e apenas se copia o terceiro item da tripla. Durante muito tempo a condificação Huffman não foi contestada como compressão da dados sem perda. Entretanto atualmente os algoritmos LZ por tirarem proveito das redundâncias realizam melhor compressão de dados (Haykin, 2004).

8.5.4. Codificação por Código de Tons Corridos – RLE

É a representação de cada linha de uma imagem (*scan line*) por seqüências que descrevam trechos de pixels contínuos no mesmo tom (seção 6.3.6.1). Baseia-se em codificar cada grupo contínuo de pixels do mesmo tom com o número de pixels e o tom encontrado da esquerda para a direita em cada linha e de cima para baixo até percorrer toda a imagem. Pode ser unidimensional ou bidimensional. Na compressão por *pixels* consecutivos iguais (RLE – *Run-Length Encoding*), o número de pixels iguais e a cor deles são os valores a serem codificados e armazenados. Essa forma, embora bem simples, produz resultados muito bons em imagens com tons constantes (ou *line draw*). Ela é usada em algoritmos diferentes nos formatos de imagem PCX e BMP nas opções que usam tabelas de cores.

8.6. Transformada Discreta do Co-Seno (DCT)

A DCT ajuda a separar a imagem em partes de diferentes importâncias (em relação à freqüência). Ela transforma a imagem $I(x,y)$ do domínio espacial para o domínio de freqüência $T(i,j)$. A transformada discreta de co-senos em 2D é dada por (Haykin, 2004):

$$T[i,j] = c(i)c(j)\sum_{x=0}^{N-1}\sum_{y=0}^{N-1}I[y,x]\cos\frac{(2y+1)i\pi}{2N}\cos\frac{(2x+1)j\pi}{2N} \quad (8.30)$$

onde os coeficientes $c(i)$ são:

$$c(i) = \sqrt{\frac{2}{N}}, \text{ para } i \neq 0 \text{ e} \quad (8.31)$$

$$c(i) = \sqrt{\frac{1}{N}}, \text{ para } i = 0$$

A transformada inversa IDCT 2D é dada por:

$$I[y,x] = \sum_{i=0}^{N-1}\sum_{j=0}^{N-1}c(i)c(j),T[i,j]\cos\frac{(2y+1)i\pi}{2N}\cos\frac{(2x+1)j\pi}{2N} \quad (8.32)$$

Essa compressão é usada no formato JPEG padrão com valor de N igual a 8. No entanto, nada impede a utilização com outros valores para qualquer outro uso, como N igual a 16 ou 32, por exemplo.

Na forma matricial, a DCT é obtida pelo produto de duas matrizes: $T = MIM^T$ e a sua inversa, IDCT, por $I = M^TTM$, em que o sobrescrito T indica transposta, I é um bloco 8 × 8 da imagem inicial, T são os valores 8 × 8 da transformada de co-senos discreta resultante e M é a matriz de co-senos seguinte:

$$M = \begin{vmatrix} \alpha & \alpha & \alpha & \alpha & \alpha & \alpha & \alpha & \alpha \\ \lambda & \gamma & \mu & \rho & -\rho & -\mu & -\gamma & -\lambda \\ \beta & \delta & -\delta & -\beta & -\beta & -\delta & \delta & \beta \\ \gamma & -\rho & -\lambda & -\mu & \mu & \lambda & \rho & -\gamma \\ \alpha & -\alpha & -\alpha & \alpha & \alpha & -\alpha & -\alpha & \alpha \\ \mu & -\lambda & \rho & \gamma & -\gamma & -\rho & \lambda & -\mu \\ \delta & -\beta & \beta & -\delta & -\delta & \beta & -\beta & \delta \\ \rho & -\mu & \gamma & -\lambda & \lambda & -\gamma & \mu & -\rho \end{vmatrix} \begin{matrix} \alpha = \cos(\pi/4) \\ \beta = \cos(\pi/8) \\ \delta = \sen(\pi/8) \\ \lambda = \cos(\pi/16) \\ \gamma = \cos(3\pi/16) \\ \mu = \sen(\pi/16) \\ \rho = \sen(\pi/16) \end{matrix}$$

(8.33)

Por meio de fatoração baseada nas simetrias de M, é possível obter o cálculo da DCT de maneira otimizada. Denominada *FastDCT*, a DCT otimizada reduz os cálculos, ou seja, na forma original, multiplicar uma linha de T pela matriz M exige 56 adições e 64 multiplicações. Na forma otimizada, são feitas apenas 26 adições e 14 multiplicações.

8.7. Compressão Fractal

A propriedade de auto-similaridade é o ponto central da geometria fractal, cujo próprio nome está associado ao conceito de dimensão fracionária (confira no Volume 1, Capítulo 4, Seção 4.10). Em uma visão euclidiana, definições para dimensão são quase intuitivas para objetos simples ou fabricados pelo homem (Figura 4.38 do Volume 1). No entanto, quando se pensa nas formas naturais, como o contorno de uma folha, a costa de um país, uma montanha ou mesmo fragmentos de rochas, essa intuição se mostra deficiente na caracterização da complexidade dos objetos e superfícies. Para descrever as formas da natureza, a geometria fractal propõe definições que levam a dimensões fracionárias, como ½ ou ¾, por exemplo. As dimensões fracionárias tornaram-se uma forma de quantificar propriedades que, de outro modo, permaneceriam imprecisas, como o grau de irregularidade ou a complexidade de um objeto.

Através da Figura 8.10, pode-se visualizar a forma conhecida como curva quádrica de Koch, construída a partir de uma reta dividida em três partes iguais, cuja parte central é substituída por três outros pedaços de mesmo comprimento, em um procedimento repetido indefinidamente em cada passo enquanto houver alguma parte reta na figura. Observa-se que o conceito euclidiano de dimensão é insuficiente para descrever essa estrutura; além disso, nota-se de forma bem característica sua auto-semelhança e complexidade.

A dimensão fractal é uma medida que quantifica a densidade dos fractais no espaço ($\Re^1$, $\Re^2$, $\Re^3$ ... $\mathbb{C}$) em que são definidos e serve para compará-los. Uma das definições mais intuitivas de dimensão está associada à escala e à auto-semelhança. A reta, e qualquer outro objeto de dimensão 1, se divide em N partes idênticas, de forma que cada parte seja igual à original multiplicada por um fator de escala r tal que

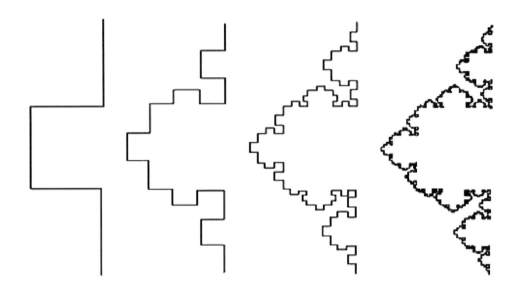

FIGURA 8.10. *Curva de Koch.*

$r^1=1/N$, precisa de N desses elementos de escala r ($N \times r^1$) para reconstruir o comprimento ocupado pelo objeto linear (Figura 7.19). O quadrado, ou qualquer outro objeto de dimensão 2, se dividido em N partes idênticas, cada parte sendo igual à original multiplicada por um fator de escala r, tal que $r^2 = 1/N$, tem-se que N desses elementos de escala r ($N \times r^2$) para restaurar a área do plano ocupada pelo objeto original. O cubo ou qualquer objeto de dimensão 3, se dividido em N partes idênticas, cada parte sendo igual à original multiplicada por um fator de escala r, de modo que $r^3 = 1/N$, precisa-se de N desses elementos de escala r ($N \times r^3$) para ocupar o volume do objeto inicial. Assim, um objeto com N partes auto-semelhantes só pode ser reconstruído por essas partes de escala r se a relação entre a escala e N for tal que:

$$r^{DF} = 1/N \text{ ou } N = (1/r)^{DF} \qquad (8.33)$$

ou ainda usando a propriedades dos logaritmos de que log M^P = plog M).

$$\log N = DF \log (1/r) \qquad (8.34)$$

ou seja, se:

$$DF = \log N/\log (1/r) \qquad (8.35)$$

O número *DF* nas relações anteriores é definido como a dimensão fractal por auto-semelhança (Veja também nas seções 7.1 e 7.6 como estimar a DF para imagens). *N* indica o número de partes auto-semelhantes (Figura 7.19) necessárias para reconstruir a figura original e *r* representa a escala das partes em relação à figura original. No exemplo da Figura 8.10, pode-se notar que são necessárias cinco partes do objeto em uma dada iteração para reconstruir a iteração anterior e que cada uma dessas partes tem suas medidas multiplicadas por 1/3 em relação à anterior. Assim, para essa figura, $N = 5$ e $r = 1/3$, de modo que, na expressão anterior, tem-se:

$$DF = \log 5/\log 3 = 1{,}46497352071792716719704040 76786.... \quad (8.36)$$

A Figura 4.39 do Volume 1 é chamada de curva *triadic* de Koch, ou floco de neve (devido à semelhança com o floco de neve real que três dessas curvas dispostas na forma de um triângulo equilátero produzem). A *triadic* de Koch é bastante semelhante à curva quádrica de Koch (Figura 8.10), mas precisa, em cada iteração, de apenas quatro partes para reconstruir a figura. Assim, terá $N = 4$ e $r = 1/3$ e

$$DF = \log 4/\log 3 = 1{,}26185950714291487419905422 86855.... \quad (8.37)$$

De forma geral, a dimensão fractal não é definida apenas para estruturas fractais, mas é um conceito estendido a qualquer objeto, imagem ou padrão. A determinação experimental mais simples da dimensão fractal de conjuntos do mundo real é feita modelando-se estes como subconjuntos do $\Re^2$ ou $\Re^3$ e usando-se o teorema da contagem de cubos (Nunes, 2005). Para texturas ou imagens em tons de cinza, a transformada de Hurst descrita no capítulo anterior seção 7.1 é uma ótima aproximação da DF. Resumindo, a dimensão fractal é um número associado à densidade das imagens ou objetos, que pode ser utilizado como uma medida na caracterização da sua complexidade volumétrica, plana ou linear. Pode ser usada para caracterizar o objeto, sua superfície ou sua textura, inclusive como parâmetro de comparação entre imagens na detecção de padrões. Em Nunes (2005), essa avaliação é, inclusive, estendida para imagens RBG ou multibandas (como as de Landsat, por exemplo). Neste capítulo, no entanto, a idéia é usar essa geometria como forma de compressão de imagens. No capítulo anterior, tratou-se da DF aplicada a texturas seção 7.6.

8.7.1. Comprimindo Imagens com a Geometria Fractal

A geometria fractal entende cada imagem como uma união de cópias reduzidas dela mesma. Cada cópia é obtida pela aplicação de um mapeamento de contração w_i; o conjunto de mapeamentos que gera a imagem é chamado de sistemas de funções interativas ou SFI (Conci e Aquino, 2005).

Restringindo-se aos SFIs compostos por transformações afins no plano euclidiano, cada uma dessas cópias reduzidas pode ser descrita pelos coeficientes de uma matriz *A* e de um vetor coluna *t*. Assim, cada uma dessas cópias *reduzidas* pode ser determinada através da simples determinação da posição onde três pontos da imagem original serão mapeados em cada cópia reduzida.

Por exemplo, considere o quadrado mostrado na Figura 8.11 como sendo a imagem inicial I_0, 1ª iteração isto é: I_0 = {quadrado de lado = 1}. Suponha que essa imagem esteja descrita em um espaço X normalizado, o que equivale a supor que o espaço de trabalho é o subconjunto do $\Re^2$ $X = [0,1] \times [0,1] = [0,1]^2$. Assim, cada um dos quadrados da iteração 2 na Figura 8.11 é uma cópia reduzida com escala ½ do quadrado original I_0, deslocado para diversas posições. É possível chegar à iteração 2 multiplicando cada um dos pontos de I_0 por cada uma das transformações w_1, w_2 e w_3 a seguir e unindo-as:

$$w_1(x,y) = (½ x, ½ y)$$
$$w_2(x,y) = (½ x + ½, ½ y)$$
$$w_3(x,y) = (½ x + ¼, ½ y + ½)$$
(8.38)

Ou, em outras palavras, para se chegar à iteração 2, parte-se de I_0 da interação 1, e usa-se w_1, w_2 e w_3. Se a figura dessa iteração for chamada de I_1, observa-se que, usando-se as mesmas w_1, w_2 e w_3 em I_1 e unindo-se os resultados, chega-se à terceira interação: I_2, e assim por diante até não haver diferença entre a figura gerada em uma iteração e a sua antecessora. Nesse caso, diz-se que chegou-se ao limite do processo iterativo. A figura-limite I_n é chamada de atrator. O conjunto de funções w_i é chamado de sistema de funções iterativas nesse processo. Independentemente do conjunto inicial, um dado SFI forma sempre a mesma figura ou atrator. Assim, existe uma correspondência unívoca entre um SFI e um atrator. A idéia da compressão fractal é, basicamente, em vez de guardar a figura ou o atrator, armazenar apenas os números que caracterizam as w_i, o que, além de ocupar muito menos espaço, independe da resolução usada.

Observando-se o triângulo de Sierpinski Figuras 7.14 e 8.1 pode-se notar que ele é formado por três cópias reduzidas dele mesmo, cada uma delas igual à anterior multiplicada por ½. Assim, usando-se a expressão de DF da seção anterior, tem-se que:

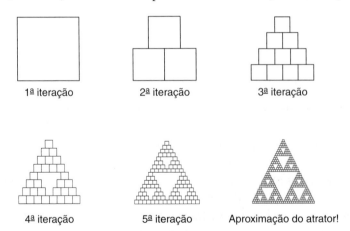

FIGURA 8.11. *Triângulo de Sierpinski* (Aquino, 1998).

$$DF = log\ 3/log2 = 1,58496250072115618145373894394 78 \qquad (8.39)$$

Ou seja, essa figura tem uma dimensão não-inteira, e por isso foi chamada de fractal. O problema pode ser como achar esse conjunto de funções que leva ao atrator para qualquer imagem, objeto ou figura. Em outras palavras, dado um SFI, chegar a uma figura é praticamente uma brincadeira. Mas como obter esse SFI para, com ele armazenado, chegar a reproduzir a imagem sempre que ela for desejada?

Essa resposta é dada por um teorema: o *teorema da colagem*. Aplicado a qualquer figura, ele permite que se obtenha o seu código IFS.

8.7.2. Teorema do Mapeamento de Contração e Teorema da Colagem

O teorema do mapeamento de contração (Conci e Aquino, 1999) garante que, partindo de qualquer conjunto inicial (imagem inicial), será encontrado o mesmo atrator para determinado SFI. No exemplo anterior e na Figura 8.11, esse teorema foi aplicado na construção de um fractal muito conhecido: o triângulo de Sierpinski. A Figura 8.11 mostra justamente as primeiras iterações do processo de construção desse fractal.

Pelo teorema da colagem, o código IFS de uma imagem pode ser obtido cobrindo-se essa imagem com cópias reduzidas dela mesma, e determinando-se as transformações que levam à imagem original em suas cópias. Quanto menor a quantidade de espaços em branco, isto é, sem alguma cópia os cobrindo, mais semelhante será a imagem obtida. Será utilizada uma transformação para cada cópia reduzida, indicando onde e como essa cópia será posicionada. Escolhe-se, geralmente, o menor número de cópias que ofereçam uma boa colagem da imagem o que reduz o custo computacional e também tamanho dos dados jamais.

Aplicando-se o *teorema da colagem* no triângulo de Sierpinski, obtêm-se as transformações que representam o código SFI dele. Ou seja, o código SFI é formado pelos parâmetros das transformações obtidas pelo teorema da colagem. Nesse caso, é claro que são três as cópias necessárias, isto é três cópias formam uma colagem "perfeita", sem perdas, do triângulo de Sierpinski. É também simples chegar à conclusão de que as w_i $i = 1, 2, 3$ anteriores são as únicas transformações que levam à figura original (pode-se usar a última imagem na Figura 8.11 para isso, a "aproximação do atrator") em suas cópias reduzidas.

A compressão de uma imagem gerada por um algoritmo fractal pode ser "perfeita", chegando a taxas de compressão extremas. Pela característica de um fractal ser auto-similar em diferentes escalas, uma imagem de 16 × 16 pixels pode ter o mesmo código SFI de uma imagem de 2048 × 2048 pixels ou qualquer outra dimensão. De acordo com essa consideração, imagens de maiores dimensões terão taxas de compressão mais altas que as imagens de menores dimensões.

O triângulo de Sierpinski pode ser gerado por um SFI com apenas três transformações. Considerando-se que cada transformação possua seis parâmetros, tem-se então uma imagem codificada por 18 parâmetros ou, pensando-se em tamanho de arquivo de imagem e considerando-se que cada parâmetro pode ser definido por um byte, têm-se 18 bytes. Se o fractal estiver sendo gerado em uma imagem de 512 × 512 pixels, seriam 262.144 bits ou pixels, ou 32.768 bytes sendo codificados em apenas 18 bytes, ou seja, uma taxa de compressão de 1.820,44/1 ou 0,0005493 bpp (bits por pixel). Caso o fractal seja gerado em uma imagem de 256 × 256 pixels (65.536 pixels ou bits, ou 8.192 bytes), a taxa de compressão será 455,11/1 ou 0,004972 bpp. Não existe qualquer técnica ou método de compressão que produza tais taxas de redução.

8.7.3. Determinando o SFI de Imagens Automaticamente

Um problema geral bastante interessante é determinar quão bem os conjuntos e imagens podem ser aproximados por atratores de SFI.

Dado um "conjunto-alvo" S, pode ser encontrado o SFI W que possua um atrator A que aproxime esse conjunto S com uma precisão desejada em uma métrica d apropriada? Ou, ainda, dado um conjunto-alvo S e um valor de tolerância ε, pode ser encontrado o SFI W tal que $d(S, W(S)) < \varepsilon$?

O termo $d(S, W(S))$ é conhecido como distância da colagem e, quanto menor for essa distância, mais próximo $W(S)$ estará de S, e S poderá ser melhor preenchido com cópias reduzidas dele mesmo (Aquino e Conci, 1998).

Na compressão automática, utilizam-se os conceitos dos *sistemas de funções de iteração particionados* (*SFIP*), que buscam a auto-similaridade entre partes maiores e partes menores da imagem. Dessa forma, as imagens são vistas como uma colagem de partes auto-similares que podem ser mapeadas entre si. Como partes menores tornam-se blocos-quadrados de $n \times n$ pixels, chamados de blocos imagem ou moldes, partes maiores tornam-se blocos com o dobro das dimensões do menor ($2n \times$

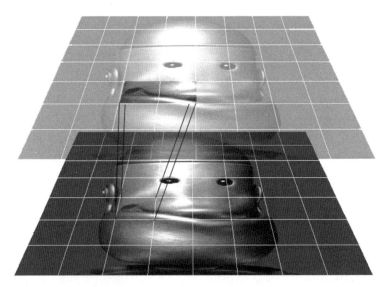

FIGURA 8.12. *Formação de um par de blocos-domínio-molde ótimo.*

$2n$), chamados de blocos-domínio. A Figura 8.12 mostra esses blocos. Os blocos são tradicionalmente escolhidos com forma quadrada porque esse tipo de particionamento tem um custo computacional relativamente mais baixo.

O SFIP possui como principal característica o estabelecimento de correlações de longa distância entre partes da imagem. Essa correlação é que define a característica fractal da imagem, estabelecendo auto-similaridades entre partes em diferentes escalas da imagem. Caso as dimensões das regiões sejam preestabelecidas e fixas, tem-se o conhecimento do número de funções que comporão o sistema, pois, como se descreve adiante, a imagem será dividida em um número de regiões que dependerá somente do tamanho escolhido para essas regiões e as dimensões da própria imagem. Esse mapeamento é chamado de *não adaptativo*, pois não permite uma variação dinâmica nas dimensões dos blocos-molde (Aquino, 1998).

Nessa compressão, os sistemas de funções de iteração vistos na seção anterior são estendidos para incluir de forma eficaz a variação de tonalidades de uma imagem. A imagem deve ser entendida como um objeto tridimensional. O valor da tonalidade de um pixel (z) é tratado como sendo a terceira dimensão espacial (Figura 7.16). Os blocos tornam-se, na realidade, cubos ou figuras espaciais mais complexas, embora a denominação blocos permaneça (Figura 7.17).

O teorema do mapeamento de contração é também aplicado a essa terceira dimensão, garantindo-se assim a convergência das tonalidades dos pixels. A transformação afim a seguir será acrescentada ao sistema de funções de iteração bidimensional, tornando este tridimensional:

$$w(z) = s.\, z + o \qquad (8.40)$$

onde: s é o chamado coeficiente de variação do contraste. Se:

s = 1 não há modificação no contraste;
s > 1 o contraste do bloco da imagem em questão é ampliado;
s < 1 o contraste do bloco da imagem em questão é reduzido;
s = 0 esse bloco da imagem torna-se preto.

O parâmetro representa o deslocamento (ou *offset*) da intensidade do pixel, ou seja, o deslocamento desse pixel ao longo do eixo z. Se:

o = 0 não há deslocamento na intensidade do pixel;
o > 0 o pixel tem a sua intensidade aumentada, ou seja, sofre um deslocamento positivo no eixo z;
o < 0 o pixel tem a sua intensidade diminuída, sofrendo um deslocamento negativo ao longo do eixo z.

Cada uma das transformações afins tridimensionais toma a seguinte forma:

$$w(x) = w\begin{pmatrix} x_1 \\ x_2 \\ x_3 \end{pmatrix} = \begin{pmatrix} a & b & 0 \\ c & d & 0 \\ 0 & 0 & s \end{pmatrix} \cdot \begin{pmatrix} x_1 \\ x_2 \\ x_3 \end{pmatrix} + \begin{pmatrix} e \\ f \\ o \end{pmatrix} = Ax + t \quad (8.41)$$

Considerando a imagem um ente tridimensional ($\Re^3$), se os mapeamentos de um sistema de funções de iteração, w_i, são de contração, então quaisquer dois pontos no plano da imagem, depois de transformados, movem-se de forma a se aproximarem espacialmente e em suas tonalidades.

$$d_{\text{tonal}}(w_i(u), w_i(v)) < s_{i,\text{tonal}} \cdot d_{\text{tonal}}(u, v), \quad 0 \leq s_{i,\text{tonal}} < 1 \quad (8.42)$$

$$d_{\text{geom}}(w_i(u), w_i(v)) < s_{i,\text{geom}} \cdot d_{\text{geom}}(u, v), \quad 0 \leq s_{i,\text{geom}} < 1 \quad (8.43)$$

onde:
u, v são dois pontos quaisquer da imagem;
$s_{i,\text{tonal}}$ é o fator de contração das tonalidades (no eixo z) do mapeamento;
$s_{i,\text{geom}}$ é o fator de contração espacial do mapeamento;
d_{tonal} é a métrica usada para medir as tonalidades;
d_{geom} é a métrica usada espacialmente para avaliar as distâncias.

Observando-se o exposto, tem-se que uma transformação tridimensional de um SFIP pode ser dividida em duas outras: uma transformação espacial e outra transformação nos níveis de tons de cinza.

Considerando o espaço das imagens discretas, onde uma região da imagem é considerada um ponto, o *teorema do mapeamento com contração* garante a convergência do sistema a uma imagem atratora. O código de representação SFIP de uma imagem, na implementação feita por Aquino (1998), consiste em uma seqüência de tuplas, uma por bloco:

$$w_i = (e_i, f_i, m_i, o_i, s_i) \quad (8.44)$$

onde:
e_i determina a translação do bloco-domínio reduzido no eixo x;
f_i determina a translação do bloco-domínio reduzido no eixo y;
m_i define a simetria do bloco-domínio que possui a menor distância para o bloco molde (range) corrente, na métrica utilizada (será melhor explicado no próximo item);
o_i determina o deslocamento que o bloco-domínio deverá receber no eixo z (mudança do valor da intensidade média);
s_i determina o fator de contração espacial do mapeamento.

8.7.4. Considerações sobre a Simetria do Bloco-Domínio

Para cada bloco-domínio têm-se oito simetrias que serão testadas em relação ao bloco-molde corrente. As simetrias são obtidas através da rotação e reflexão do bloco-domínio reduzido, como mostrado na Figura 8.14. Os blocos-domínio reduzidos serão apresentados em detalhes na próxima seção.

Para uma representação mais otimizada dessas simetrias, é possível considerar somente três operações que, aplicadas em sua forma simples ou em composição no bloco-domínio reduzido da Figura 8.13 resultarão nas simetrias. As operações são:

- reflexão em relação ao eixo horizontal;
- reflexão em relação ao eixo vertical;
- reflexão em relação à diagonal principal do bloco.

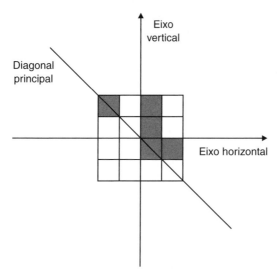

FIGURA 8.13. *Eixos de reflexão considerados nas operações de simetria.*

Os eixos de simetria horizontal, vertical e diagonal estão apresentados na Figura 8.13. Como se têm oito simetrias e três operações de simetria, três bits são suficientes para representá-las pois ($2^3 = 8$). Considera-se, então, o bit menos significativo como o responsável pela indicação de existência de reflexão horizontal, o bit intermediário como o responsável pela indicação de reflexão vertical e, finalmente, o bit mais significativo como o responsável pela indicação de reflexão sobre a diagonal principal do bloco. Utilizando-se esta convenção, têm-se, como apresentado na Figura 8.14, as seguintes possibilidades:

(0,0,0) – Operação identidade
(0,0,1) – Reflexão em relação ao eixo horizontal
(0,1,0) – Reflexão em relação ao eixo vertical
(1,0,0) – Reflexão em relação à diagonal principal
(0,1,1) – Reflexão horizontal composta com reflexão vertical
       (equivale a rotação de 180°)

(1,0,1) – Reflexão sobre a diagonal seguida de reflexão horizontal
 (a ordem é importante no resultado final – rotação de 270°)
(1,1,0) – Reflexão vertical depois da reflexão sobre a diagonal principal
 (a ordem dos operações é importante – rotação de 90°)
(1,1,1) – Reflexão horizontal composta com reflexão vertical e reflexão sobre
 a diagonal

Determinar um mapeamento ótimo através da observação de auto-similaridades geométricas aproximadas em um conjunto é um problema de difícil solução, especialmente se a intenção é automatizar esse processo. Para resolver o problema de automatização do processo de codificação, deve-se proceder de forma diferente, observando que, em uma imagem, existem mais informações que simples formas geométricas. Existem variações de tons de cinza e cada pixel pode assumir um valor em um conjunto não-negativo e finito.

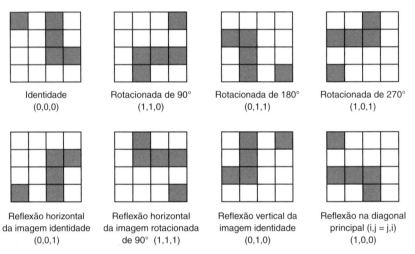

FIGURA 8.14. *Bloco-molde e suas oito possíveis simetrias.*

Uma imagem pode ser particionada em regiões com várias formas: triangulares, retangulares, quadradas, poligonais. A Figura 8.15 exemplifica esses quatro tipos de partições. Tradicionalmente, o particionamento em regiões retangulares tem sido o mais utilizado em codificações fractais. Mas a partição triangular tem vantagens em relação às outras, pois pode adequar-se à característica de determinada região da imagem, e não necessita ter seus lados paralelos às bordas da imagem, como na maioria das partições quadradas. O motivo para a disseminação da partição retangular deve-se ao fato de seu custo computacional ser baixo em relação às outras formas de regiões. Novas formas de particionamentos em algoritmos mais eficientes vêm sendo desenvolvidas, diminuindo assim o seu custo computacional.

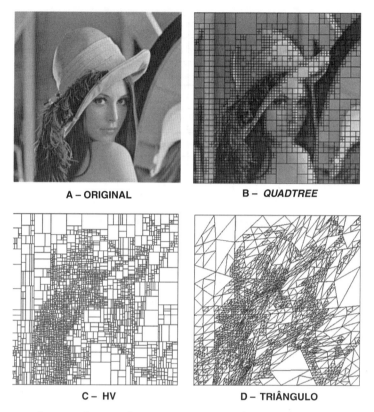

FIGURA 8.15. *Diferentes formas de particionamento de uma imagem.*

8.7.5. Etapas da Compressão Fractal Automática

O conceito de partições quadradas será considerado a seguir para simplificar o entendimento inicial. O processo de obtenção automática do código fractal de uma imagem em tons de cinza pode ser considerado nas cinco etapas descritas a seguir.

Primeira Etapa: Definição dos Blocos-Molde

Inicialmente divide-se a imagem a ser comprimida em uma malha de blocos quadrados homogêneos de dimensões $n \times n$ pixels (por exemplo, 4×4 pixels). Esses blocos não podem se sobrepor, e foram originalmente chamados pelo criador do método de *"range blocks"* (Aquino, 1998). A Figura 8.16 ilustra essa divisão. Nela, tem-se uma imagem de 32×32 pixels dividida em blocos-molde de 4×4 pixels, dando um total de $32/4 \times 32/4 = 8^2 = 64$ blocos-molde. Se essa imagem fosse de 512×512 pixels, seriam $512/4 \times 512/4 = 128^2 = 16.384$ blocos-molde. O número de blocos-molde depende do tamanho da imagem e do tamanho dos blocos-molde, sendo que, em uma imagem de $M \times N$ pixels e blocos-molde com dimensões fixas de

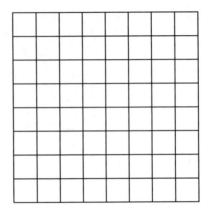

FIGURA 8.16. *Malha de blocos-molde de uma imagem* (Aquino e Conci, 1998).

$n \times n$ pixels, tem-se (uma codificação não-adaptativa) (M/n).(N/n) blocos.

Segunda Etapa: Definição dos Blocos-Domínio

A mesma imagem é, na segunda etapa, novamente dividida em blocos quadrados com o dobro da dimensão dos blocos-imagem, $2n \times 2n$ (por exemplo, 8×8 pixels). Esses blocos maiores se sobrepõem, e receberam o nome de *"domain blocks"*. A Figura 8.17 mostra esses blocos. Nela, a imagem de 32×32 pixels é dividida em $(32-8+1)^2 = 289$ blocos-domínio. Uma imagem de 512×512 pixels teria $(512-8+1)^2 = 255.025$ blocos-domínio. O número de blocos-domínio de uma imagem $M \times N$ pixels é igual a $(M - 2n + 1).(N - 2n + 1)$.

Terceira Etapa: Redução dos Blocos-Domínio

Para tornar possível uma comparação entre os dois tipos de blocos criados nas eta-

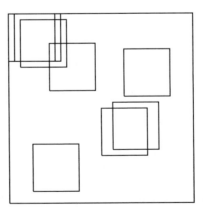

FIGURA 8.17. *Alguns blocos-domínio da figura anterior* (Aquino e Conci, 1998).

pas anteriores, os blocos-domínio de 2n × 2n pixels terão as suas dimensões diminuídas pela metade, passando a ter, então, n × n pixels. A redução processa-se tomando-se sub-blocos de 2 × 2 pixels, obtendo-se sua média e atribuindo-se o valor da média quantizada ao pixel corresponde no bloco reduzido.

Quarta Etapa: Busca do Melhor par Domínio Reduzido-Molde

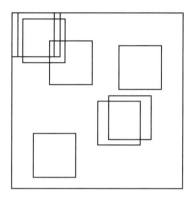

FIGURA 8.18. *Imagem reduzida por um fator igual a ½, de onde sairão os blocos-domínio reduzidos* (Conci e Aquino, 1999).

Essa etapa consiste na busca do bloco-domínio reduzido mais próximo, na métrica considerada, de um bloco-molde. Toma-se o primeiro bloco-molde da imagem e, utilizando-se uma métrica qualquer, por exemplo o erro rms (Equação 8.3), calcula-se a distância entre esse bloco e todos os blocos-domínio reduzidos e suas simetrias. Antes que se processe o cálculo da distância entre o bloco-molde e o bloco-domínio reduzido, este último ainda sofre um ajuste no *offset* (Equação 8.40 – fator de deslocamento de intensidade – o), que é obtido através da diferença entre as médias de intensidades dos dois blocos anteriores (domínio reduzido e molde).

Têm-se oito simetrias para cada bloco (Figura 8.14) e, portanto, serão feitos oito testes para cada bloco-domínio reduzido. Considerando, por exemplo, uma imagem de 32 × 32 pixels, têm-se 8 × 289 = 2.312 testes a realizar para cada bloco-molde e 64 × 2.312 = 147.968 para a imagem toda. Se a imagem tiver 512 × 512 pixels, têm-se 8 × 255.025 = 2.040.200 para cada bloco-molde, e 16.384 × 2.040.200 = 33.426.636.800 testes a realizar para toda a imagem. Serão armazenadas a posição e a simetria (m_i) do bloco-domínio que possuir a menor dessas distâncias.

O valor do fator de deslocamento (o_i) também será armazenado, e cada bloco-molde passará a ser representado por uma tupla com a seguinte aparência:

$$W_i(D_x, D_y, m, o)$$

onde:

D_x determina a posição ao longo do eixo x do bloco-domínio reduzido;
D_y determina a posição ao longo do eixo y do bloco-domínio reduzido;
m define a simetria aplicada ao bloco-domínio reduzido (Figura 8.14); e
o define o deslocamento ao longo do eixo z aplicado no bloco-domínio reduzido.

As contrações tonais e espaciais são definidas como constantes nesse algoritmo. A contração espacial está ligada à razão entre o tamanho dos blocos-imagem (n) e domínio ($2n$), ou seja, é considerada ½; e a contração tonal é considerada como um valor constante arbitrário, como, por exemplo, 3/4 (diversos valores são considerados em Aquino, 1998).

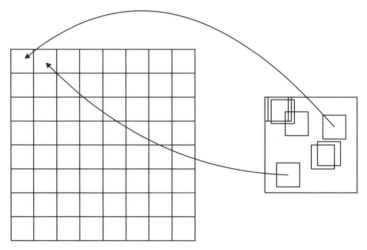

FIGURA 8.19. *Formação dos pares ótimos entre os blocos-domínio e molde* (Conci e Aquino, 1999).

Quinta Etapa

Nessa etapa, repete-se a etapa anterior para cada um dos blocos-molde, armazenando-se as *t-uplas* de cada bloco-molde da imagem.

O procedimento básico descrito aqui representa a forma originalmente proposta para uma compressão automática, conhecida como "busca exaustiva" ou "força bruta". É um procedimento muito custoso e lento, pois testa todos os blocos-domínio reduzidos para cada bloco-molde, sem considerar as características de cada bloco-molde. Um bloco-molde que possua, por exemplo, uma borda não precisaria ter em seu conjunto de blocos-domínio reduzidos testados (*domain pool*) aqueles que não possuíssem descontinuidades, ou altas freqüências, características de bordas (Aquino, 1998).

Várias técnicas de aceleração desse procedimento automático foram e estão sendo desenvolvidas. Técnicas que consideram as características de cada bloco-molde ou consideram propriedades de um dado conjunto de imagens são algumas variações possíveis. Várias dessas técnicas foram implementadas (Aquino, 1998) em um mesmo programa-base, de modo a ser possível analisar suas características específicas em relação ao tempo de compressão e qualidade final da imagem processada. Alguns inclusive usando a própria textura de cada bloco avaliada pela sua DF. No caso de imagens coloridas, é possível uma compressão por cada canal de cor no espaço RGB ou usar uma transformação para um espaço de cor em que a intensidade seja mais representativa, como o IYQ (Equação 2.1), e usar o mapeamento obtido no canal Y também para os demais canais.

Os exemplos que se seguem são alguns dos disponíveis em Aquino (1998). No caso da Figura 8.20 e da Tabela 8.8, correspondem ao uso da técnica Sub-Busca Lo-

FIGURA 8.20. *Resultados obtidos da compressão fractal usando a técnica de Sub-Busca Local com $\Delta = 8$ e Blocos-Molde de 4×4 pixels (Aquino, 1998).*

cal com Passo Δ = 8 e Blocos-Molde de 4 × 4 pixels (uma dentre as muitas implementadas). A primeira linha da Tabela 8.8 não se encontra na Figura 8.20, mas corresponde à imagem Lena mostrada na Figura 8.1. Para tornar claras as diferenças entre as imagens obtidas pela compressão e descompressão em cada caso, utiliza-se apresentar os resultados obtidos quantitativamente e através de imagens ampliadas. Assim, como comentado na seção são apresentados nas colunas da Figura 8.20, da seguinte forma: na primeira coluna estão expostas as imagens originais para facilitar a visualização das diferenças entre elas e as imagens reconstruídas; na segunda coluna serão expostas as imagens reconstruídas; na terceira serão expostas as imagens representativas dos erros absolutos, multiplicados por um fator igual a cinco que facilita a visualização do erro entre as imagens original e reconstruída; na quarta coluna também serão expostas imagens representativas dos erros entre as imagens, mas dessa vez o erro visualizado será obtido pela seguinte equação:

$$e = (5 * ruído/2) + 127 \qquad (8.45)$$

onde *ruído* é a diferença entre os pixels correspondentes: imagem original − reconstrução; a constante 5 é um fator multiplicativo para melhor visualização.

A equação utilizada na obtenção da última coluna de imagem garante que todos os valores obtidos para os erros serão positivos e que os sinais do *ruído* estarão representados na imagem. Essa visualização das imagens de diferenças é chamada de erro relativo deslocado.

TABELA 8.8. Resultados obtidos com o método de Sub Busca Local com Δ = 8 e blocos-molde de 4 × 4 pixels para as imagens da Figuras 8.1 e 8.20 (Aquino, 1998)

Nome da imagem	e_{rms}	SNR_{ms}	PSNR (dB)
Lena	9, 9057	10, 3072	28, 431
Peppers	10, 6933	8, 5312	27, 5485
Mandril	15, 4048	7, 6832	24, 3777
Goldhill	9, 2310	10, 0295	28, 8259
Woman1	13, 5039	8, 5180	25, 546
Milk	12, 0226	6, 7880	26, 5309

8.8. Compressão por Wavelets

Wavelets são conjuntos de funções matemáticas usadas para representar dados ou outras funções. A idéia fundamental por atrás das wavelets está na análise em escala. A sua utilização nos campos da Matemática, Física Quântica, Engenharia Elétrica, Geologia, Processamento de Sinais, entre outras, cresceu rapidamente a partir da segunda metade da década de 1980.

Mas a idéia não é nova. Aproximação usando superposição de funções existe desde o início do século XIX, quando Joseph Fourier descobriu que se podem representar funções periódicas através de funções senos e co-senos. Porém, na análise de wavelet, a escala para os dados representa um papel especial, pois os algoritmos de wavelet processam dados em diferentes escalas ou resoluções.

Olhando-se um sinal através de uma escala ampla, notam-se as características globais do sinal. Por outro lado, olhando-se o mesmo sinal por uma escala menor, como por uma lupa, notam-se os detalhes finos do sinal. De maneira figurada, pode-se dizer que a idéia da análise de wavelet é ver a floresta, as árvores e, dependendo dos níveis de detalhe que se queira, até os galhos e as folhas.

Isso faz as wavelets serem interessantes e úteis. Durante muitas décadas, cientistas pesquisaram funções mais apropriadas do que o seno e o co-seno, usadas na análise de Fourier para aproximar sinais descontínuos (Oppeheim e Willsky, 1996). Por sua definição, as funções seno e co-seno não são locais e têm período infinito. Por um lado, a análise de Fourier não representa bem funções com descontinuidades, por necessitar de um período infinito e a sua representação ser limitada no domínio da freqüência (Haykein, 2004). Já na análise de wavelet pode-se usar aproximações de funções que são contidas em domínio finito. As wavelets também são mais apropriadas para aproximar funções com descontinuidade.

O procedimento de análise por wavelet é adotar uma função wavelet base, chamada wavelet mãe. A análise temporal é executada com uma contração da base wavelet de alta freqüência, enquanto a análise de freqüência é executada por uma dilatação da base wavelet de baixa freqüência. Como o sinal original ou a função pode ser representada em termos de uma expansão de wavelet (usando coeficientes em uma combinação linear das funções wavelet), as operações com os dados podem ser realizadas apenas com o uso dos coeficientes correspondentes. Pode-se representar a informação de maneira esparsa, se for escolhida a base wavelet gerando coeficientes próximos de zero. Pode-se, também, truncar a informação abaixo de um limiar (*threshold*). A codificação esparsa faz das wavelets uma ferramenta adequada para compressão de imagem (Haykein, 2004).

8.8.1. Perspectiva Histórica

Antes de 1930, o principal ramo da matemática que conduziu às wavelets começou com Joseph Fourier (1807), com sua teoria de análise de freqüência, conhecida como análise de Fourier (Oppeheim e Willsky, 1996). Ele demonstrou que qualquer função $f(t)$, com período 2, pode ser reescrita como a soma dos termos da série de Fourier:

$$a_0 + \sum_{n=1}^{\infty}(a_n \cos nt + b_n \, sen\, nt) \qquad (8.46)$$

Os coeficientes a_0, a_n, b_n são calculados por:

$$a_0 = \frac{2}{T}\int_0^{2\pi} f(t)dt \qquad (8.47)$$

$$a_n = \frac{2}{T} \int_0^{2\pi} f(t)\cos(nt)dt \tag{8.48}$$

$$a_n = \frac{2}{T} \int_0^{2\pi} f(t)sen(nt)dt \tag{8.49}$$

A demonstração de Fourier representa um papel essencial na evolução do pensamento matemático sobre como as funções podem ser vistas. Ele abriu as portas de um novo universo funcional. Após 1807, a observação do significado das séries de Fourier convergentes e dos sistemas ortogonais conduziram gradualmente os pesquisadores da noção de análise de freqüência para a noção de análise em escala. Isto é, pode-se analisar uma função através da criação de estruturas matemáticas que variam em escala. Isso pode ser feito pelo uso de uma função deslocada e com escala modificada de uma certa quantidade, aplicada na aproximação de um sinal. O mesmo processo de deslocamento e contração do sinal pode ser repetido para obter uma nova aproximação, e assim por diante. Isso mostra que esse tipo de análise em escala é menos sensível ao ruído porque mede a variação média do sinal em diferentes escalas (Oppeheim e Willsky, 1996).

A primeira menção à wavelet apareceu em um apêndice da tese do matemático alemão Alfred Haar em 1909, originando um grupo de bases que leva seu nome. Uma das propriedades da wavelet de Haar é ter *suporte compacto*, significando que, fora do intervalo da sua definição até infinito, a função tem valor zero. Infelizmente, a wavelet de Haar não é *continuamente diferenciável*, o que limita seu campo de aplicação.

Nos anos 30, surgiram vários grupos que trabalhavam independentemente, pesquisando a representação de funções através de funções-base variando em escala. Entendendo os conceitos de funções-base e funções-base com variação escolar em escala, pode-se compreender o que são wavelets.

Entre 1960 e 1980, os matemáticos Guido Weiss e Ronald R. Coifletfman estudaram os elementos mais simples de um espaço de função, chamados de átomos, com o objetivo de achar os átomos para uma função comum e as "regras de montagem" que permitam a reconstrução de todos os elementos do espaço de função que usa esses átomos. Em 1980, Grossman e Morlet, um físico e outro engenheiro, respectivamente, definiram completamente as wavelets no contexto da física quântica. Esses dois pesquisadores criaram um modo de pensamento para wavelets baseado na intuição física.

Em 1985, S. Mallat deu às wavelets um impulso adicional com o seu trabalho em processamento digital de sinal. Ele descobriu algumas relações entre *filtros de quadratura conjugada* (QMF – Quadrature Mirror Filters), algoritmos piramidais e base wavelet ortonormal. Inspirado em parte por esses resultados, Yves Meyer construiu a primeira wavelet não-trivial. Diferente da *wavelet* de Haar, as wavelets de Meyer são continuamente diferenciáveis, porém elas não têm suporte compacto.

Anos mais tarde, Ingrid Daubechies, inspirada no trabalho de Mallat, construiu um conjunto de funções wavelets de base ortonormal. Essas funções são mais elegantes e se tornaram um divisor de águas nas aplicações de wavelet nos dias de hoje (Strang, 1994).

8.8.2. Análise de Wavelet

A análise de wavelet é uma ferramenta matemática para decomposição hierárquica em um conjunto de aproximações e detalhes. O nível hierárquico corresponde à escala diática (formados por potências de 2: 1, 2, 4, 8, 16, 32, 64, 128, 256, 512,...). Ela permite a descrição de uma função em termos globais, mais termos que variam de detalhes globais até detalhes finos, aumentando o nível de resolução. A função em questão pode ser uma imagem, uma curva ou uma superfície.

Para melhor compreensão, na seção seguinte inicia-se com a transformada de wavelet contínua e na seção 8.84 apresenta-se a forma discreta e depois a forma mais simples das wavelets, a base de Haar. Mostra-se a transformada de wavelet unidimensional e como essas ferramentas podem ser usadas para comprimir a representação de uma função discreta. Então, apresenta-se na seção 8.8.8 a generalização da base de Haar bidimensional, bem como demonstra-se como aplicar essas wavelets na compressão de imagens. Para detalhes mais profundos da teoria matemática de análise em multirresolução recomenda-se uma leitura dos trabalhos de Daubechies (1992, 1988).

Embora as wavelets tenham suas raízes na teoria da aproximação e processamento de sinais, elas foram aplicadas recentemente a muitos problemas que incluem edição de imagem, busca de imagem em banco de dados, controle automático por nível de detalhe para edição, construção de curvas e superfícies, reconstrução de superfície de contornos, métodos rápidos para resolver problemas de simulação em animação, além, é claro, de compressão de imagem (Strang, 1994).

8.8.3. Transformada de Wavelet Contínua

A transformada de wavelet contínua (CWT – *Continuous Wavelet Transform*) é definida como uma soma ao longo do tempo de um sinal multiplicado por uma escala e deslocado por uma função wavelet Ψ (psi), também chamada wavelet mãe. Pode-se entender a função como:

$$C(escala, posição) = \int_{-\infty}^{\infty} f(t)\, \Psi\, (escala, [posicão, t]\, dt \qquad (8.50)$$

O resultado da CWT são vários coeficientes C, que são funções da escala e da posição. Pode-se definir a transformada de wavelets contínua em $\Re$ como:

$$F(a, b) = \int_{-\infty}^{\infty} f(t)\, \Psi_{a,b}(t)\, dt \qquad (8.51)$$

onde as variáveis *a* e *b* são valores reais, *a* é um parâmetro de escala (contração ou dilatação) e *b* é um parâmetro de localização (deslocamento). A função $\Psi_{a,b}(t)$ é denominada wavelet e definida como:

$$\Psi_{a,b}(t) = \frac{1}{\sqrt{a}} \psi\left(\frac{t-b}{a}\right), \quad a \neq 0, \quad b \in \Re \quad (8.52)$$

As funções wavelets são derivadas a partir dos deslocamentos e contrações da wavelet mãe, segundo os critérios de admissibilidade:

$$C_\psi = 2\pi \int |u|^{-1} |\hat{\psi}(u)|^2 du < \infty \quad (8.53)$$

onde $\hat{\psi}$ é igual à transformada de Fourier de $\Psi(t)$. Se $\hat{\psi}$ é uma função contínua, então C_Ψ pode ser finita se e somente se $\hat{\psi} = 0$ e a $\int \psi(t)\, dt = 0$.

8.8.3.1. Parâmetro de Escala

Pode-se observar que a análise de wavelet produz um sinal no domínio tempo-escala procurando o significado do fator de escala aplicada a um sinal. Pode-se observar, na Figura 8.21, que o fator escala *a* representa uma contração ou dilatação no sinal. Para *a* > 1, a função sofre uma dilatação, para *a* < 1 obtém-se uma contração do sinal.

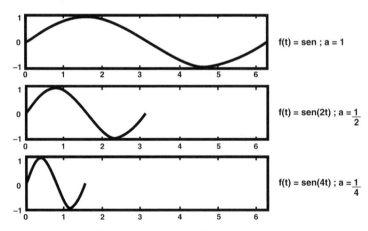

FIGURA 8.21. *Fator de escala de uma função (Fonseca, 2004).*

Pensando-se em termo da função wavelet, obtém-se o mesmo efeito de contração ou dilatação da função. Esse efeito pode ser observado na Figura 8.22, isto é, quanto menor for a escala, mais comprimida será a função *wavelet* e vice-versa.

Então, existe uma relação entre a escala e a freqüência revelada pela análise wavelet:

Baixa escala a => wavelet comprimida => detalhes mudando mais rapidamente => alta freqüência w;

Alta escala a => wavelet dilatada => características globais mudando mais lentamente => baixa freqüência w.

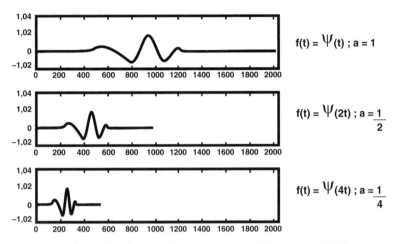

FIGURA 8.22. *Fator de escala de uma função wavelet (Fonseca, 2004).*

O outro fator presente na análise de wavelet é o fator de deslocamento.

8.8.3.2. Parâmetro de Posição ou Deslocamento

O fator de deslocamento da função na análise de wavelet é medido pela variável b, o deslocamento de uma função $f(t)$ por b pode ser representado matematicamente pela equação $f(t-b)$. Pode-se observar o efeito de deslocamento na Figura 8.23.

FIGURA 8.23. *Fator de deslocamento: à direita, função wavelet $\Psi(t)$; à esquerda, função wavelet deslocada $\Psi(t-b)$ (Fonseca, 2004).*

8.8.3.3. Cálculo da Transformada de Wavelet Contínua

A transformada de wavelet contínua é a soma ao longo de todo o tempo do sinal multiplicado pela wavelet em certa escala e deslocada de certa quantidade. Esse processo produz coeficientes wavelets que são funções da escala e da posição.

A transformada pode ser obtida pelo processo descrito em cinco passos:

1. Deve-se escolher a wavelet e fazer a comparação em uma parte inicial do sinal original.

2. Calcula-se um número C, que representa a correlação da wavelet com a parte do sinal analisado (Figura 8.24).
3. Move-se a wavelet para a direita e repetem-se os passos 1 e 2 até percorrer todo o sinal com a *wavelet* (Figura 8.25).
4. Dilata-se a wavelet e repetem-se os passos 1, 2 e 3 (Figura 8.26).
5. Repetem-se os passos 1 a 4 em todas as escalas (Figura 8.27).

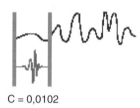

C = 0,0102

FIGURA 8.24. *Comparação do sinal original com a wavelet (Fonseca, 2004).*

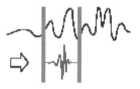

FIGURA 8.25.

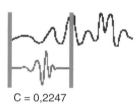

C = 0,2247

FIGURA 8.26. *Dilata-se a wavelet e repetem-se os passos 1 e 3 (Fonseca, 2004).*

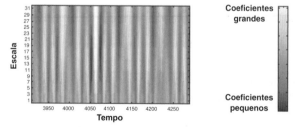

FIGURA 8.27. *Repetem-se os passos 1 a 4 para todas as escalas (Fonseca, 2004).*

O desenho dos coeficientes lembra uma superfície vista no sentido da menor para a maior escala, como a representação 3D da transformada de wavelet descrita na Figura 8.28.

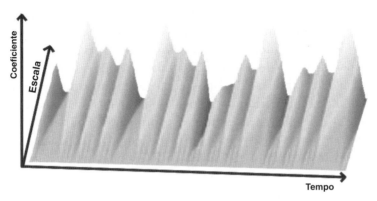

FIGURA 8.28. *Representação 3D da transformada de wavelet.*

8.8.4. Transformada de Wavelet Discreta

A equação da transformada de wavelet discreta é representada pela equação

$$\psi_{a,b}(t) = \frac{1}{\sqrt{a}} \psi\left(\frac{t-b}{a}\right), \qquad a = 2^j, b = k\, 2^j, \qquad (j, k) \in Z^2 \qquad (8.54)$$

8.8.5. Semelhanças entre Transformada de Fourier e Wavelet

A transformada rápida de Fourier (*FFT – Fast Fourier Transform*) e a transformada discreta de wavelet (*DWT – Discreet Wavelet Transform*) são ambas operações lineares que geram uma estrutura de dados que contém $\log_2 n$ segmentos de vários comprimentos, normalmente formadas por diferentes dados de comprimento 2^n, onde n é a dimensão.

As propriedades matemáticas das matrizes envolvidas na transformada também são semelhantes. As transformadas matriciais inversas da FFT e da DWT são as transpostas das originais. Como resultado, ambas as transformadas podem ser vistas como uma transformação no espaço de função para um domínio diferente. Para a FFT, esse novo domínio contém as funções de base seno e co-seno. Para a transformada de wavelet, esse novo domínio contém funções de base mais complexas chamadas de funções wavelets base ou wavelets mãe.

As duas transformadas têm outras semelhanças. As funções-base são localizadas no domínio da freqüência, tornando-as ferramentas matemáticas poderosas na análise espectral (seção 5.1).

8.8.6. Diferenças entre Transformada de Fourier e Transformada de Wavelet

A diferença mais importante entre as transformadas de Fourier e de wavelet é que as funções individuais wavelet são *localizadas no espaço*. Já as funções de Fourier, seno e co-seno não são. Essa característica, junto com a localização em freqüência das wavelets, faz muitos operadores e funções usarem wavelets *esparsas* quando transformados para o domínio de wavelet. Essa característica resulta em várias aplicações úteis além da compressão de dados, como detecção-padrão em imagens e remoção de ruído de funções unidimensional ou bidimensional (seção 5.2.3).

Um modo de ver as diferenças entre a transformada de Fourier e a transformada de wavelet é olhar a função-base como um plano tempo x freqüência. A Figura 8.29 mostra a transformada de Fourier janelada (WFT), onde a janela limita a largura do sinal, truncando a função seno e co-seno para que fique contida no tamanho da janela. Como uma única janela é usada para todas as freqüências na WFT, a resolução é a mesma em toda a localização no plano tempo x freqüência.

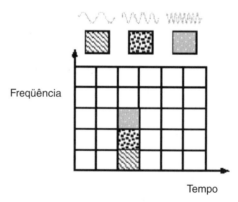

FIGURA 8.29. *Funções-base de Fourier descritas no plano tempo x freqüência.*

A transformada de wavelet pode ter janelas variáveis (Fonseca, 2004). Para isolar as descontinuidades, é possível ter algumas funções de base muito pequenas. Ao mesmo tempo, para obter uma análise de freqüência detalhada, pode-se ter algumas funções de base muito longas. Uma forma de alcançar isso é ter funções de base menores para alta freqüência, bem como funções-base maiores para baixas freqüências. Isso é o que acontece com a transformada de wavelet. A Figura 8.30 nos mostra o plano tempo x freqüência da função wavelet de Daubechies (Daubechies, 1992).

É importante lembrar que a transformada de wavelet tem um conjunto muito grande de funções-base, ao contrário da transformada de Fourier, que utiliza as funções seno e co-seno. Dessa forma, a análise de wavelet provê acesso imediato à informação que não pode ser evidenciada por outros métodos que usam tempo x freqüência, como a análise de Fourier.

COMPRESSÃO DE IMAGEM • 361

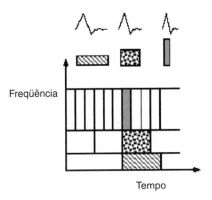

FIGURA 8.30. *Função-base wavelet de Daubechies descrita no plano tempo × freqüência.*

Na Figura 8.31, observa-se a comparação entre a análise espetral da transformada de Fourier e da transformada de wavelet entre dois sinais. O sinal da coluna da esquerda é a superposição das freqüências (sen(10t)) e (sen(20t)) o sinal da coluna da direita é a aplicação de (sen(10t)) na primeira metade do sinal e de (sen(20t)) na segunda metade. É possível observar que os gráficos imediatamento abaixo de cada sinal representam os espectros de Fourier $(F(w)^2 \times w)$ dos sinais obtidos pela transformada de Fourier. Os gráficos mais inferiores da Figura 8.31 representam a transformada de wavelet dos sinais da mesma coluna, da mesma coluna. Dessa forma pode-se notar a propriedade de localização da transformada de wavelet (Fonseca, 2004).

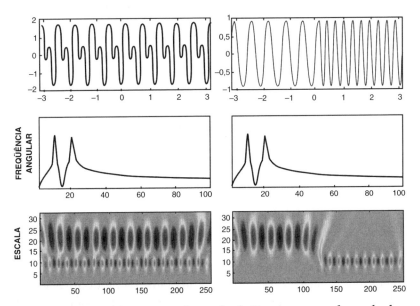

FIGURA 8.31. *Comparação entre transformada de Fourier e transformada de wavelet.*

8.8.7. Wavelets Unidimensionais

A base de Haar é a base wavelet mais simples. Nas subseções que se seguem, primeiro descreve-se como decompor uma função unidimensional, depois como representar uma função como combinação de base Haar. Mostra-se também como usar a wavelet Haar para decomposição, que explica uma técnica direta para compressão de uma função unidimensional. Algumas propriedades dessa base são também comentadas nas seções 8.8.7.3 e 8.8.7.4.

8.8.7.1. Transformada Wavelet de Haar Unidimensional

Para entender como as wavelets funcionam, imagine um exemplo simples. Suponhamos uma seqüência de uma dimensão com uma resolução de quatro pixels, tendo valores $l(x) = [\ 9\ 7\ 3\ 5\ ]$. Para entender como representar essa seqüência na base de Haar computando sua transformada wavelet, calcula-se primeiro a média dos valores em pares, obtendo-se os novos valores em resolução da imagem: [8 4]

Claramente, um pouco da informação foi perdida nesse processo de cálculo da média. Para recuperar os valores dos pixels originais a partir dos valores de média, é necessário armazenar alguns *coeficientes de detalhes*, que capturam a informação perdida. No exemplo, escolhe-se 1 para o primeiro coeficiente de detalhe; como a média calculada está 1 a menos que 9 e 1 a mais que 7, esse único número permite recuperar os primeiros dois pixels da imagem original de quatro pixels. Semelhantemente, o segundo coeficiente de detalhe é –1, pois 4 + (–1) = 3 e 4 – (–1) = 5.

Repare que a imagem original foi decomposta em uma versão de resolução mais baixa (dois pixels) e um par de coeficientes de detalhes. Repetindo-se esse processo recursivamente até a decomposição em 1 pixel tem-se a Tabela 8.8. (Stollnitz et al, 1995)

TABELA 8.9. Decomposição em coeficientes de aproximação e detalhes

Resolução	Média / Valores	Coeficientes de Detalhes
4	[9 7 3 5]	
2	[8 4]	[1 –1]
1	[6]	[2]

Assim, define-se a transformada de wavelet (também chamada de decomposição de wavelet) da imagem original de quatro pixels com a simples representação da média global da imagem original, seguida dos coeficientes de detalhe em ordem de resolução crescente. Para a base de Haar unidimensional, a transformada de wavelet da imagem original de quatro pixels é dada por [6 2 1 –1].

Esse cálculo dos coeficientes de aproximação e detalhes é implementado com o uso de *banco de filtros passa-alta* e *passa-baixa* (seção 5.2.4 e 5.23). Note que nenhuma informação foi ganha ou perdida por esse processo. A imagem original tinha quatro coeficientes, da mesma forma que a transformada. Também note que, dada a transformada, é possível reconstruir a imagem em qualquer nível de resolução, através da soma e subtração recursiva de coeficientes de detalhe dos níveis de menor resolução.

Armazenar a imagem wavelet transformada, em lugar da própria imagem, tem várias vantagens. Uma vantagem da transformada wavelet é que, freqüentemente, um grande número de coeficientes de detalhe mostra a variação em magnitude do sinal ou imagem, como no exemplo da Figura 8.32. Truncando ou removendo esses coeficientes pequenos da representação, introduzimos pequenos erros na imagem reconstruída, resultando em uma "compressão de imagem com perda". Essa aplicação de wavelets será discutida após apresentarem-se as funções de base Haar. Esses coeficientes também têm valores menores que as intensidades dos pixels, gastando menos espaço de armazenamento, se for usado um código de tamanho variável.

Observe na Figura 8.32 que a seqüência de aproximação da função na coluna da esquerda tem resolução decrescente; na coluna da direita estão os coeficientes de detalhe necessários para obtenção de uma aproximação. Note que, em regiões onde a função real é praticamente plana, a aproximação funciona bem, e os coeficientes de detalhes são relativamente pequenos.

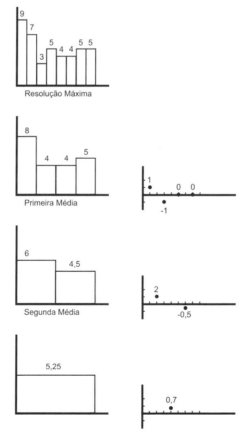

FIGURA 8.32. *Seqüência de aproximação e coeficientes de detalhes.*

8.8.7.2. Funções-base de Wavelet de Haar Unidimensional

Alternativamente, pode-se pensar em imagens como um conjunto de funções de valores discretos no intervalo aberto [0, 1). Dessa forma cada linha da imagem pode ser vista como uma função e pode ser usado o conceito de espaço vetorial da álgebra linear (Anton e Rorres, 2001). A imagem de um pixel é vista como uma função degrau no intervalo [0, 1). Considerando V^0 o vetor espaço de todas essas funções, uma linha da imagem de dois tons de diferentes teria dois segmentos constantes nos intervalos [0, 1/2) e [1/2, 1). Chamando todo o espaço contendo essas funções de V^1, é possível prosseguir até o espaço V^j, que incluirá todas as funções constantes definidas no intervalo [0, 1) com pedaços constantes em cada subintervalo igual de 2^j, onde j é o número de funções contidas nesse espaço (cada pixel da imagem).

Considerando, agora, que toda linha da imagem com 2^j pixels seja um elemento, ou vetor, em V^j, note que esses vetores são funções definidas no intervalo unitário. Todo vetor em V^j está contido em V^{j+1}. Por exemplo, é possível descrever uma função digital a partir de dois intervalos como uma combinação de funções constantes de quatro intervalos, com cada intervalo na primeira função correspondendo a um par de intervalos na segunda. Assim, os espaços anteriores estão contidos em V^j; isso quer dizer: $V^0 \subset V^1 \subset V^2 \subset V^j$.

A teoria matemática de *análise em multirresolução* utiliza esse conjunto de espaços aninhados V^j. É possível definir uma base para cada vetor espacial V^j. A base funcional para os espaços V^j é chamada de *função escala*, e normalmente é denotada pelo símbolo ϕ. Uma base simples para V^j é determinada pelo conjunto de funções-escala deslocadas:

$$\phi_i^j(x) = \phi(2^j x - i), \quad i = 0, ..., 2^j - 1 \qquad (8.55)$$

onde $\phi(x) = \begin{cases} 1 & se\ 0 \leq x < 1 \\ 0 & se\ x < 0\ ou\ x \geq 1 \end{cases}$

Como exemplo, a Figura 8.33 mostra as quatro funções quadradas que formam uma base para V^2.

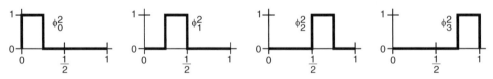

FIGURA 8.33. *Base quadrada para V^2.*

O próximo passo é escolher um produto interno definido no espaço V^j. O "produto interno padrão" é definido por:

$$\langle f | g \rangle = \int_0^1 f(x)g(x)dx \qquad (8.56)$$

para dois elementos $f, g \in V^j$. É possível definir um novo espaço vetorial W^j como o *complemento ortogonal* de V^j em V^{j+1}. Em outras palavras, W^j é o espaço de todas as funções em V^{j+1} que são ortogonais a todas as funções em V^j sob o produto interno escolhido. Informalmente, pode-se pensar em wavelets de W^j como os meios de representação por partes de uma função em V^{j+1} que não pode ser representada em V^j.

Wavelets são coleções de funções $\psi_i^j(x)$ linearmente independentes que geram o espaço W^j. Essas funções de base têm as seguintes propriedades:

1. As wavelets ψ_i^j bases de W^j, juntamente com as funções-base ϕ_i^j de V^j, formam a base para V^{j+1}.
2. Toda função-base ψ_i^j de W^j é ortogonal a todas as bases ϕ_i^j de V^j sob um certo produto interno escolhido.

Assim, os "coeficientes de detalhes" são realmente coeficientes das funções-base de wavelet. As wavelets que correspondem à base quadrada são conhecidas como wavelets de Haar e são dadas por:

$$\psi_i^j(x) = \psi(2^j x - i), \qquad i = 0, ..., 2^j - 1 \tag{8.57}$$

onde:

$$\psi(x) = \begin{cases} 1 & se\ 0 \leq x < 1/2 \\ -1 & se\ 1/2 \leq x < 1 \\ 0 & se\ x < 0\ ou\ x \geq 1 \end{cases}$$

A Figura 8.34 nos mostra as duas wavelets de Haar que geram o espaço W^1.

Antes de prosseguir, considere novamente o exemplo da Seção 8.8.7.1, mas aplicando agora essas novas idéias. Primeiro, expressando-se a imagem original unidimensional $l(x)$ da Tabela 8.8, como uma combinação linear das funções de base quadrada em V^2, pode-se escrever:

$$l(x) = c_0^2 \phi_0^2(x) + c_1^2 \phi_1^2(x) + c_2^2 \phi_2^2(x) + c_3^2 \phi_3^2(x)$$

Em representação gráfica, esses quatros pixels seriam descritos como na Figura 8.35.

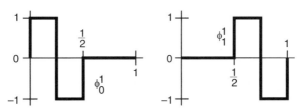

FIGURA 8.34. *As wavelets de Haar para W^1.*

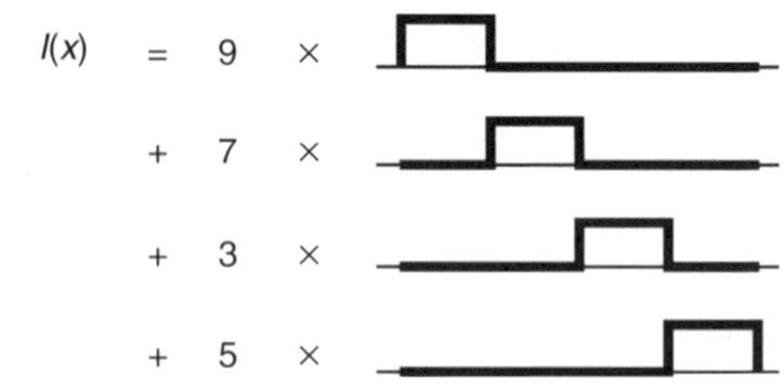

$$l(x) = 9 \times \square$$
$$+ 7 \times \square$$
$$+ 3 \times \square$$
$$+ 5 \times \square$$

FIGURA 8.35. Descrevendo a imagem da Tabela 8.8 por V^2.

Note que os coeficientes $c_0^2, \ldots, c_3^2$ são justamente os valores dos quatros pixels originais [9 7 3 5]. É possível reescrever a expressão para $l(x)$ em termos das funções-base em $V^1 W^1$ usando coeficientes de média (segunda linha da Tabela 8.8):

$$l(x) = c_0^1 \phi_0^1(x) + c_1^1 \phi_1^1(x) + d_0^1 \psi_0^1(x) + d_1^1 \psi_1^1(x) \qquad (8.58)$$

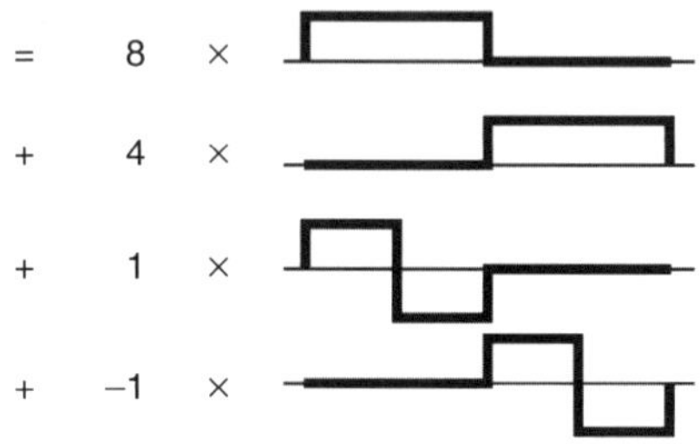

$$= 8 \times \square$$
$$+ 4 \times \square$$
$$+ 1 \times \square$$
$$+ -1 \times \square$$

FIGURA 8.36. Descrevendo a imagem da Tabela 8.8 por média e detalhes.

Esses quatro coeficientes descrevem a imagem original. Finalmente, usando-se a média final e os detalhes pode-se reescrever $l(x)$ como uma soma de funções de base em V^0, W^0 e W^1:

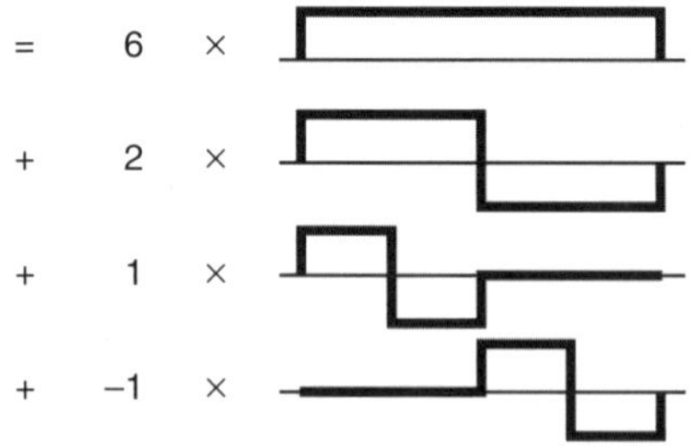

$$= 6 \times \square$$
$$+ 2 \times \square$$
$$+ 1 \times \square$$
$$+ -1 \times \square$$

FIGURA 8.37. Descrevendo a imagem da Tabela 8.8 como média total e detalhes.

$$l(x) = c_0^0 \phi_0^0(x) + d_0^0 \psi_0^0(x) + d_0^1 \psi_0^1(x) + d_1^1 \psi_1^1(x) \qquad (8.59)$$

Esses quatro coeficientes representam a transformada wavelet de Haar da imagem original. As quatro funções mostradas constituem a base de Haar para V^2. Em vez de usar as quatro funções quadradas habituais, pode-se usar $\phi_0^0, \psi_0^0, \phi_0^1$ e ψ_1^1 para representar a média global, a aproximação e os dois coeficientes de detalhes possíveis na função em V^2. A base de Haar para V^j com $j > 2$ inclui essas funções, bem como as próximas translações de uma wavelet $\psi(x)$.

8.8.7.3. Ortogonalidade

Uma base ortogonal é aquela em que todas as funções-base, isto é, $\phi_0^0, \psi_0^0, \psi_0^1, \psi_1^1, \ldots$ são ortogonais entre si (Daubechies, 1988). Pode-se notar que a ortogonalidade é mais forte que a exigência de que a função wavelet mãe ψ_i^j seja ortogonal a todas as funções-escala no nível de resolução j. A base de Haar possui propriedade de ortogonalidade; contudo, essa propriedade nem sempre é encontrada em outras bases wavelet.

8.8.7.4. Normalidade

Outra propriedade que é às vezes desejável é a normalização (Daubechies, 1988). Uma função-base $u(x)$ é normalizada se $\langle u|u \rangle = 1$. Pode-se normalizar a base de Haar substituindo-se as equações da Seção 8.8.7.2 por:

$$\phi_i^j(x) = 2^{j/2} \phi(2^j x - i), \quad i = 0, \ldots, 2^j - 1 \tag{8.60}$$

$$\psi_i^j(x) = 2^{j/2} \psi(2^j x - i), \quad i = 0, \ldots, 2^j - 1 \tag{8.61}$$

onde o fator constante $2^{j/2}$ é escolhido para satisfazer $\langle u|u \rangle = 1$ usando o produto interno padrão. Com essas novas definições, os novos coeficientes normalizados são obtidos pela multiplicação por $2^{-j/2}$ dos coeficientes anteriores sobrescrito j. Assim, no exemplo da Tabela 8.8, os coeficientes não-normalizados [6 2 1 –1] tornam-se normalizados:

$$\left[6 \quad 2 \quad \frac{1}{\sqrt{2}} \quad \frac{-1}{\sqrt{2}} \right]$$

8.8.7.5. Compressão

O objetivo da compressão da informação (seção 8.1) é expressar um conjunto inicial de dados usando outro conjunto menor, com ou sem perda de informação. Suponha que, depois de representar a imagem pela função $f(x)$, esta seja expressa pela soma de funções-base $u_1(x), \ldots, u_m(x)$:

$$f(x) = \sum_{i=1}^{m} c_i u_i(x) \tag{8.62}$$

O conjunto de dados, nesse caso, consiste dos coeficientes $c_1, \ldots, c_m$. Para haver compressão a idéia é achar uma função que aproxime $f(x)$, mas com menos coeficientes, talvez usando uma base diferente e não obtendo exatamente os mesmos valores, mas, considerando uma tolerância determinada pelo usuário. Para uma compressão de dados, a idéia é ter uma aproximação da função anterior:

$$\tilde{f}(x) = \sum_{i=1}^{\tilde{m}} \tilde{c}_i \tilde{u}_i(x) \cong f(x) \tag{8.63}$$

8.8.8. Wavelet Bidimensional

Precisa-se generalizar as wavelets de Haar para duas dimensões, para entender a compressão de imagem. Primeiro, na próxima subseção vai se considerar como executar uma decomposição wavelet dos pixels em uma imagem bidimensional. Então, descreve-se como obter eficientemente os elementos que formam as bases da compressão de imagem por wavelet bidimensionais.

8.8.8.1. Transformada de Wavelet de Haar Bidimensional

Existem dois modos de usar wavelets para transformar os valores de pixels de uma imagem. Esses modos são conhecidos como decomposição-padrão e não-padrão (Fonseca, 2004). Cada uma é a generalização da wavelet unidimensional aplicada nas duas dimensões. Dessa forma, pode-se obter a decomposição-padrão de uma imagem como na Figura 8.38a, onde a primeira wavelet unidimensional é usada transformando cada linha da imagem. Essa operação resulta em coeficientes de aproximação junto com coeficientes de detalhes para cada linha. Logo, essas linhas transformadas são também tratadas como se fossem uma imagem, e aplica-se a transformada unidimensional a cada coluna. Os valores resultantes são todos os coeficientes de detalhe, com exceção de um único coeficiente de média global. A Figura 8.38a ilustra cada passo da operação de decomposição-padrão.

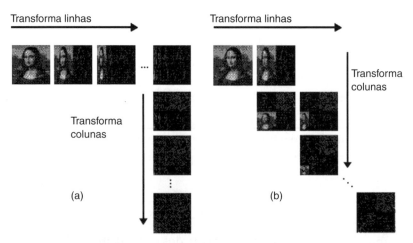

FIGURA 8.38. (a) Decomposição-padrão (b) Decomposição não-padrão Stalln, et al (1995).

O segundo tipo de transformação wavelet bidimensional se chama decomposição não-padrão. Ela alterna as operações nas linhas e colunas. Primeiro, executa-se um passo na horizontal, calculando-se a média e as diferenças dos valores dos pixels em cada linha da imagem. Em seguida, são calculadas, na vertical, a média e a diferença dos valores dos pixels a cada coluna. Repete-se, recursivamente, o processo no quadrante que contém as médias em ambas as direções até completar a transformação. A Figura 8.38b mostra todos os passos envolvidos no procedimento de decomposição não-padrão.

Em outras palavras, a decomposição-padrão consiste em aplicar a transformada 1D de wavelet em cada linha de valores dos pixels. Essa operação produz um valor médio mais coeficientes de detalhes de cada linha. Em seguida, essas linhas são transformadas como se fossem uma imagem, e aplica-se a transformada 1D em cada coluna. Os valores são todos coeficientes de detalhes, exceto um, que é a média global ou coeficiente de aproximação. A decomposição não-padrão realiza uma passagem em cada linha da imagem, determinando a média e as diferenças para cada um dos valores dos pixels. Em seguida, aplica a média e a diferença para cada coluna do resultado anterior. O processo é aplicado recursivamente somente nos quadrantes contendo as médias, ou seja, contendo os coeficientes de aproximação em ambas as direções. Essa decomposição é também conhecida como decomposição piramidal da imagem (Watt e Policarpo, 1998).

A decomposição wavelet não-padrão tem menos peso computacional que a decomposição-padrão. Em Fonseca (2004), a decomposição-padrão é usada em testes de avaliação de eficiência das mais diversas bases wavelets.

8.8.8.2. Aproximações e Detalhes

É impossível olhar um sinal ou uma imagem através de uma forma ampla, onde se notam as características globais do sinal ou da imagem. Por outro lado, para os mesmos e imagens de observados por uma escala menor, como por uma lupa, apresentarão detalhes mais finos. A Figura 8.39 mostra a árvore de decomposição wavelet genérica. A decomposição de um sinal pode ser observada na Figura 8.40.

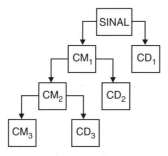

FIGURA 8.39. *Árvore de decomposição wavelet: CM_i = coeficiente média CD_I = coeficiente de detalhe.*

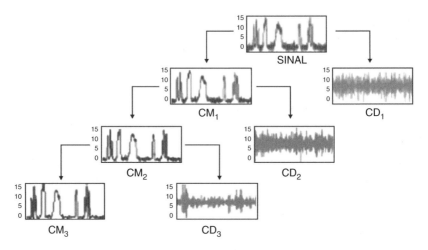

FIGURA 8.40. *Árvore de decomposição wavelet de um sinal.*

Resumindo, a análise wavelet consiste em aproximações e detalhes. As aproximações representam os componentes de baixa freqüência do sinal. Os detalhes são as componentes de alta freqüência do sinal. A análise wavelet aplicada à filtragem de imagens pode ser implementada de maneira eficiente a partir de um banco de filtros passa alta e passe baixa.

8.8.8.3. Banco de Filtros

A forma de implementação eficiente do algoritmo de compressão por wavelet é por intermédio de um banco de filtros em quadratura conjugado (QMF – *Quadrature Mirror Filters*). Os coeficientes do filtro passa-alta (H) são determinados pela função wavelet mãe Ψ; já os coeficientes do filtro passa-baixa (L) são determinados pela função escala Φ (Fonseca, 2004).

De forma resumida, o processo de decomposição em multi-resolução consiste em separar um sinal ou imagens original em duas partes. Uma parte contém as componentes de maior escala do sinal e outra contém as componentes de pequena escala representados no mesmo diagrama da Figura 8.41.

O processo de decomposição é recursivo, isto é, aplicado tantas vezes quantas necessárias para obter os coeficientes de aproximação e detalhe de um sinal ou imagem; no último caso, em duas dimensões, como esquematizado na Figura 8.38.

8.9. Padrões de Arquivos de Imagem

A adoção de arquivos padrões está relacionada à necessidade de operacionalidade entre os equipamentos dos diversos fabricantes e a utilização de imagens por várias equipes de profissionais. Os padrões de compressão para imagens binárias foram

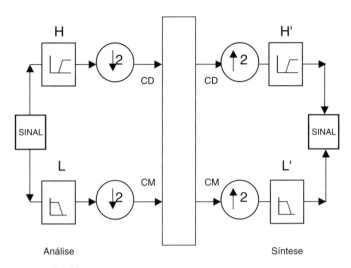

FIGURA 8.41. *Banco de filtros.*

desenvolvidos pela International Standards Organization (ISO) e pelo Commité Consultatif International des Télégraphique et Téléphonique (CCITT), atualmente denominado International Telecommunication Union (ITU-T).

Um engano comum é tratar formatos de arquivos de imagem como tipos de imagem. Tipos de imagem tem a ver com o seu conteúdo enquanto os formatos de arquivos se prestam apenas ao armazenamento de imagens. A Tabela 8.10 mostra alguns formatos de arquivo bem estabelecidos e suas características.

TABELA 8.10. Comparação entre alguns formatos de arquivos de imagens

Formato	Sistema de Cor	Compressão
GIF	RGB com tabela de até 256 cores	LZW
TIFF	RGB*, CMYK, YCbCr, Lab, Luv	RLE, LZW, JPEG, JBIG, Huffman ou nenhuma e outros
JPEG	RGB, YC_bC_r, CMYK	DCT, Huffman
PCX	RGB*	RLE
BMP	A BGR*	RLE ou nenhuma
TGA	RGB*	RLE ou nenhuma
PNG, MNG	RGBA (alfa em 256 tons)	LZ77 + Huffman = deflate
JPEG2000	RGB, YC_bC_r,	DWT (wavelets) ou nenhuma

Repare que o formato TIFF se destaca entre os demais pelo número de sistemas de cores usados e formas de compressão. O TIFF (*Tagged Image File Format*) pode ainda ter ou não compressão, com perda ou não. Os formatos GIF, PNG e JPEG são utilizados como os padrões de imagem em páginas na Internet. No restante deste capítulo este aspecto prático da compressão e mesmo do uso de imagens será considerado.

8.9.1. GIF

O GIF (*Graphics Interchange Format*) é um formato de arquivo para armazenamento e compressão de imagens que usa o algoritmo LZW. Uma particularidade do GIF é poder armazenar mais de uma imagem em cada arquivo, criando a possibilidade de vermos "animações" na Internet, por exemplo. O formato GIF armazena apenas imagens em cinza ou RGB com tabelas de 256 cores ou menos. Por usar sempre uma tabela de cores, é adequado para imagens com pouca variação de tons ou imagens em tons de cinza. Esse formato permite que se defina uma cor que será ignorada na reprodução, tornando transparente parte da imagem que contém tal cor. Esse formato possui duas versões, 87a e 89a, mas somente a segunda permite a uma cor ter transparência. Outra característica interessante é que as linhas no arquivo podem ser gravadas na forma *interlaced* em oito passados ou não, fazendo com que se percebam algumas linhas de cada posição vertical da imagem antes de chegarem todas as linhas, permitindo uma idéia inicial da imagem que está sendo recebida em níveis crescentes de qualidade.

As subseções que seguem apresentam uma visão geral dos componentes do formato GIF e suas funções. Esta descrição se refere à versão GIF87a, a menos que seja comentado no ponto específico.

8.9.1.1. Formato Geral de Arquivos GIF

O formato geral do GIF é representado pela sua assinatura seguida dos elementos mostrados na Figura 8.42.

A assinatura é GIF + ano/versão e identifica os dados que se seguem como uma imagem válida. Essa assinatura consiste nos seguintes seis caracteres/bytes: os três primeiros são GIF e os três últimos caracteres podem ser vistos como ano da versão e número da revisão. **Assinatura GIF**: GIF87a (ou GIF89a, na versão posterior do formato).

A Figura 8.42 ilustra os componentes que aparecem após a assinatura em um arquivo no formato GIF.

8.9.1.2. Descritor de Tela

O descritor de tela descreve os parâmetros gerais para todas as imagens GIF que seguem no mesmo arquivo. É nela que são descritos o tamanho da imagem, informações sobre a cor de fundo e de profundidade da cor. Essas informações estão guardadas em uma série de bytes como descritos na Figura 8.43, chamados de descritores de tela virtual.

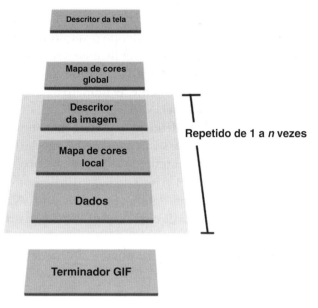

FIGURA 8.42. *Elementos principais do formato.*

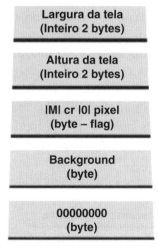

FIGURA 8.43. *Campos descritores da tela virtual.*

As alturas e larguras lógicas na tela (primeiro segundo bloco na Figura 8.43) podem ser maiores que o *display* físico. O modo como as imagens maiores que o *display* físico serão trabalhadas depende da implementação e pode tirar partido das características do hardware. Caso contrário, as imagens podem ser cortadas nos limites do *display*. Essas informações ocupam 2 bytes, são inteiros armazenados no formato LSB (*least significant byte first* ou *little endian*) ou formato Intel. Um valor armazenado nesse formato guarda primeiro o byte menos significativo.

O valor armazenado no terceiro bloco da Figura 8.43 é um campo de bits ou "flags", que significa diversas coisas, dependendo dos valores armazenados nas diversas posições do byte. Os três bits menos significativos são chamados de "pixels". Eles servem para indicar o número de cores da tabela de cores globais do arquivo e só têm sentido se essa tabela estiver presente. O número de cores será definido como 2 elevado ao valor representado pela variável "pixel" mais 1 isto é $2^{pixel+1}$. Ou seja, os valores para "pixel" também definem o número máximo de cores dentro de uma imagem. Os limites de valores possíveis para "pixel" vão de 0 a 7, que representa 1 a 8 bits. Isso se traduz para um limite de 2 (preto e branco) até 256 cores.

Neste mesmo bloco na Figura 8.43, o bit 3 do byte 5 do descritor de tela virtual é, na versão 87a, reservado para futuras definições, e deve ser 0. Na versão 89a essa posição passou a indicar que a tabela de cores está ordenada em ordem decrescente de ocorrência.

O bloco seguinte na Figura 8.43 indica o número da cor de fundo (*background*) no mapa de cores globais.

8.9.1.3. Mapa de Cores Global

O mapa de cores global (segundo bloco na Figura 8.42) é opcional, mas é recomendado para imagens. A existência desse mapa de cores é indicado pelo bit mais significativo, o campo "M" do quinto byte do descritor de tela (Figura 8.43). Mapas de cores também podem estar associado a cada imagem no arquivo GIF, como será descrito posteriormente. Contudo, o mapa de cores global geralmente é mais usado devido a restrições nos equipamentos disponíveis.

Nos descritores de imagens individuais, o flag "M" normalmente será zero (Figura 8.46). Se o mapa de cores global estiver presente no arquivo, sua definição seguirá imediatamente o descritor da tela (4º bloco da Figura 8.42). O número de entradas no mapa de cores é igual a $2^{pixel+1}$ (bits por pixel), onde cada entrada consiste em (cr+1) bytes representando a intensidade relativa de vermelho, verde e azul,

FIGURA 8.44. *Formação das cores na tabela de cores global.*

respectivamente. O valor de cr corresponde aos três bits que seguem M no mesmo byte 5 (terceiro bloco na Figura 8.43). A estrutura do mapa de cores é a mostrada na Figura 8.44, que se repete para cada uma das cores da tabela de cor.

Cada valor do pixel da imagem será mostrado de acordo com seu "casamento" mais próximo com uma cor disponível no vídeo onde nesse mapa de cores será exibido. As componentes da cor representam o valor da intensidade de zero até a intensidade máxima (255). O branco seria representado por (255, 255, 255), o preto como (0, 0, 0) e o amarelo médio como (180, 180, 0).

Na visualização se a placa de vídeo suporta menos de oito bits por componente de cor, serão usados os bits de mais alta ordem de cada componente. Se nenhum mapa de cores global estiver indicado, será gerado internamente um mapa de cores *default* que mapeia cada possível índice de cor de entrada ao mesmo índice de cor do *hardware* módulo <n>, onde <n> é o número de cores disponíveis no *hardware*.

8.9.1.4. Descritor da Imagem

O descritor da imagem (3º bloco na Figura 8.42) define a localização real e da imagem que segue (no bloco dados da Figura 8.42) dentro de espaço definido no descritor de tela. A estrutura de blocos do descritor de imagem pode ser vista na Figura 8.45. Cada descritor de imagem é introduzido por um caractere de separação de imagens. O papel do separador de imagens é simplesmente prover um caractere de sincronização para introduzir o descritor de imagens. Isso é importante no caso de um arquivo GIF conter mais de uma imagem. Esse caractere é definido como 0x2C hex ou "," (vírgula). Quando esse caractere é encontrado entre imagens, o descritor de imagens vem logo em seguida.

Quaisquer caracteres encontrados entre o final de uma imagem anterior e o caractere de separação de imagens são ignorados na versão 87a. Na versão 89a, podem

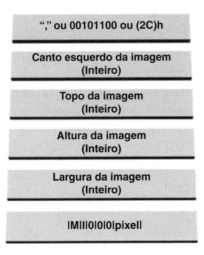

FIGURA 8.45. *Descritor de imagem.*

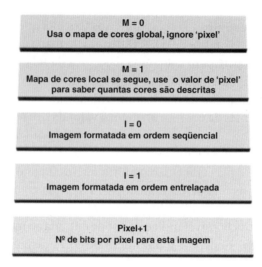

FIGURA 8.46. *Significado dos bits do último byte do descritor da imagem, versão 87ª.*

aparecer os blocos de extensões do formato GIF. A ilustração da estrutura do descritor de imagem é mostrada na Figura 8.45.

O último byte é novamente um campo de bits. Nele estão definidas *flags* que indicam a presença de um mapa local de cores e que definem a seqüência de *display* dos pixels. Os valores possíveis de cada bit do último bloco da Figura 8.45 são descritos na Figura 8.46. O elemento "pixel" ocupa 3 bits e os demais apenas 1 bit cada.

A especificação da posição da imagem e do tamanho deve estar confinada às dimensões definidas pelo descritor de tela. Por outro lado, não é necessário que a imagem preencha toda a tela definida.

8.9.1.5. Mapa de Cores Local

O mapa de cores local é opcional. Só estará presente se o bit "M" do byte 10 do descritor da imagem estiver "ligado" (Figura 8.46). Esse mapa se aplica apenas à imagem que segue. Ao final da imagem, o mapa de cores vai se reverter àquele definido após o descritor de tela. Um mapa de cores segue ao descritor da imagem. Note que o campo "pixel" (Figura 8.46) do descritor de imagem é usado somente se um mapa de cores local estiver indicado. Ele define os parâmetros, não apenas para o tamanho da imagem em pixels, mas também determina o número de entradas na tabela de cores que segue.

8.9.1.6. Dados da Imagem

No formato GIF da imagem real é definido como a série de valores dos índices dos pixels de cor que formam a imagem. Estes são descritos no Bloco "Dados" da Figura 8.42. Os pixels da imagem são armazenados da direita para a esquerda seqüencialmente em uma linha da imagem. Por padrão, cada linha da imagem é escrita seqüencialmente, de cima para baixo. No caso de o bit "I" estar setado (imagem entrelaçada) no descritor da imagem (byte 10), então a ordem das linhas segue um processo de quatro passos em que a imagem é preenchida por linhas não-seqüenciais.

A forma de preenchimento no caso de imagem entrelaçada é:

- O primeiro passo escreve toda oitava linha, começando da primeira linha da janela da imagem (isto é as linhas 0, 8, 16, 24, 32 ...)
- O segundo passo escreve toda oitava linha, começando da quinta linha a partir do topo (isto é as linhas 4, 12, 20, 28, 36 ...)
- O terceiro passo escreve cada quarta linha, começando da terceira linha do topo (isto é as linhas 2, 6, 10, 14, 18, 22, 26, 30, 34 ...)
- O quarto passo completa a imagem, escrevendo todas as outras linhas, começando da segunda linha a partir do topo (todos as linhas impares da imagem)

Uma descrição gráfica desse processo segue na tabela 8.11.

Tabela 8.11 Processo de preenchimento.

Linha	Passo 1	Passo 2	Passo 3	Passo 4	Resultado
0	**1a**				**1a*
1				**4a**	**4a**
2			**3a**		**3a**
3				**4b**	**4b**
4		**2a**			**2a**
5				**4c**	**4c**
6			**3b**		**3b**
7				**4d**	**4d**
8	**1b**				**1b**
9				**4e**	**4e**
10			**3c**		**3c**
11				**4f**	**4f**
12		**2b**			**2b**

Os valores dos pixels da imagem são processados como uma série de índices de cor que mapeiam as cores descritas no mapa de cores existente. O valor da cor resultante do mapeamento é o que é realmente mostrado. Essa série de índices de pixels é passada para a *stream* de dados da imagem, um valor por pixel, comprimidos e empacotados de acordo com a versão do algoritmo de compressão LZW usado pelo formato.

8.9.1.7. Terminador GIF

A fim de prover uma sincronização para a terminação de um arquivo de imagem GIF, um decodificador GIF vai processar o final do modo de GIF quando o caractere 0x3B hex ou ';' for encontrado após a imagem ser processada. Por convenção (pois o GIF suporta seqüências interativas e de controle da animação não mencionadas aqui), o *software* de decodificação vai parar e esperar por uma ação, indicando que o usuário está pronto para continuar. Essa ação pode ser uma *carriage return*, um clique do mouse etc. Após isso, o *software* de decodificação vai tipicamente sair do modo gráfico e finalizar quaisquer processos anteriores.

8.9.2. PNG

Também chamado de "Ping", o formato PNG (*Portable Network Graphics*) é, de certa maneira, uma evolução do GIF. Usa uma variação do algoritmo Lempel-Ziv 77 e também compressão Huffman, depois da compressão LZ, em uma forma denominada LZH ou de *Deflate/Inflate*. O PNG com animação é conhecido como MNG (*Multiple Image Network Graphics*). O PNG surgiu em 1996 como substituto para o formato GIF, devido à cobrança de *royalties* deste último ter sido iniciada (atualmente, o registro da patente do GIF já perdeu a validade).

Esse formato livre é recomendado pela W3C. Permite o uso do canal alfa para transparência com 1 byte de variação, isto é até 256 níveis de transparência. Não tem limitação do número de cores usando um byte para cada canal de cor RGB. Apresenta alta compressão e qualidade regulável. Pode armazenar as imagens com tabelas de cores ou não. Pode ter profundidade de tons de 1 ou 16 bits por pixel para imagem monocromática e de 24, 32 ou 48 bits por pixel para imagens RGB.

Tem *interlaced* em 2D, baseada no algoritmo Adam 7 que divide a imagem em grupos de 8 × 8. Existem quatro opções de filtros que podem ser usadas para preparar os dados para maior compressão sem perda da imagem e são denominados *sub*, *up*, *average* e *path*. Possui formas de verificação da integridade: assinatura mágica, redundância cíclica (CRC32) e controle Adler-32, para verificar a descompactação do arquivo. Suporta correção gama (Figura 4.2) para melhor reprodução da imagem. Como o formato PNG permite comprimir as imagens sem perda de qualidade com muitas cores, é um formato importante para imagens que precisam manter 100% dos dados. É cada vez mais usado por ser o formato padronizado para a Internet.

8.9.3. JPEG

Desenvolvido inicialmente na metade dos anos 80, foi finalmente adotado como padrão ISO em 1993. Enquanto o GIF e o PNG são formatos sem perda, o padrão JPEG é de compressão com perda. JPEG (pronuncia-se em inglês "*jay-peg*" e em português "jota-peg") é a sigla de *Joint Photographic Experts Group*, tratando-se de um formato de compressão com perda de dados, aplicado em imagens fotográficas. A perda de dados é proporcional ao fator de compressão desejado. O arquivo que usa esse formato tem as extensões .jpeg, .jfif, .jpe e .jpg, sendo este último o mais comum. Esse padrão é a junção de esforços de três das maiores organizações de padronização do mundo: ISO, CCITT e IEC (*International Electrotechnical Commission*).

Criado pelo Joint Photographic Experts Group, o formato JPEG permite o uso de até 2^{24} cores (cerca de 16 milhões), enquanto o GIF está limitado a 256, mas em compensação o PNG vai até o mesmo valor ou mais se forem consideradas as possibilidades de combinação com a transparência quando chega a 2^{32} cores. Como o olho humano não consegue distinguir detalhes muito pequenos de uma imagem, o JPEG é um dos formatos mais utilizados atualmente, já que o tamanho dos seus arquivos de imagens costuma ser bem pequeno. Existe um compromisso entre qualidade de imagem e tamanho do arquivo. Quanto menor for a qualidade da imagem, menor será o arquivo gerado no padrão JPEG.

O formato JPEG usa a compressão DCT (e depois Huffman) e permite gravar imagens sem usar tabelas de cores usando toda a informação de tons de cinza ou RGB. Embora tenha perdas mais eficiente no sentido de produzir maior compreensão para imagens fotográficas comuns (com grande variação tonal). Para a Internet, o efeito da imagem sendo recebida com níveis de qualidade crescentes é feito através de codificação progressiva (*Progressive Encoding*). Esse formato não possui recursos de transparência ou animações.

Esse formato de arquivo foi desenvolvido inicialmente por Eric Hamilton, da *C-Cube Microsystems*, que decidiu disponibilizá-lo em domínio público sob o nome de JPEG File Interchange Format (JFIF), mas generalizou-se chamar esse formato de JPEG. Os algoritmos de compressão utilizados por esse formato estão definidos na norma ISO/IEC 10981-1, que apresenta esses e outros algoritmos (também utilizados pelo TIFF) e não o formato de arquivo.

O padrão JPEG foi desenvolvido para comprimir imagens paradas, em tons contínuos de cinza ou de cor, não tendo um bom desempenho em imagens que apresentem descontinuidades nas cores ou nos tons de cinza. A precisão de entrada/saída é limitada a 8 bits. A compressão é realizada em três passos seqüenciais: computação, quantização, atribuição do código de tamanho variável.

O padrão JPEG apresenta os modos de operação: PEG com perda ou JPEG-DCT (*Joint Photographic Experts Group – Discrete Cosine Transform*) e JPEG sem perda ou JPEG – DPCM (*Joint Photographic Experts Group – Differential Pulse Coding Modulation*), modo progressivo e modo hierárquico.

Para imagens coloridas, o padrão JPEG obtém taxa de compressão entre 10:1 a 20:1 sem perdas visíveis, taxas de 30:1 a 50:1 com pequenos defeitos na imagem, mas pode ser obtida taxa de até 100:1. Para imagens em tons de cinza, não se obtêm taxas tão altas de compressão e, com isso, o limite da taxa sem perdas visíveis fica em torno de 5:1.

O JPEG estabelece os seguintes aspectos para garantir futuras distribuições e aplicações:

- a implementação do JPEG deve ser independente do tamanho da imagem;
- a implementação do JPEG deve ser aplicável a qualquer imagem;
- a representação de cor deve ser independente de implementação especial;

- o conteúdo da imagem pode ser de qualquer complexidade, com qualquer característica estatística;
- a decodificação seqüencial (linha por linha) e decodificação progressiva (refinamento da imagem inteira) devem ser possíveis.

O padrão JPEG só é especificado para imagens paradas. O *Motion JPEG* ou *MJPEG* é a aplicação do JPEG aos quadros de uma seqüência de vídeo. Nas referências ao padrão JPEG, considera-se o JPEG-DCT, cujo grau de qualidade e velocidade de descompressão pode ser variado de acordo com os parâmetros da compressão.

O tamanho do arquivo da imagem em processamento pode ser regulado de acordo com a qualidade final da imagem desejada. O padrão JPEG sem perda, conhecido como JPEG-DPCM, é completamente independente do método JPEG-DCT. O método sem perda utiliza a codificação preditiva para formar os resíduos que são codificados com um código de comprimento variável.

A Figura 8.47 mostra as diferenças entre as imagens no formato JPG, com porcentagem de compressão diferente. Pode-se observar que, quanto maior o grau de compressão, menor é o tamanho do arquivo e pior é a qualidade da imagem. E quanto menor o grau de compressão, maior é o tamanho do arquivo e melhor é a qualidade da imagem. Com maior compactação, um arquivo pode ficar extremamente pequeno, mas à custa de uma degradação apreciável na qualidade da ima-

FIGURA 8.47. *Imagem MAC em JPG com 95% de compressão e 5% os arquivos tem áreas: respectivamente*

JPEG – 95%   GIF – 5%

FIGURA 8.48. *Comparando GIF com JPEG.*

gem, principalmente quando observada em detalhe. A mesma imagem com grau de compactação mais baixo pode não apresentar degradação visível. Isso pode ser observado nas figuras que tiverem principalmente poucos tons constantes.

A Figura 8.48 mostra que o formato JPEG permite um grau de compressão maior do que o GIF. Mas o formato JPEG não funciona bem com gráficos que contêm grandes áreas de uma só cor e contornos nítidos, onde o sistema de blocagem pode ficar evidente.

O padrão JPEG é razoavelmente complexo porque ele usa um grande número de técnicas de compressão de imagens. No JPEG padrão, pode-se encontrar quatro modos de se efetuar a compressão dos dados: seqüencial, progressivo, hierárquico e sem perda (*lossless*). No JPEG seqüencial, cada componente de cor é completamente codificado em uma simples varredura (*scan*), cada bloco de dados comprimido de uma só vez. No JPEG progressivo, os componentes das imagens são codificados em múltiplas varreduras. A compressão de dados de cada componente é feita no mínimo em duas varreduras. A varredura inicial cria uma versão com pouca definição da imagem, enquanto varreduras subseqüentes fazem o seu refinamento. Imagens progressivas vão sendo visualizadas conforme são decodificadas, dando ao usuário uma idéia do conteúdo da imagem após uma pequena quantidade de dados ter sido transmitida. Por ser de difícil implementação, é mais recomendado quando a velocidade de processamento é relativamente mais rápida que velocidade de transmissão da imagem através de uma rede.

O JPEG hierárquico é tido como um modo superprogressivo em que a imagem é subdividida em um certo número de subimagens chamadas *frames*. Um *frame* é uma coleção de uma ou mais varreduras. No modo hierárquico, o primeiro *frame* cria uma versão de baixa resolução da imagem. Os *frames* restantes refinam a imagem por incremento da resolução. Os principais obstáculos do modo hierárquico são a complexidade de sua implementação, mais processamento, maior quantidade de dados a serem transmitidos e, portanto, menor taxa de compressão.

O JPEG sem perda preserva de forma exata a imagem original, apresentando baixa taxa de compressão não sendo, na maioria dos casos, competitivo. A Figura 8.49 esquematiza as operações envolvidas no sistema de compressão JPEG. Inicialmente, a imagem deve ser convertida do espaço de cores RGB para o YCbCr (seção 2.5), depois é subdividida em blocos de 8 × 8 pixels, aplica-se a DCT (seção 8.6), a quantização, a ordenação em ziguezague e a codificação de Huffman (seção 8.5.1), fornecendo, então, a imagem comprimida.

Mais especificamente processo de compactação JPEG é composto das seguintes fases:

1. a imagem é divida em blocos de 8 × 8 pixels e em cada um desses blocos é calculada a DCT (*discrete cossine transform*);
2. os coeficientes gerados pela DCT são quantizados e alguns coeficientes até eliminados. O processo de quantização definirá o grau de compactação da imagem;

3. na última etapa, a codificação de Huffman é aplicada aos coeficientes quantizados.

No algoritmo JPEG, a função de transformação DCT é aplicada sobre blocos de imagem de 8 × 8 pixels e os valores devem ser amostrados para serem representados usando-se 8 bits, ou seja, valores na faixa de 0 a 255. O JPEG requer, ainda, que o valor 128 seja subtraído de cada valor de entrada, para que cada valor seja levado para a faixa de −128 até 127 antes de serem feitos os cálculos da DCT. Isso causa um efeito de redução de magnitude no primeiro coeficiente da DCT (chamado DC), mas não afeta o valor deste nem dos outros coeficientes (chamados ACs). Na transformação inversa (IDCT), deve-se adicionar o valor 128 para levar o resultado obtido para o valor correto.

No processo de compressão JPEG, a quantização é aplicada nos coeficientes gerados pela transformada de co-seno. Uma matriz de pixels original é composta de elementos inteiros, mas após a transformada tem-se uma matriz de coeficientes reais. Para reduzir o espaço necessário para armazenar esses valores, aplica-se a quantização, que é o processo de redução do número de bits necessários para armazenar um valor reduzindo sua precisão. É nessa redução da precisão que acontece é um processo irreversível de perda da informação. Esse processo é obtido por meio de uma matriz de quantização que vai produzir redução de precisão em cada elemento. Cada elemento da matriz de coeficientes é dividido pelo elemento correspondente da matriz de quantização e seu valor arredondado para o inteiro mais próximo.

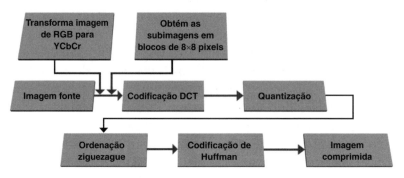

FIGURA 8.49. *Operações da compressão JPEG.*

O formato JPEG utiliza uma matriz de quantização $Q[i,,j]$ que gera um nível e bom de compressão, dada pela expressão:

$$Q[i, j] = 1 + (1 + i + j) * \text{fator\_de\_quantização} \quad (8.64)$$

O fator_de_quantização é considerado entre 2 e 25, e os índices iniciam no zero. Quanto maior o valor do fator_de_quantização, maiores serão as perdas. Para valores maiores que 25, haverá um comprometimento muito severo na qualidade da imagem reconstruída. Dessa maneira, é feita uma quantização por zona, sendo os coeficientes associados às mais altas freqüências quantizados com mais severidade. Nas Tabelas 8.12 a 8.15, tem-se uma ilustração dos efeitos da quantização em um exemplo hipotético.

TABELA 8.12. Matriz de quantização para fator 2

3	5	7	9	11	13	15	17
5	7	9	11	13	15	17	19
7	9	11	13	15	17	19	4
9	11	13	15	17	19	4	23
11	13	15	17	19	4	23	25
13	15	17	19	4	23	25	27
15	17	19	4	23	25	27	29
17	19	4	23	25	27	29	31

TABELA 8.13. Matriz de quantização para fator 5

6	11	16	4	26	31	36	41
11	16	4	26	31	36	41	46
16	4	26	31	36	41	46	51
4	26	31	36	41	46	51	56
26	31	36	41	46	51	56	61
31	36	41	46	51	56	61	66
36	41	46	51	56	61	66	71
41	46	51	56	61	66	71	76

Tabela 8.14. Coeficientes gerados pela transformada do co-seno, antes da quantização com fator 5

92,1	45	−32	−7,3	1,1	−1	0	1,9
68,5	−87	49,8	28,1	11,3	−1,3	2,7	1,3
−49	69,1	−61	−13	10,1	1,7	1,9	0
23,5	−52	33,4	45,4	−17	2	0,1	23
−41	19,4	−5,9	7,8	19,2	−5,1	−1,3	0
17,3	−5,2	11,7	2,9	−13	11,3	2,5	−1,7
−41	1,7	3,2	−1,1	5,3	2,5	−0,7	0
0−	1,9	2,1	0	5,2	0	1,2−	1

TABELA 8.15. Coeficientes reconstruídos depois de quantização com fator 5

90	44	-32	0	0	0	0	0
66	-80	42	26	0	0	0	0
-48	63	-52	0	0	0	0	0
4	-52	31	36	0	0	0	0
-26	0	0	0	0	0	0	0
0	0	0	0	0	0	0	0
36	0	0	0	0	0	0	0
0	0	0	0	0	0	0	0

Após a quantização, é feita uma ordenação dos coeficientes em ziguezague, indo da posição (0,0) até (7,7) com o objetivo de melhorar a codificação ((0,0), (0,1), (1,0), (2,0), (1,1), (0,2), (0,3), (1,2), (2,1), (3,0)...)

8.9.4. JPEG2000

O JPEG 2000 é um formato de codificação de imagem que usa técnicas de compressão wavelets. A sua arquitetura permite a sua aplicação a uma vasta gama de utilizações, desde câmeras digitais portáteis à pré-impressão avançada, imagens médicas e outros. Esse padrão de alta definição foi criado em 1999 utilizando métodos de lógica nebulosa ou *fuzzy*. Pode compactar até 90% do arquivo original sem perder a qualidade de imagem. Esse formato têm várias partes: parte1 (a base), publicada como um *standard* internacional, mais cinco partes (2-6) completas ou quase completas, e quatro novas partes (8-11) em desenvolvimento.

- Parte 1, sistema de codificação de base (intencionado a ser livre de *royalty* e de licença, mas não livre de patente).
- Parte 2, extensões (adiciona funcionalidades e sofisticação à base).
- Parte 3, motion JPEG 2000.
- Parte 4, conformidade com o *standard*.
- Parte 5, *software* de referência (Java e C, implementações disponíveis).
- Parte 6, formato para imagem composta (visualização de documentos, para aplicações de pré-impressão e fac-símile etc.).
- Parte 7 foi abandonada.
- Parte 8, JPSEC (aspectos de segurança).
- Parte 9, JPIP (protocolos interativos e API).
- Parte 10, JP3D (imagens tridimensionais).
- Parte 11, JPWL aplicações para equipamentos sem fio (*wireless*).
- Parte 12, formato ISO de base para multimídia (em comum com o MPEG-4).

8.9.5. MJPEG

O MJPEG, sigla de "*motion*-JPEG", é uma técnica de codificação que comprime na forma JPEG cada quadro de vídeo antes da transmissão. Há muitas vantagens na sua utilização, assim como desvantagens. A maior vantagem do MJPEG é que a compressão JPEG é muito barata para se fazer em *hardware* e ela suporta quase qualquer tamanho de quadro de vídeo que se queira transmitir (sujeito somente à restrição de blocos de 8 × 8). Isso quer dizer que pode-se usar o MJPEG para quadros de vídeo de tamanho mínimo até tamanho real de i-HDTV (1920 × 1080) ou mesmo maiores.

O MJPEG não usa compressão interquadro, o que resulta em transmissão com baixo período de latência. A qualidade da imagem irá variar com base na velocidade e qualidade do codificador, assim como na disponibilidade de banda larga para a transmissão. A arquitetura do MJPEG usa blocos JPEG normais e nenhuma informação interquadros, significando que erros ou perda de pacotes na rede somente influenciam um bloco ou uma linha de blocos em uma imagem, e o erro não se propaga por vários quadros. Se ocorrer maior perda de pacotes, no entanto, os usuários presenciam uma degradação significante da imagem do vídeo.

Uma abordagem comum dos codificadores MJPEG é dar ao usuário duas escolhas para compressão.

Uma abordagem alternativa permite estabelecer uma cobertura de largura de banda, dessa forma permitindo que a taxa de compressão varie de quadro para quadro mantendo a cobertura de largura de banda. Nessa abordagem, a qualidade da imagem vai variar um pouco de quadro a quadro. Essa abordagem é melhor usada em cenários de videoconferência, em que há pouco ou nenhum movimento.

O MJPEG escolhe automaticamente a taxa de quadro de vídeo baseado-se no codificador usado e, portanto, não há problemas em lidar com NTSC, PAL, SECAM ou qualquer outro.

A respeito da precisão do quadro, a conversão pelo MJPEG é bastante consistente, fazendo a edição ser bem mais fácil. Uma variedade de *softwares* editores de vídeo usa o MJPEG para armazenamento *on-disk*, por essa razão, convertendo para MPEG ou outros formatos quando passado para uma fita ou VCD/DVD.

O MJPEG baseado em DCT não funciona bem em ambiente com largura de banda restrita. Um sinal PAL/NTSC com 25/29.97 fps é em 2Mbps. Muito abaixo dessa velocidade, a imagem rapidamente aparecerá ruim. Tipicamente, pode-se melhorar o filme utilizando-se uma taxa de quadros mais baixa, mas isso irá funcionar somente em cenários específicos de colaboração. Para larguras de banda menor que 2Mbps em resoluções PAL/NTSC, deveria ser considerado o uso de um codec como o H.263 ou MPEG com uma resolução mais baixa.

A mais nova mudança é o uso do novo padrão JPEG-2000. Isso trocou a compressão DCT usada no antigo JPEG e para compressões wavelet de dados de imagens. O resultado alcançado possui mais flexibilidade (por exemplo, podem-se identificar regiões de quadros que são mais importantes do que outras e com melhor capacidade de recuperação de erros.

8.9.5.1. MPEG-1

MPEG é a sigla de Motion Pictures Experts Group, que é um grupo de pesquisadores que desenvolvem padrões para compressão de áudio e vídeo. O MPEG-1 é o padrão original do MPEG e é capaz de codificar áudio e vídeo a uma taxa de 1,15 MB/s. O MPEG define três níveis ou camadas de compressão para áudio. Em cada camada, o nível de compressão é mais complexo e exige mais poder computacional. A terceira camada (*layer* 3) se tornou bastante popular para a compressão de áudio atualmente conhecida como MP3, ou melhor, MPEG Layer 3.

Para imagens em movimento, o padrão de compressão/descompressão MPEG (*Motion Picture Experts Group*) utiliza muito das técnicas do JPEG, além de explorar a redundância interquadros, presente em uma seqüência, elevando a taxa de compressão.

O algoritmo de compressão MPEG trabalha em três estágios: redução da banda passante, compressão com perda, e o estágio final, uma compressão com menos perda. O primeiro estágio consiste primeiramente em igualar a resolução da fonte com o *bit-rate*. No segundo estágio, o algoritmo de compressão remove a redundância espacial e temporal. O terceiro estágio mapeia os resultados das informações sobre a fila de bits e a sintaxe que combina um código de comprimento fixo ou comprimentos variáveis. O algoritmo de compressão é baseado em duas técnicas básicas: *block based motion compensation* para a redução de redundância temporal e domínio da transferência (transformada discreta do co-seno) para a redução da redundância espacial.

8.9.5.2. MPEG-2

É um padrão de compactação de maior qualidade utilizado em radiodifusão por satélite, por exemplo. Pode ser utilizado em transmissões a taxas de 4 a 9 MB/s. Uma versão modificada do MPEG-2 é usada pelo padrão HDTV e também nos DVDs.

8.9.5.3. MPEG-4 e Derivados

O padrão MPEG-4 e seus derivados (DiVX, XViD etc.) são os mais usados atualmente. Devido à melhoria dos recursos computacionais, principalmente, eles podem oferecer qualidade semelhante ao MPEG-2 sem ocupar tanto espaço.

8.9.6. BMP

O formato de arquivos BMP foi desenvolvido pela Microsoft, sendo o formato nativo de mapa de bits do Windows (a partir da versão 3.00). Esse sistema operacional utiliza o BMP em sua própria estrutura: no fundo de tela (*wallpaper*), nos ícones, nos cursores (apontadores de mouse) e nas imagens em mapas de bit (bitmaps) por bits.

O formato BMP é, com freqüência, o padrão das aplicações Windows que manipulam imagens. Pode-se citar, por exemplo, a linguagem de programação Delphi, que até sua versão 4.0 apenas disponibilizava componentes para manipulação de imagens no formato BMP. Tal fato deve-se, sobretudo, à simplicidade da estrutura dos arquivos BMP, que tornam mínimas as possibilidades de ocorrência de algum problema ou erro na interpretação dos dados.

8.9.6.1. Plataformas de Utilização do Formato BMP

O formato BMP foi projetado para sistemas operacionais que rodem sobre a plataforma Intel (Windows, Linux etc.). Desse modo, se for necessária a utilização do formato BMP em outros tipos de arquiteturas, como, por exemplo, Macintosh, deve ser usado outro formato mais adequado (PCX, GIF, TIFF etc.). Essa é, com certeza, uma razão pela qual arquivos BMP não são usados em aplicações para a Internet, que pressupõe padrões abertos e universais.

8.9.6.2. Forma de Armazenamento de Arquivos BMP: DIB

Arquivos BMP são armazenados no formato DIB (*Device-Independent Bitmap*), que permite exibir a imagem em qualquer dispositivo, ou seja, o bitmap especifica a cor do pixel em uma forma independente do método usado pelo dispositivo físico usado para representá-lo. A extensão padrão dos arquivos DIB do Windows é ".BMP". Referências a arquivos DIB são em última análise referências a arquivos BMP. O BMP usa formato posicional, em que o significado do byte depende de sua posição no arquivo, o que dificulta mudanças em sua estrutura.

8.9.6.3. Versões de BMP Quanto à Quantidade de Cor

Os arquivos BMP podem ser classificados conforme a quantidade de bits usados para representar 1 pixel (bit/pixel), existindo versões de 1 bit/pixel (4 = 2 cores), 4 bits/pixel (2^4 = 16 cores), 8 bits/pixel (2^8 = 256 cores), 24 bits/pixel (*true color* com até $2^{24} \cong 16$ milhões de cores) e mais recentemente 32 bits (*true color* com até $2^{32} \cong 4$ bilhões de cores).

8.9.6.4. RLE

É muitíssimo raro, mas arquivos de formato BMP podem, nas versões de 4 e 8 bits/pixel, utilizar a compressão RLE (*Run Length Encoded* – seção 8.5.4), de forma a reduzir o tamanho do arquivo que armazena o bitmap. Como a compressão RLE é raramente implementada, mesmo para imagens de 4 e 8 bits/pixel, os arquivos BMP em geral tendem a ocupar mais espaço em disco do que outros formatos. Logo, se o tamanho do arquivo é importante, o formato BMP não é o mais indicado.

A técnica de compressão RLE é usada nesse formato somente até 256 cores, por isso arquivos com bit/pixel > 8 não a usam. Assim, arquivos BMP de 24 bits por pixel (*true color*) e 32 bits por pixel podem ser muito grandes. Nas próximas duas subseções apresenta-se a forma como os dados da imagem são representados, se comprimidos pela forma RLE usada no BMP. Essa compressão tem duas formas possíveis: imagens com 8 ou 4 bits por pixel. A existência de compressão é indicada pelo campo *BiCompress* do cabeçalho de mapa de bits ser diferente de zero.

8.9.6.5. RLE do BMP para imaens de 8 Bits/Pixels

O BMP usa o formato de compressão RLE para imagens de 256 cores. Nesse caso, o campo *BiCompress* do cabeçalho de mapa de bits está setado com BI_RLE8 (01). Esse formato usa dois modos, denominados *Encoded mode* e *Absolute mode*.

Encoded mode: é o modo que usa compressão RLE em 2 bytes. O primeiro byte especifica o número de pixels consecutivos que serão desenhados usando o índice de cor contido no segundo byte. Mas, caso o primeiro byte esteja "setado" com zero, isso é um indicativo de que quatro coisas podem ocorrer: (1) pode ser fim de linha, (2) pode ser fim do *bitmap*, (3) haverá um "delta" ou ainda (4) que a codificação RLE se interromperá por alguns bytes. Qual a interpretação correta do zero depende do segundo byte do par (ver Tabela 8.15). Esse byte pode assumir valores de hexadecimais 0x00 a 0xFF e os significados podem ser os definidos na Tabela 8.16.

TABELA 8.16. Significado dos 2 Bytes do RLE/BMP

Segundo Byte	Significado
0	Fim de linha
1	Fim de bitmap
2	Delta
3 a 255	Modo absoluto

Um Delta (terceira possibilidade) é entendido como um deslocamento do próximo pixel a ser representado na tela. Indica mudança da posição do sucessor do pixel anterior usual para a posição ocupada pelos próximos bytes do arquivo que seguem. Nesse caso, os 2 bytes seguintes (ao *flag* 2) contêm valores que indicam o deslocamento horizontal e vertical do próximo pixel a partir da posição corrente.

O modo absoluto ou *absolute mode* (quarta possibilidade) é sinalizado pelo primeiro byte do par setado com zero e o segundo byte setado por um valor hexadecimal entre 0x03 e 0xff (isto é, 3 ou 255). Nesse caso, o valor do segundo byte representa o número de bytes seguintes que serão descritos na forma não comprimida, isto é, cada qual com seu valor representando um índice de cor da paleta.

Exemplo de uso dos dois modos de compressão RLE

Suponha que em um arquivo na área de dados da imagem estejam os valores a seguir.

03 04 05 06 00 03 45 56 67 00 02 05 01 02 78 00 00 09 1E 00 01

Acompanhe na Tabela 8.17 o que seria representado na matriz de dados da imagem quando os dados fossem expandidos.

TABELA 8.17. Exemplo de bitmap BMP e seu significado

Dados Comprimidos	Dados Expandidos	Tipo
03 04	04 04 04	RLE
05 06	06 06 06 06 06	RLE
00 03 45 56 67	45 56 67	Indicativo de modo absoluto
00 02 05 01	Delta de 5 pixels p/esquerda e 1 p/baixo	Indicativo de Delta
02 78	78 78	RLE
00 00	Fim de linha	Indicativo de Fim de Linha
09 1E	1E 1E 1E 1E 1E 1E 1E 1E 1E	RLE
00 01	Fim da Imagem	Indicativo de Fim de Arquivo

8.9.6.6. RLE do BMP para imagens de 4 bits/pixels

Nesse caso, o campo *BiCompress* do cabeçalho do mapa de bits está setado com BI_RLE4 (02), e o BMP usa o formato de compressão RLE para imagens de 16 cores. Esse formato usa os mesmos dois modos anteriores, mas agora cada 4 bits representam um dado. Um aspecto diferencial aqui é o conceito de cor primária e secundária. Observe como ficam os dois modos.

A forma RLE em 4 bits/pixel ou *Encoded mode*, como no caso anterior de 8 bits/pixel, usa 2 bytes. O primeiro byte do par contém o número de pixels que serão desenhados usando os índices de cores do segundo byte. O segundo byte contém 2 índices de cores (já que o BMP está codificado com 4 bits/pixel).

O primeiro pixel usa a cor de ordem primária, o segundo pixel a cor de ordem secundária e assim por diante até que todos os pixels especificados no primeiro byte tenham sido desenhados.

Como no caso anterior, o primeiro byte do par pode ser setado com zero, o que estará indicando que pode ser fim de linha, fim do aquivo BMP, delta ou interrupção do modo codificado (*encode*) e passagem para o modo absoluto. A interpretação dependerá do valor do segundo byte, que pode variar de 0x00 a 0xFF. O significado é idêntico ao explicado anteriormente para compressão de arquivos BMP com 8 bits/pixel.

No modo absoluto ou *Absolute mode*, o primeiro byte contém zero e o segundo byte contém o número de índices de cores que se seguem; os bytes seguintes indicam os índices de cores primárias e secundárias, sendo um índice de cores para cada pixel.

Exemplo de uso dos dois modos de compressão RLE

Suponha que no arquivo na área de dados da imagem estejam os valores a seguir mas codificados em 4 bits/pixel:

03 04 05 06 00 03 45 56 67 00 02 05 01 02 78 00 00 09 1E 00 01

Acompanhe na Tabela 8.18 o que seria representado na matriz de dados da imagem quando os dados fossem expandidos.

TABELA 8.18. Dados expandidos

Dados Comprimidos	Dados Expandidos
03 04	0 4 0
05 06	0 6 0 6 0
00 03 45 65 67	4 5 6 5 6 7
00 02 05 01	Delta: mova 5 p/esquerda e 1 p/baixo
02 78	7 8 7 8
00 00	Fim de linha
09 1E	1 E 1 E 1 E 1 E 1
00 01	Fim dos dados da imagem

8.9.6.7. Estrutura Geral do Formato BMP

Todo arquivo BMP está dividido em três ou quatro partes, que são: o cabeçalho do arquivo; o cabeçalho do mapa de bits; o mapa de cores e a área de dados.

O cabeçalho do arquivo contém a assinatura BM e informações sobre o tamanho e o layout do arquivo BMP (isto é, como será a disposição dos dados dentro do arquivo);

O cabeçalho de mapa de bits contém as informações da imagem armazenada no arquivo. Define dimensões, tipo de compressão (se houver) e informações sobre as cores da imagem;

O paleta ou mapa de cores é um opcional. Somente estará presente em arquivos de imagens que usam 16 ou 256 cores (4 e 8 bits/pixel). Nos demais tipos de imagens, em seu lugar vem diretamente a parte seguinte: área de dados da imagem;

A área de dados descreve a imagem contida no arquivo, ou seja os dados que permitem a exibição da imagem propriamente dita, são os dados dos pixels a serem exibidos, que podem ser com ou sem compressão.

Existem, dentro da estrutura do BMP, alguns campos ditos "Reservados", destinados a uso futuro, que sempre devem ser setados com zero. Outros dados são sempre idênticos ou fornecidos mais de uma vez no arquivo, para possível rechecagem e desvio de possíveis erros. Sente-se que no projeto deste arquivo a facilidade de utilização predominava sobre a economia de espaço.

8.9.6.8. Estrutura Detalhada do Formato BMP

A tabelas a seguir descrevem detalhadamente a informação que se encontra em cada byte de cada uma das partes do arquivo BMP.

Tabela 8.19 **Cabeçalho de Arquivo – Informações do Arquivo – Tamanho: 14 bytes**

Campo	Bytes	Descrição
BfType	2	Assinatura do arquivo: os caracteres BM ou (42 4D) em hexadecimal. É a identificação de ser realmente um arquivo BMP
BfSize	4	Tamanho do arquivo em Bytes
BfReser1	2	Campo reservado 1; deve ser zero normalmente
BfReser2	2	Campo reservado 2; deve ser zero normalmente
BfOffSetBits	4	Especifica o deslocamento, em dados da imagem: – Se a imagem usa paleta de cores, esse campo tem tamanho = 14 + 40 + (4 × NumeroDeCores) – Se a imagem não usar paleta de cores: tamanho = 14 + 40 = 54

Tabela 8.20 **Cabeçalho de Mapa de Bits – Informações da Imagem – Tamanho: 40 bytes**

Campo	Bytes	Descrição
BiSize	4	Tamanho deste cabeçalho (40 bytes). Sempre (28) em hexadecimal
BiWidth	4	Largura da imagem em pixels
BiHeight	4	Altura da imagem em pixels
BiPlanes	2	Número de planos de imagem. Sempre 1
BiBitCount	2	Quantidade de bits por pixel (1, 4, 8, 24, 32) Este campo indica, indiretamente, o número máximo de cores, que é $2^{Bits\ por\ pixel}$
BiCompress	4	Compressão usada. Pode ser: 0 = BI_RGB _ sem compressão 1 = BI_RLE8 – compressão RLE 8 bits 2 = BI_RLE4 – compressão RLE 4 bits

Campo	Bytes	Descrição
BiSizeImag	4	Tamanho da imagem (dados) em byte – Se arquivo sem compressão, este campo pode ser zero. – Se imagem em *true color*, será tamanho do arquivo (Bfsize) menos deslocamento (BfOffSetBits)
BiXPPMeter	4	Resolução horizontal em pixels por metro
BiYPPMeter	4	Resolução vertical em pixels por metro
BiClrUsed	4	Número de cores usadas na imagem. Quando zero, indica o uso do máximo de cores possível pela quantidade de bits por pixel, que é $2^{Bits\ por\ pixel}$
BiClrImpor	4	Número de cores importantes (realmente usadas) na imagem. Por exemplo, das 256 cores, apenas 200 são efetivamente usadas. Se todas são importantes, pode ser zero. É útil quando for exibir uma imagem em um dispositivo que suporte menos cores que a imagem possui.

Tabela 8.21 **Paleta de Cores – Definição de Tabela de Cores – Tamanho: 4 Bytes × Número de Cores**

Campo	Bytes	Descrição
Blue	1	Intensidade de azul. De 0 a 255
Green	1	Intensidade de verde. De 0 a 255
Red	1	Intensidade de vermelho. De 0 a 255
Alpha	1	Campo indicativo do nível de transparência. Se zero corresponde a cores opacas

A tabela de cores só está presente em imagens com 256 cores ou menos. Para os demais tipos de BMP, vem em seu lugar a área de dados. No BMP, a cor é representada de forma diferenciada dos demais formatos de arquivos de imagens. A paleta é um vetor de bytes da estrutura RGBA, representando a intensidade de cada cor, através de 1 byte. Imagens de 8 bits por pixel, com no máximo 256 cores, terão 256 posições na paleta, da mesma forma que imagens de 4 bits por pixel terão 16 posições e imagens de 1 bit por pixel terão duas posições na paleta. Para exemplo de imagem com 256 cores, o armazenamento de cada posição da paleta seria:

– Paleta[0] – contém informação sobre o atributo de cor número zero.

– Paleta[1] – contém informação sobre o atributo de cor número um.

.....

.....

– Paleta[255] – contém informação sobre o atributo de cor número 255.

As cores aparecem na tabela em ordem de importância, o que ajuda a placa de vídeo (*driver* de exibição) a reproduzir o bitmap em dispositivos que não podem exibir a quantidade de cores com que a imagem foi criada.

8.9.6.9. Área de Dados da Imagem

Essa área do arquivo de imagens varia conforme a existência ou não de compressão. Veja as seções de compressão RLE (seções 8.9.6.4 a 8.9.6.6). Para imagens sem compressão, os dados são armazenados em uma ordem seqüencial, dentro do arquivo, que corresponde a posições na tela de vídeo. O primeiro pixel refere-se à posição inferior esquerda. O último pixel refere-se à posição superior direita, como a orientação usual de um sistema de coordenadas cartesiano. Por exemplo, para uma imagem de 150 (largura) × 80 (altura) pixels, teríamos:

– 1º Pixel – posição (0,80) na imagem.
– 2º Pixel – posição (1,80) na imagem.
– 3º Pixel – posição (2,80) na imagem.
– 4º Pixel – posição (3,80) na imagem.
.....
– Penúltimo Pixel – posição (148,0) na imagem.
– Último Pixel – posição (149,0) na imagem.

O valor lido nessa área de dados, se sem compressão, refere-se à cor do pixel de acordo com a tabela de cores (paleta). Há, entretanto, a restrição de que cada linha deve ter N bytes, sendo N um número divisível por 4. Caso contrário, o BMP deve ser preenchido com bytes não-válidos. Por exemplo, se a imagem tem 1 × 100 pixels em 8 bits/pixel, o BMP teria 1 byte válido em cada linha e mais 3 bytes que não têm qualquer significado.

No BMP monocromático, cada valor lido corresponde a uma entrada na paleta de cores. Se o bit for zero, a cor é a da paleta [0]; caso contrário, a cor será a da paleta [1].

No BMP de 16 cores, cada 4 bits (meio byte) corresponde a uma entrada na paleta de cores. Por exemplo, se o primeiro byte contiver (1F)h (valor em hexadecimal), o primeiro pixel tem a cor da palera [0] e o segundo pixel, a cor da paleta [15].

No BMP de 256 cores, cada byte (8 bits) corresponde a uma entrada na paleta de cores. Se o primeiro byte da área de dados contém (1F)h, o primeiro pixel tem a cor da paleta [31].

No BMP *true color* (24 bits) cada seqüência de 3 bytes correspondem a uma seqüência Blue, Green, Red, isso é, a composição da cor do pixel diretamente (não tendo nesse caso paleta de cores). No *true color* de 32 bits, é a combinação de 4 bytes que estabelecerá a cor do pixel.

8.9.7. Formato PCX

Um dos primeiros formatos criados foi o formato PCX. É um formato razoavelmente compacto e simples que se tornou popular com a distribuição do PC Paintbrush, e por ser utilizado pela maioria dos *scanners*, programas de editoração eletrônica e fax.

O formato PCX evoluiu bastante, sendo que, depois da versão IV, tornou-se bem poderoso. Esse formato usa a compressão RLE (*Run Length Encoding*) (seção 8.5.4), que é a compressão através de padrões repetitivos. Utiliza as características das antigas placas de vídeo EGA e VGA. Esse formato suporta imagens em preto e branco, tons de cinza, 16 e 256 cores indexadas.

Os primeiro 128 bytes de um arquivo PCX constituem o cabeçalho ou *header*. No *header*, encontramos as informações sobre a imagem. Os elementos que constituem o *header* são apresentados na Tabela 8.22:

Tabela 8.22 **Cabeçalho do PCX**

Informação	Bytes	Descrição
Identificação	1	Contém o valor A0 em hexadecimal, é o único teste feito por *softwares* que lêem PCX.
Versão	1	Número da versão Paintbrush ou compatível que criou o arquivo.
Compressão	1	Define o tipo de compressão; mas só existe uma RLE, então esse número é sempre 1.
Bits-per-pixel	1	Indica quantos bits consecutivos no arquivo representarão um pixel na tela.
Xmin	2	Representa o limite inferior horizontal da imagem (em pixels).
Ymin	2	Representa o limite inferior vertical da imagem (em pixels).
Xmax	2	Representa o limite superior horizontal da imagem (em pixels).
Ymax	2	Representa o limite inferior vertical da imagem (em pixels).
Hres	2	Resolução horizontal da imagem.
Vres	2	Resolução vertical da imagem.
Pallete	48	Contém a paleta de cores do arquivo se este possuir até 16 cores.
Reservado	1	Não é utilizado, mas contém o modo do vídeo (BIOS).
Bytes-per-line	2	Indica quantos bytes existem em cada *scan-line*.
Tipo de pallete	2	Indica imagens em níveis de cinza ou coloridas.

O primeiro byte logo após o *header* é logo o início da imagem comprimida. A compressão RLE da imagem é feita da seguinte pelos passos que seguem:

1. Leia o byte.
2. Se os dois primeiros bits forem 11 (estiverem ligados).
   Então N recebe o valor dos 6 bits restantes do byte.
   Se não, desenhe esse byte e vá para o primeiro passo.
3. Leia o próximo byte e desenhe-o N vezes.
4. Volte ao primeiro passo.

Por usar até 6 bits como valor de N essa forma de compressão RLE faz com que o maior número de bytes que possam ser repetidos seja 63. Repetições maiores precisam ser codificadas em mais pacotes. Também produz tamanho de arquivos maiores para imagens com tabelas de cores grandes, pois o byte da cor, para não ser confundido com RLE, precisa ser representado em 2 bytes (utilizam-se cores acima de 127 com o RLE considerando repetição um). As imagens com tabelas de 256 cores que são utilizadas no programa possuem a tabela de cores no fim do arquivo. Essa tabela é armazenada da seguinte forma: cada cor é formada da combinação de três cores diferentes, sendo elas vermelho, verde e azul. A intensidade dessas cores varia desde 0 até 255. A tabela de cores tem três bytes, um representando a intensidade da cor vermelha, outro representando a intensidade da cor verde e o último representando a intensidade da cor azul. Como se dispõem de 256 cores, tem-se um total de 768 bytes no final do arquivo representando a tabela de cores.

Bibliografia

A
1. AGUIAR, F.; CASTRO, F. J.; DACAL, D.; A. CONCI. Um sistema para melhoria de mamogramas utilizando técnicas de processamento de imagens regionais. In: CONGRESSO TEMÁTICO DE DINÂMICA, CONTROLE E APLICAÇÕES, *Anais do IV DINCON*: SBMAC, Eds. J. M. Balthazar et al., v. 4, p. 1089-1096, 2005.
2. ALVES, A. A. *Refração*. 3 ed. Rio de Janeiro: Editora Cultura Médica, 1999.
3. ANDREWS, H. C. *Introduction to Mathematical Techniques in Pattern Recognition*. John Wiley & Sons, Inc. 1972. 256 p.
4. ANTON, H.; RORRES, C. *Álgebra Linear com Aplicações*. Porto Alegre: Bookman, 2001.
5. AQUINO, F. R. *Um Estudo das Metodologias de Compressão de Imagens por Fractais*. Dissertação (Mestrado em Computação Aplicada e Computação) – Programa de Pós-Graduação em Computação Aplicada e Automação, Universidade Federal Fluminense, Niterói.1998.
6. AQUINO, F. R.; CONCI, A. Fractal Image Coding Based on Block Complexity. INTERNATIONAL CONFERENCE ON ENGINEERING COMPUTER GRAPHICS AND DESCRIPTIVE GEOMETRY. *Proceedings of 8th ICECGDG by ISGG*, Austin, Texas, EUA, p. 495-499, 1998.
7. AZEVEDO E.; CONCI, A. *Computação Gráfica: Teoria e Prática*. Rio de Janeiro: Editora Campus-Elsevier. 2003. 384 p.

B
8. BAMIEH, R.; FIGUEIREDO, J. P. de. A general moment-invariant/attributed graph method for three-dimensional object recognition from a single image. *IEEE Journal of Robotics and Automation*, V. RA-2, March, p. 31-41, 1986.
9. BANON, G. J.F.; BARRERA, J. *Bases da Morfologia Matemática para Imagens Binárias*. 2ª. INPE, 1998.
10. BARBOSA, F. A.; MENDES, V. B.; LETA, F. R. Visão Computacional Aplicada à Análise Metalográfica de Aços. In: SEGUNDO CONGRESSO BRASILEIRO DE ENGENHARIA DE FABRICAÇÃO, *Anais do 2º COBEF*, Uberlândia, 2003.
11. BASTOS, L.; CONCI, A. Automatic Texture Segmentation Based on k-means Clustering and Co-occurrence Features. In: XX BRAZILIAN SYMPOSIUM ON COMPUTER GRAPHICS AND IMAGE PROCESSING, *SIBGRAPI 2007*, Belo Horizonte, Technical Posters, 2007. Disponível em: <http://sibgrapi.sid.inpe.br /col/sid.inpe.br/sibgrapi%4080/2007/09.21.12.42/doc/lucasfinal.pdf>
12. BATCHELOR, B. G. *Pattern Recognition*. New York: Plenum Press, 1978.
13. BHANU, Bir; TAN, Xuejun. Computational Algorithms for Fingerprint Recognition. USA: Kluwer Academic Publishers, University of California at Riverside, 2004.
14. BRUGGE, M. H. T.; NIJHUIS, J. A. G.; SPAANENBURG, L.; SDEVENS, J. H. License Plate Recognition, *Kowledge-Based Intelligent Techniques. Character Recognition*, Ed. por Lakhmi C. Jain e Beatrice Lazzerini, 1999, p. 263-295.

C
15. CAETANO,T.S.; OLABARRIAGA, S.D.; BARONE,D.A.C. Do mixture models in chromaticity space improve skin detection?. *Pattern Recognition*. v. 36 (12) , p. 3019–3021, 2003.
16. CALIXTO, E.P. *Granulometria morfológica em espaços de cores: estudo da ordenação espacial*. Dissertação (Mestrado em Computação) – Programa de Pós-Graduação em Computação, Universidade Federal Fluminense, Niterói. 2005.

17. CARVALHO, J.E.R. *Uma Abordagem de Segmentação de Placas de Automóveis Baseada em Morfologia Matemática*. Dissertação (Mestrado em Computação) – Programa de Pós-Graduação em Computação, Universidade Federal Fluminense, Niterói. 2006.
18. CASTLEMAN, K. R. *Digital Image Processing*. 1 ed. New Jersey: Prentice Hall Inc, 1996.
19. CASTRO, E. M. M. de. *Recuperação de Imagens em Banco de Dados por Semelhança de Cor*. Dissertação (Mestrado em Computação Aplicada e Automação) – Programa de Pós-Graduação em Computação Aplicada e Automação, Universidade Federal Fluminense, Niterói. 1998.
20. CHANG, S-K. *Principles of Pictorial Information Systems Design*. Prentice-Hall. 1989.
21. CHEN, C. *Statistical Pattern Recognition*. Spartan Books. 1973.
22. CHEN, K. S.; YEN, S. K.; TSAY, D. W. Neural classification of SPOT imagery through integration of intensity and fractal information. *International Journal of Remote Sensing*, v.18, n.4, p.763-783. 1997.
23. CLUNIE, D. A. *DICOM Structured Reporting*. Pennsylvania: PixelMed Publishing. 2000.
24. CÔCO, K. F.; SALLES, E.O.T, Sarcinelli-Filho, M. Topographic Independent Component Analysis Bases on Fractal Theory and Morphology Applied to Texture Segmentation. *Signal Processing*, v. 87, p.1966-1977. 2007.
25. CONCI, A.; AQUINO, F. R. Fractal Image Coding by Multi-Scale Selection Based on Block Complexity. *Journal for Geometry and Graphics*, Heldermann Verlag, Alemanha, v. 3, N. 1, p. 57-65. 1999.
26. CONCI. A.; AQUINO, F. R. Fractal Coding Based on Image Local Fractal Dimensions. In: COMPUTATIONAL AND APPLIED MATHEMATICS *(CAM)*, *SBMAC*, p. 26-40. 2005.
27. CONCI, A.; CAMPOS, C.F.J. An Efficient Box-Counting Fractal Dimension Approach for Experimental Image Variation Characterization. In: IWSSIP. *IWSSIP Proceedings*, Manchester, p.665-668. 1996.
28. CONCI, A.; CASTRO, E. M. M. M. Image mining by content. *Journal of Expert Systems with Application*, Elsevier Science, UK, v. 23, n. 4, p. 377-383. 2002.
29. CONCI, A.; MONTEIRO L.H. Utilização de Momentos de Área na Identificação de Veículos. In: XVIII CONGRESSO IBERO LATINO AMERICANO DE MÉTODOS COMPUTACIONAIS EM ENGENHARIA. *Anais do CILAMCE 97*, Brasília – DF, v. IV, p. 2019-2025. 1997.
30. CONCI, A.; NUNES, E. O. Multi-bands image analysis using local fractal dimension. In: SIBGRAPI. *Proceedings of Brazilian Symposium on Comp. Graphics, Image Proc. and Vision*, p.91-99. 2001.
31. CONCI, A.; PROENÇA, C. B. A fractal image analysis system for fabric inspection based on a box-counting method. *Computer Networks and ISDN Systems*, Elsevier Science, 30, v. 20-21, p.1887-1895. 1998.
32. CONCI, A.; PROENCA,C.B. A Computer Vision Approach for Textile Inspection. *Textile Research Journal*, Textile Research Institute, Princeton, New Jersey. v. 70, n. 4, p.347-350. 2000.
33. CONCI, A.; SOARES, L.M.; VIANNA, A.D. *Identification of Benign and Malignant Lesion by Feature Extraction on Mammographic Images*. In: APPLIED MECHANICS IN AMERICAS. Rio de Janeiro: *Proceedings of VI Pan American Congress of Applied Mechanics – PACAM*, v. 6, p. 53-56, Ed. D. Pamplona, P.B.Conçalves, I. Jasiuck C.R. Steele, H.I. Weber, L. Bevilacqua. 1999.
34. CONCI, A.; VIOLA, F.; GONZAGA, S.L.O. Melhoria de imagens de impressões digitais por filtro de Gabor adaptativo baseado em campos direcionais. RELATÓRIO INTERNO, Universidade Federal Fluminense, Niterói. Disponível em: www.ic.uff.br. 2004.
35. COREN, S.; PORAC AC, WARD, L. *Sensation and Perception*. New York: Academic Press. 1979.
36. CORRÊA, R.D. *Uma Ferramenta de Auxílio ao Diagnóstico em Exames Laringoscópicos Utilizando Técnicas de Análise de Imagens*. Dissertação (Mestrado em Computação) – Programa de Pós-Graduação em Computação, Universidade Federal Fluminense, Niterói. 2003.

D

37. DAUBECHIES, I. *Orthonormal bases of wavelets with finite support – connection with discrete filters*. Springer Verlag, Alemanha. 1988a.
38. DAUBECHIES, I. Orthonormal bases of compactly supported wavelets. *Communications in Pure and Applied Mathematics*, v. 41, p. 909-996. 1988b.
39. DAUBECHIES, I. *Ten Lectures on Wavelets*. Society for Industrial and Applied Mathematics, Philadelaphia, Pennsylvania. 1992.
40. DUARTE, A.; SANDEZ, A.; FERNANDEZ, F.; MONTEMAJOR, A. S. Improving image segmentation quality through effective region merging using a hierarchical social metaheuristic. *Pattern Recognition Letters*, v. 27, n.11, p.1239-1251. 2006.
41. DUDA, R.; HART, P. E. Use of Hough transformation to detect lines and curves in pictures. In: *Comunications of ACM*, v. 15, n. 1. 1972.
42. DUDA, R.; HART, P. E. *Pattern Classification and Scene Analysis*. New York: John Wiley.1973.
43. DUDANI, S. A.; BREEDING, K. J. McGHEE,R. B. Aircraft identification by moment invariants. *IEEE Transactions on Computer*, v. C-26, p. 39-26. 1977.
44. DUNCAN, J. S.; AYACHE, N. Medical Image Analysis: Progress over 2 decades and the challenges ahead. *IEEE Transaction on Pattern Analysis and Machine Intelligence*, v. 22, n.1. 2000.

E

45. EMERSON, C. W.; LAM, N. S.; QUATTROCHI, D. A. Multi-Scale fractal analysis of image texture and pattern. *Photogrammetric Enginnering & Remote Sensing*, v. 65(1), p. 51-61. 1999.
46. EMIROGLU, I.; AKHAN, M.B. Pre-processing of fingerprint images. In: EUROPEAN CONFERENCE ON SECURITY AND DETECTION, UNIVERSITY OF HERTFORDSHIRE, UK, p. 28-30. 1997.

F

47. FACON, J. *Processamento e análise de imagens.* CEFET-PR. 1993.
48. FAYYAD, U.; UTHURUSAMY, R. Data Mining and Knowledge Discovery in Databases. *Communications of the ACM*, New York, v. 39, n. 11. 1996.
49. FELICIANO, F. F. *Inspeção de placas de circuito impresso sem componentes utilizando técnicas de processamento e análise de imagens.* Dissertação (Mestrado em Engenharia Mecânica) – Programa de Pós-Graduação em Engenharia Mecânica, Universidade Federal Fluminense, Niterói. 2007.
50. FERNANDES, J. L.; CONCI, A. A Lacunaridade na Caracterização Espacial de Padrões. CONGRESSO TEMÁTICO DE DINÂMICA E CONTROLE DA SBMAC. *Anais do III DINCON*, UNESP/Campus de Ilha Solteira , p.1432-1492, 2004.
51. FERNANDES, L. A. F.; OLIVEIRA, M. M. Real-time line detection through an improved Hough transform voting scheme. *Pattern Recognition*, Elsevier, 2007. Disponível em (a ser publicado): <http://dx.doi.org/10.1016/j.patcog.2007.04.003>.
52. FONSECA, M.S. *Um Estudo sobre a Influência das Famílias Wavelets na Compressão Imagens.* Dissertação (Mestrado em Computação). Programa de Pós-Graduação em Computação, Universidade Federal Fluminense, Niterói. 2004.
53. FONSECA, M.S. *Combinando Imagens e Som para Detecção de Transições em Vídeos Digitais.* Dissertação (Mestrado em Computação) – Programa de Pós-Graduação em Computação, Universidade Federal Fluminense, Niterói. 2006.
54. FONSECA, M.S.; CONCI, A. A Influência das Bases na Compressão de Imagem por Wavelets. IBILCE-UNESP,São José do Rio Preto, SP, livro 2, p. 591. 2003.
55. FRIAS, B. C.; BELAUSTEGUIGOITÍA, F. C. *Visión para Computadoras.* Edição EBAI. 1988.
56. FRIAS, E.; MARTINEZ, F.; SANCHEZ, A.; VÉLEZ, J. Support vector machines versus multi-layer perceptrons for efficient off-line signature recognition. *Eng. Application of Artificial Intelligence*, v. I, n. 6, p. 693-704. 2006.
57. FRIEDMAN, M.; KANDEL, A. *Introduction to Pattern Recognition – Statistical, Structural, Neural and Fuzzy Logica Approaches.* World Scientific Publishing, Series in Machine Perception Artificial Intelligence, Inglaterra, 1999.

G

58. GIRALDI, G. A. *T-Snakes Duais e Inicialização de Modelos Deformáveis.* Tese (Doutorado em Ciência da Computação), Programa de Pós-Graduação em Ciência da Computação, Universidade Federal do Rio de Janeiro. 2000.
59. GIRALDI, G.A.; OLIVEIRA A.A.F. *Active Contour Models.* Web Tutorial. Disponível em: <http://virtual01.lncc.br/~giraldi/minicurso/snakes_index.html>. Acesso em: 18/10/2007.
60. GIRALDI, G. A.; STRAUSS, E.; OLIVEIRA, A. A. F. Improving the Original Dual-T-Snakes Model. In: XIV BRAZILIAN SYMPOSIUM ON COMPUTER GRAPHICS AND IMAGE PROCESSING, *Proceedings of XIV Brazilian Symposium on Computer Graphics and Image Processing*, Florianópolis. 2001.
61. GONÇALVES, L. B. *Trabalhos de Visão Computacional.* Programa de Pós-Graduação em Engenharia Mecânica, Universidade Federal Fluminense, Niterói. 2007.
62. GONÇALVES FILHO, A. do E. L. *Sistema de Reconhecimento de Objetos para Automação Industrial*, Dissertação (Mestrado em Engenharia Mecânica). Programa de Pós-Graduação em Engenharia Mecânica, PUC-Rio, 1996.
63. GONÇALVES FILHO, A. do E .L.; LETA, F. R. Can Invariant Moments be Used to Recognize Objects with Manufacture Deffects in Noise Ambients?. In: *QCAV'97 Colloque International Sur Le Contrôle Qualité Par Vision Artificialle*, França. 1997.
64. GONZALEZ, R. C.; WOODS, R. E. *Processamento de Imagens Digitais.* Edgard Blucher, São Paulo. 2000.
65. GOSHTASBY, A. *2-D and 3-D image registration for medical, remote sensing, and industrial applications.* John Wiley & Sons, Inc., EUA. 2005.
66. GRASP, A. An Introduction to Wavelets. *IEEE Computational Science and Engineering*, v. 2, n. 2. 1995.
67. GRATIN, C.; VITRIÀ, J.; MORESO, F.; SERÓN, D. Texture Classification using Neural Networks and Local Granulometries. *Mathematical Morphology and its Applications to Image and Signal Processing*, Kluwer Academic Publishers, p. 309-316. 1994.
68. GRIFFITH, L.J.; LEONARD, S.D. Association of colors with warning signal words. *International Journal of Industrial Ergonomics*, Elsevier, v. 20, p. 317-325. 1997.

H

69. HAN, J.; KAMBER, M. *Data mining – concepts and techniques*. Morgan Kaufmann Publishers, San Francisco. 2001.
70. HAN, J.; KOPERSKI, K.; STEFANOVIC, N. GeoMiner: A System Prototype for Spatial Data Mining. In: *ACM SIGMOD International Conference on Management of Data*, Arizona, p. 553-556. 1997.
71. HARALICK, R. M. Statistical and Structural Approaches to Texture. *Proceedings of the IEEE*, v. 67, n. 5, p. 786-803. 1979.
72. HARALICK, R. M.; SHANMUGAN, K.; DINSTEIN, I. Texture Features for Image Classification. *IEEE Transaction on Systems, Man and Cybernetics*, v. SMC-3, n. 6, p. 610-621. 1973.
73. HARALICK R. M. ; SHAPIRO L. G. Image Segmentation Techniques. *Computer Vision Graphics and Image Processing*. v.29, p. 100-132. 1985.
74. HAYKIN, S. *Sistemas de Comunicação analógicos e digitais*. 4 ed., Porto Alegre: Bookman. 2004.
75. HEIJDEN, F. van der. *Image Based Measurement Systems*. John Wiley & Sons 1994.
76. HOFFMAN, D. *Inteligência visual: Como criamos o que vemos*. Rio de Janeiro: Editora Campus, 2001.
77. HOUGH, P. *Method and means for recognizing complex patterns*. U.S Patent 3 069 654, December. 1962.
78. HU, M.-K. Visual Pattern Recognition by Moment Invariant. *IRE Transactions on Information Theory*, v. 49, n. 9, p. 1428. 1961.
79. HURST, H.E.; BLACK, R.P.; SIMAIKA,Y.M. Long-term storage: an experimental study. *Journal of the Royal Statistical Society. Series A (General)*, v. 129, n. 4, p. 591-593, Constable, London. 1966.
80. HWEI, P Hsu. *Fourier Analysis*. New York: Simon and Schuster,. 1970.

I

81. IIDA, I. *Ergonomia: Projeto e produção*. 3 ed. São Paulo: Editora Edgard Blücher Ltda. 1995. 465 p.

J

82. JAIN, A. K. *Fundamentals of Digital Image Processing*. Prentice-Hall. 1988. 592 p.
83. JAIN A.K.; KARU, K. Learning texture discrimination masks. *IEEE Transactions on Pattern Analysis and Machine Intelligence*, v. 18, p. 195-205. 1996.
84. JAIN, R.; KASTURI, R.; SCHUNK, B. *Machine Vision*. McGraw-Hill, Inc., 1995. 549 p.
85. JAIN, A. K.; YU, B. Document representation and its application to page decomposition. *IEEE Transactions on Pattern Analysis and Machine Intelligence*, v. 20, n. 3, p. 294-308. 1998.
86. JENSEN, J. R. *Remote sensing of the environment: an Earth Resource Perspective*. New Jersey: Prentice Hall. 544p. 2000.
87. JUSTINO, E. J. R.; BORTOLOZZI, F.; SABOURIN, R. A. Comparison of SVM and HMM Classifiers in the Off-Line Signature Verification. *Pattern Recognition Letters*, v.26, n.9, p.1377-1385. 2005.

K

88. KAISER, P. K. *The Joy of Visual Perception*. Disponível em: <http://www.yorku.ca/eye/thejoy.htm>. Acesso em 23 de setembro de 2006.
89. KAPUR, N. J.; SAHOO, P.K. ; WONG, A. K. C. A New Method for Gray-Level Picture Thresholding. *Computer Vision, Graphics and Image Processing*, v.29, p. 273-285. 1985.
90. KIMME, C. , BALLARD, D. ; SKLANSKY, J. Finding circles by an array of accumulators. In: COMUNICATIONS OF ACM, *Proceedings Com. of ACM*, v. 18, n. 2. 1975.
91. KLAFTER, R.; CHMIELEWSKI, T.; NEGIN, M. *Robotic Engineering – An Integrated Approach*, Prentice-Hall, EUA, 1989.

L

92. LEE, Chih-Jen; WANG, SHENG-DE; Wu, Kuo-Ping. Fingerprint Recognition using Gabor Basis Function. In: INTERNATIONAL SYMPOSIUM ON INTELLIGENT MULTIMEDIA, VÍDEO AND SPEECH PROCESSING, *Proceedings International Symposium on Intelligent Multimedia, Vídeo and Speech Processing*, National Taiwan University, Taiwan, China, p. 393-396. 2001
93. LEHMANN, T.M.; GRÖNNER, C.; SPITZER, K. Survey: Interpolation Methods in Medical Image Processing. *IEEE Trans. Communication*, v. COM-32, n. 10, p. 1148-1157. 1999.
94. LETA, F. R. *Modelagem Matemática e Representação Gráfica do Envelhecimento Facial*. Tese (Doutorado), Doutorado em Engenharia Mecânica da PUC-Rio, Rio de Janeiro, 1998. 173 p.
95. LETA, F. R.; BARBOSA, F. A.; MENDES, V. B. An Automatic Approach For Two-Phase Steel Quantitative Metallography. In: 10TH INTERNATIONAL WORKSHOP ON SYSTEMS, SIGNALS AND IMAGE PROCESSING, *Proceedings IWSSIP'03*, Prague, p. 264-267. 2003.
96. LETA, F. R.; CONCI, A.; PAMPLONA, D. Graphical Modelling for Facial Aging – A New Approach. In: *10th International Workshop On Systems, Signals And Image Processing – IWSSIP'03*, Prague, p. 235-238. 2003.
97. LETA, F. R.; CONCI, A.; PAMPLONA, PITANGUY, I.. "Manipulating Facial Appearance Through Age Parameters". In: IX SIBGRAPI, *Proceedings IX SIBGRAPI*, p. 167-172. Caxambu.1998. Disponível em: <http://sibgrapi.sid.inpe.br/col/dpi.inpe.br/ambro/1998/04.24.16.22/doc/a36.pdf>

98. LETA, F. R.; DOMINGUES, S. M. P. Aplicação de Técnicas de Visão Computacional em Metrologia. *Metrologia & Instrumentação*, n. 8, p. 4-11, 2001.
99. LETA, F. R.; FELICIANO, F. F.; SOUZA, I. L.; Cataldo, E. L. Discussing Accuracy in an Automatic Measurement System using Computer Vision Techniques, In: 18TH INTERNATIONAL CONGRESS OF MECHANICAL ENGINEERING, *Anais do COBEM*, Ouro Preto, Minas Gerais, CD-ROM. 2005.
100. LETA, F. R.; MARTINS, F. P. R. Computer Vision System for Printed Circuit Board Inspection, In: 19TH INTERNATIONAL CONGRESS OF MECHANICAL ENGINEERING, *Anais do COBEM*, Brasília, DF. 2007.
101. LETA, F. R.; MELLO, R.; VELLOSO, M P. Qualitative Measurement of Colour Based on Human Perception. In: CGIV'2002 FIRST EUROPEAN CONFERENCE ON COLOUR IN GRAPHICS, IMAGING, AND VISION,. *Proceedings CGIV'2002 First European Conference on Colour in Graphics, Imaging, and Vision.* Springfield: IS&T, POITIERS p. 585-588. 2002.
102. LETA, F. R.; MENDES, V. B.; MELLO, J. C. C. B. S. Medição de Identações de Dureza com Algoritmos de Visão Computacional e Técnicas de Decisão com Incertezas. *Engevista*, v. 6, n. 2, p. 15-35. 2004.
103. LETA, F. R.; PAMPLONA; PITANGUY. A Study of the Facial Aging – A Multidisciplinary Approach. *Revista Brasileira de Ciências Mecânicas*, v. XXII, n. 3, p. 489-501. 2000.
104. LETA, F. R.; SILVA, M. A. da; VELLOSO, M. P. Análise Numérica de Cor e Forma sob Luz quase Monocromática. In: VIII SIMPÓSIO DE PESQUISA OPERACIONAL, *Anais do VIII SPOLM*. 2005.
105. LETA, F. R.; VELLOSO, M. P. Medida Qualitativa de Cor e de Iluminantes Baseada na Percepção Humana. *Revista Produto & Produção*, Porto Alegre, v. 7, n. 1, p. 37-47. 2004.
106. LIM, J. S. *Two-Dimensional Signal and Image Processing*, Prentice-Hall, 1990.
107. LIU, C. H.; TSAI, W. H. 3D Curved Object Recognition from Multiple 2D Camera Views. *Advances in Computer*, Academic Press, v. 50, n. 2, p. 177-187. 1990.
108. LOTUFO, R. de A.; FALCÃO, A.; ZAMPIROLLI, F. IFT-watershed from gray scale marker. In: XV SIMPÓSIO BRASILEIRO DE COMPUTAÇÃO GRÁFICA E PROCESSAMENTO DE IMAGENS, *Proceedings of SIBGRAPI*, Fortaleza, CE. 2002. Disponível em: <http://sibgrapi.sid.inpe.br/rep-/sid.inpe.br/banon/2002/10.24.11.31>.
109. LOZANO, R. D.. *El color y su medición: Con una introducción a la óptica fisiológica y al estudio de la visión.* Buenos Aires: Editorial Américalee, 1978.

M

110. MACEDO, M. M.G. *Uso de Transformada de Hough na Vetorização de Moldes e outras Aplicações.* Dissertação (Mestrado em Computação). Programa de Pós-Graduação em Computação, Universidade Federal Fluminense, Niterói. 2005
111. MACEDO, M .M. G.; CONCI, A. An Approach for generic detection of conic form. In: 12TH INTERNATIONAL CONFERENCE ON COMPUTER GRAPHICS AND GEOMETRY, CONFERENCE, *Proceedings of ICGG'06*, CD-ROM ISBN: 85-86686-39-5, 2006.
112. MACEDO, M.; CONCI. A. On the Detection of Generic Conic Form Parameters Using Hough Transform. In: XX BRAZILIAN SYMPOSIUM ON COMPUTER GRAPHICS AND IMAGE PROCESSING, *Proceedings of SIBGRAPI*, Belo Horizonte, Minas Gerais, 2007.
113. MALTONI, D.; MAIO, D.; JAIN, A. K.; PRABHAKAR, S. *Handbook of Fingerprint Recognition.* 1 ed., New York: Springer–Verlag Inc. 2003. 348 p.
114. MALVERN, L. E. *Introduction to the Mechanics of a Continuous Medium.* Prentice-Hall, Inc. 1969, 713p.
115. MANDELBROT, B.B. *The Fractal Geometry of Nature.* San Francisco: W. H. Freeman. 1982. 480 p.
116. MAOR, E. *To Infinity and Beyond: A Cultural History of the Infinite.* Boston: Birkhäuser. 1986. 284 p.
117. MATHER, P. M. *Computer Processing of Remotely-Sensed Images.* 2 ed., John Wiley & Sons. 1999, 442 p.
118. MELO, R. H. C. de. Using Fractal Characteristics such as Fractal Dimension, Lacunarity and Succolarity to Characterize Texture Patterns on Images. Dissertação (Mestrado em Computação). Programa de Pós-Graduação em Computação, Universidade Federal Fluminense, Niterói. 2005. 296 p. Disponível em: <http://www.ic.uff.br/PosGraduacao/consulta_trabalhos.php?tipo=1>
119. MELO, R. H. C. de; VIEIRA, E. A.; CONCI, A. A System to enhance details on partially shadowed images. In: PROCEEDINGS OF 12TH INTERNATIONAL WORKSHOP ON SYSTEMS, SIGNALS AND IMAGE, *Proceedings of IWSSIP'05 – Grecia*, IEEE Signal Processing Society and Eurasip. p. 309-312. 2005.
120. MENDES, V. B. Medição de Identações de Dureza Brinell e Vickers por meio de Técnicas de Visão Computacional. Dissertação (Mestrado em Engenharia Mecânica). Programa de Pós-Graduação em Engenharia Mecânica. Universidade Federal Fluminense, Niterói. 2003.
121. MENDES, V. B.; LETA, F. R.. Automatic Measurement of Brinell and Vickers Hardness using Computer Vision Techniques. In: *XVII IMEKO World Congress*, Dubrovnik, CD-ROM. 2003.
122. MEYER, P. L. *Probabilidade: aplicações à estatística.* 2 ed. Rio de Janeiro: LTC – Livros Técnicos e Científicos, 1983. 426 p.
123. MILLER, G.; HALSTEAD, M.; CLIFTON, M. On-the-Fly Texture Computation for Real Time Surface Shading. *IEEE Computer Graphics and Application*, v. 18, n. 2, p.44-58. 1998.

124. MONTEIRO, L.H. *Utilização de Técnicas de Processamento de Imagens para o Reconhecimento de Placas de Veículos*. Dissertação (Mestrado em Computação). Programa de Pós-Graduação em Computação, Universidade Federal Fluminense, Niterói. 2002.

N

125. NAKAMURA, C.; ASAKURA, A.; TSUZUKI, M. S. G.; GOTOH, T.; KAGEI, S.; IWASAWA, T. Three Dimensional Lung Modeling from Sequential MR Images Based on Respiratory Motion Analysis. *IEICE Technical Report*, v. 105, p. 33-38. 2005.
126. NOGUEIRA R.M.; BARROS R.S. *Análise de Imagens Médicas por Texturas*. Monografia (Conclusão de Curso), Graduação em Ciência da Computação, Universidade Federal Fluminense, Niterói. 2007.
127. NUNES, E. de O. *Emprego da Dimensão Fractal para Análise de Texturas em Imagens Multiespectrais*. Dissertação (Mestrado). Programa de Pós-Graduação em Computação, Universidade Federal Fluminense, Niterói. 2001. Disponível em: <http://www.ic.uff.br/PosGraduacao/consulta_trabalhos.php?tipo=1 >.
128. NUNES, E.de O. *Análise e Segmentação de Imagens por suas Cores e Texturas*. Tese (Doutorado), Programa de Pós-Graduação em Computação Universidade Federal Fluminense, Niterói. 2006. Disponível em: < http://www.ic.uff.br/PosGraduacao/consulta_trabalhos.php?tipo=1 >.
129. NUNES, E.de O.; CONCI, A. Determinação da Dimensão Fractal de Conjuntos de Pontos às Imagens de Satélites. In: 1a. Escola Brasileira de Aplicações em Dinâmica e Controle, *APLICON' 2001*, p. 106-128. 2001.
130. NUNES, E. O.; CONCI, A. Segmenting Multi Bands Images by Color and Texture Analysis. In: 10TH INTERNATIONAL WORKSHOP ON SYSTEMS, SIGNALS AND IMAGE PROCESSING – IWSSIP'03, *Proceedings IWSSIP'03* – Prague, B. Simak, Czech Technical University in Prague, p. 231-234. 2003.
131. NUNES, E. O.; CONCI, A. Técnicas de Descrição Regional Baseadas em Textura. *Sociedade Brasileira de Matemática Aplicada e Computacional (SBMAC)*. Série Arquimedes, v. 2. São José dos Campos, SP, 2003-a.
132. NUNES, E.O.; CONCI, A. O Coeficiente de Hurst e o Coeficiente de Variação Espacial na Segmentação de Texturas Multiespectrais". In: DINCON UNESP, *Anais do IV Congresso Temático d Dinâmica Controle e Aplicações*, Série Arquimedes, v. 4. SBMAC, p. 1067-1075. 2005.
133. NUNES, E. O.; CONCI, A. Segmentação por Textura e Localização do Contorno de Regiões em Imagens Multibandas. [s.l.], v. 5, n. 3, p.185-192, June – *IEEE Latin America Transactions, IEEE– AL/* June. 2007. Disponível em: <http://ieeexplore.ieee.org/xpl/RecentIssue.jsp?punumber=9907>

O

134. OLIVEIRA, D. do B. *Uma proposta de metodologia para vetorização controlada de moldes para a indústria do vestuário*. Dissertação (Mestrado em Computação). Programa de Pós-Graduação em Computação, Universidade Federal Fluminense. 2003.
135. OLIVEIRA, L. S.; MORITA, M.; SABOURIN, R. Feature Selection for Ensembles Applied to Handwriting Recognition. *International Journal on Document Analysis and Recognition*, v. 18, n. 4, p. 262-279. 2006.
136. OPPENHEIN, A.V.; WILLSKY, A.S. *Signals-System*. 2 Ed.. New Jersey: Prentice Hall. 1996.
137. OTSU, N. A Threshold Selection Method from Gray-Level Histograms. *IEEE Trans. Sys. Man and Cybernetics*, v. SMC9, n.1, p. 62-66. 1979.

P

138. PADHY, N. P. *Artificial Intelligence and Intelligent Systems*. Oxford University Press, Oxford. 2005. 614 p.
139. PALMER, S. E. *Vision Science – Photons to Phenomenology*. MIT Press, EUA. 1999. 810 p.
140. PARKER, J. R. *Algorithms for Image Processing and Computer Vision*. John Wiley & Sons, Toronto. 1997. 432 p.
141. PARKER, J. R. *Practical Computer Vision Using C*. John Wiley & Sons, 1994. 476 p.
142. PENTLAND, A. P. Fractal based description of natural scenes. *IEEE Transactions on Pattern Analysis and Machine Intelligence*, v. 6, p.661-674. 1984.
143. PERSOON, E.; FU, K. S. Shape Discrimination Using Fourier Descriptors. *IEEE Transactions on Pattern Analysis and Machine Intelligence*, v. PAMI – 8, n. 3, May, p. 388-397. 1986.
144. PEYRESBLANQUES, J. *Histoire et symbolisme dês couleurs*. Edition INRS (Institut National de Recherche et de Sécurité). 1998.
145. PHAM, D.L.; XU, C.; PRINCE, J.L. Current Methods in Medical Image Segmentation. *Annu. Ver. Biomed. Eng.* 02:315-37. 2000.
146. PHILIPS. *Manual de Iluminação Philips*. Rio de Janeiro: Philips, p. 10-25, p. 239-253. 1981.
147. PITAS, I. *Digital Image Processing Algorithms*. Prentice Hall. 1993. 362 p.
148. PRATT, W. K. *Digital Image Processing*. 2 Ed. John Wiley, Interscience. 1991.

R

149. RAUBER, T. W. ; BRAUN, T.; BERNS, K. Probabilistic Distance Measures of the Dirichlet and Beta Distributions. *Pattern Recognition*, v. 40, p. 4000-4007. 2007.

150. RIBEIRO, B. *Um estudo de técnicas para desenvolvimento de sistemas de processamento de imagens digitais*. Monografia (Conclusão de Curso), Graduação em Ciência da Computação, Universidade Federal Fluminense, Niterói. 2002.
151. ROSENFELD, A.; AVINASH, C. *Digital picture processing*. San Diego: Academic Press, 1982. 349 p.
152. RUSS, J. C. The Image Processing Handbook. New York: CRC Press, 2006. 832 p.

S

153. SAHOO, P. K.; SOLTANI, S.; WONG, A. K. C. A Survey of Thresholding Techniques. *Computer Vision, Graphics and Image Proces*sing, v.41, p. 233-260. 1988.
154. SANCHEZ A. (Eds). SSI'07 – II Seminario sobre Sistemas Inteligentes, Universidad Rey Juan Carlos, Madrid. 2007.
155. SANTOS, A. R. M. dos. *Percepção de Cores em Ambientes Industriais*. Dissertação (Mestrado em Engenharia Mecânica). Programa de Pós-Graduação em Engenharia Mecânica, Universidade Federal Fluminense, Niterói. 2003.
156. SANTOS, A. R. M.; LETA, F. R.; VELLOSO, M. P. Fatores de Risco Industrial Causados por Diferentes Percepções de Cores Devido à Diferença de Iluminantes. *Revista Produção Online*, v. 5, n. 1., 21f. 2005.
157. SARKAR, N. ; CHAUDHURI, B. B. An efficient differential box-counting Approach to compute fractal Dimension of Image. *IEEE Trans. on Systems. Man and Cybernetics*, v. 24, n.1, p.115-120. 1994.
158. SCHALKOFF, R. J. *Digital Image Processing and Computer Vision*. John Wiley &Sons Inc. 1989. 490 p.
159. SCHNEIDER, K. ; MAUSER, W. Processing and accuracy of Landsat Thematic Mapper data for lake surface temperature measurement. *International Journal of Remote Sensing*, v. 17, n.11, p. 2027-204. 1996.
160. SCHOWENGERDT, R. A. *Remote Sensing – Models and Methods for Image Processing*. 2 Ed. Academic Press. 1997. 522 p.
161. SILVA, A. C.; CARVALHO, P. C. P.; GATTASS, M. Diagnosis of Lung Nodule Using Semivariogram and Geometric Measures in Computerized Tomography Images. *Computer Methods and Programs in Biomedicine*, v. 79, p. 31-38. 2005.
162. SILVA, M. A. *Influência do Iluminante sobre a Visão Tridimensional*. Dissertação (Mestrado em Engenharia Mecânica). Programa de Pós-Graduação em Engenharia Mecânica, Universidade Federal Fluminense, Niterói. 2004.
163. SILVA, A. M. M. da; OLABARRIAGA, S.D.; DIETRICH, C.A.; SCHMITZ.C.A.A. On determining a signature for skeletal maturity. In: XIV SIMPÓSIO BRASILEIRO DE COMPUTAÇÃO GRÁFICA E PROCESSAMENTO DE IMAGENS, *SIBGRAPI*. 2002. Disponível em: <http://sibgrapi.sid.inpe.br/rep-/sid.inpe.br/banon/2002/12.03.10.49>.
164. SILVA JÚNIOR, A. A. *Uso de Snakes na Segmentação de Regiões para Reconstrução Tridimensional Facial a partir de Imagens de Frente e Perfil*. Dissertação (Mestrado em Engenharia Mecânica). Programa de Pós-Graduação em Engenharia Mecânica, Universidade Federal Fluminense, Niterói. 2007.
165. SKLANSKY, J. Image Segmentation and Feature Extraction. *IEEE Transactions on Systems, Man, and Cybernetics*, v. 13, n.?5, p. 907-916. 1978.
166. SOARES, L.M. *Auxílio ao Diagnóstico de Mamografias por Computação Visual*. Dissertação (Mestrado em Computação Aplicada e Automação). Programa de Pós-Graduação em Computação Aplicada e Automação, Universidade Federal Fluminense, Niterói. 1998.
167. SONKA, M.; VACLAV, H.; BOYLE, R. *Image Processing, Analysis and Machine Vision*. London: Chapman & Hall. 1993
168. SOUZA, F. C. de. *Extração de Informações Espaciais de Objetos Submetidos a Iluminação Estruturada*. Dissertação (Mestrado em Engenharia Mecânica). Programa de Pós-Graduação em Engenharia Mecânica, Universidade Federal Fluminense, Niterói. 2007.
169. SPIEGEL, M.R. *Mathematical Handbook of Formulas and Tables*. McGraw-Hill Book Co. 1968.
170. STOLLNITZ, E. J.; DEROSE, T. D.; SALESIAN, D. H. Wavelets for Computer Graphics: A primer. part 1. *IEEE Computer Graphics and Applications*, 15(3), p.76-84, May. 1995.
171. STRANG, G. Wavelets. *American Scientist*, v. 82, p. 250-255, April, 1994.
172. STRUIK, D. J. *A Concise History of Mathematics*. 3. Ed New York: Dover, Pub. Inc. 1967.

T

173. TSUZUKI, M. S. G.; TAKASE, F. K.; ASAKURA, A.; GOTOH, T.; KAGEI, S.; IWASAWA, T. Visualization of a 4D B-Rep Solid Model of the Lung Constructed from Unsychronized MR Sequential Images. In: 12TH INTERNATIONAL CONFERENCE ON GEOMETRY AND GRAPHICS, *Proceedings of 12th International Conference on Geometry and Graphics*, Salvador, CD-ROM. 2006.

U

174. UNSER, M. Sum and Difference Histograms for Texture Classification. *IEEE Trans. Pattern Analysis and Machine Intelligence, PAMI*, v. 8, n.1, p.118-125. 1986.

V

175. VELEZ, J.; SANCHEZ, A.; MORENO, A.B; ESTEBAN, J.L, Fuzzy Shape-Memory Snakes for Automatic Offline Signature Verification. In: INTERNATIONAL CONFERENCE ON INTELLIGENT SYSTEMS DESIGN AND APPLICATIONS, *Proceedings of ISDA*, Rio de Janeiro. 2007.
176. VIEIRA, E.A.; de MELO; R.H.C.; CONCI, A. Characterizing the Lacunarity of Objects and Image Sets: Its Use as a Technique for the Analysis of Textural Patterns. *Lecture Notes in Computer Science*. Eds. J. Blanc-Talon, W. Philips, D. Popescu, P. Scheunders – Advanced Concepts for Intelligent Vision Systems – LNCS 4179, Springer, p. 208-219. 2006.
177. VINCENT, L. Fast grayscale granulometrie algorithms. In: EURASIP WORKSHOP ISMM'94, *Proceedings Workshop ISMM'94*, Fountainebleau, France, p. 265 – 272. 1994.
178. VINING D. J. Interactive 3-D virtual endoscopy flies viewer through the body. *Diagnostic Imaging*. p. 127-129. 1996.
179. VIOLA, F. *Análise automática de impressões digitais*. Dissertação (Mestrado em Computação). Programa de Pós-Graduação em Computação, Universidade Federal Fluminense, Niterói. 2006.
180. VIOLA, F.; OLIVEIRA, S. L. G. de; CONCI, A. On the line width influence in directional field determination for fingerprint images. In: INTERNATIONAL WORKSHOP ON SYSTEMS, SIGNAL AND IMAGE PROCESSING *Proceedings of the IEEE 12th*, Chalkida, Grécia, Ed by A. Karras, S. Voliotos, M. Rangouse e A. Kokkosis, p. 313-316. 2005.
181. VOSS, R. Random fractals: Characterization and measurement. *Scaling Phenomena in Disordered Systems*, R. Pynn and A. Skjeltorp Eds., Plenum, 1986.

W

182. WATT, A.; POLICARPO, F. *The Computer Image*. AddisonWesley Pub. 784 p.1998

Z

183. ZHANG, J.; HSU, W.; LEE, M. An Information-Driven Framework for Image Mining. *DEXA*, National University of Singapore, p. 232-242. 2001.
184. ZHANG, J.; HSU, W.; LEE, M. *Image Mining: Trends and Developments*. Kluwer Academic, 2002.

Índice

Acomodação, 13
Acuidade, 13
Adaptabilidade, 60
Adaptação, 13
Agrupamento, 205
Aliasing, 115
Alongamento, 228
Alteração de contraste, 88
Amostragem, 67
Análise de Imagens, 3
Análise dos componentes principais, 217
Aquisição de imagens, 52
Área, 227
Árvore de decisão, 263
Assinatura, 241

Bastonetes, 19, 20
Binarização, 80-81
Bit quads, 229

Campo de visão, 13
Características de aspect, 257
Características de contorno, 236
Características dimensionais, 56
Características inerciais, 230
Características topológicas, 256
Classificação, 56
Classificação por distribuição estatística, 265
Classificação por distribuição livre, 262
Classificação por vizinhança mais próxima, 263
Classificação supervisionada, 261
Clusterização, 205
Codificação de corrida, 258
Codificação de Huffman, 330
Codificação LZW, 292, 332
Codificação preditiva, 326
Codificação RL, 292
Codificação ruidosa, 329
Codificação *run-lehgth*, 226
Codificação sem ruído, 327
Código da cadeia, 238
Coeficiente de compacidade, 228
Coeficiente de Hurst, 274
Coeficiente de variação espacial, 277
Compressão com perda, 320
Compressão de imagens, 323, 319
Compressão fractal, 337
Compressão por transformada, 321
Compressão por wavelets, 352
Compressão sem perda, 320
Computação Gráfica, 3
Conectividade, 214
Cones, 19, 20
Contraste simultâneo, 41
Contraste sucessivo, 41

Convolução de uma imagem, 141
Cor
 aparência de cor, 32
 cores metaméricas, 38
 cores primárias, 38
 discromatopsia, 27
 intensidade, 37
 matiz, 36
 mistura aditiva de cores, 38, 39
 mistura subtrativa de cores, 38, 39
 modelos de cores, 36
 percepção de cor, 26
 reprodução de cor, 32
 saturação, 36
 temperaturas de cor, 32
 teoria tricromática, 26
 transformação do espaço de cores, 40
 visão de cores, 32
Crescimento de regiões, 203
Curtose, 282
Curva de tom, 88

Decodificação, 65
Deficiência convexa, 227
Descontinuidades em uma imagem, 166
Descritores de forma, 216, 226
Descritores de textura de Haralick, 287

Descritores, 216
Detecção de bordas, 114
Dimensão dos objetos, 62
Dimensão fractal, 293
Discretização, 64, 65
Distância *city-block*, 212
Distância Euclidiana, 212
Distância *Manhatan*, 212
Divisão e fusão de
   regiões, 204

Elipses ajustadas, 227, 235
Emétrope, 16
Entropia da imagem, 287, 325
Equalização de histograma,
   93
Espectro de Fourier, 144
Excentricidade, 228
Extração de atributos, 57-58
Extração de características,
   57-58

Fator de forma, 228
Filtro alto reforço, 191
Filtro de Canny, 187
Filtro de Gabor, 154
Filtro de média dos *k* vizinhos
   selecionados, 173
Filtro de média, 116, 168
Filtro de mediana, 173
Filtro de moda, 173
Filtro de ordem, 173
Filtro de Prewitt, 183
Filtro de Roberts, 181
Filtro Gaussiano, 169
Filtro gradiente, 176
Filtro laplaciano, 183
Filtro LoG, 184
   Filtros
   adaptativos, 135
   de contraste, 135
   de suavização, 168
   domínio da
      freqüência, 136
   domínio espacial, 163
   globais, 135
   janelados, 135
   lineares ou inversíveis, 165
   locais, 135
   não lineares, 165

passa ou elimina altas
   freqüências, 147
passa ou elimina baixas
   freqüências, 145
passa ou elimina faixas de
   freqüências, 148
Formatos de imagens
   BMP, 371, 380
   GIF, 371, 372, 377
   JPEG, 371, 378
   MJPEG, 385
   PCX, 371, 394
   PNG, 371, 378
Função gaussiana, 114

Gradação tonal, 53
Gradiente da imagem, 176

Hipermetropia, 16
Histograma
   compressão do
      histograma, 91-92
   especificação direta, 96
   expansão de histograma,
      83-84
   histograma bimodal, 81
   histograma de imagem, 77
   histograma de imagens
      coloridas, 98
   histograma
      normalizado, 98
   modificação de
      histogramas, 101-102
Histograma das
   projeções, 226
Histograma de diferença, 291
Histograma de projeção, 258
Histograma de soma, 291
Homogeneidade, 287

Iluminação, 28
   lâmpadas de descarga,
      29, 31
   lâmpadas fluorescentes, 31
   lâmpadas halógenas, 29
   lâmpadas
      incandescentes, 29
   lâmpadas refletoras, 29
   multivapor metálico, 31
   vapor de sódio, 29

Ilusão, 44
Imagem negative, 88
Imagens
   binárias, 80-81
   coloridas, 76
   multibandas, 76
Imagens monocromáticas, 73
Impressões digitais, 144, 150
Inteligência Artificial, 5

Kernel, 114
Laplaciano do gaussiano, 184
Limiarização multinível, 83
Limiarização, 56
Lógica *Fuzzy*, 267
Luz
   características ópticas
      da luz, 20
   Comissão Internacional
      de Iluminação, 23
   fluxo luminoso, 25
   infra-vermelha, 23
   intensidade luminosa, 25
   luz visível, 23
   radiação eletromagnética,
      21
   ultravioleta, 23

Matriz de covariância, 218
Matrizes de co-ocorrência,
   283
Medidas de distância, 212
Medidas de segunda ordem,
   282
Menor corpo convexo
   envolvente, 227
Método box-counting, 296
Método da contagem de
   D-cubos, 301
Método de Otsu, 82
Método
   differential-box-counting,
   298, 299
Mineração de dados ou
   imagens, 5
Mineração de dados, 57, 58
Miopia, 16
Momentos de área, 231
Momentos de intensidade,
   280

Momentos geométricos, 231
Momentos invariantes, 231
Mudanças de tons, 108

Número de componentes
  conectados, 257
Número de Euler, 257
Número de furos, 257

Obliquidade, 282
Olho humano
  elementos do olho
    humano, 13-15
Operações em imagens,
  87, 107
  aritmética, 109-111
  booleana, lógicas, 112
  de convolução, 114
  geométrica, 118
  linear
  locais, 114
  morfológica
  não linear
  pontuais, 87, 107
Operador de Sobel, 179

Percepção de espectros, 62
Percepção e cognição, 43
Percepção tridimensional, 62
Perímetro, 228
Persistência visual, 13
Probabilidade máxima, 287
Processamento de Imagens,
  3, 4

Qualidade das medições, 61
Quantificação, 67

Quantização, 53, 54
Raio máximo e mínimo, 228
Realce, 55, 114
Reconhecimento, 56
Reconhecimento de
  padrões, 5
Reconhecimento de
  texturas, 271
Reconstrução, 64, 65
Redes neurais artificiais, 266
Redundância, 311
Resolução, 53
Resolução espacial, 69
Restauração, 55
Retangularidade, 228
Retângulo envolvente, 227
RGB, 76
Rotulação, 215

Segmentação, 55
Segmentação adaptativa, 86
Segmentação baseada em
  regiões, 86
Segmentação global, 86
Síntese de imagens, 3, 6
Suavização, 114
Superamostragem, 116

Teorema da colagem, 341
Teorema da convolução, 142
Teorema do mapeamento
  de contração, 341
Texel, 271
Textels, 204
Thresholding, 75
Tom de corte
Tomada de decisão, 57, 61

Transformações geométricas,
  118
  deformações, 121, 123, 127
  escala, 118
  espelhamento, 121
  morphing, 122, 127
  reflexão, 121
  rotação, 118
  translação, 118
  warping, 131
Transformada de Fourier,
  117, 136
Transformada de Hotelling,
  223, 226
Transformada de Hough, 57
Transformada de wavelet
  discreta, 359
Transformada discreta de
  Fourier, 117, 140
Transformada inversa de
  Fourier, 117, 136
Transformada wavelet de
  Haar, 362
Transformadas de
  Cosenos, 117
Transformadas Wavelet, 117
Triângulo de *Sierpinsky*, 295

Velocidade de resposta, 61
Visão Artificial, 5
Visão Computacional, 5
Visão escotópica, 18, 19
Visão fotópica, 19
Visão humana X
  computacional, 60
Visão mesótopica, 1`9
Vizinhança, 210

Projetos corporativos e edições personalizadas dentro da sua estratégia de negócio. Já pensou nisso?

Coordenação de Eventos
Viviane Paiva
viviane@altabooks.com.br

Assistente Comercial
Fillipe Amorim
vendas.corporativas@altabooks.com.br

A Alta Books tem criado experiências incríveis no meio corporativo. Com a crescente implementação da educação corporativa nas empresas, o livro entra como uma importante fonte de conhecimento. Com atendimento personalizado, conseguimos identificar as principais necessidades, e criar uma seleção de livros que podem ser utilizados de diversas maneiras, como por exemplo, para fortalecer relacionamento com suas equipes/ seus clientes. Você já utilizou o livro para alguma ação estratégica na sua empresa?

Entre em contato com nosso time para entender melhor as possibilidades de personalização e incentivo ao desenvolvimento pessoal e profissional.

PUBLIQUE
SEU LIVRO

Publique seu livro com a Alta Books.
Para mais informações envie um e-mail
para: autoria@altabooks.com.br

CONHEÇA OUTROS LIVROS DA **ALTA BOOKS**

Todas as imagens são meramente ilustrativas.

 /altabooks /alta-books /altabooks /altabooks

Este livro foi impresso nas oficinas gráficas da Editora Vozes Ltda.,
Rua Frei Luís, 100 – Petrópolis, RJ.